U0107631

The Update Researches on
Chinese Economic History

中国经济史 研究前沿

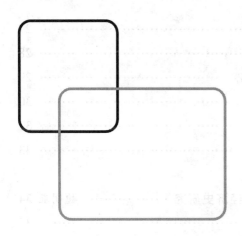

目 录

上编 （2007 年）

下编（2008 年）

Contents

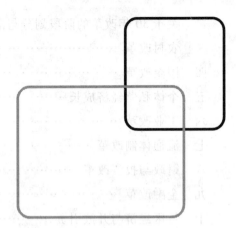

Volume 1 (2007)

Volume 2 (2008)

| 上编 |

2007年

第一章
2007年中国经济史研究总论

刘兰兮

史学理论研究是历史学学科建设的重要内容。鉴于近年来史学实证研究硕果累累、理论研究明显滞后的状况，《史学理论研究》、《历史研究》、《学术月刊》、《河北学刊》等编辑部先后围绕史学理论问题组织笔谈，力图引领学界开展史学理论研究，在梳理已有研究成果的基础上，促进历史学的理论建设。2007年度，史学理论研究成为史学研究的一个亮点。

一　史学理论

2006年11月5～7日，第十三届全国史学理论研讨会在西子湖畔召开。会议围绕中外历史哲学问题、文化与文明问题、世界历史与现代世界体系问题、全球化与全球史问题、西方马克思主义史学问题、西方主要史学流派、传统史学、史料学、史学的问题意识与现实关注等问题，展开了坦诚、热烈的讨论。《史学理论研究》2007年第1期发表了会议综述，并发表了一组探讨史学理论问题的文章。同年，中国社会科学院文史哲学部和中国社会科学杂志社主办了"坚持与发展唯物史观理论研讨会"，《历史研究》2007年第1期刊登了部分与会者关于如何坚持与发展唯物史观的笔谈文章。

刘国胜认为，马克思世界历史理论从主体与客体、理论与实践、现实性与理想性的辩证思维方式中，形成了历史的运动和人的发展、资本主义的批判和共产主义的构想有机统一的基本逻辑框架，深化了"问题在于改变世界"的实践要求，彰显了人在历史中的主体性地位和生存意义。[1] 郭艳君指出，马克思通过对德国古典哲学和政治经济学的批判完成了哲学革命，使哲学的研究对象转向了现实的人类生活。但由于马克思历史研究中研究的起点和叙述的起点不同，人们普遍关注的是唯物史观的宏观维度，相对忽视了市民社会史、日常生活史研究这一微观维度。揭示唯物史观研究的微观维度，对丰富唯物史观研究内容和扩展研究领域具有极其重要的意义。[2] 张乃和指出，马克思主义的发生学是对现实及其发生前提和发生过程进行研究的方法，具有科学性、革命性和实践性特征，在马克思主义的历史研究方法体系中处于支配地位。[3] 傅长吉指出，"人民群众是历史的创造者"这一命题存在如下问题：（1）理论来源并非马列经典及其思想；（2）是"两极对立"的思维方式；（3）对概念的表述、使用和理论论证不合逻辑；（4）割裂了具体和抽象的辩证关系。因此，该命题不能作为历史唯物主义的命题。他认为历史的创造者是所有参与历史活动的人。[4] 何爱国认为，马克思主义发展史观是马克思主义唯物史观的最好载体与充分显现，是马克思主义在社会发展问题方面的哲学、历史学、经济学、社会学与人类学的多重思考的理论结晶，也是马克思主义对世界历史发展规律的最高概括。它高度关注物的发展与人的发展之间的辩证关系，终极关怀是人的发展，但其实现却是建立在物的充分发展基础上。[5] 丘有阳从价值与历史观的统一出发，以主体与客体、主观与客观的辩证统一为方法论，探讨历史发展的动力问题。[6] 林娅、王多吉强调需要厘清历史合力论中合力概念的科学内涵，指出"合力"既有广义和狭义之分，也包括主体合

① 刘国胜：《论马克思世界历史理论的内在逻辑》，《江西社会科学》2007 年第 3 期。

② 郭艳君：《论唯物史观研究的微观维度及其当代意义》，《史学理论研究》2007 年第 2 期。

③ 张乃和：《发生学方法与历史研究》，《史学集刊》2007 年第 5 期。

④ 傅长吉：《一个历史唯物主义命题的辩证——关于历史创造者的问题》，《内蒙古社会科学》2007 年第 3 期。

⑤ 何爱国：《人的依赖、独立与自由发展：马克思主义发展史观解读》，《史学理论研究》2007 年第 3 期。

⑥ 丘有阳：《历史动力的价值哲学解读》，《四川教育学院学报》2007 年第 6 期。

力、客体合力和主客体合力，群体合力是个体分力达到社会总合力的中介合力。① 吉彦波、董礼芬提出创新已经成为历史进步的直接动力，确立"创新是历史进步直接动力"的思想，以此分析推动历史进步的主体，评价推动历史进步合力中的核心力量、主导力量，对于引导社会可持续发展具有重大意义。② 刘奔认为马克思揭示的历史发展规律具有普遍意义，同时指出历史发展规律的实现方式具有多样性，历史发展的普遍规律不等同于各民族的特殊发展道路。③ 谢江平认为波普对历史规律说的批评有合理之处，但其历史解释说最终陷入了相对主义。④ 庞卓恒从真理的定义谈历史规律，认为真理即认识主体对客观事物的规律和规律性的正确反映，肯定人类社会的发展存在规律性。⑤

王学川论历史价值的本质和存在形态，指出历史价值是历史主体的本质力量的对象化，是历史客体对增强主体的本质力量所具有的作用和意义。历史价值的三种存在形态分别是自然物质价值、社会政治价值和精神文化价值。⑥ 他将历史价值活动定义为"社会历史中的人的生命存在和优化的最基本的活动方式"，并从唯物史观的视角探讨历史价值活动的四条规律：（1）人们的价值生活决定人们的价值意识；（2）人们的价值活动构成历史运动的合力；（3）历史价值活动过程是合规律性与合目的性的统一；（4）历史价值活动过程是发展与代价的统一。⑦ 隽鸿飞阐释历史理性生成论，认为历史理性是在人的实践活动之中生成的、在人类历史发展的过程中积淀下来的人的理性和社会理性。因此，历史理性并不是一个确定的存在，只能处于生成的过程之中。历史理性内涵的发展与人自身的发展

① 林娅、王多吉：《历史合力论中的"合力"概念新解》，《思想理论教育导刊》2007 年第 2 期。

② 吉彦波、董礼芬：《创新动力论：历史动力研究的新发展》，《淮海工学院学报（社会科学版）》2007 年第 2 期。

③ 刘奔：《历史发展规律的普遍性和各民族发展道路的特殊性》，《教学与研究》2007 年第 3 期。

④ 谢江平：《历史解释与历史规律——波普对历史决定论的批评》，《南华大学学报》2007 年第 1 期。

⑤ 庞卓恒：《真理、信念与历史研究——兼说人类历史发展规律》，《当代中国史研究》2007 年第 1 期。

⑥ 王学川：《论历史价值的本质和存在形态》，《理论与现代化》2007 年第 5 期。

⑦ 王学川：《历史价值活动规律初探》，《浙江社会科学》2007 年第 1 期。

一致，同样经历了从原始的丰富性到近代理性齐一再到现实的丰富性的过程。① 孙晓喜认为历史意识是人类关于自身存在的意识，历史意识的发展过程也是人类自我认识的过程。② 雷戈区分历史事件与历史性事件，指出历史事件从属（或指向）过去，而历史性事件则从属（或指向）未来。思考历史性事件较之于研究历史事件具有更大的难度，它构成了对历史学家现有能力的极大挑战。③

张世飞提出"国史学理论"说，指出国史学理论包括国史理论和国史学理论。国史理论即考察国史发展过程的理论，主要包括国史主线及其分期、国史重大事件与重要人物评价等内容；国史学理论则是反思国史学自身的理论，主要包括国史学的性质、特点、研究对象、研究内容、指导思想、研究方法等问题。④

包伟民、吴铮强讨论关于历史学方法论的几个问题，指出当前人文社会科学的危机，主要不是方法论的危机，而是脱离了社会实践而产生的危机。历史研究者可以从条件、手段、价值三个方面向历史学提问，但不应试图从历史研究中直接导出社会行动的目标，否则就可能使历史学带有"目的论"的色彩。由于历史经验不同，套用西方的历史发展模式来解决中国的实际问题几乎不可能，但在对西方人文社会科学概念进行抽象和重新定义的基础之上加以借鉴，则是完全必要的。⑤ 周一平、陈秀利指出，历史研究中相对中立的立场即人民立场。人民立场没有国家色彩、民族色彩、阶级色彩、意识形态色彩、现实色彩，是客观的、科学的立场。⑥ 韩毅概述经验归纳方法及其在经济研究中的应用，着重分析西方制度经济史学及比较制度分析学者对经验归纳法的应用与创新。⑦ 钱滔从经济理论与经济史研究结合的关系中，梳理出比较历史制度分析（CHIA）理论的脉

① 隽鸿飞：《历史理性的生成论阐释》，《学术交流》2007 年第 10 期。
② 孙晓喜：《历史意识的批判性生成》，《长白学刊》2007 年第 2 期。
③ 雷戈：《历史事件与历史性事件》，《重庆社会科学》2007 年第 11 期。
④ 张世飞：《关于国史学理论的若干思考》，《当代中国史研究》2007 年第 5 期。
⑤ 包伟民、吴铮强：《认识论、史学功能与本土经验——关于历史学方法论的几个问题》，《浙江社会科学》2007 年第 2 期。
⑥ 周一平、陈秀利：《历史研究中的价值中立问题》，《河北学刊》2007 年第 5 期。
⑦ 韩毅：《经验归纳方法、历史主义传统与制度经济史研究》，《中国经济史研究》2007 年第 2 期。

络，并着重从方法论视角评论比较历史制度分析的理论框架与分析方法。[1]
赵世瑜提出，在研究经济史的过程中，我们必须思考学科概念和问题概念
的问题，即在选择一个研究题目的时候，究竟该从学科已有的体系、框架、
概念出发，还是从现实中出现的各个方面的问题出发。如以问题为中心，
经济史就不仅仅是经济史，还有类似"经济外延"的问题。[2] 陆敏珍认为
区域史研究有两种不同的研究进路：其一是沿着传统的地方史研究，注重
史料梳理与铺排，以期勾勒出地方的历史画面；其二是追步西方史学的理
论，冀以问题为焦点，对地方性史料重新加以审视，揭示区域在历史进程
中的意义。目前区域史研究中所出现的若干问题正是由于忽略了对这两种
进路及其相关问题的反思。[3]

何顺果、陈继静探讨神话、传说与历史的关系，提出考察和解释神话
传说的模式，认为各种神话传说所包含的历史真实因素具有不同的层次和
特点，因此必须综合借鉴社会学、人类学、古文字学、考古学、天文学等
多种理论和方法，才能对形态各异的神话传说进行有利于历史研究的考
察。[4] 梁景和、王胜主张应严格区分访谈录和口述史，口述历史是历史研
究过程后的成果，一般采访后形成的访谈录则是单纯的采访记录，只是口
述历史研究的资料而已。[5] 傅光明强调口述史虽然人人都可以做，却要遵
循严格的口述史操作规范。[6]

李学勤认为学科发展的最根本要求是理论创新。创新是从实践中抽
象、结晶而来，必须经过多年的实际研究和积累。[7] 安涛认为史学研究成
果的优劣取决于两个方面，一是所用理论方法的独特和创新；二是史料的
丰富与新颖。对史料的发掘和整理的空间是有限的，而理论与方法的创新
是无限的。[8] 葛金芳以自身的治学经验为据，说明经济史研究必须兼备广

---

[1] 钱滔：《比较历史制度分析（CHIA）述评》，《浙江社会科学》2007年第5期。

[2] 赵世瑜：《"问题"中的历史研究与地方性经验》，《中国图书评论》2007年第5期。

[3] 陆敏珍：《区域史研究进路及其问题》，《学术界》2007年第5期。

[4] 何顺果、陈继静：《神话、传说与历史》，《史学理论研究》2007年第4期。

[5] 梁景和、王胜：《关于口述史的思考》，《首都师范大学学报》2007年第5期。

[6] 见《河北大学学报》2007年第6期。

[7] 李学勤：《理论与历史学的创新》，《宝鸡文理学院学报》2007年第1期。

[8] 安涛：《史学理论在史学研究中的地位和作用浅析》，《太原师范学院学报》2007年第
4期。

阔的学术视野、丰厚的史料基础和扎实的理论素养，这三者的有机融合是史学工作者进行原创性研究的必备工夫。[①]

二 历史哲学

历史学究竟是人文学科还是社会科学？叶文宪认为，历史学兼有社会科学和人文学科两种性质，作为社会科学它极具人文色彩，而作为人文学科它又严谨得像是一门科学；在复原历史原貌、追求历史真实的时候它是科学，而在讲述历史故事的时候它是人文学科。[②]

2007 年 8 月 15～17 日，由中国现代外国哲学学会和黑龙江大学联合主办，黑龙江大学马克思主义学院和黑龙江大学哲学院承办的"第二届历史哲学年会暨哲学、史学与文化：跨学科的历史哲学研究"研讨会在哈尔滨隆重召开。研讨会围绕历史哲学研究中的一般性问题、西方历史哲学研究、马克思的历史哲学等问题进行了讨论。[③]

刘勇认为自黑格尔把历史转变为世界历史概念以来，历史哲学的发展存在着两个谱系：一是马克思主义世界史观；另一个是以巴勒克拉夫等人开创，并由沃勒斯坦等人发展的全球史观。我们应吸收世界史观和全球史观的理论成果，不断实现分析范式和研究方法的创新。[④] 李蜀人指出，马克思的世界历史理论仅仅是马克思历史哲学的一个部分，不能用来一味地赞美"全球化"，而应该以马克思的历史哲学为指导着力研究其世界历史意义。[⑤] 刘曙光认为，马克思主义的历史哲学在批判思辨哲学中产生，具有辩证性质，是历史决定论与主体选择性的统一；发展马克思主义历史哲学应扬弃思辨的历史哲学和批判的或分析的历史哲学，吸取其精华，剔除其糟粕。[⑥] 胡建认为，被我国马克思主义历史哲学界历来推崇的"逻辑与

---

① 葛金芳：《经济史研究方法论示要》，《江西社会科学》2007 年第 6 期。
② 叶文宪：《历史学是科学还是人文——科学主义批判》，《探索与争鸣》2007 年第 5 期。
③ 见《学术交流》2007 年第 10 期。
④ 刘勇：《历史哲学研究范式的构建》，《淮海工学院学报》2007 年第 2 期。
⑤ 李蜀人：《马克思的历史哲学与世界历史理论》，《复旦大学学报》2007 年第 4 期。
⑥ 刘曙光：《超越思辨与分析——马克思主义历史哲学：历史哲学的新形态》，《首都师范大学学报》2007 年第 2 期。

历史相一致"的方法，虽然在探索既定历史的客观本质方面具有不容否定的功能，但对历史的主体选择及其引发的多种可能性有所忽略；应全面理解马克思主义历史观，根据历史与历史文本的真实存在样态，择用历史的"现实性"与"可能性"双重解读的方法，补正"逻辑与历史相一致"方法的缺憾。[①]

　　张文杰认为，西方分析或批判的历史哲学的兴起，将历史哲学研究的重点从解释历史的性质转移到解释历史知识的性质，极大地推进了史学理论的发展，也为历史学确立了更为稳固的根基。[②] 胡刘指出，西方历史哲学的演进与资本所开创的"世界历史"的发展密切相关，忽略了自身的历史界限。只有用"人的实践以及对这个实践的理解"说明历史，并将其理论视域锁定在"资本批判"的马克思历史哲学，才能真正实现明确历史界限的历史哲学变革。[③] 赵家祥论述了历史时间的三个向度——过去、现在、未来之间的相互关系，并以此为依据，评析了克罗齐的"一切历史都是当代史"和柯林伍德的"一切历史都是思想史"这两个西方历史哲学的重要命题。[④] 陆连超比较柯林伍德与克罗齐的史学理论，指出两者均从反对客观主义的立场出发，要求重建历史与哲学的统一。但柯林伍德借助历史哲学建构历史学；克罗齐则认为历史与哲学同一，两者的历史理论架构自哲学观到历史观再到历史知识观都存在着重要差别。[⑤] 王树人探讨历史连续性与非连续性，历史研究中重视史料与发挥合理想象，以及历史著述的有限性和不可避免的当代性等历史哲学问题，揭示出历史与历史研究的复杂性。[⑥]

　　万斌、王学川论述历史认识的主体性与客观性，指出历史认识的主体性与客观性具有对立统一关系，史家应认清历史认识的主体性与客观性的

---

① 胡建：《历史的"现实性"与"可能性"双重解读——马克思主义历史哲学的新视界》，《理论学刊》2007 年第 11 期。

② 张文杰：《20 世纪西方分析或批判的历史哲学》，《史学月刊》2007 年第 9 期。

③ 胡刘：《西方历史哲学发展逻辑的深层透视》，《学术研究》2007 年第 5 期。

④ 赵家祥：《对西方历史哲学两个命题的评析》，《北京行政学院学报》2007 年第 3 期。

⑤ 陆连超：《着眼差异：比较克罗齐与柯林伍德的历史理论》，《辽宁大学学报》2007 年第 6 期。

⑥ 王树人：《论历史研究中一些哲学问题——历史研究与想象力》，《中国社会科学院研究生院学报》2007 年第 6 期。

关系：（1）历史认识的主体性及其作用是产生客观历史认识的必要条件；（2）历史认识对象的特殊性并不影响历史认识的客观性；（3）在主客体关系中去准确把握历史认识的客观性的科学内涵。[①] 他们还从认识客体、认识主体、真理检验等三个方面阐释了历史认识的特殊性。[②] 管淑侠则认为，历史认识有其客观性，但历史认识对象的特殊性和认识主体的时代局限性决定了历史认识的客观性是相对的。[③]

王贵仁将史家作为特殊的思维主体，指出：（1）史家历史思维系统内在心理因素的三个层次，即内隐动力层、理性智慧层和信息概念层，共同形成史家独具个性的历史思维图式；（2）史家的历史思维受历史、社会、阶级、学派等多重因素制约，具有明显的群体社会化特征；（3）历史理解、历史判断和文本表达构成了史家历史思维递进的发展，史家历史思维能力与结果贯穿在这一过程中。[④] 雷戈认为历史是历史学家的存在视域，历史感是历史学家的存在本质，史料是历史学家的存在形式。历史感的这种洞见、关注和凝视是"看"，而史料则是"说"，历史感优先于史料，或"看"优先于"说"。[⑤] 奥斯汀将话语分为行事语和述事语，探索历史学家作为读者的特点，认为历史学家是用过去行事话语写成的真实记录的读者，而行事语不判断对与错，史家的阅读必须基于对新资料的修正、对相同资料的不同理解的修正上。[⑥] 李传印、邓锐认为，历史撰述所建构的主观历史图景是客观历史存在于当下的理性化的表现形式。由于客观历史存在已经逝去，不可能还原，所以主观历史图景必然具有主观创造性。主观创造将一定的秩序引入主观历史图景，这是主观历史图景对客观历史事实赋予当下意义的过程。[⑦] 赵志义指出，历史叙事分为经验的叙事与虚构的叙事两个层面，前者以历史事实为基础，为读者提供具有完整意义的故

①　万斌、王学川：《论历史认识的主体性与客观性》，《学术论坛》2007 年第 11 期。

②　万斌、王学川：《论历史认识的特殊性》，《青海社会科学》2007 年第 5 期。

③　管淑侠：《历史认识客观性的价值论诠释》，《思想战线》2007 年第 3 期。

④　王贵仁：《史家历史思维结构解析》，《山东社会科学》2007 年第 8 期。

⑤　雷戈：《历史感思辨》，《晋阳学刊》2007 年第 4 期。

⑥　〔美〕理查德·T. 范恩：《阅读的历史学家》，薛轶译，《山东社会科学》2007 年第 6 期。

⑦　李传印、邓锐：《略论主观历史图景的意义转换性》，《安庆师范学院学报》2007 年第 5 期。

事形式，后者以历史编纂的美为最大追求，为人们提供"戏说"的文学
形式。①

三 史料学

《河北学刊》2007 年第 2 期发表了一组关于史料学的文章。瞿林东认为，前辈史家在对待史料方面的一些见解、方法和经验在当代仍然具有重要的参考价值和借鉴意义，这主要表现在重博闻善择；重分析辨析；重金石之学与二重证据；关注大量的、普遍的、主要的史料；重视历史资料的二重性等五个方面。张连生重新阐释"史料"的定义，认为所谓"史料"应当是指"反映某一特定历史事实的原貌的材料"，它有特定的材料范围，而不是任何一种历史资料都可充当。游彪专就金石文字的史料价值和解读方法进行探讨，指出金石文字是其他类型史料所无法替代的珍贵史料，使用者在运用金石文字时必须深入探究金石文字背后所隐藏的意蕴。陈述则探究网络史料的内涵与特点，认为网络史料具有过去任何史料载体所无法比拟的容量，可涵盖实物史料、口碑史料、文字史料和音像史料等，并具有快速、便捷、省时等特点。②雷戈指出，史料仅是静态的既定的单纯的存在，它无法主动向历史学家提供任何有价值的内容。正像语言并不对应于事物一样，史料也不对应于历史。作为语言，史料的起源与构成，仅仅意味着它是以语言的方式进行着某种自由的游戏。③

四 史学史

中国古代史学留下了丰富的理论遗产，如天人关系、大一统思想、古今之变、历代兴亡之论、多民族国家的历史认识、英雄与时势的关系，等等。研究和总结中国古代历史理论，不仅可以丰富中国史学的思想内涵和历史底蕴，而且可从不同的方面展现出中国特色、中国风格和中国气派。

---

① 赵志义：《历史叙事中的"真实"与"虚构"问题》，《青海师范大学学报》2007 年第 6 期。
② 《河北学刊》2007 年第 2 期。
③ 雷戈：《重构史料观》，《重庆社会科学》2007 年第 4 期。

为此，《学习与探索》2007 年第 4 期刊发了一组笔谈，从中国历史发展演变进程这一维度，阐释了中国古代历史理论的基本问题。庞天佑认为东晋史家袁宏将辩证法引入历史研究之中，形成了深刻的历史辩证法。他把历史视为持续的发展过程，注意把握历史的内在联系，既朦胧地意识到事物内部存在着彼此对立而又相互联系的两个方面，又注意考察事物的不同方面，强调具体问题具体分析。[1] 瞿林东指出，魏晋隋唐间的史学家、思想家、政治家对兴亡之故的探索比前人有了更丰富、更深入、更全面的认识，不论是"兴亡论"，还是"辨兴亡"，都具有鲜明的理论色彩和对于历史的深刻思考，给后人留下了丰富的思想和理论遗产，在中国古代历史理论发展史上占有重要的地位。[2] 谢保成论述二十四史修史思想的演变，认为二十四史纂修思想呈"四变"：一变为自"究天人之际，通古今之变"、"述往事，思来者"变为"续统"、"述德"，断代为史；二变为自"为在身之龟镜"再变而为"以史治心"求"至治"；三变为"辨正统"；四变为"国灭史不灭"。[3] 刘巍阐释章学诚"六经皆史"说的本源与意蕴，指出章学诚由与经学的抗争而激起从"述作"角度诠释"以史明道"的主张；由《史籍考》的编纂而凸显"尊史"的思想；由修志实践而悟到以道自任的主体意识；从以史通今的立场出发，既视经典为"一代之实录"，又有深深维护其为"万世之常法"的思想。[4] 张笑川比较了张尔田的《史微》与章学诚的《文史通义》的异同，揭示章学诚史学思想在后世的流衍及其对近现代学术思想史的影响。[5] 乔治忠、杨永康认为，学术界在评价乾嘉学术时，多称其时考据学独领风骚，事实上，所谓的"乾嘉史学"，应当是官方史学与私家史学的总和，而不能仅仅关注私家的历史考据。乾嘉史学的繁荣，虽有积极意义，却增强了传统史学思想体系拖延

---

① 庞天佑：《论袁宏的历史辩证法》，《史学理论研究》2007 年第 4 期。

② 瞿林东：《说魏晋隋唐间的兴亡论——对中国古代历史理论发展的一种阐释》，《学习与探索》2007 年第 2 期。

③ 谢保成：《二十四史修史思想的演变》，《学术研究》2007 年第 9 期。

④ 刘巍：《阐释章学诚"六经皆史"说的本源与意蕴》，《历史研究》2007 年第 4 期。

⑤ 张笑川：《传承与衍变——〈史微〉与〈文史通义〉比较研究》，《苏州科技学院学报》2007 年第 11 期。

转型的力量，不利于长时段史学的发展。① 乔治忠、崔岩还对清高宗与章学诚的史学思想作了比较研究，指出两者的具体史学主张各有特色，但在大的原则问题上极其近似，这透视出清代"盛世"史学的价值取向，即贯彻纲常伦理准则、官方主导方向、提倡经世致用宗旨。②

陈其泰认为，近代史学在历史观、著述内容以致著述形式上，都明显不同于传统史学。他把近代史学的发展分为三个阶段：鸦片战争到 1860 年前后，是民族危机刺激下救亡图强史学勃兴的时期；19 世纪七八十年代到 90 年代末，是维新变法酝酿发动与近代历史变易观和进化论传播时期；20 世纪最初的 20 年，是封建帝制崩溃前后"新史学"倡导和推动时期。③ 张越认为梁启超的《中国史叙论》和《新史学》共同构成了"新史学"思潮的开端；"新史学"思潮确以批判旧史学为特征，但其构建"新史学"理论体系的努力和撰述新型中国通史的尝试等学术建树，亦不应被忽视。④ 李孝迁指出，梁启超早年新史学思想的主要内容是取"家谱"说以批判"君史"，倡导"民史"，而"家谱"说和"君史"、"民史"概念的形成则与西方史学存在学缘关系。⑤ 桑兵认为，清季以来，新史学成为中国学人不断追求的至高境界，但对新史学的理解和取径各不相同。为了后来居上，此前的新史学也往往被当做不破不立的对象。⑥

李学勤认为，王国维的"二重证据法"实际是对古史研究中考古学与历史学关系的表述，两者相辅相成，却不意味着抹杀任何一方的独立性。⑦ 栗彦卿在肯定傅斯年倡导客观主义史观——"史学即史料学"的同时，指出傅氏的客观主义史观带有唯心主义、形而上学和不可知论倾向。⑧ 桑兵论证傅斯年提出"近代史学只是史料学"始于《历史语言研究所工作之旨

① 乔治忠、杨永康：《清代乾嘉时期的官方史学与私家史学》，《学术月刊》2007 年第 8 期。
② 乔治忠、崔岩：清高宗与章学诚史学思想的比较研究》，《天津社会科学》2007 年第 6 期。
③ 陈其泰：《时代剧变推动下近代史学演进大势》，《北京行政学院学报》2007 年第 5 期。
④ 张越：《"新史学"思潮的产生及其学术建树》，《史学月刊》2007 年第 9 期。
⑤ 李孝迁：《梁启超早年新史学思想考源》，《史学月刊》2007 年第 2 期。
⑥ 桑兵：《近代中国的新史学及其流变》，《史学月刊》2007 年第 11 期。
⑦ 李学勤：《"二重证据法"与古史研究》，《清华大学学报》2007 年第 5 期。
⑧ 栗彦卿：《论傅斯年"史学即史料学"》，《广西师范大学学报》2007 年第 11 期。

趣》，而完整的表述则是《史学方法导论》。① 李扬眉比较顾颉刚与傅斯年的学术研究，认为两者各自的学术事业，代表的是同一路向的两种不同分工，他们的学术活动则可能体现了学术组织中"官方"和"民间"这两种基本模式。②

苏永明指出，20 世纪 30 年代的"食货派"主张从问题入手、广搜史料、寻绎结论，强调借用西方经济学理论和比照西方经济史以及倡导"综合研究法"，形成了鲜明的治史风格；但其治史方法存在着明显的不足与局限。"食货派"学术生命过早的终结，与其治史方法自身的缺陷不无关系。③

高希中回顾新中国成立以来关于历史人物评价标准问题的讨论，以 20 世纪 80 年代为界将其分为前后两个阶段：从 1949 年到 20 世纪 80 年代，历史人物评价标准讨论在唯物史观一元论标准的框架内进行；90 年代特别是 90 年代中期以来，历史人物评价标准讨论开始跳脱唯物史观一元论标准模式，日益走向多元化。不过，全新的标准模式尚未建立起来。④ 张辅麟回顾吉林省社会科学院研究员解学诗的学术历程，并评述其学术成果。⑤

黄红霞、陈新认为，后现代主义思潮是大众文化崛起、话语权力扩散的产物。一旦公众将研究历史与写作历史当做乐趣，也就开始瓦解职业历史学的权威性。这种情形与新媒介相结合，必将促成公众史学的兴起。⑥

五　史学专论

程晓舫、袁新荣、刘景平尝试建立有关人类社会发展的数学模型，借助数学体系的完备性和自洽性，对模型中各种数学关系进行推演，论证人类社会相继经历以利用再生资源为主要特征的农业社会，以利用枯竭资源

---

① 桑兵：《傅斯年"史学只是史料学"再析》，《近代史研究》2007 年第 5 期。
② 李扬眉：《学术社群中的两种角色类型——顾颉刚与傅斯年关系发覆》，《清华大学学报》2007 年第 5 期。
③ 苏永明：《"食货派"的经济史研究方法探讨》，《史学史研究》2007 年第 3 期。
④ 高希中：《近 50 年历史人物评价标准问题述评》，《山东社会科学》2007 年第 5 期。
⑤ 张辅麟：《筚路蓝缕 锲而不舍》，《社会科学战线》2007 年第 5 期。
⑥ 黄红霞、陈新：《后现代主义与公众史学的兴起》，《学术交流》2007 年第 10 期。

为主要特征的工业社会和以利用人类资源为主要特征的知识社会几个历史阶段。[①]

杨竟业研究亚细亚生产方式理论，提出内生发展与外生发展的矛盾、社会结构与社会发展的矛盾及语言符号与概念内涵的矛盾，是形成亚细亚生产方式理论的三个矛盾关系。[②] 王海明认为亚细亚生产方式是东方专制政体由以产生的经济根源，是专制制度最牢固的基础和最深刻的原因；反之，西方"古典的古代"生产方式则是西方民主制度由以产生的经济根源。[③]

《学术月刊》编辑部邀请四位知名学者就学界争论的中国有无封建社会的问题展开对话。冯天瑜认为将秦汉至明清称"封建社会"的泛化封建观，是与马克思、恩格斯的封建社会原论相悖的。张国刚认为，在看到历史的差异性和各自特色的同时，也要认识人类历史发展中的同一性，所以，关于历史阶段划分，既可以用唯物史观的标准，把中国的中世纪叫做封建社会；也可以按照生产力发展水平，用上古、中古、近代来划分；还可以用时序如史前、族邦、皇权、共和等概念来划分历史阶段，使国内外学者能够在学术上做到沟通和理解。许苏民认为，冯天瑜提出的关于自秦迄清中国社会的性质是"宗法地主专制社会"或"地主社会"的观点是值得商榷的，根据马克思主义的政治与经济之统一的标准，自秦迄清中国社会性质实际上是皇权官僚专制社会。陈启云认为传统中国究竟属于"封建型"抑或是"大一统"、"专制"、"独裁"型，从"范畴理论"而言，两者绝不相容；但从"历史事实"而言，两者却常常并存——有时是先后轮转（如春秋—战国—秦汉—魏晋），多数情况下是同时并存（如西周、战国、秦汉、隋唐、辽金元）。[④] 姚礼明强调中国的"封建"与西欧的"feudalism"毫无瓜葛，并提出翻译中的语义失落问题。[⑤] 李根蟠认为"封

[①] 程晓舫、袁新荣、刘景平：《用数学模型表现人类社会的发展阶段》，《安徽大学学报》2007年第1期。

[②] 杨竟业：《论形成亚细亚生产方式理论的三个矛盾关系》，《哈尔滨市委党校学报》2007年第3期。

[③] 王海明：《专制起源论》，《晋阳学刊》2007年第4期。

[④] 见《学术月刊》2007年第2期。

[⑤] 姚礼明：《中国的"封建"与西欧的"feudalism"辨析》，《学术界》2007年第1期。

建"概念是历史地变化着的，不应用凝固化的老概念去"匡正"人们鲜活的历史认识。中国马克思主义史学工作者在唯物史观的指导下，从中国实际出发，论定战国秦汉以后属封建社会，并提出"封建地主制"理论。这种认识的正确性，已被新民主主义革命的胜利所证实，是对马克思主义封建观的继承和发展。① 张林祥则认为封建主义或封建社会的含义虽然有一个演变的过程，但土地的分层占有制、以私人契约为基础的普遍的人身依附关系和统治权的分散等，是其基本特征，为一般学者所公认。中国学者提出的"地主封建制"理论，虽然大体不违史实，但最多证明中国古代社会不具有资本主义的性质，而不能证明它是封建社会。② 陈支平认为"封建社会"一词之所以为大部分中国学者乃至民众所接受，是因为它符合马克思主义唯物史观的基本原理，即社会生产力的发展水平是形成生产方式的决定性的因素。在近代工业化之前，中国的社会生产力发展水平与欧洲以及亚洲许多国家的发展水平基本相同，它们各自由此而产生的生产方式也理所当然地在同一个历史阶段里。他主张以超越时空的广阔视野、以规律性的探索归纳、从更为理性化的角度来辨识"中国的封建社会"，从而避免过去那种对号入座式的纠缠不清的烦琐讨论。③ 陈启云探讨封建与大一统之间的关系，指出在汉唐一千多年间，广泛存在的地方力量是制约大一统政体的有效机桎；而由这机桎发展出的士族实体，更是约束独裁专制君主的有效力量。宋代中国传统的农村地方力量、士族大姓的实体势力和传统儒学的影响，都发生了全面性解体的变化，其对中央集权君主专制的制衡作用因此不振，演变出明代的君主专制独裁政治，构成了近代中国"现代化"的困境。④ 宁可深入探讨了中国封建经济结构的运转及发展规律，强调中国原本比较先进而后来落后，是其内部机制、内部因素在起作用，而这种机制与因素，应主要从封建经济方面进行探求。⑤

---

① 李根蟠：《"封建"名实析义——评冯天瑜〈"封建"考论〉》，《史学理论研究》2007 年第 2 期。
② 张林祥：《"封建社会"与"地主经济"》，《甘肃理论学刊》2007 年第 5 期。
③ 陈支平：《跨越时空论"封建"》，《历史教学》2007 年第 12 期。
④ 陈启云：《陈启云探讨封建与大一统之间：关于中国传统政体的理论和史实》，《社会科学战线》2007 年第 3 期。
⑤ 宁可：《中国封建经济结构的运转和发展》，《中国经济史研究》2007 年第 2 期。

程新英评述当代发展观，指出 20 世纪 70 年代以来，发展理论发生了重大变化。新发展观在分析发展的范式、基本的发展理念和发展机制等方面都带有明显的非西方中心主义特征。[①] 曾昭耀提醒学界在研究中国现代化问题时，注意摆脱西方中心论的束缚，将马克思主义的普遍真理同我国的具体实际结合起来，走自己的现代化之路。[②] 吴鹏森认为，从"革命范式"转向"现代化范式"，不仅是史学话语的一次系统转换，也导致了中国近现代史研究的一系列创新。从现代化的视角进行重新审视，中华民族要求实现现代化和各种势力阻碍中华民族现代化之间的矛盾才是近代中国社会的主要矛盾。[③]

张德明论述了经济关系在民族国家统一中的重要作用：（1）恢复和发展一国分离部分之间的经济关系是重建统一的民族市场不可或缺的重要步骤；（2）经济关系的发展可以扩大主张统一的阵营、增强拥护统一的力量；（3）经济关系的发展能够密切政治关系和增强民族认同感，进而有利于遏制内部的分裂势力和抗衡外部的干涉势力；（4）主体部分的经济发展是促进各部分之间经济关系良性发展、带动全民族经济增长、为国家的最终统一准备经济前提的关键。[④]

六　中国经济发展

尹伟强根据古代中亚及我国西北农牧经济文化区的划分与历史上西北游牧民族经济文化类的演变，提出古代西北地区长期存在着南部绿洲农业民族与北部草原游牧民族的对抗。由于绿洲的分散性使绿洲农业民族受到游牧民族的强烈影响，但不能因此而否认绿洲农业经济的农耕文化的属性。[⑤] 赵冈认为，中国历史上的"一田二主"起源于农户以土地为抵押进

---

① 程新英：《当代发展观中的非西方中心主义》，《学术界》2007 年第 1 期。

② 曾昭耀：《现代化研究中一个值得注意的问题》，《江汉大学学报》2007 年第 1 期。

③ 吴鹏森：《史学范式的转换与中国近代社会主要矛盾新说》，《南京师范大学学报》2007 年第 1 期。

④ 张德明：《论述经济关系在民族国家统一中的作用》，《武汉大学学报》2007 年第 2 期。

⑤ 尹伟强：《古代中亚及我国西北农牧经济文化区的划分——兼论历史上西北游牧民族经济文化类型的演变》，《贵州师范大学学报》2007 年第 5 期。

行贷款，土地典卖后原主尽量保留土地的使用权，终于使田骨田面彻底分离为两个独立的产权。而由其他起源发展出来的永佃制，最后也采取了同一模式。发展的结果是这种借贷关系越来越明显，田骨变成了农村的金融工具。① 陈勇勤批评黄宗智的中国小农"三幅面孔"统一体说，指出经营式农场主、雇农都不在小农范畴，"三幅面孔"只能和富农、自耕农、佃农相关。经营式农场主和雇农两者所构成的一种生产方式，不能反映中国小农经济的内部结构以及小农经济受其影响所表现出来的某种状态。② 刘秋根阐述中国合伙制的起源及发展，提出正式的合伙制最早见于春秋时代的文献，战国秦汉时中国古代合伙制大体上形成资本与资本、资本与劳动两种类型。历经魏晋隋唐初步发展，为宋代以后合伙制的较大发展创造了条件。③ 马强重点分析了宋元及明清时期汉中盆地农业及农业地理环境的变迁，认为宋元时期虽然是盆地农业重大发展时期，但因受时代及国家形势的影响，农业地理经历了一个繁荣、毁灭、恢复的历程；明清时期汉中盆地水利农业发达，平川地区向精耕细作农业发展，山区水稻农业也普遍兴起，但大量移民的迁入造成对秦、巴山区过度的垦殖，致使汉中盆地农业地理环境急剧恶化。④

---

① 赵冈：《论"一田二主"》，《中国社会经济史研究》2007 年第 1 期。
② 陈勇勤：《黄宗智中国小农"三幅面孔"统一体说的误区》，《安徽史学》2007 年第 1 期。
③ 刘秋根：《中国古代合伙制的起源及初步发展》，《河北大学学报》2007 年第 3 期。
④ 马强：《论宋元至明清汉中盆地农业经济的发展》，《中国社会经济史研究》2007 年第 3 期。

第二章
2007 年先秦秦汉经济史研究

王万盈

2007 年先秦秦汉经济史研究成果的数量与上年基本持平，发表相关论文二百余篇，但存在低水平重复研究较多，高水平论作较少，新方法、新材料运用不多等值得注意的现象。兹分述如下。

一　总论

董全亮用制度经济学理论探讨中国封建社会长期延续的原因，认为理性的人选择了一个不利于自己的制度安排，人们对社会变革的期望仅停留在新制度能提供一个好皇帝和好的吏治，并没有彻底颠覆这种制度的动机，这种"制度悖论"是导致中国封建制度长期延续的根本原因。[1] 范传贤、范喆认为秦汉官营、私营大农业是建立在奴隶主拥有大宗土地、农具和奴隶的基础上，这种奴隶经济的形式和特征证明秦汉社会性质是奴隶占有制，封建社会不可能出现在这之前。[2] 陈新燕认为中国封建社会商品经济发展的原因在于土地制度的确定与完善、赋税制度的不断变革、坊市制

---

[1]　董全亮：《中国封建社会得以长期存在的原因分析：一个公共选择的视角》，《大理学院学报》2007 年第 3 期。

[2]　范传贤、范喆：《中国古史分期的要害问题》，《东南学术》2007 年第 6 期。

度的演变以及度量衡和货币的统一①。陈栋认为中国封建社会的土地制度以私有为主，并对私有经济体制下土地国有制长期存在的原因作了分析。②裴安平认为私有制在距今大约 6500 年前后已经起源，私有制的起源既非农业、畜牧业、手工业社会分工的结果，也非商品经济发展的结果，而是社会基本矛盾推动农业生产方式变革，再推动生产关系变革的结果。③

陈锋认为西周是户籍制度的形成期，秦汉以来已建立起全国规模的人口调查制度，秦汉以后的户籍制度大体上是一种固有模式的沿袭，但隋唐与明清户籍制度也值得特别注意。户籍制度和赋役制度关系密切，户籍制度直接关系到国家的财政来源。中国古代的土地制度经历了数次变化，其中总的趋势是从国有到私有。土地私有化并不意味着国家土地所有制的消失，而是以另外不同的方式存在，不同土地制度的"田赋"征收亦不相同。④

刘秋根把古代农业金融史划分为战国秦汉到唐中叶、唐中叶到明中叶、明中叶到鸦片战争前三个阶段。国家、地主、商人分别在这三个阶段起主体作用。⑤刘秋根、黄登峰认为，正式的合伙制最早在春秋时代的文献中已有记载，战国秦汉时合伙制形成资本与资本、资本与劳动两种类型。⑥

冯勇研究了中国古代审计制度中的权力制约问题，认为中国古代审计制度有很多独到之处，具体表现在审计机构的独立性以及审计法规的完善性等诸多方面。⑦黎柠研究了古代财政监督制度，认为从周朝的宰夫到清代的都察府的御史，都是实行财政监督的官职。古代的财政监督以监督官

①　陈新燕：《制度变迁与中国封建社会商品经济的发展》，《边疆经济与文化》2007 年第 3 期。

②　陈栋：《封建私有制下国有土地制度长期存在的原因探究》，《当代经济》（下半月）2007年第 4 期。

③　裴安平：《史前私有制的起源——湘西北澧阳平原个案的分析与研究》，《文物》2007 年第 7 期。

④　陈锋：《中国古代的户籍制度与人口税演进》，《江汉论坛》2007 年第 2 期；《中国古代的土地制度与田赋征收》，《清华大学学报》2007 年第 4 期。

⑤　刘秋根：《中国封建社会农业金融发展阶段初探》，《人文杂志》2007 年第 2 期。

⑥　刘秋根、黄登峰：《中国古代合伙制的起源及初步发展——由战国至隋唐五代》，《河北大学学报》2007 年第 3 期。

⑦　冯勇：《中国古代审计制度中的权力制约机制》，《法商研究》2007 年第 1 期。

员为主要对象，同时兼合了审计和监察于一体。[①]

孟繁颖认为中国传统经济思想中的"富国"与"富民"的政策争执实际上是关乎政治稳定和经济可持续发展的根本问题。中国古代思想家没能从根本上找到解决问题的正确答案。[②] 钟祥财认为中国历史上出现过两种构建理想社会的经济思路，一是基于和谐理念的经济多样性主张；另一个是取消私有制的大同社会模式。[③] 孟祥仲、辛宝海论述了中国古代思想家的平等观与效率观。[④] 张守军认为反对奢侈，主张节用，是中国传统经济思想的一条基本原则。[⑤] 李慧明、廖卓玲分析比较了儒、道、墨三派学说的环境经济伦理思想。[⑥] 李秀丽将中国古代的市场管理思想归纳为直接行政控制、自由放任、经济干预和调控三种模式。[⑦]

高华云阐述了中国古代纸币产生的历史渊源、过程及其兴衰，认为在西周时代，中国民间就使用过以布为币材的"里布"作为交易的媒介物。春秋战国时期，民间曾用"牛皮币"作为支付工具。但汉武帝时的"白鹿皮币"并非作为货币来流通。[⑧] 张始峰、夏登庆也论述了中国古代纸币的起源及历史变迁。[⑨]

二 土地制度

张经认为，在西周土地关系问题上，周天子所拥有的土地法权具有重要意义，成为西周推行其他各项政策和制度的前提。[⑩] 张金光认为张家山汉简《二年律令》中的土地制度是普遍授田制度的延续，应是土地国有

---

① 黎柠：《中国古代的财政监督制度研究》，《广西财经学院学报》2007 年第 1 期。
② 孟繁颖：《跳出"富国"与"富民"矛盾的怪圈——中国古代经济思想中一对冲突概念的现代审视》，《经济研究导刊》2007 年第 8 期。
③ 钟祥财：《和谐与大同：中国古代两种经济发展思路》，《财经研究》2007 年第 9 期。
④ 孟祥仲、辛宝海：《中国古代思想家的平等与效率观》，《山东大学学报》2007 年第 5 期。
⑤ 张守军：《中国传统的节用思想》，《贵州财经学院学报》2007 年第 1 期。
⑥ 李慧明、廖卓玲：《中国古代哲学文化中的循环经济伦理思想探析》，《贵州师范大学学报》2007 年第 1 期。
⑦ 李秀丽：《中国古代的市场管理模式》，《辽宁工程技术大学学报》2007 年第 1 期。
⑧ 高华云：《中国古代纸币的产生及其兴衰》，《平原大学学报》2007 年第 2 期。
⑨ 张始峰、夏登庆：《中国古代纸币渊源及流变》，《兰台世界》2007 年第 3 期。
⑩ 张经：《西周时期周天子拥有土地法权的意义》，《史学月刊》2007 年第 2 期。

制，而"名田"性质具有不确定性，亦非制度，不宜用以表述其土地制度的整体属性。中国私有地权从国有地权中衍生而出，普遍授田制的终结便是土地私有权制度的确立。通过普遍授田制对国有地权的层层分割，以及份地使用权和占有权的长期凝固化，最终完成于汉文帝废止普遍授田制之时。[①] 贾丽英认为张家山汉简的出土证实了汉初存在过以爵位高下及身份不同授予相应田宅的名田宅制。该制度一开始就未彻底施行，高祖后期即名存实亡。《二年律令·户律》是奉"高祖之法"不敢删削而原封保留，而非现行律文。武帝朝用来纠劾地方豪右的"田宅逾制"，是武帝本朝的限田之制，不是汉初的"名田宅制"。此后，汉代的限田方案都未成功实施过。[②] 李恒全认为汉代名田制是土地私有制基础上的限田制。[③] 王湃以"观念国有"和"法权国有"为基本点论证了西汉土地所有制为封建土地国有制。[④]

三　农业

侯毅认为中国北方是世界范围内粟作农业的主要发源地，华北特别是京津冀地区是粟作农业发源最重要的中心区域。中国北方最早的粟作农业可以追溯到距今 16000 年的山西下川旧石器文化晚期，距今 13000～9000 年是中国北方粟作农业大发展的阶段。[⑤] 靳桂云认为尽管考古发现年代最早的小麦遗存是在龙山时代，但是中国的小麦是否为本地起源，仍是一个需要进行证明的问题。[⑥] 李映福认为长江下游地区新石器时代早期阶段以狩猎采集经济为主，小范围兼营稻作农业；新石器时代中、晚期阶段，一方面是狩猎采集经济持续下降的过程，另一方面也是农耕经济持续高涨的

①　张金光：《普遍授田制的终结与私有地权的形成——张家山汉简与秦简比较研究之一》，《历史研究》2007 年第 5 期。
②　贾丽英：《汉代"名田宅制"与"田宅逾制"论说》，《史学月刊》2007 年第 1 期。
③　李恒全：《汉代限田制说》，《史学月刊》2007 年第 9 期。
④　王湃：《论西汉封建土地国有制》，《牡丹江教育学院学报》2007 年第 2 期。
⑤　侯毅：《试论我国北方粟作农业的起源问题》，《农业考古》2007 年第 1 期；《从东胡林遗址发现看京晋冀地区农业文明的起源》，《首都师范大学学报》2007 年第 1 期。
⑥　靳桂云：《中国早期小麦的考古发现与研究》，《农业考古》2007 年第 4 期。

过程，并最终形成了良渚文化时期的农耕经济体系。① 梁宁森从农田水利和技术进步等角度论述了两汉冬小麦种植进一步推广的原因。②

刘继刚、何婷立认为，中国古代的井灌最早出现于新石器时代南方的水田，晚些时候北方黄河流域的农业生产中也可能出现了井灌。③ 刘兴林论述了井渠技术的起源，认为井渠之法至迟在春秋时期就已经出现。④ 贾兵强认为，先秦时期我国"水井形制"的发展经历了一个渐进的过程。由于各个地区之间的地理条件不同，不同地区的水井类型也不尽相同。⑤

黄今言探讨了汉代小农的数量变化、特征和地位问题，认为西汉前期自耕农占人口总数的比例最高，达90%以上，东汉后期，自耕农的数量下降到占总人户的75%。自耕农以一家一户为生产单位，独立经营，具有较强的致富欲望和吃苦耐劳的精神等特征。⑥ 成玉玲认为，"力田"是汉代乡村中劝导乡里、助成农桑风化的基层农官，是推动汉代农业技术进步和农业生产稳定发展的重要力量。⑦

温乐平认为，秦汉时期牛的类型主要是黄牛、水牛、牦牛三种，其中以黄牛为主，牛的产地逐渐分布于全国各地，为各地养牛业的发展创造了条件。秦汉养牛业分为官方牧养与民间牧养两种，均有不同程度的发展，牧养、管理、保护、兽医技术也有相当长时期的经验积累，养牛业的生产出现商品化趋势。⑧

四 手工业

王炳万认为，作为中国文化起源的农业、新石器、陶器这三大技术创

---

① 李映福：《从长江下游地区新石器时代的狩猎工具看经济形态的转变》，《四川文物》2007年第4期。
② 梁宁森：《试论两汉时期冬小麦生产的发展》，《漯河职业技术学院学报》2007年第4期。
③ 刘继刚、何婷立：《关于中国古代早期井灌问题的几点思考》，《农业考古》2007年第1期。
④ 刘兴林：《论井渠技术的起源》，《华夏考古》2007年第1期。
⑤ 贾兵强：《先秦时期我国水井形制初探》，《农业考古》2007年第4期。
⑥ 黄今言：《汉代小农的数量、特征与地位问题再探讨》，《农业考古》2007年第4期。
⑦ 成玉玲：《汉代乡村农业经济管理探析》，《史学月刊》2007年第7期。
⑧ 温乐平：《论秦汉时期牛的类型与产地分布》，《湖北师范学院学报》2007年第2期；《论秦汉养牛业的发展及相关问题》，《中国社会经济史研究》2007年第3期。

新的源头，可以进一步上溯到 15000 年前。[①] 杨惠福、王元林结合文献资料和考古发掘，探讨了古纸的发展问题[②]。谭德睿认为中国失蜡铸造技术起源于焚失法。焚失法最早见于商代中晚期，焚失法在无范线失蜡法技术出现之后逐渐消亡。至春秋中晚期，无范线失蜡铸造技术已相当成熟。所谓中国青铜时代"没有失蜡法铸造器例"之说实属无稽之谈。[③] 周卫荣等则从技术史的理论角度并以模拟实验结果对古代"失蜡工艺"起源于商周青铜器"焚失法"的观点提出质疑，指出"失蜡工艺"是在佛教传入中国之后，为铸造"西洋风格"的佛像而传入我国的。[④] 陈振中论述了先秦金矿的陶冶采炼与金器制作工艺。[⑤] 李艳红、方成军认为，从黄帝时代开始，黄河流域就出现了蚕丝手工业，商代蚕丝业有质的飞跃，出现了绢纺织锭和多种丝织品，手摇纺车开始出现，蚕丝业受到社会上层高度重视。[⑥] 龙坚毅认为汉赋中包含大量汉代手工业的信息，完全可以作为研究汉代手工业的补充材料。[⑦]

五　商业与城镇

何崝研究了商代贸易问题，认为殷商多次迁徙的一个重要原因是为了寻找更好的贸易对象和环境。[⑧] 赵惠民论述了黄河三角洲古代商品经济的发育问题。[⑨] 高维刚认为秦汉市场商品有小农的农产品及家庭副业产品、私营手工业者的手工业产品、官营作坊的工业产品、周边各少数民族及外国输入的商品等四个来源。[⑩] 万李义、孙涛认为春秋中后期经济因素、政

①　王炳万：《从万年仙人洞、吊桶环遗址看新石器时代早期三大技术创新》，《农业考古》2007 年第 1 期。
②　杨惠福、王元林：《也谈两汉古纸的发现与研究》，《考古与文物》2007 年第 5 期。
③　谭德睿：《中国早期失蜡铸造问题的考察与思考》，《南方文物》2007 年第 2 期。
④　周卫荣等：《再论"失蜡工艺不是中国青铜时代的选择"》，《南方文物》2007 年第 2 期。
⑤　陈振中：《先秦金器生产制作工艺的初步形成》，《中国经济史研究》2007 年第 1 期。
⑥　李艳红、方成军：《试论中国蚕丝业的起源及其在殷商时期的发展》，《农业考古》2007 年第 1 期。
⑦　龙坚毅：《从汉赋看汉代的手工业》，《江西社会科学》2007 年第 3 期。
⑧　何崝：《论商代贸易问题》，《中华文化论坛》2007 年第 1 期。
⑨　赵惠民：《论黄河三角洲古代商品经济的发育》，《中国石油大学学报》2007 年第 3 期。
⑩　高维刚：《秦汉市场商品来源与商业形式》，《四川大学学报》2007 年第 5 期。

治关系对私营商业发展有深刻影响。① 吴继轩分析了春秋战国时期商品经济发达的原因。② 秦开凤考察了汉武帝时期的工商制度变迁问题，认为汉武帝之所以选择官营工商业作为增加财政收入的途径，一是因为进行官营工商业的预期收入大于预期成本，可获得巨大的潜在利润；二是与制度变迁的主要决策者和推行者桑弘羊的偏好和知识存量有关。这次制度变迁使西汉的私营工商业遭到致命打击。③

王子今、李禹阶对汉代北边的"关市"做了研究，认为"通关市"是汉代北边贸易往来的重要形式，除此正当途径外，北边贸易还有非正常乃至非法的形式，甚至防戍士兵也以特殊的方式直接或间接地参与中原与边地乃至域外的贸易活动。④ 黎燕认为军市产生于战国中期，军市的产生，满足了士兵的生活需求。⑤ 夏金梅认为从西周到秦汉，国家对过往客商征收关税的总额有越来越高的趋势。⑥ 王浩对两汉时期的女性商业者进行考察，认为两汉妇女经商取向的形成与商品经济发展分不开，商品经济的繁荣强化了女性经商意识。⑦ 万海峰、肖燕对汉武帝时期的盐铁专卖制度做了论述。⑧ 谢华研究了秦汉商法的实质，认为秦汉商法规范了商业活动，贯彻了"重农抑商"政策。⑨ 申远研究了卜式的政治生涯与汉武帝时期商业的关系，认为卜式政治生涯的黯淡收场不仅代表商人阶层在汉武帝时代的失败，也说明汉武帝时期国家机器的功能已发生巨大变化，在汉武帝时期，商人已经不可能再有战国时期那种自由发展的土壤。⑩

耿曙生认为中国城市形成于商代。⑪ 杨小彦认为周代城市空间以方形为基本构形的制度，使方形制度成为以后大部分城市规划的常例。⑫ 罗丽

---

① 万李义、孙涛：《春秋时期私营商业兴起之原因浅析》，《湖北经济学院学报》2007 年第 2 期。
② 吴继轩：《春秋战国时期商品经济发达原因探析》，《山东师范大学学报》2007 年第 2 期。
③ 秦开凤：《关于汉武帝时期工商业制度变迁的两个问题》，《西北大学学报》2007 年第 5 期。
④ 王子今、李禹阶：《汉代北边的"关市"》，《中国边疆史地研究》2007 年第 3 期。
⑤ 黎燕：《战国军市产生简论》，《上饶师范学院学报》2007 年第 2 期。
⑥ 夏金梅：《论关税增长和汉代私营贩运贸易发展》，《现代商贸工业》2007 年第 4 期。
⑦ 王浩：《两汉时期的女性商业者》，《中华女子学院山东分院学报》2007 年第 3 期。
⑧ 万海峰、肖燕：《略论汉武帝时期的盐铁专卖制度》，《江西社会科学》2007 年第 2 期。
⑨ 谢华：《秦汉商法实质浅析》，《湖南城市学院学报》2007 年第 2 期。
⑩ 申远：《卜式的政治生涯和汉武帝时的商业》，《黑龙江史志》2007 年第 9 期。
⑪ 耿曙生：《论中国城市形成于商代》，《苏州科技学院学报》2007 年第 3 期。
⑫ 杨小彦：《中国古代城市方形制度与等级空间关系初探》，《新美术》2007 年第 3 期。

认为古代城市起源动力呈多样化态势，安全保障、行政管理、交通枢纽、土地状况、农耕技术、手工业和商业的发展等皆为古代城市起源的动因，成因的多样化导致中国古代城市类型的多样化。[①]

六 户籍与人口

杨际平对秦汉户籍管理制度进行了研究，认为西周分封制下不大可能建立通行全国的比较严密的户籍管理制度。我国比较严密的户籍制度建于春秋战国时期。秦统一六国后，随着郡县制的全面实行，户籍制度也更加严密。汉代户籍的主要内容是"吏民家口名年，不包括赀产"，奴婢虽有"名数"，但不算是编户齐民。[②] 胡古月认为我国户籍制度始于夏朝，西周时已逐步形成了户籍制度，秦汉时期，户籍制度趋于完备。与户籍制度相伴而生的是户籍档案的出现。[③] 辛田认为，春秋中晚期以前，完整意义上的户籍制度并不存在。春秋以后，"以户定籍"的户籍逐步确立，并在战国时期形成了编户齐民制度。而春秋战国时期由血缘社会向地缘社会转型完成的深层原因，与中国古代户籍制度改革和编户齐民制度的确立有很大关系。[④]

王建华对黄河中下游地区史前人口年龄构成进行了研究。[⑤] 高凯研究了秦代人口比例与人口下降现象，认为秦代存在各种类型的人口比例失调。汉初也至少存在八种产生人口性比例失调问题的原因。[⑥] 袁延胜估计东汉和帝永元年间南北匈奴的人口总数约有 140 万。[⑦] 此外，米迎梅对战国时代的人口流动也进行了研究。[⑧]

---

① 罗丽：《中国古代城市起源动力及类型》，《延边大学学报》2007 年第 2 期。

② 杨际平：《秦汉户籍管理制度研究》，《中华文史论丛》2007 年第 1 期。

③ 胡古月：《先秦及秦汉时期户籍档案研究》，《兰台世界》2007 年第 3 期。

④ 辛田：《名籍、户籍、编户齐民——试论春秋战国时期户籍制度的起源》，《人口与经济》2007 年第 3 期；《试论中国古代编户齐民制度的起源》，《兰台世界》2007 年第 3 期。

⑤ 王建华：《黄河中下游地区史前人口年龄构成研究》，《考古》2007 年第 4 期。

⑥ 高凯：《秦代人口比例与人口下降问题——以刑徒墓的发现为例》，《文史哲》2007 年第 5 期；《从人口性比例失调看汉初的人口政策》，《学术研究》2007 年第 9 期。

⑦ 袁延胜：《东汉时期匈奴族的人口》，《南都学坛》2007 年第 1 期。

⑧ 米迎梅：《试论战国时代的人口流动》，《宁夏大学学报》2007 年第 2 期。

七 赋税与财政

李恒全、季鹏认为，秦至汉初的刍稾税是以顷为单位征收，不足 1 顷也要按 1 顷征收的观点不能成立。主张秦汉刍稾是按实有亩数征收的，土地实有多少，就征多少。① 李恒全也认为，汉代土地制度是土地私有制基础上的限田制，刍稾税与田税是不同的税种，汉初田税是以亩为单位，按实有亩数计征，与刍稾税按顷计征截然不同。② 黄今言认为汉代的田税主要是田租和刍稾税，征收办法是既按顷计征，又与人户有关。③ 朱德贵认为，汉代存在户赋征收制度，户赋的征收标准在汉初是按爵位分等级征收，随着爵制的泛滥，逐渐被以赀征赋的标准所取代。④

杨志贤从财计组织、财计制度、会计管理等方面考察了西汉初年会计管理制度的发展状况。⑤ 朱卫华认为，秦汉会计制度的发展体现在会计机构设置和会计人员配备初成体系、会计的相关法规开始建立和会计内容较为广泛、记账形式日趋规范等几个方面。⑥ 朱德贵认为填制和严格审核会计凭证是汉代会计工作的基本环节，在会计管理方面，中央考核部门依据政府制定的上计律，对会计工作业绩进行考核审查。⑦ 史卫对汉代财政制度演变问题作了深入探讨。⑧ 朱德贵认为汉代地方财政管理比较健全，实行中央统一调度，郡国、县乡分级管理体制。⑨ 王静对汉代封国财政管理措施作了论证。⑩ 邵正坤认为汉代依照国家财政和帝室财政的区别，建立

---

① 李恒全、季鹏：《秦汉刍稾税征收方式再探》，《财贸研究》2007 年第 2 期。
② 李恒全：《汉初限田制和田税征收方式——对张家山汉简再研究》，《中国经济史研究》2007 年第 1 期。
③ 黄今言：《从张家山竹简看汉初的赋税征课制度》，《史学集刊》2007 年第 2 期。
④ 朱德贵：《从〈二年律令〉看汉代"户赋"和"以赀征赋"》，《晋阳学刊》2007 年第 5 期。
⑤ 杨志贤：《从张家山汉简看汉初会计管理制度的发展状况》，《中国社会经济史研究》2007 年第 2 期。
⑥ 朱卫华：《简论秦汉会计发展的主要特征》，《贵阳学院学报》2007 年第 1 期。
⑦ 朱德贵：《秦汉会计文书制度若干问题探讨》，《哈尔滨商业大学学报》2007 年第 1 期。
⑧ 史卫：《汉代财政制度演变试探》，《南都学坛》2007 年第 5 期。
⑨ 朱德贵：《汉代郡县乡财政管理理论考》，《内蒙古大学学报》2007 年第 1 期。
⑩ 王静：《从汉代封国的财政管理思考西部税收信用体系的建立》，《唐都学刊》2007 年第 5 期。

起从中央到地方，从内郡到边郡的仓储职官体系。①

　　周琍认为两汉时期的财政困难主要呈现出周期性、军费型亏损在财政中占主体地位，国家财政比皇室财政亏损严重等特点。② 张守军论述了王莽的财政经济改革。③ 耿曙生认为贝在商代已具备了真正货币的职能。④ 周艳常对汉武帝的币制改革做了研究。⑤ 宋玲、尹长舒对王莽的币制立法改革进行了研究。⑥ 黄凤芝对汉代货币盗铸问题进行了论述，认为汉代货币盗铸形成的原因主要有高额利润的驱使，铜钱本身以"枚"为计算单位的特性及官方多次币制改革等。⑦ 温乐平认为秦汉时期农业、手工业产品之间存在着广泛的比价和差价关系，秦汉时期商品市场价格体系已经初步形成。⑧

八　盐业史研究

　　李靖莉、赵惠民认为，黄河三角洲是中国古代著名海盐中心产地之一，适宜的自然条件，加之政府有效地行使宏观调控职能，使黄河三角洲古代制盐业得以健康发展，盐业生产发展水平较高。⑨ 李慧竹、王青认为山东北部海盐业最早起源于距今 5500～5000 年前后的大汶口文化中期或略早，当时的制盐活动只能在海边进行，制盐技术也比较原始。⑩ 赵逵、杨雪松认为川盐对中国中部地区，特别是鄂、渝、湘、黔交会地区的经济发展产生过巨大影响。⑪ 张学君、张缪斯对蜀郡早期井盐生产的技术特点和引起秦汉时期井盐大开发的经济、社会背景作了分析。⑫ 丁邦友、魏晓明

① 邵正坤：《汉代仓储职官考述》，《兰州学刊》2007 年第 4 期。
② 周琍：《论汉代财政危机的特点及影响》，《求索》2007 年第 8 期。
③ 张守军：《论王莽的财政经济改革》，《东北财经大学学报》2007 年第 4 期。
④ 耿曙生：《论"贝"成为我国货币的年代》，《苏州大学学报》2007 年第 5 期。
⑤ 周艳常：《试论汉武帝时期的币制改革》，《濮阳职业技术学院学报》2007 年第 1 期。
⑥ 宋玲、尹长舒：《西汉王莽的币制立法改革研究》，《池州师专学报》2007 年第 1 期。
⑦ 黄凤芝：《试论汉代货币盗铸的特点及原因》，《江西金融职工大学学报》2007 年第 1 期。
⑧ 温乐平：《秦汉时期工农业产品比价和差价分析》，《农业考古》2007 年第 4 期。
⑨ 李靖莉、赵惠民：《黄河三角洲古代盐业考论》，《山东社会科学》2007 年第 9 期。
⑩ 李慧竹、王青：《山东北部海盐业起源的历史与考古学探索》，《管子学刊》2007 年第 2 期。
⑪ 赵逵、杨雪松：《川盐古道与盐业古镇的历史研究》，《盐业史研究》2007 年第 2 期。
⑫ 张学君、张缪斯：《关于临邛、蒲江的盐业历史——汉代蜀郡井盐开发的历史背景与工艺特点》，《盐业史研究》2007 年第 3 期。

对汉代盐价作了考察，认为西汉前期盐价相对较低，汉武帝实行盐铁专营政策后，盐的价格有了较大幅度的提高。东汉时期，盐价最低为每石 400 钱，最高达到每石 8000 钱，正常时期的盐价大约为每石 800 钱。[①]

九　生态环境、自然灾害与社会保障

赵善德分析了先秦时期珠江三角洲的环境变迁与文化演进的关系。[②]李金玉认为西周时期的生态环境在整个中国古代社会呈现出少有的良好状况。[③] 陈业新对战国秦汉时期长江中游地区的气候状况进行了探讨。[④] 惠富平、黄富成认为，两汉时期江淮地区的陂塘水利对农业进步及生态环境改善产生了良好作用，汉代陂塘水利及其产生的环境效益奠定了后世江淮流域农业发展的基础。[⑤] 周彩云认为，古代游牧民族迁徙频繁，与游牧民族地区气候生态环境的变迁有很大关系。[⑥]

卜风贤、冯利兵认为秦汉时期是我国历史上灾害群发的集中阶段。这一时期减灾救荒体系已经基本建立并趋于完善，涉及灾害预防、减灾抗灾以及救灾救荒三个方面。[⑦] 魏爽认为汉武帝时期是整个西汉自然灾害发生次数最多的时期。汉武帝采取了重视农业、移民屯垦、廪贷灾民、兴修水利等积极的救荒措施。[⑧] 陈金凤对汉武帝解决流民问题的政策措施作了论述。[⑨] 王文涛对东汉安帝时期的自然灾害与政府赈济等问题进行了统计。[⑩]张文安认为，东汉时期河南地区水灾在数量上占全国水灾发生总数的一半以上，在地域分布上主要集中在豫西，在时间上多发生在夏、秋两季。[⑪]

---

① 丁邦友、魏晓明：《关于汉代盐价的历史考察》，《商丘师范学院学报》2007 年第 2 期。
② 赵善德：《先秦时期珠江三角洲环境变迁与文化演进》，《华夏考古》2007 年第 2 期。
③ 李金玉：《西周的生态环境状况及成因初探》，《新乡师范高等专科学校学报》2007 年第 3 期。
④ 陈业新：《战国秦汉时期长江中游地区气候状况研究》，《中国历史地理论丛》2007 年第 1 期。
⑤ 惠富平、黄富成：《汉代江淮地区陂塘水利发展及其环境效益》，《中国农史》2007 年第 2 期。
⑥ 周彩云：《古代中国气候和生态环境变迁与游牧民族的迁徙》，《湖北教育学院学报》2007 年第 5 期。
⑦ 卜风贤、冯利兵：《秦汉时期减灾政策与救荒制度》，《中国减灾》2007 年第 7 期。
⑧ 魏爽：《汉武帝时期的自然灾害与荒政》，《黑龙江教育学院学报》2007 年第 6 期。
⑨ 陈金凤：《汉武帝时期的流民问题及其解决方式论析》，《咸阳师范学院学报》2007 年第 5 期。
⑩ 王文涛：《东汉安帝朝自然灾害与政府赈灾年表》，《咸阳师范学院学报》2007 年第 3 期。
⑪ 张文安：《东汉时期河南地区的水灾》，《华北水利水电学院学报》2007 年第 5 期。

刘春雨认为东汉水灾发生次数多、灾区面积大、灾情严重。在大灾面前，人们采取了形式多样的救灾措施，效果显著，但救灾过程中也有不和谐因素存在。并认为东汉史料对自然灾害的灾区记载详略不一，存在隐瞒灾情、瞒报灾区面积的现象。[①]

郭浩认为汉代是古代养老制度形成和发展的重要时期，制定和推行了许多养老方面的政策和法令，建立起了一套较为完备的养老制度。[②]王子今论述了汉代孤儿的救助形式，认为汉代社会福利诸形式包括对孤儿的抚养救助，对维护社会的和谐安定有积极意义。[③]林兴龙认为，两汉时期，自然灾害频发、两极分化严重、佛教传入、道教创立、宗族势力发展等因素是两汉个人慈善行为发展的社会条件；王公贵族、地方官吏、佛道教徒等是这一行善群体的主要成员。[④]范丽敏认为两汉在建构社会保障制度、实施社会保障措施的过程中，将天人感应思想奉为重要的理论依据。社会保障主体的种种表现、社会保障措施的贯彻执行，无不包含着天人感应思想。[⑤]

十　经济思想

张秀峯认为先秦诸子的经济自由思想主要包括人性论、财富论、私有财产论及市场机制论等。[⑥]王棣华既论述了孟子的节俭理财、按功分配理财、产权理财和效率理财的思想，也论述了墨子增强国家财力、劳动创造财富、"义利"、"节用"以及长期投资的思想。[⑦]仇道宾、夏青认为，"重农"经济政策、"利农"经济制度和"励农"经济措施，构成了商鞅经济思想的主体内容。[⑧]田愈征认为先秦诸子的民本思想主要是以君为本的治

---

①　刘春雨：《东汉水灾及其救助措施》，《华北水利水电学院学报》2007年第2期；《东汉自然灾害灾区的认定》，《商丘职业技术学院学报》2007年第3期。

②　郭浩：《从家庭的收入与支出谈汉代农民的养老问题》，《农业考古》2007年第1期。

③　王子今：《汉代社会的孤儿救助形式》，《南都学坛》2007年第2期。

④　林兴龙：《两汉个人慈善行为简论》，《中国社会经济史研究》2007年第1期。

⑤　范丽敏：《天人感应思想与汉代的社会保障制度》，《南都学坛》2007年第4期。

⑥　张秀峯：《论先秦诸子的经济自由思想》，《山东经济》2007年第2期。

⑦　王棣华：《孟子理财思想的现代启示》，《产权刊刊》2007年第3期；《墨子理财思想的现代启示》，《产权导刊》2007年第8期。

⑧　仇道宾、夏青：《商鞅经济思想价值透析》，《理论学刊》2007年第8期。

民措施和以民为本的爱民措施，民本思想在一定程度上是对"君本思想"的否定。① 高力认为先秦儒家消费思想是一种以吃穿为主要结构，以温饱为社会目标，以节俭为消费标准的自然经济下的消费模式。② 赵麦茹认为先秦道家遵循自然之"道"的宗旨，在其生产观、消费观、分配观、赋税观等经济思想领域留下了深刻的烙印，使其经济思想富含大量的生态因子。③ 苏泉仁论述了晏子和管子在财富观上的悖论。④

王艳认为先秦儒家的农业思想内容广泛，包括农本、土地制度、农业政策和措施以及发展农业生产技术等观点，这些思想促进了中国传统农业社会体系的形成和发展，影响着先秦之后的儒家农业观。⑤ 甘起虹从义利观、等级制度经济观和以民为本经济观三方面叙述了孔子、孟子、荀子对先秦儒学经济哲学思想的创立、继承和发展。⑥ 周永刚、向德富认为，我国最早的惠农政策产生于春秋战国时期，惠农政策在各诸侯国进行的政治经济改革中得到普遍推行。⑦

韩东京从技术路径和制度依赖的角度出发，考察了夏商时代的会计思想，认为夏朝是会计思想最初萌芽的状态，商朝才出现了真正的会计思想。⑧ 游婷婷认为我国早在周代就有了内部控制的思想。周代的财计官制从内部会计控制、内部审计、内部牵制等方面加强对经济的控制和管理。⑨

杨智杰认为桑弘羊为国理财所推行的全部经济政策和所采取的一些重大经济措施，其渊源之一出自他的"计委量入"，即"量出为入"的理财思想，这是一项与西周时代"量入为出"之制度相反的财政收支原则，以"出有数、入有源"达到以出制入的目的。晋文认为桑弘羊理财思想的最

---

① 田愈征：《春秋战国时期的民本思想及现代意义》，《兰台世界》2007年第1期。

② 高力：《先秦儒家消费思想》，《全国商情（经济理论研究）》2007年第6期。

③ 赵麦茹：《先秦道家生态经济思想浅析》，《电子科技大学学报》2007年第1期。

④ 苏泉仁：《晏子和管子在财富观上的悖论》，《河北师范大学学报》2007年第2期。

⑤ 王艳：《先秦儒家农业思想及其影响的探讨》，《合肥工业大学学报》2007年第3期。

⑥ 甘起虹：《试论先秦儒学的经济哲学思想》，《哈尔滨学院学报》2007年第1期。

⑦ 周永刚、向德富：《论先秦时期的"惠农"政策——中央惠农政策探源》，《福建论坛》2007年第8期。

⑧ 韩东京：《谈中国古代会计思想的萌芽》，《商业时代》2007年第17期。

⑨ 游婷婷：《周代财计官制中内部控制思想的探讨》，《时代经贸》2007年第7期。

大特色是强调工商富国，主张国家应积极介入工商业。桑弘羊的财政调控思想不仅为国家积极介入工商业提供了理论依据，而且在实践中也确实达到了大幅度增加财政收入的目的。① 杨智杰认为王莽在进行经济改革中对成本的认识和应用尤为突出，他在许多经济政策中都把成本作为一个极其重要的经济因素加以考虑。②

十一　西部开发

李清凌对汉、唐、明清西部开发出现的三个高峰期进行了论述，认为古代西北的农田水利开发，受制于国家军事活动和中央政府投资力度两个因素。③ 吴宾认为秦汉之际是陕南地区开发的第一次高潮。④ 薛瑞泽认为汉代对边疆地区的开发主要集中在西北部、北部、南部和西南部。其中，河套地区的经济开发对于巩固北部边疆，抗击匈奴的进攻起了重要的作用。⑤ 余明认为西汉是历史上中国西部开发的一个重要时期。在政策的引导下，出现了地方开发、诸侯开发、商人豪强开发等多种形式并存的现象。西部开发培育出了经济中心、调整了产业结构，促进了经济发展，但也造成西部自然资源的巨大耗费和灾害频繁发生等不利影响。⑥ 张运德从屯垦戍边的源流、屯垦戍边的目的、屯垦戍边文化价值三个方面对两汉时期西域屯垦的基本特征作了论述。⑦ 王绍东介绍了东汉五原太守崔寔边疆开发的理论与实践。⑧ 武宝宁、吴硕对西汉经营西南地区的政策进行了分析。⑨

---

① 晋文：《汉武帝"财政总管"的富国之策》，《人民论坛》2007 年第 5 期。
② 杨智杰：《汉代桑弘羊的理财思想》，《财会月刊》2007 年第 8 期；《试析王莽的理财思想》，《财会月刊》2007 年第 7 期。
③ 李清凌：《西北古代农田水利开发的三个高峰》，《西北师大学报》2007 年第 5 期。
④ 吴宾：《秦汉魏晋时期陕南地区农业开发研究》，《华中农业大学学报》2007 年第 3 期。
⑤ 薛瑞泽：《汉代河套地区开发与环境关系研究》，《农业考古》2007 年第 1 期。
⑥ 余明：《西汉时期西部开发述论》，《四川理工学院学报》2007 年第 1 期。
⑦ 张运德：《两汉时期西域屯垦的基本特征》，《西域研究》2007 年第 3 期。
⑧ 王绍东：《东汉五原太守崔寔边疆开发的理论与实践》，《阴山学刊》2007 年第 4 期。
⑨ 武宝宁、吴硕：《西汉经营西南地区的政策及其分析》，《延安大学学报》2007 年第 4 期。

十二　其他

王爱清认为王莽改制中"私属"的真实内涵是指由国家法定的、介于奴婢和庶人之间的一个特殊阶层。[①] 曹旅宁认为秦汉时期始终存在庶人这个社会阶层，他们在政治、法律地位及经济权益上与平民存在差异，带有明显的人身依附色彩。[②] 周峰、彭世文分析了汉代奴婢放良措施，并就放良奴婢的善后等问题进行了论述。[③] 王子今认为，汉代"亡人"的存在背离了"编户齐民"理想社会的组织秩序，"亡人"的活动往往促成了生产技术和文化礼俗的自然传播，汉代江南地区经济文化的进步，与"亡人"和"流民"的积极推动分不开。[④]

张振兴认为秦汉时期的家产继承制度主要实行"诸子中分析产"原则。[⑤] 严国海对中国古代国有产权制度的发轫和形成进行了分析，认为以秦皇汉武为代表的君主专制的集权政治体制，是形成国有产权制度的主导性因素。[⑥]

---

① 王爱清：《"私属"新探》，《史学月刊》2007 年第 2 期。
② 曹旅宁：《秦汉法律简牍中的"庶人"身份及法律地位问题》，《咸阳师范学院学报》2007 年第 3 期。
③ 周峰、彭世文：《对汉代奴婢放良及相关问题的考察》，《湖南大学学报》2007 年第 1 期。
④ 王子今：《汉代"亡人""流民"动向与江南地区的经济文化进步》，《湖南大学学报》2007 年第 5 期。
⑤ 张振兴：《秦汉时期家产继承方式探析》，《宜宾学院学报》2007 年第 7 期。
⑥ 严国海：《秦皇汉武时代：古代国有产权制度的发轫和形成》，《财经研究》2007 年第 3 期。

第三章
2007年魏晋南北朝隋唐五代经济史研究

魏明孔

2007年魏晋南北朝、隋唐五代经济史研究成果在数量上与上年度基本持平，总体研究水平较高，出现了一些值得重视的观点。2007年魏晋南北朝史学会和唐史学会、武则天学会等分别召开了学术研讨会，研讨会主题涉及经济史方面的诸多内容。下面只是就2007年魏晋南北朝隋唐五代时期经济史研究的主要情况略作述评。

一　总论

陈明光认为，从汉代到宋代，"计赀定课"是农村越来越重要的赋役征派方式，虽然农村的赋税由人头税向资产税转化是一种进步，但农村的"计赀定课"在制度层面上一直存在着若干严重缺陷，主要是资产评估的法定对象的界定长期不明晰，没有设定免征基数，资产评估方法不完善等，由此不可避免地要造成实施的诸多弊端，并对农村经济发展产生不小的阻碍作用。农村经济发展水平的地区不平衡，农村商品货币经济的普遍不发达，是当时的统治集团无法克服"计赀定课"的制度性缺陷的客观经济原因。① 谷小勇、朱宏斌、张清柱认为，晋唐人丁为本税制的发展可划分为汉魏之际的发端、魏晋时期的初步形成、南北朝及隋朝时期的进一步发展、唐朝成熟与崩溃四个阶段②。

何和义、邵德琴认为唐宋之际我国经济重心的南移是一个连锁反应过程，由"安史之乱"引发的北方地区的生活和生产环境的恶化是唐宋之际我国经济重心南移的导火索，而人口的流动是决定性因素，生产布局的改变是这种趋势的进一步发展，经济重心的南移是最终结果。③

邢铁通过对唐宋家产继承方式的视角来论述我国古代所有制形式，认为我国古代的财产所有权主要是属于家庭的，具体表现为以诸子"共有"为其实质内容的家庭所有制形式；只有家庭的财产，没有完整的个人财产是我国古代财产所有制形式，亦即物权关系的基本特征。④

二　土地制度

高敏认为走马楼三国吴简不仅印证了东吴屯田制度分军屯和民屯两种类型，也印证了东吴屯田制最基层的组织就是"屯"的论点。走马楼吴简既可以补充东吴屯田制组织机构和系统，也可以补充军屯收入的分配方式乃至能补充某些文献记载的不足。⑤ 张丽认为北魏均田制中介入均田的土地都是无主国有土地，国家在颁行均田令时对这部分土地进行了种种规定和限制，且不放弃收回的权力。实施均田令前个人占有的土地，除了 20 亩被以桑田的名义纳入国家控制的范围内，其余的仍不改变原来的私有性质。因此均田制中授受的土地都是国有土地，均田制下土地的实际占有关系有国有土地，也有私有土地。⑥ 于干千利用博弈论的方法，对唐宋时期

① 陈明光：《试论汉宋时期农村"计赀定课"的制度性缺陷》，《文史哲》2007 年第 2 期。

② 谷小勇、朱宏斌、张清柱：《晋唐人丁为本税制四阶段发展的判定及特征分析》，《电子科技大学学报》2007 年第 2 期。

③ 何和义、邵德琴：《浅论唐宋之际我国经济重心南移的原因》，《广东农工商职业技术学院学报》2007 年第 1 期。

④ 邢铁：《从家产继承方式说我国古代的所有制形式——以唐宋为中心的考察》，《中国经济史研究》2007 年第 3 期。

⑤ 高敏：《长沙走马楼三国吴简中所见孙吴的屯田制度》，《中国史研究》2007 年第 2 期。

⑥ 张丽：《论北魏均田制的性质》，《边疆经济与文化》2007 年第 3 期。

"不抑兼并"的土地制度进行了有益的探讨，为该时期土地制度的演进提供了一个新的视角。[①] 柴荣、柴英研究了唐代土地私有权问题，认为唐代土地所有权经历了从公有到私有的动态演变过程。唐代土地私有权的形态包括永业田、园宅墓田、寺院土地。在国家法律逐渐放宽对土地买卖限制的背景下，唐代土地私有权的扩张主要是通过土地买卖实现的。唐代中后期土地私有权极度发展，地主庄园成为土地高度私有化的典型体现。[②] 张平详细列举了龟兹军镇部分驻屯遗址，展现了唐代安西的屯田、屯牧、采矿、冶铸等内容，认为坚实的物质基础曾经在抗击和抵御吐蕃的军事围剿中发挥了难以估量的作用。[③]

三　阶级、阶层与人口

黎虎发表系列文章对魏晋南北朝时期的"吏户"、"吏民"进行了论述，认为"吏户"论所指的"吏"是行政系统的"吏"，与军事系统的"军吏"——如"将吏"、"吏士"、"吏兵"、"武射吏"、"武吏"、"文武吏"等有严格区别。而"吏民"并非指庶民中有爵位的、富有的特定群体，也不是"吏户"与"民户"的合称。"吏民"中的"吏"是与"长吏"相对应的"下吏"，秦汉以降两者之间的界线呈逐步下移趋势。这些"下吏"来自于"民"，又复归于"民"，与普通农民共同组成中国古代皇权统治之基础——"吏民"。"吏民"是国家的编户齐民，通常所谓的"编户齐民"，其内涵实际上主要就是指"吏民"。作为国家编户齐民，在理论上其身份地位是平等的。虽然"吏民"作为国家编户齐民在法理上其经济、政治、文化地位是平等的，但是实际上他们之间经济上的贫富悬殊、政治上的地位高低，以及由此决定的文化上的差异都是普遍现象，编户齐民并非以贫富和阶级为区分的。同时，由"下吏"与普通农民为主构成的"吏民"是一个不可分割的整体。"吏民"一体的社会基层结构在中

① 于干千：《基于博弈论的"不抑兼并"土地制度分析——以唐宋农地制度的演进为视角》，《中国经济史研究》2007 年第 1 期。
② 柴荣、柴英：《唐代土地私有权问题研究》，《史学月刊》2007 年第 8 期。
③ 张平：《龟兹考古中所见唐代重要驻屯史迹》，《唐史论丛》2007 年第 9 辑。

国古代长期存在不替，地缘性的编户制度是"吏民"一体的政治保障，血缘性的宗族关系是"吏民"一体的社会温床。这些经济的、政治的、社会的特点没有改变，则这种"吏民"一体性结构也不可能根本改变。①

陈琳国认为，十六国时期坞壁不仅是军事组织与生产组织的结合体，而且兼具地方社会基层组织的职能。十六国统治者从坞壁攫取大量的人力、物力资源，故优抚坞壁主，承认坞壁主的合法身份和坞壁作为社会基层机构的地位，使坞壁经济得以继续发展，依附关系走向普遍化和完全合法化。因此，十六国时期大族坞壁经济及依附关系的发展，对十六国封建化产生了极大的影响。②

毋有江认为北魏政区与后燕政区之间有因果关系，并探讨北魏以平城为中心行政区划体系的形成过程。③ 方高峰认为六朝时期的山越、蛮族、僚族、俚族人口总数超过 300 万人。④ 计毅波认为魏晋南北朝时期不少北方人民南移进入十堰山区。北方移民的迁入，促进了十堰经济和社会的发展。⑤ 赵庆伟认为隋唐时期武汉地区的人口数量、平均人口密度，前后不同阶段发生了较大变化，北人南迁是造成武汉地区人口消长的一个重要的但不是主要的更不是唯一的因素。⑥ 林亦修认为，唐末五代温州出现人口大量内迁现象，其原因是黄巢义军在南方的活动、朱褒割据时期温州的相对稳定、吴越钱氏与闽越王氏的不同政局以及钱氏军政地方长官的良好政绩促进了福建大规模向浙南移民的形成。⑦ 刘安志认为，唐为加强对西州的控制，一方面把高昌王室及大族、百姓等不少人迁移至长安、洛阳；另一方面则从内地发遣罪犯充实西州，并于贞观末期把雍州无地或少地的民户迁来

---

① 黎虎：《魏晋南北朝"吏户"问题再献疑——"吏"与"军吏"辨析》，《史学月刊》2007年第 3 期；《论"吏民"的社会属性——原"吏民"之二》，《文史哲》2007 年第 2 期；《论"吏民"即编户齐民——原"吏民"之三》，《中华文史论丛》2007 年第 2 期；《原"吏民"之四——略论"吏民"的一体性》，《中国经济史研究》2007 年第 3 期。

② 陈琳国：《十六国时期的坞堡壁垒与汉人大姓豪族经济》，《晋阳学刊》2007 年第 3 期。

③ 毋有江：《天兴元年徙民与北魏初年的行政区划》，《历史研究》2007 年第 5 期。

④ 方高峰：《六朝少数民族人口蠡测》，《中国经济史研究》2007 年第 3 期。

⑤ 计毅波：《魏晋南北朝时期的十堰移民及其影响》，《十堰职业技术学院学报》2007 年第 3 期。

⑥ 赵庆伟：《隋唐时期武汉地区人口的消长》，《江汉论坛》2007 年第 5 期。

⑦ 林亦修：《温州唐末五代移民的社会背景述略》，《温州大学学报》2007 年第 3 期。

西州。高宗即位后，由于西域政局不稳，唐又把高昌王室及大族等一干人马放还西州，从而使西州人口增加不少。在龙朔、总章年间，唐王朝又有计划地把西州拥有土地的民户迁出盆地，而重点是昭武九姓粟特人。唐初西州人口迁移的这一变化历程，反映了唐王朝对经营西州的重视。①

肖建乐认为，唐代中后期，随着商品经济的发展和封闭结构的城市向开放式转化，城市中工商业人口比例逐渐增加，城市居民的生活也逐渐世俗化，并最终导致市民阶层形成。②

四　农业

李令福论述了北魏艾山渠的引水技术与经济效益问题，认为艾山渠的引水技术是相当合理与先进的。艾山渠灌溉面积约 4285 顷左右，使当地农业获得了全面恢复和发展，成为北魏西北边疆主要的粮食生产基地。③陈金凤认为唐代江西兴起了水利工程建设的高潮，江西地区的水利建设，不仅与古代经济重心南移的形势、本区经济的发展相关，也与国家政策的支持、本区官员的积极推动相关。④

王玲认为，魏晋南北朝后，荆州的稻作生产有了一定发展。主要表现在稻作种植区域的扩大、耕作技术的提高以及产量的增加等方面。⑤ 王晓晖认为，北朝隋唐时期，从西域向东，直到营州一带，粟特人大量经营农牧业，范围和深度不断扩大，使其在生产方式上进一步汉化。⑥

于干千认为隋文帝时期农业的繁荣是因为隋政府把恢复农业生产，提高小农的生产积极性作为农业政策制定的出发点。而隋炀帝时期的农业政策与农业经济剧烈波动的原因是农业赋役政策的失败，隋炀帝由一系列的惠农政策，进而发展为苛农政策，最后演变为大规模的系统的暴政。⑦

---

① 刘安志：《唐初西州的人口迁移》，《中华文史论丛》2007 年第 3 期。
② 肖建乐：《唐代后期市民阶层的形成》，《东南文化》2007 年第 6 期。
③ 李令福：《论北魏艾山渠的引水技术与经济效益》，《中国农史》2007 年第 3 期。
④ 陈金凤：《唐代江西地区水利建设述论》，《华北水利水电学院学报》2007 年第 4 期。
⑤ 王玲：《汉魏六朝荆州稻作农业的发展》，《中国农史》2007 年第 2 期。
⑥ 王晓晖：《北朝隋唐入华粟特人与农牧业》，《黑龙江民族丛刊》2007 年第 5 期。
⑦ 于干千：《隋代农业经济极盛骤衰波动的思考》，《思想战线》2007 年第 4 期。

五　畜牧业

刘华、王亚杰认为魏晋官营牧场分布于黄河下游两岸，畜牧条件远逊于汉唐在凉州的畜牧场所。但魏晋官营牧场的布局受军事部署、人口锐减、少数民族内迁，以及自然环境等诸因素的制约。这种布局虽然影响魏晋畜牧业的发展规模，但却能满足国家对畜牧业的需求。[①] 向红伟认为唐前期统治者高度重视马牧业，在陇右地区建立了规模宏大的监牧基地，良好的马政为唐军提供了大量优质战马，在唐朝前期的开边战争中发挥了重要作用。及至"安史之乱"，吐蕃乘隙入侵，尽占陇右地区，马政日益衰微。[②] 连雯认为唐代关中泾渭流域马政包括原州监牧和岐邠泾宁四州八马坊。八马坊设立于开元初，而后发展迅速，天宝后期到至德年间逐渐衰落。八马坊采取放养与饲养相结合的养马方式。八马坊与原州监牧在为唐廷养殖、征调、管理官马，维护京师安全、抵御外族入侵等方面发挥了重要作用。[③] 乜小红从西州长行坊对马匹的经营和管理、民间大牲畜在丝绸之路交通中的作用论述了唐代马匹在丝绸之路交通中的地位和作用。[④]

六　手工业

周侃认为唐代手工业者家庭既是生活单位又是生产单位。这种性质决定了在其家庭内部，最重要的是进行传承式的技艺教育。这种教育方式其利在于受教者能够专心致志地学习钻研技艺，在一定程度上推动了技术的进步；其弊在于保守的家庭传承阻碍了技术的交流和创新。[⑤] 于年湖认为唐诗里有许多对唐代工商业者社会地位、工商业繁荣面貌、商人生活、主

① 刘华、王亚杰：《魏晋官营牧场分布的历史考察及其影响》，《井冈山学院学报》2007 年第 3 期。
② 向红伟：《略论唐代陇右地区马政对经略西北的影响》，《河北科技大学学报》2007 年第 2 期。
③ 连雯：《唐代关中泾渭流域马政之研究》，《南通大学学报》2007 年第 2 期。
④ 乜小红：《试论唐代马匹在丝路交通中的地位和作用》，《唐史论丛》2007 年第 9 辑。
⑤ 周侃：《唐代手工业者家庭技艺教育探悉》，《临沂师范学院学报》2007 年第 1 期。

要手工业技艺风俗，以及主要商业风俗的描述。这些描述为后人研究唐代的工商业提供了很好的素材，有些描述甚至可以补史书之缺。① 卢华语对唐玄宗天宝时期西南地区的绢帛产量进行了细致考察。②

张剑光认为宁绍地区在隋朝时曾用野生蚕丝生产较高水平的耀花绫。唐前期，越州丝织业代表了南方最高水平。唐后期至五代，在吸收北方技术的基础上，越州和明州的丝织业发展迅速，产品质量和技术已达到全国最高水准。③ 郑玉萍认为唐代河南道纺织品水平总体较高，丝织品生产发展比较平衡，但丝织业生产在唐后期出现滑坡趋势。④

七　商业与城市

章义和、张捷认为，南北朝时期，农村市场在交易主体、商品构成等方面具有明显的区域特色，与同时期的城区市场和唐宋时代的农村市场差别很大。此期某些区域的农村市场已经具备初级经济中心的功能，在很大程度上成为城乡物产交流的中间环节，是城市与城市、城市与乡村统一市场互动体系的重要桥梁。⑤ 张宏慧认为六朝时期的官僚普遍经商，促进了六朝商品经济的发展，也使传统的商业内容发生了变化。六朝官僚经商虽在一定程度上推动了商业发展，但也导致了商人的官僚化，进而出现商人干政的局面。⑥ 吴晓亮以唐代的"市"和宋代的"税务"为视角，对唐代国家市场管理模式的变化进行了深入研究。⑦

陈明对唐宋时期胡商的药材贸易与作伪问题做了研究，认为唐宋时期，通过丝绸之路的胡商药材贸易比较繁荣。出于求取高额利润的需要，胡商或夸大其词，或以次充好，或真中杂伪，在药物的性能、形状、颜

---

① 于年湖：《从唐诗看唐代的手工业和商业状况》，《商场现代化》2007 年 3 月下旬刊。
② 卢华语：《唐天宝间西南地区绢帛年产量考》，《中国经济史研究》2007 年第 4 期。
③ 张剑光：《唐五代宁绍地区的纺织业》，《绍兴文理学院学报》2007 年第 6 期。
④ 郑玉萍：《唐代河南道纺织品初探》，《安徽农业科学》2007 年第 2 期。
⑤ 章义和、张捷：《试论南北朝农村市场的发展及其特点》，《许昌学院学报》2007 年第 1 期。
⑥ 张宏慧：《官僚经商与六朝商品经济的发展》，《河南师范大学学报》2007 年第 3 期。
⑦ 吴晓亮：《唐宋国家市场管理模式变化研究——以唐代"市"和宋代"税务"为对象的历史考察》，《中国经济史研究》2007 年第 4 期。

色、质地等方面大做手脚。针对胡药假伪的现象，中土的医药学家和文人提出了多种辨伪方法。① 景兆玺认为唐代中阿之间的海路贸易交通线是汉代以来中国与阿拉伯地区海路交通线的继承和发展。从唐代中后期开始，中阿之间的香料贸易越来越多地通过海路进行。广州是唐代中国承担中阿之间香料贸易的最重要港口，扬州也是重要港口之一。在唐代，从域外输入的香药更多，其中相当部分来自大食地区。② 管彦波认为唐王朝与边疆各民族之间除了以"互市"为主的贸易往来外，还有通过武力威慑、政治联姻、遣使册封、赏赐等方式，与边疆民族之间达成在政治上表示友好和隶属关系的"贡赐"贸易，也是一种不可忽视的经济贸易形式。③ 唐代在正常年景，粮食陆路贩运的最远距离一般不超过 600 里，在这个范围内，粮价每增加 10 文，陆路运输里程随之延长 100 里左右，这是孙彩虹研究的结论。④ 岳纯之详细论述了隋唐五代时期不动产买卖的状况以及法律控制。⑤

张雁南论述了唐代商品经济与消费结构关系以及消费需求与商品供给关系等问题，认为唐代的消费需求结构与商品供给结构是伴随着经济的发展、居民收入的增长和商品性消费主体人数的不断壮大而逐步优化、升级的。随着商品性消费比重越来越高，唐代居民生存性实物消费品的消费比重下降，享受资料在消费资料结构中的比例日趋扩大，并使商品性消费更呈现多样化、多变性的特点。奢侈性消费成为这一时期消费方式变革的重要内容和趋势。⑥

孙军辉认为唐代女商人独自经营的商业范围大致集中在投资资本相对较小、经营风险小且适于女性经营的服务行业，如餐饮业、旅馆业、短途客运行业、织造业等。尽管唐代的女商人并未形成一定的规模，经营范围、经营内容都和男性群体无法相提并论，但是其在文化内涵、女性角色

---

① 陈明：《"商胡辄自专"：中古胡商的药材贸易与作伪》，《历史研究》2007 年第 4 期。
② 景兆玺：《唐朝与阿拉伯帝国海路香料贸易初探》，《西北第二民族学院学报》2007 年第 5 期。
③ 管彦波：《论唐代内地与边疆的"互市"和"朝贡"贸易》，《黑龙江民族丛刊》2007 年第 4 期。
④ 孙彩虹：《唐代粮食陆路长途贩运距离的量化研究》，《中国经济史研究》2007 年第 4 期。
⑤ 岳纯之：《论隋唐五代不动产买卖及其法律控制》，《中国经济史研究》2007 年第 4 期。
⑥ 张雁南：《唐代商品经济与消费结构关系探析》，《思想战线》2007 年第 4 期；《唐代消费需求与商品供给关系探析》，《贵州社会科学》2007 年第 6 期。

的社会意义上被赋予了更深的意义。①

李维才认为在唐代市估不但对官方行为具有强制性作用，是官方买卖、收付折算、平赃定罪、控制物价必须依据的价格标准，对一般民间交易也有着不同程度的约束作用，且在有人请求、发生争执、立券公证等情况下也不排除依市估而定。② 顾乃武以幽州地区的米行、纺织品行为个案，研究说明唐代前期这两种商品大量依靠外地供应，而唐代后期藩镇"闭籴"、纺织品储存及禁钱出境等经济行为是造成幽州地区粮食与纺织品行萎缩的主要原因。③

刘美云认为北魏对平城的开发和建设为平城经济的发展奠定了基础，其意义远远超出了平城这一局部地区的范围。④ 姚建根、王茂华认为，北朝的"坊"除了一般意义上的居住区外，还是犯罪之人的监狱，政治斗争中失败者的囚禁地，宗教、祭祀、礼仪活动的场所，政府机关的驻地，豢养牲口的场地，手工生产的作坊，以及军队的驻扎地等。其丰富内容的实质是拓跋鲜卑本身的游牧文化在农耕历史环境中的应变。⑤

李令福对隋唐长安城的规划思想作了解读，认为在曲江与芙蓉园的建设过程中，隋文帝采用了阴阳五行思想体系中的"厌胜"之术。唐代曲江园林文化区是唐长安建筑上的特区，曲江池在唐都长安公共园林区的中心位置，是一个范围广阔、内容丰富的公共园林区。⑥ 肖建乐、孙德华对唐代城市经济发展以及与国家统一的关系做了研究，认为唐代城市经济发展表现为开放式城市经济的发展、工商互动、城市经济功能增强和城乡关系的变化四个方面。当以城市为代表的经济区域之间的联系超过城市与周边地区农村的联系时，国家就趋向于统一；反之，国家趋向于分裂割据。⑦ 肖建乐认为，唐前期在农业生产力发展的基础上，农村生产关系发生了较

---

① 孙军辉：《唐代女商人略考》，《历史教学》2007 年第 5 期。
② 李维才：《唐代物价制定及其作用》，《唐都学刊》2007 年第 2 期。
③ 顾乃武：《唐代后期藩镇的经济行为对地方商业的影响——对幽州地区米行与纺织品行的个案考察》，《中国社会经济史研究》2007 年第 4 期。
④ 刘美云：《北魏迁都前后平城的开发与建设》，《沧桑》2007 年第 4 期。
⑤ 姚建根、王茂华：《北朝的"坊"》，《兰州学刊》2007 年第 2 期。
⑥ 李令福：《隋唐长安城规划与布局研究的新认识》，《三门峡职业技术学院学报》2007 年第 2 期。
⑦ 肖建乐、孙德华：《唐代城市经济发展研究》，《城市发展研究》2007 年第 1 期；《以唐代为例看城市与国家统一的关系》，《沈阳建筑大学学报》2007 年第 4 期。

大的变化，最终促使了唐代后期城乡关系的历史转变。唐代城市发展的动力关键在于社会生产力的转移与农工商业的协调发展、农村生产关系的局部变革与农村社会结构转变的协调发展、城市中商品货币关系的发展与居民等级身份弱化三大方面的协调发展。① 赵常兴、周敏认为唐代基本农区经济的繁荣为城市群的形成和发展提供了坚实后盾和有利条件，使得唐城市群由中心向四周迅速扩展，南方经济的崛起带动了江南城市数量的大幅上升和城市地位的显著提高。②

八　赋税与财政

高敏对孙权时期的长沙郡既有口钱、算赋征收之制，又有户调制的观点提出异议，认为吴简中有关"调"的每种类型都不能作"户调"解释。③ 蒋福亚认为，嘉禾五年，吴国对租佃国有土地者地租征收方式发生的变化，包括免除旱田钱、布和钱、布固定折米改为浮动折米等五项内容。封建政府免除旱田钱、布，似乎减轻了租佃者的负担，实际上却通过钱、布的浮动折米弥补了这一"损失"。封建政府将地租中钱、布的固定折米改为按照市场价浮动折米，目的即在于获取更多的季节差价，增加财政收入。④ 陈明光认为，中国古代的"短陌"一语指钱币支付时"陌内欠钱"，不足法定的百文之数，但有三种不同的性质，须视实际场合而定。由于其内涵与性质的不确定性，唐宋通常不作为官方用语使用。宋人开始使用的"省陌"一语，指的是经由中央统一规定的一种"短陌"形式，其史实始于唐穆宗长庆元年的官定"垫陌"，而非五代后汉。⑤ 徐东升认为唐穆宗时户部尚书杨于陵关于开元年间铸钱"岁盈百万"的记载是可信

---

① 肖建乐：《唐代农业的发展与城乡关系的演化》，《上海城市管理职业技术学院学报》2007年第 5 期；《唐代城市发展动力初探》，《思想战线》2007 年第 4 期。

② 赵常兴、周敏：《唐代城市群发展过程中的经济因素》，《西安电子科技大学学报》2007 年第 3 期。

③ 高敏：《长沙走马楼吴简中所见"调"的含义——兼与王素同志商榷》，《中华文史论丛》2007 年第 1 期。

④ 蒋福亚：《〈嘉禾吏民田家莂〉中嘉禾五年的钱、布折米》，《首都师范大学学报》2007 年第 6 期。

⑤ 陈明光：《"短陌"与"省陌"管见》，《中国经济史研究》2007 年第 1 期。

的。较高的铸钱成本不仅是年铸钱量偏少的重要原因，而且决定了钱监必然分布在铜矿附近。虚钱的产生不是大钱或恶钱的必然结果，而是当时特定的历史条件综合作用的结果。[①]

史卫认为，西魏经过六官制度对官制重新整理，民部成为度支部的头司，左右民曹合一，颁禄工作由度支曹移到仓部，建立了司门监察制度。在三公九卿制向三省六部制发展过程中，两套机构并存，造成财务行政机构重叠设置管理混乱，经过北周改革，形成对应关系，构架起三级财务行政系统。唐代预算制度也基本萌发于这一时期。[②]

黄进华从组织体制的角度对宇文融括户进行了考察，认为在括户期间，宇文融以"判官出使制"为核心，逐步建立起一套内有"所司"、外有各道"使司"的使职体制，为唐代财政体制从户部体制向三司体制的转换提供了契机。括户期间，宇文融广领诸使，后来又陆续并入劝农使，最后以封禅为契机，总领国家财政，成为唐朝中央财政体制演变的起点。在唐朝中央财政体制演变的过程中，宇文融迈出了关键性的一步，为唐代中央财政体制从户部向三司的转换开辟了道路，预示着财政使职化的时代即将来临。[③]

蒋福亚认为，吴简中的"士"不能诠释为"游士"或"学士"，只能是士兵。士租种国有土地后，熟田"依书不收钱布"，最大的可能是封建政府如何安置丧失战斗力但仍有一定劳动力的士兵和死亡士兵家属措施中的组成部分。吴国军屯采取租佃制和定额租方式。[④]

吴树国认为，通过不役纳庸形式，杂徭在唐前期也被纳入国家财政的"支度国用"范围。杂徭的"支度国用"特征使杂徭与非法的杂徭役和中央临时别差科有了本质区别，体现出唐前期赋役被纳入国家财政计划的严密性和整体性，也反映了南北朝以降，中央政府对地方杂徭法制化和规范化的逐步成熟。吴树国还认为，吐鲁番地区的户税不存在中央户税和地方

① 徐东升：《唐代铸钱散论》，《中国社会经济史研究》2007年第2期。
② 史卫：《隋唐财政制度之北周渊源略论》，《唐都学刊》2007年第5期。
③ 黄进华：《宇文融括户的组织体制新探》，《晋阳学刊》2007年第2期；《宇文融括户与唐朝中央财政体制的演进》，《首都师范大学学报》2007年第2期。
④ 蒋福亚：《吴简中的"士"和军屯》，《许昌学院学报》2007年第3期。

户税之分。吐鲁番地区的户税是多税目、多税率和多税额的复合形式税，而且在户税征收中，定户等所依据的资产除菜地外，不包括其他土地。[①] 毛阳光认为，唐后期两税三分制的实行使得地方财政能够利用两税收入、财政羡余，甚至还有私用钱和军资粮储参与救灾，在常平义仓的建设、赋税蠲免、灾害赈济等方面发挥了重要的作用。地方财政参与救灾本身有中央政府与地方利益冲突的背景，但客观上也提高了地方救灾的主动性与效率。[②] 陈丽、贺军妙认为唐朝制定两税法和采取两税三分分配原则的初衷是要削弱地方藩镇的经济实力，这一初衷在华北平原地区中央控制较弱的河朔等藩镇得到了较好的执行[③]。黄楼的研究表明，唐宣宗大中时期是三司财赋入不敷出、日益衰竭的时期。唐宣宗公然以羡余为考核官吏的依据，宦官集团掌控的内库系统地位上升，强化了宦官集团的干政能力。[④] 刘进宝通过敦煌文书考证了归义军时期的赋税征免。[⑤]

霍小敏认为租庸使的设置仅限于唐五代时期，租庸使经历了四次置废，各阶段租庸使的职能不可能完全相同。租庸使主要有负责催征赋税、负责勘核、负责军事事务、总掌三司大权等职能。此外，租庸使还兼管其他事务，如和市、修理河堤、管辖州使公廨钱物等。[⑥] 董志恒、王玉群对刘进宝在《再论晚唐五代的"地子"》一文中提出的关于"劳役"属于"地税"的观点提出了质疑，认为"劳役"应属于户税。[⑦]

九　专卖制度

李三谋、李竹林认为，历史上，北魏、西魏、北周政权对河东盐池的

---

① 吴树国：《试论唐前期"支度国用"中的杂徭》，《求是学刊》2007 年第 3 期；《试论唐前期吐鲁番地区户税的几个问题》，《西域研究》2007 年第 1 期。

② 毛阳光：《唐后期两税三分制下的地方财政与救灾》，《山西师大学报》2007 年第 1 期。

③ 陈丽、贺军妙：《唐朝两税法在华北的区域化实施》，《泰安教育学院学报岱宗学刊》2007 年第 2 期。

④ 黄楼：《唐代宣宗朝财政问题初探》，《中国社会经济史研究》2007 年第 4 期。

⑤ 刘进宝：《从敦煌文书看归义军政权的赋税征免》，《中国经济史研究》2007 年第 2 期。

⑥ 霍小敏：《试论唐五代租庸使》，《乐山师范学院学报》2007 年第 4 期。

⑦ 董志恒、王玉群：《试论晚唐五代的劳役和地子税率—兼与刘进宝先生商榷》，《文教资料》2007 年第 6 月期（下旬刊）。

管理变化颇多，时而设官劝盐，征税通商；时而废除盐池管理机构，放任自流，让商人无税经营。尤其是在北魏时期，无常例，无定制，盐政较为混乱。不过，北魏到北周时期，都强调"通商货盐"，食盐流通较为正常。在处理讼案和护池工程方面，也有可取之处。同时，解池的盐民还创造出了"垦畦浇晒"食盐的新技术，开辟了食盐生产的新途径。① 吉成名认为唐代海盐产地至少有 38 处。其中，长江以北地区共 8 州 15 县，长江以南地区 15 州 23 县，彻底改变了长期以来北多南少的格局，形成了南多北少的格局。唐代海盐产地的发展与统一局面的形成，与唐代后期的盐法改革以及经济重心南移密切相关。②

杜文玉、王蕾仔细考辨了五代十国时期的茶法。③

十　灾害与社会救济

龚胜生、叶护平认为魏晋南北朝时期的疫灾具有疫灾周期波幅越来越小，疫灾范围逐步扩大，疫灾重心由北向南迁移，都城所在地为疫灾多发区等特点。④ 马晓琼认为北朝是古代自然灾害的频发时期，呈现出疫灾暴发频率高、季节相对集中、受灾地区广等特点。⑤ 李辉认为北朝时期北方地区虫灾种类较多，以蝗灾为主。虫灾主要发生在夏、秋两季。虫灾和水灾、旱灾、风灾等自然灾害具有一定关联性。⑥ 薛瑞泽认为魏晋南北朝时期地质灾害有山崩、地陷、地裂、地震、土地资源退化和海洋灾害等。其发生的原因既有自然变迁因素，也有人为因素。⑦

郁耀闯、赵景波认为唐代关中地区水涝灾害在唐前、中、后期分布很不均匀，水涝灾害的季节性特征也十分显著，多集中于夏、秋两季，其中

① 李三谋、李竹林：《北魏至北周时期的河东盐业经济活动》，《盐业史研究》2007 年第 2 期。
② 吉成名：《唐代海盐产地研究》，《盐业史研究》2007 年第 3 期。
③ 杜文玉、王蕾：《五代十国时期茶法考述》，《唐史论丛》2007 年第 9 辑。
④ 龚胜生、叶护平：《魏晋南北朝时期疫灾时空分布规律研究》，《中国历史地理论丛》2007 年第 3 期。
⑤ 马晓琼：《北朝自然灾害形成的原因及其对经济的影响》，《乐山师范学院学报》2007 年第 3 期。
⑥ 李辉：《试论北朝时期虫灾发生的特点》，《长春师范学院学报》2007 年第 3 期。
⑦ 薛瑞泽：《魏晋南北朝时期的地质灾害》，《晋中学院学报》2007 年第 4 期。

尤以农历八月最为频繁，降水集中或持久是造成该时期水涝灾害的主要原因，同时，人类活动导致植被遭到破坏也加剧了水涝灾害的发生。[①] 袁祖亮、闵祥鹏认为海洋灾害是唐五代时期较为严重的自然灾害之一，主要是由这个历史时期的海洋气候、海面波动、海水侵蚀等自然因素引起，同时又与沿海人口增加、濒海城市增多与海洋防灾技术的不成熟，以及沿海政府组织的大规模屯田，破坏了沿海地区固有的生态景观有关。[②] 李军论述了自然灾害对唐代农业经济的冲击、自然灾害与唐代农民变乱、自然灾害与唐末农民起义等。[③]

卜风贤、王向辉认为，魏晋南北朝时期自然灾害频发，面对频繁的自然灾害，封建政权采取了灾前预防、临灾救济和灾后安抚等政策，这些政策内容丰富，形式多样，对当时的减灾救荒起到了积极有效的作用。减灾政策已形成相当规范的救灾体系，并且向制度化方向发展。[④] 卜风贤、冯利兵认为隋唐时期是我国古代灾荒史上一个重要阶段，由灾前预防、减灾抗灾和救灾救荒组成的减灾救荒体系此时更加系统。[⑤] 诸山认为魏晋南北朝时期灾荒赈恤在对前代的继承中又有新的发展，呈现出操作程序制度化、动员面广和形式多样等特点。[⑥] 施胜僖认为三国时期的孙吴对弱势群体采取了以复免为主要手段的一些救助措施，同时，孙吴时期的仓储在救助贫困人群时发挥了重要的作用。[⑦] 魏明孔就唐太宗贞观时期赈灾、防灾和减灾的指导思想、决策过程、社会效果、赈灾的目标等进行了分析，认为民本思想是当时赈灾的指导思想，减灾与赈灾并重是贞观年间最基本的措施，恢复生产生活秩序是贞观时期减灾、赈灾的主要目标。[⑧] 刘兴云研究了唐代的乡村养老问题，认为唐代乡村养老的方式以家庭养老为主，互助养老为辅。唐代乡村养老的作用有利于基层社会的稳定与经济发展，端

① 郁耀闯、赵景波：《唐代关中地区水涝灾害研究》，《干旱区资源与环境》2007年第8期。
② 袁祖亮、闵祥鹏：《唐五代时期海洋灾害成因探析》，《史学月刊》2007年第4期。
③ 李军：《自然灾害与唐代农业危机》，《唐史论丛》2007年第9辑。
④ 卜风贤、王向辉：《魏晋南北朝时期的减灾政策与救荒制度》，《中国减灾》2007年第8期。
⑤ 卜风贤、冯利兵：《隋唐时期减灾政策与救荒制度》，《中国减灾》2007年第9期。
⑥ 诸山：《魏晋南北朝灾荒赈恤的几个问题》，《郑州大学学报》2007年第3期。
⑦ 施胜僖：《三国时期孙吴的弱势群体救助》，《湖北广播电视大学学报》2007年第2期。
⑧ 魏明孔：《唐初对自然灾害的认识及政府赈灾决策述论——读〈贞观政要〉札记》，《学习与实践》2007年第2期。

风化俗，培育良好的道德风尚。① 孙明霞认为唐代统治者十分重视对将士的优待和抚恤。② 盛会莲从均田制、赋役制度、刑法及给侍、病坊、帝王赏赐等方面，讨论了唐五代政府对三疾人员的救恤政策和措施，以及政府对违冒三疾以逃避赋役者的惩处等。③

十一　区域经济开发

王卓然、梁丽认为，江南地区从东汉到孙吴时期，由于自然和政治原因而得到了较快的开发，使这个地区的农业经济、水利建设等迅速发展起来。孙吴依靠这些强有力的基础，获得了与曹魏抗衡的资本，与曹魏的对立成为历史必然。④ 杨富认为十六国时期慕容氏政权的封建统治方式和发展经济的各种措施，极大地推动了辽西地区的经济发展，从而形成辽西经济中心。⑤ 王欣、常婧认为汉晋时期鄯善王国的牧业经济十分发达，鄯善王国的畜牧业分为牧养和厩养两种方式。各类牲畜不仅是王国重要的税收来源，而且在民间的商贸活动中充当着货币的角色。⑥ 王玲认为，魏晋六朝时期湖北地区经济的发展，频繁的商业贸易往来，促进了湖北地区以江陵、襄阳、夏口为中心的区域市场网络初步形成。⑦

吴海涛认为，隋唐时期均田制度的实施、均田制与赋役制度的调整、唐朝土地产权制度发生的变革，为淮北地区生产力的发展提供了政策条件。同时，由于淮北地区社会相对安定，加之兴修农田水利，使淮北地区的农业经济走向繁荣，成为全国经济重心之一。⑧ 殷晴对唐代西域的丝绸之路贸易与西州商品经济的繁盛之间的关系进行了研究，认为处于中西交

---

① 刘兴云：《浅议唐代的乡村养老》，《史学月刊》2007 年第 8 期。
② 孙明霞：《论唐代的社会优抚政策——以对将士的优抚政策为例》，《山东省农业管理干部学院学报》2007 年第 5 期。
③ 盛会莲：《论唐代的三疾救恤》，《中国经济史研究》2007 年第 3 期。
④ 王卓然、梁丽：《从江南的开发历史中看孙吴与曹魏对立的历史必然》，《中国水运》2007 年第 9 期。
⑤ 杨富：《十六国时期辽西经济中心的形成与发展》，《许昌学院学报》2007 年第 3 期。
⑥ 王欣、常婧：《鄯善王国的畜牧业》，《中国历史地理论丛》2007 年第 2 期。
⑦ 王玲：《魏晋六朝湖北地区的商业与市场网络》，《中南财经政法大学学报》2007 年第 1 期。
⑧ 吴海涛：《隋唐时期淮北地区农业经济的繁荣》，《徐州师范大学学报》2007 年第 5 期。

通枢纽的西州，商品经济发达，处于全国前列。① 丁贞权认为，"安史之乱"后，唐朝的财政收入主要依靠江淮地区。唐末，军阀混战使江淮经济遭到巨大破坏。吴、南唐占据江淮地区后，采取了一系列的措施来发展经济，取得了明显的成效，江淮经济又得到了恢复和发展。②

朱龙从军事、海外交通、对外交往，以及与其他海港比较等方面分析了隋唐时期登州港的历史地位。③

十二　生态环境变迁

徐丽娟对隋唐政府通过设置生态管理机构和生态职官对生态环境进行保护作了论述。④ 刘礼堂从经济结构、开发进程、民族、人口状况等方面探讨了唐代长江上中游地区社会环境的特点。并认为唐代长江上中游地区的自然生态环境的历史变化没有明显的起伏，但也呈现出逐渐恶化的倾向。⑤ 明成满认为隋唐五代时期佛教的世俗化倾向增强，僧侣们更加关注社会。面对自然环境已遭到较大破坏的社会现实，他们以佛教教义的相关内容为思想武器，在放生护生、植树造林和利用石窟壁画宣传环保等方面作出了贡献。⑥

十三　经济思想

姜舒强、黄月胜从检括户籍、安置劳力、分配生产资源，劝课农桑、兴修水利、屯田积谷和招怀流民、兴复县邑、富国强兵三个方面入手，重点分析了曹操保护农力、鼓励生产、募民屯田、积蓄谷物、储备军资和增

---

① 殷晴：《唐代西域的丝路贸易与西州商品经济的繁盛》，《新疆社会科学》2007 年第 3 期。
② 丁贞权：《五代时期江淮经济发展论要》，《边疆经济与文化》2007 年第 2 期。
③ 朱龙：《隋唐时期登州港的历史地位浅析》，《唐史论丛》2007 年第 9 辑。
④ 徐丽娟：《隋唐生态管理机构考述》，《新西部》2007 年第 6 期。
⑤ 刘礼堂：《唐代长江上中游地区的社会环境》，《武汉大学学报》2007 年第 4 期；《唐代长江上中游地区的生态环境文化》，《江汉论坛》2007 年第 4 期。
⑥ 明成满：《隋唐五代佛教的环境保护》，《求索》2007 年第 5 期。

强国力的安邦定国战略思想。[①] 杨智杰论述了刘晏的主要理财政策和措施及其所取得的出色成果，认为关注民生、重视租税的恤民经济原则是刘晏理财政策最成功之处。[②]

十四　其他

王铿认为，东晋南朝时期"三吴"的地理范围有狭义和广义两种，狭义的三吴地域主要指吴、吴兴、会稽三郡，而广义的"三吴"除这三郡外，还包括其他一些郡，而从北朝来看，它甚至就是南朝的代名词。[③] 杜文玉、王凤翔认为唐代共有产茶州府 56 个，主要分布在淮河流域及长江流域中下游地区。五代十国有所发展，达到 77 个州府，扩大到两湖南部地区、岭南、川蜀及云南部分地区。[④] 刘再聪认为，唐朝开始推行"村"制度，规范了村正长的设置办法，明确了村正长的职责。唐朝后期以降，村正长等职务出现以"富户"充任的趋势，其职责也日趋全面。至五代时期，村正长"催驱赋役"的职责成为制度。[⑤] 黎虎认为由"下吏"与普通农民为主构成的"吏民"是一个不可分割的整体。[⑥]

张美娟、张美华对唐代水权问题进行了探讨，认为唐代水资源的使用与管理，体现了我国古代水权制度以国家正式制度为主，以乡规民约等非正式制度为补充的特点。[⑦] 岳纯之认为隋唐五代曾对不动产买卖从不同角度进行了广泛的规范和控制，包括控制买卖主体、控制买卖标的物、控制买卖价格、控制牙人活动和控制双方交割等，但这些规范和控制并未完全收到预期效果。[⑧]

---

① 姜舒强、黄月胜：《略论曹操屯田兴农思想及其影响》，《农业考古》2007 年第 3 期。

② 杨智杰：《唐代理财家刘晏》，《财会月刊》2007 年第 10 期。

③ 王铿：《东晋南朝时期"三吴"的地理范围》，《中国史研究》2007 年第 1 期。

④ 杜文玉、王凤翔：《唐五代时期茶叶产区分布考述》，《陕西师范大学学报》2007 年第 3 期。

⑤ 刘再聪：《唐朝"村正"考》，《中国农史》2007 年第 4 期。

⑥ 黎虎：《原"吏民"之四——略论"吏民"的一体性》，《中国经济史研究》2007 年第 3 期。

⑦ 张美娟、张美华：《略论唐代水权问题》，《历史教学》2007 年第 3 期。

⑧ 岳纯之：《论隋唐五代不动产买卖及其法律控制》，《中国经济史研究》2007 年第 4 期。

　　此外，姚建平、龚连英论述了曹魏屯田区的分布与水系关系[①]。石云涛对北魏与西域的贡使交往进行了研究。[②] 僧海霞以敦煌文书遗存的药方为基础，探讨敦煌文书中药用酒的类型、用酒方式、用酒量及药用酒使用注意事项等问题。[③] 宋燕鹏、马春瑛论述了北朝家业继承问题，认为财物是北朝时期"家业"的主要内涵。[④] 万李义从国家经济和财政需求角度论述了唐武宗毁佛的原因。[⑤] 仇鹿鸣论述了侨郡改置与前燕政权中的胡汉关系。[⑥]

　　卢华语强调了唐诗中经济史料的特点，并对唐诗的价值进行了论述。[⑦]

---

① 姚建平、龚连英：《屯田·水系·运输——三国时期曹魏军粮保障略论》，《宜春学院学报》2007 年第 1 期。
② 石云涛：《北魏中西交通的开展》，《社会科学辑刊》2007 年第 1 期。
③ 僧海霞：《唐五代宋初敦煌药用酒研究》，《中医药文化》2007 年第 2 期。
④ 宋燕鹏、马春瑛：《家业：北朝家庭继承内容的扩延》，《兰台世界》2007 年第 7 期。
⑤ 万李义：《浅析唐武宗毁佛的经济动因》，《宜宾学院学报》2007 年第 1 期。
⑥ 仇鹿鸣：《侨郡改置与前燕政权中的胡汉关系》，《中国历史地理论丛》2007 年第 4 期。
⑦ 卢华语：《唐诗中经济史料的特点及其价值刍议》，《中国社会经济史研究》2007 年第 1 期。

第四章
2007年辽宋西夏金元经济史研究

李华瑞　杨小敏

　　2007年对辽宋西夏金元经济史研究发表的论文数量有较大幅度增加，据不完全统计有近200篇，出版相关著作有：陈志英的《宋代物权关系研究》（中国社会科学出版社，2006）、邢铁的《中国家庭史·第三卷·宋辽夏金元时期》（广东人民出版社，2007）、汤开建的《宋金时期安多吐蕃部落史研究》（上海古籍出版社，2007）、王雪莉的《宋代服饰制度研究》（杭州出版社，2007）、李晓的《宋朝政府购买制度研究》（上海古籍出版社，2007）、史金波的《西夏社会》（上、下，上海人民出版社，2007）、马玉臣的《〈中书备对〉辑佚校注》（河南大学出版社，2007）、张邦炜等的《宋代文豪与巴蜀旅游》（巴蜀书社，2007）、戴扬本的《北宋转运使考述》（上海古籍出版社，2007）、李淑媛的《争财竞产——唐宋的家产与法律》（北京大学出版社，2007）、陆敏珍的《唐宋时期明州区域社会经济研究》（上海古籍出版社，2007）、李金水的《王安石经济变法研究》（福建人民出版社，2007）、戴建国主编的《唐宋法律史论集》（上海辞书出版社，2007）、姜锡东、李华瑞主编的《宋史研究论丛》第八辑（河北大学出版社，2007）。

　　这些研究在深入讨论传统问题的基础上，也开拓了一些新的视角、新的领域。灾疫与社会救济、经济法与产权、经济与文化等领域的研究得到了较多的关注，这是本年度研究的一大特色。

一 农业经济

耿元骊认为宋代的州县长官以及路级的转运使、提点刑狱等都以"劝农"入衔。转运使、提点刑狱、一定级别的知州带"劝农使"衔,通判等带"劝农事"衔,知县带"劝农公事"衔就是这种制度保证的体现。[①] 周方高、宋惠聪认为,在中国历史上,宋朝是一个较为重视推广先进农业技术的朝代,这为宋朝经济文化的繁荣打下了坚实基础。[②] 庄华峰、丁雨晴认为:两宋时期人们在圩田开发利用过程中,因为争水、排涝、抢占河湖滩地,以及对陂湖的恣意破坏等因素,产生了诸多水事纠纷。面对各种水事纠纷,两宋政府采取了相应的对策,并取得了一定的成效。[③] 吴宾认为,宋代不同社会阶层在粮食分配上的不公,加剧了粮食不安全现象的蔓延,尤其在灾荒年份,贫困阶层的食物获取权被进一步剥夺,大大降低了古代粮食安全的水平。[④] 张显运认为,宋代官、私牧羊业,尤其是北宋以及北方的牧羊业取得了巨大发展,这与宋政府的政策导向、社会饮食习惯、贵羊贱猪的中医理论、羊的生活习性密不可分。[⑤] 张显运认为宋代蜜蜂饲养遍及全国,蜂蜜及其副产品在餐饮业、中医食疗、手工业中得到了广泛运用,蜂产品的开发和利用都远远超过了前代,这是宋代养蜂业发展的一个突出特点。[⑥]

二 区域经济

薛志清、田欣认为张家口在辽时隶西京道,其坝上发展畜牧业的优越自然条件,坝下发展农业的优良传统为辽代经济的整体发展创造了条

① 耿元骊:《宋代劝农职衔研究》,《中国社会经济史研究》2008 年第 1 期。
② 周方高、宋惠聪:《略论宋代的农业技术推广》,《中国农史》2008 年第 1 期。
③ 庄华峰、丁雨晴:《宋代长江下游圩田开发与水事纠纷》,《中国农史》2008 年第 3 期。
④ 吴宾:《宋代农民负担与中国古代粮食安全研究》,《西安电子科技大学学报)》2008 年第 4 期。
⑤ 张显运:《宋代牧羊业及其在社会经济生活中的作用》,《河南大学学报》2008 年第 3 期。
⑥ 张显运:《宋代养蜂业探研》,《蜜蜂杂志》2008 年第 5 期。

件。① 佟建荣主要讨论了宋夏西北边缘分布着大量的蕃部族帐及其封建土地占有制及租佃关系的形成与发展。② 程龙重点讨论了宋夏战争背景下西北屯田的空间分布规律及其发展差异。③ 耿元骊分析了北宋中期苏州农民的公私田租负担、日常粮食消费，进而以现金收入为标准衡量了其生活水平。④ 吕海华从四个方面论述了宋代河湟地区社会发展的历史特点。⑤ 何玉红认为，为确保足够的粮食供应，南宋在西北战区开展大规模的屯田和水利建设，筹集到了大量军粮，为西北边防的巩固发挥了重要作用。⑥ 何玉红还指出，战争以及供给军队钱粮物资，给蜀道经济带民众的生产和生活造成了极大的破坏，直接导致蜀道经济带的衰落。南宋蜀道经济带的衰落，为我们提供了一个认识战争、物资供应与区域社会经济发展互动关系的典型个案。⑦ 陈国灿、吴锡标认为，在南宋时期江南地区，农村家庭的消费和生产活动逐渐呈现出由传统的自给自足模式向市场供给和商品化生产转变的趋势。⑧ 熊燕军认为，宋代东南沿海地区的外向型经济成分虽然有所增长，但其所占比重仍然比较有限，这一地区的外向型经济未能发展成为资本主义，一方面与外向型经济发展不足相关；另一方面还与长期以来的外贸入超相关。⑨ 刘文波认为，农业之精耕细作与多种经营、手工业之发展与商品化经营、民众观念习俗之转变与海外贸易的兴起，均反映了宋代福建社会经济发展过程中的商品化趋向。⑩ 魏晓欣论述了宋代四川缉私法的运作情况。为了保证榷茶法的顺利实施，从生产领域、贩卖领域到告赏法的推行，以及官吏缉拿私茶的法律责任，政府召人买扑等方面，宋

---

① 薛志清、田欣：《辽代张家口农牧业探微》，《河北北方学院学报》2008 年第 2 期。
② 佟建荣：《宋夏沿边蕃部封建生产关系的发展》，《青海民族学院学报》2008 年第 1 期。
③ 程龙：《北宋西北沿边屯田的空间分布与发展差异》，《中国农史》2008 年第 3 期。
④ 耿元骊：《北宋中期苏州农民的田租负担和生活水平》，《中国经济史研究》2008 年第 1 期。
⑤ 吕海华：《简论宋代河湟地区社会发展特点》，《齐齐哈尔师范高等专科学校学报》2008 年第 2 期。
⑥ 何玉红：《南宋西北战区军粮的消耗以及屯田与水利建设》，《中国农史》2008 年第 3 期。
⑦ 何玉红：《论南宋蜀道经济带的衰落》，《西南大学学报》2008 年第 3 期。
⑧ 陈国灿、吴锡标：《南宋时期江南农村市场与商品经济》，《学术月刊》（沪）2008 年第 9 期。
⑨ 熊燕军：《宋代东南沿海地区外向型经济成分增长的程度估测及其历史命运》，《韩山师范学院学报》2008 年第 1 期。
⑩ 刘文波：《论宋代福建社会经济之商品化趋向》，《唐山师范学院学报》2008 年第 1 期。

政府都制定了详细的预防和处罚等法律措施。① 他还考察了宋代四川榷茶
法的运作情况，从中可见一些利于资本主义萌芽的因素。但从总体上看，
宋代的榷茶法阻碍了资本主义萌芽的产生。②

三　手工业

陆文静认为宋代私营业主在经营中有了长足的进步，他们的经营管理
方法和模式推动了宋代私营企业的发展。③ 王菱菱指出，宋代都作院是设
置于各地制造军器和各类军需物资的官营手工业作坊，聚集工匠人数多、
军器生产规模大，始建于北宋庆历二年的陕西诸路，由作院发展而来。同
时考证了两宋时期设置都作院的确切地点。④ 乔迅翔对宋代营造中的质量
责任制、进度控制和工料关防等工程管理制度进行了探讨。⑤ 成彩虹对多
年来的两宋官窑研究成果进行了梳理，分别就官窑制度、北宋官窑、南宋
官窑及与官窑密切相关的哥窑问题的研究做了概括性的叙述。⑥ 王鸿新对
当阳峪窑的陶瓷制造业进行了一些探讨。⑦ 李刚认为内窑位于万松岭东侧、
修内司以南的山坡上，而凤凰山窑址的南宋文物属于续窑的遗存，同时，
阐述了哥哥洞窑的兴衰原因及哥窑的发展脉络。⑧ 李明杰从出版体制、人
员配置、经费来源、校勘程序、版权保护、选刻对象、发行渠道诸多方面
探讨了宋代国子监的出版发行模式。⑨ 施继龙、李修松认为，从某种意义
上讲，纸币印刷是宋代印刷业的主流，纸币印刷工艺代表了当时最先进的
印刷工艺。由于目前没有发现宋代纸币实物，仅发现数种印刷版，它们成

---

①　魏晓欣：《宋代四川茶叶领域的缉私法》，《经济与社会发展》2008 年第 4 期。
②　魏晓欣：《宋代四川榷茶法与资本主义萌芽》，《上饶师范学院学报》2008 年第 2 期。
③　陆文静：《宋代中小私营企业经营管理探微》，《江汉大学学报》2008 年第 1 期。
④　王菱菱：《宋代都作院设置考》，《中国经济史研究》2008 年第 3 期。
⑤　乔迅翔：《宋代营造工程管理制度》，《华中建筑》2008 年第 3 期。
⑥　成彩虹：《两宋官窑研究概述》，《文物春秋》2008 年第 1 期。
⑦　王鸿新：《北宋时期当阳峪的陶瓷制造业》，《焦作大学学报》2008 年第 3 期。
⑧　李刚：《内窑、续窑和哥哥洞窑辨析》，《东方博物》2008 年第 2 期。
⑨　李明杰：《宋代国子监的图书出版发行》，《出版科学》2008 年第 6 期。

为探索宋代纸币印刷工艺的最佳实物资料，在印刷史研究中具有较高价值。[①] 李景文探讨了作为地方政府职能部门的公使库的性质、经费来源，总结了公使库从事刻书的动因以及所刻图书在地域、版式、内容、字体、成本等方面的鲜明特色，分析了公使库刻书的社会影响，尤其是公使库刻书活动对宋代雕版印刷业的发展所起到的推动作用。[②] 彭燕从绍兴雕版印刷的历史渊源、记载绍兴雕版印刷最早的文献、绍兴出土的雕版印刷珍品及宋代绍兴刻本四个方面考述了宋代绍兴雕版印刷的盛况。[③] 李传军通过考察文献和史籍得出，两家陈宅书籍铺实际为同一家，陈思即陈起之子续芸。陈起父子两代均对南宋时期的出版业和文化传播作出了巨大的贡献。[④] 邵晓峰认为宋代家具材料有木、竹、藤、草、石、玉、陶、瓷等，并以木材为主，其种类繁多，多就地取材，其中有杨木、桐木、杉木等软木，榆木、枣木、楸木、梓木、杏木、柏木、楠木，以及紫檀木、乌木、檀香木、花梨木等硬木。[⑤] 吕变庭、艾蓉认为"青唐羌"冶铁技术在宋代的科技发展过程中具有独特的价值和作用。[⑥] 于宝东通过分析研究几种代表性玉器，表明在元代，特别是北方地区，玉器的制作经历了从无到有，从幼稚到成熟的发展历程，而且有自身的民族特色和地方特色。[⑦] 孟传鲜对《宋元方志丛刊》所载南宋时期的桥梁数量进行了统计，然后汇集、解读相关史料，澄清史实，对其时桥梁的投资类型、建造技术加以演绎总结，从而管窥南宋桥梁概况。[⑧] 孟传鲜认为南宋梁墩桥可分为石墩木梁桥、石墩石梁桥、廊屋桥三种类型。[⑨] 王祥春指出，宋代就已出现了资本主义性

---

① 施继龙、李修松：《宋代钞版在印刷史研究中的价值探析》，《北京印刷学院学报》2008 年第 1 期。
② 李景文：《宋代公使库及其刻书》，《图书情报工作》2008 年第 11 期。
③ 彭燕：《宋代绍兴雕版印刷考略》，《图书馆工作与研究》2008 年第 5 期。
④ 李传军：《南宋临安睦亲坊陈宅书籍铺考略》，《青岛大学师范学院学报》2008 年第 2 期。
⑤ 邵晓峰：《宋代家具材料探析》，《家具与室内装饰》2008 年第 8 期。
⑥ 吕变庭、艾蓉：《"青唐羌"冶铁技术在宋代的发展和传播》，《青海民族研究》2008 年第 1 期。
⑦ 于宝东：《从出土玉器看元代北方手工业的发展》，《北方经济》2008 年第 6 期。
⑧ 孟传鲜：《从〈宋元方志丛刊〉管窥南宋桥梁概况》，《武汉交通职业学院学报》2008 年第 3 期。
⑨ 孟传鲜：《南宋梁墩桥举例及建造技术初探》，《浙江交通职业技术学院学报》2008 年第 3 期。

质的生产关系：在两浙、淮南的海盐生产中，盐场主雇佣大批工人从事生产，且工人之间存在分工协作的生产关系。[①]

四　城市、商业、贸易

韩光辉认为宋代以拥有专门行政管理机构府属都厢为标志，出现了个案建制城市。辽金元则以拥有专门行政管理机构诸京警巡院、路府节镇录事司、防刺州司侯司为标志，出现了更多建制城市。在此基础上，金元时期形成了联系密切、分布有序的古代城市体系。[②] 王一帆等以北宋东京为例，讨论了运用 GIS 进行古代城市结构复原的可行性。[③] 陈德文认为北宋东京城设置了开封府、厢坊、军巡及军巡铺等管理机构，构成了东京城多层次全方位的立体管理模式，在加强东京城管理方面起到了重要作用。[④] 张献梅探讨了风水学对北宋定都东京、外城形制、内城布局及皇城布局等方面的影响。[⑤] 王仲尧从市场规模、市场信用、定价标准三个方面进行了讨论，并在此基础上概括了汴京艺术品市场的重要特征。[⑥] 直长运、李合群认为北宋东京外城是在五代城墙的基础上，多次进行维修、加固，从而形成了墙体的内外结构，北宋外城平面呈菱形，应是当时"人盘"定位的结果。[⑦] 陈素平、黄波指出，北宋东京都市旅游在北宋时期出现了前所未有的繁荣景象，代表了当时旅游的最高成就，呈现出参与性强、旅游形式多样、夜生活丰富多彩等时代特点。[⑧] 何和义、邵德琴认为南宋时期两浙路的市镇经济有了较大发展，这主要从市场的繁荣、海港的崛起和商税的

[①] 王祥春：《从两浙的末盐生产看宋代的资本主义生产关系》，《牡丹江教育学院学报》2008年第 1 期。

[②] 韩光辉：《宋辽金元建制城市的出现与城市体系的形成》，《历史研究》2008 年第 4 期。

[③] 王一帆等：《古代城市结构复原的 GIS 分析与应用——以北宋东京城为例》，《地球信息科学》2008 年第 5 期。

[④] 陈德文：《北宋东京城管理机构浅析》，《遵义师范学院学报》2008 年第 1 期。

[⑤] 张献梅：《风水学对北宋东京布局的影响》，《山西建筑》2008 年第 27 期。

[⑥] 王仲尧：《北宋汴京艺术品市场考述》，《中国经济史研究》2008 年第 3 期。

[⑦] 直长运、李合群：《北宋东京外城的结构与形制》，《河南大学学报（自然科学版）》2008年第 4 期。

[⑧] 陈素平、黄波：《论北宋东京都市旅游的特点和动力》，《求索》2008 年第 5 期。

增加三个方面体现出来。①

　　韩瑞军认为，随着商品经济的发展，宋代官吏经商现象比以往更加突出，越来越多的官吏热衷于营商，引起统治阶级的不安，并采取了一些措施予以纠正。② 王祥春认为宋代不存在商业性城市普遍发展的观点不符合宋代商业发展的历史状况。③ 王德朋指出，金朝政府为加强对商业活动的控制，从中央到地方都设立了完整的机构，以管理境内贸易及其在边境地区进行的榷场贸易。此外，政府还建立了严密的禁榷机构以维护国家对特定商品的垄断经营权。④ 他还认为金朝政府根据实际情况为每个税种制定了不同的税率、税额。同时，还针对征税机构和人员制定了严格的考核制度，将税收定额与官员职务的升降紧密联系起来，以此促进税收总量的增长。⑤ 丁雅认为从《夷坚志》所展现的商业活动可以看出，宋代经商风气盛行，不同社会阶层纷纷参与其中，商业体系日臻成熟，商品流通范围不断扩大，商业经营方式发生改变。⑥

　　杨富学、陈爱峰认为辽朝与大食帝国长期保持着频繁的商业贸易关系。大食文化与物品的输入，极大地丰富了辽人的社会物质文化生活。同时，通过贸易往来，辽朝文化对大食文化也产生了一定影响。两者的交流是双向的。⑦ 杨作山认为牙人集侩、吏、商职能于一身，出入蕃部，招徕商人，参与公私交易，坐收渔利，成为一支举足轻重的社会力量。⑧ 张锦鹏认为明州港的兴盛繁荣主要源于区位因素和市场因素。可以说，是南宋商品经济向海外扩张的动力机制推动了明州港走向繁荣。⑨ 王祥春、赵双全指出，从公元 10 世纪中叶起，中越之间才开始有了正式的国与国之间的

---

① 何和义、邵德琴：《南宋时期两浙路市镇经济的发展》，《湖州师范学院学报》2008 年第 5 期。
② 韩瑞军：《宋代商品经济的发展与官吏经商》，《江苏商论》2008 年第 2 期。
③ 王祥春：《再论"从商税和城市看宋代社会的自然经济"》，《哈尔滨学院学报》2008 年第 6 期。
④ 王德朋：《金代商税制度考略》，《辽宁大学学报》2008 年第 5 期。
⑤ 王德朋：《金代商业管理机构探微》，《社会科学辑刊》2008 年第 3 期。
⑥ 丁雅：《从〈夷坚志〉看宋代商业发展的特点》，《许昌学院学报》2008 年第 4 期。
⑦ 杨富学、陈爱峰：《辽朝与大食帝国关系考论》，《河北大学学报》2008 年第 5 期。
⑧ 杨作山：《试论宋代牙人在蕃汉贸易中的作用》，《西北第二民族学院学报》2008 年第 3 期。
⑨ 张锦鹏：《南宋时期明州港兴盛原因探讨》，《华中科技大学学报》2008 年第 1 期。

交往。真正意义上的中越贸易开始产生。[①] 严小青、惠富平认为宋代海上贸易繁荣是域外香料传入我国的高峰期。檀香、乳香、沉香、胡椒、丁香等域外香料的大量传入改变了当时我国香料稀缺的状况，对宋代国家财政及其以后的医药、饮食、农业等社会生活产生了重要影响。[②] 高莹从商品经济的发展、科学技术的进步和海外贸易政策三方面探讨了宋代海外贸易发展的原因。[③]

五 货币金融

王中良对辽、金官营借贷的类别、资本运营情况以及历史作用等方面进行了研究。[④] 郑瑾认为私铸是宋代货币经济领域一个始终无法解决的问题。货币私铸的产生与封建政府货币政策的失误密切相关。私铸的盛行，使流通中劣钱泛滥，造成了货币贬值和社会经济混乱。[⑤] 金勇强指出，在纸币流通范围日益扩大的同时，区域差异也愈加明显，主要体现在纸币流通稳定性的区域差异、区域间的货币异制，以及纸币购买力的区域差异上。[⑥] 吕庆华认为宋代商业信用和商业消费信用较为普遍，信用交易方式多样、灵活。[⑦] 熊燕军认为政府的干预既是钱荒形成的重要原因，同时也是钱荒的强化因子。而在市场的自然调节下，纸币出现了，白银也开始货币化，钱荒的问题得到了解决。[⑧] 严红、朱星宇认为，在宋代，随着白银在国家经济活动中的地位上升，社会上产生了银铺户这一食利阶层。他们利用国家要求地方上缴白银的政令，抬高白银与铜钱的兑换价格，大量地从民间吃进囤积铜钱，加之政府每年新铸铜钱的数量有限，从而诱发了宋

① 王祥春、赵双全：《两宋时期的中越贸易》，《东南亚纵横》2008年第4期。
② 严小青、惠富平：《宋代香料贸易及其影响》，《江苏商论》2008年第4期。
③ 高莹：《宋代海外贸易发展的原因初探》，《科技情报开发与经济》2008年第9期。
④ 王中良：《辽金官营借贷研究》，《辽宁工程技术大学学报（社会科学版）》2008年第4期。
⑤ 郑瑾：《关于宋代货币私铸的几个问题》，《浙江大学学报（人文社会科学版）》2008年第1期。
⑥ 金勇强：《两宋纸币流通的地域变迁与区域差异》，《开封大学学报》2008年第1期。
⑦ 吕庆华：《略论宋代的信用交易》，《北方经贸》2008年第1期。
⑧ 熊燕军：《看得见的手与看不见的手：政府干预与北宋钱荒的解决之道》，《南华大学学报（社会科学版）》2008年第2期。

代的钱荒。① 施继龙、李修松对宋代关子的概念、源流，金银见钱关子发行时间、背景、发行目的、主持者、版式、发行量等进行了系统的梳理和考证。② 他们还根据实物和文献资料，对这三种印钞版进行系统的比较研究，结果表明，虽然三种印钞版形制、数量、制版材料等方面差异显著，但图文内容关系密切，具有明显的相关性。他们还从关子钞版的制版材料、制版工艺及其印刷工艺三个方面，探讨了关子钞版的价值。③ 徐达元、思源认为，受北宋的影响、纸币称提和用铁钱为纸币称提之法，是南宋铸行铁钱的三个原因。④ 此外，他们还对南宋钱监进行了系列考证和研究。⑤

六　财政赋役

包伟民指出，所谓制度的"地方化"，是指国家制度在制定与实施之中呈现地域性差异，产生这种差异的原因是多层面的：从制度制定者一方说，有主动与被动之别；从差异性现象的性质而言，则有法内与法外之异。⑥ 王德朋指出，为保证国家实现最大限度的垄断收益，金朝制定了一整套盐业专卖管理制度。这些盐业管理制度取得了实际效果，盐课成为金朝最重要的财政收入，这种势头一直持续到金朝晚期。⑦ 王德朋还认为金朝封建专卖存在着难以克服的制度性缺陷，因此，它的消极意义大于积极意义。⑧ 钱永生、吴志坚认为，对鱼盐管理制度的考察可以从一个侧面折

---

① 严红、朱星宇：《银铺户——宋代钱荒产生的重要原因》，《信阳农业高等专科学校学报》2008 年第 4 期。
② 施继龙、李修松：《宋代最后一种纸币——关子源流考述》，《北京印刷学院学报》2008 年第 1 期。
③ 施继龙、李修松：《关子钞版与千斯仓版、行在会子库版的比较研究》，《关子钞版的再研究》，《北京印刷学院学报》2008 年第 5 期。
④ 徐达元、思源：《南宋铁钱铸行概说》，《安徽钱币》2008 年第 4 期。
⑤ 徐达元、思源：《南宋邛州惠民监及其铸钱考证》，《南宋嘉州丰远监及其铸钱考证》，《南宋利州绍兴监及其铸钱考证》，《安徽钱币》2008 年第 2 期；《南宋定城监及其铸钱考证》，《寻找确定宋代同安监监址之浅见》，《安徽钱币》2008 年第 1 期。
⑥ 包伟民：《从宋代财政史看中国古代国家制度的地方化》，《史学月刊》2008 年第 7 期。
⑦ 王德朋：《金代榷盐制度述论》，《中国社会经济史研究》2008 年第 1 期。
⑧ 王德朋：《中国古代盐业专卖制度的经济学分析——以金代为例》，《江西财经大学学报》2008 年第 2 期。

射出元代盐法的整体特征。① 聂朋认为，李谘主持实行"见钱法"和"贴射法"，改革北宋的榷茶制度，虽然最终失败，但却取得了一定的成效，仍不愧为宋初一位有所作为的财税改革家。② 魏天安认为南宋时期买马由广西经略司主管，买马本钱从广南盐等地方财政收入中筹措，马价以银为本位货币计算。对马格标准、定价、招买、押运、验收及其相关官兵的奖罚，均制定了明确的条规。③ 刘秋根、杨小敏认为元代官府造酒生产中人的要素和物的要素逐渐发生了变化。反映了封建官府变相多样的求利手段以及国家宏观、有效控制酿酒业能力的不断完善。④

王爱和、郑志强认为宋代建立了一套完整的税收监督制度体系，其主要内容包括对民赋簿籍的记录、完税凭证、税收账簿的记录，以及官员对税收的报告和对官员税负征收的考核。这些税收监督制度对我们健全账簿管理方法、完善凭证防伪措施、防范小金库及严格官吏考核制度都有重要的借鉴意义。⑤ 尚平认为户帖主要集中使用于政府大规模检点户口、调查田产以整顿税收和宋代的官田私田化过程中。因而户帖作为一种田产税凭证，主要用于对税户进行立税定税，在官田出售中兼作产权凭证。户帖与户籍、田契既有相似之处又有区别。⑥ 孙尧奎、李晓指出，强制征购在宋朝大致经历了三个重要阶段，从北宋时的区域性和临时性，演变为南宋时的普遍性和长期性。强制征购本质上依赖的是专制强权对人的超经济控制。⑦ 汤文博认为赋税和差役在国家、地方权势和小农三者之间的均衡是维持国民经济发展的重要因素。宋代江南东路的赋役博弈从一个侧面说明了赋役均衡的重要性。⑧ 尚平认为鱼鳞图册源于南宋初的砧基簿，设计之初的砧基簿基本上依旧属于户籍系统，随后才逐渐从中演化出了属于独立

① 钱永生、吴志坚：《元代的鱼盐与盐法》，《湖南大学学报（社会科学版）》2008 年第 4 期。
② 聂朋：《李谘生平及其对北宋榷茶制度的改革》，《新余高专学报》2008 年第 1 期。
③ 魏天安：《南宋广西买马制度》，《广西社会科学》2008 年第 4 期。
④ 刘秋根、杨小敏：《从黑城文书看元代官营酒业的变化》，《宁夏社会科学》2008 年第 1 期。
⑤ 王爱和、郑志强：《论宋代的税收征管制度及其启示》，《企业经济》2008 年第 8 期。
⑥ 尚平：《宋代户帖的性质及其使用》，《广西社会科学》2008 年第 5 期。
⑦ 孙尧奎、李晓：《宋朝强制征购的法规与执行》，《西北师大学报（社会科学版）》2008 年第 2 期。
⑧ 汤文博：《宋代农村经济的赋役博弈问题——以江南东路为例》，《武汉职业技术学院学报》2008 年第 5 期。

的专门地籍性质的鱼鳞图册。① 葛金芳首次区分了义役的不同类型，即有民间主导型和政府推广型之别。民间主导型义役是乡绅集团在差役重压下，试图通过集资助役、自主排役的方式，主动参与赋役征收、地方治安等乡村治理秩序重建的有益尝试。② 周扬波认为南宋义役多被学界视为一大弊政，但它其实存在一个由利趋弊的过程。③ 潘洁、陈朝辉以黑水城出土的内蒙古藏、英藏、俄藏文书中的税粮账册为主，分析税粮的种类、税额等基本情况，复原部分文书，并与俄藏西夏赋税文书进行比较，揭示亦集乃路税粮征收的基本规律。④ 温海清指出，诸路转运司职能广泛，责督办一路财赋，直接经度诸色赋计，并且还在掌握户口增减等方面发挥着重要职能。然而其漕运、监察等项职能却渐趋弱化。元代诸路转运司衰落的根本原因在于总管府路作为一级地方行政机构的定型。⑤

七　人口、移民及社会阶层

戴建国认为上报户部的丁账只统计户数及成丁数，是全国每年户口统计数据最基本的来源。县造税租簿是具有预算性质的用来推收税租的文书。税租账则是汇总统计账。宋代形成了一套完备的籍账统计申报体系。⑥ 杨蕤指出，宋夏沿边地区的党项人口不断向南迁徙，致使宋夏沿边地区的蕃汉人口比例出现新的变化，西夏部分沿边的城镇人口也出现了不同程度的增长。⑦ 汤开建、杨惠玲对宋金文献中出现的安多藏族人口数据进行了深入细致的分析。⑧ 都兴智通过对金代辽宁地区猛安谋克分布概况的探讨，

---

① 尚平：《南宋砧基簿与鱼鳞图册的关系》，《史学月刊》2008 年第 6 期。
② 葛金芳：《从南宋义役看江南乡村治理秩序之重建》，《中华文史论丛》2008 年第 1 期。
③ 周扬波：《南宋义役的利弊：以社团为角度的考察》，《浙江师范大学学报（社会科学版）》2008 年第 2 期。
④ 潘洁、陈朝辉：《元代亦集乃路税粮初探》，《内蒙古社会科学》2008 年第 2 期。
⑤ 温海清：《元代初期诸路转运司考述》，《中国史研究》2008 年第 3 期。
⑥ 戴建国：《宋代籍帐制度探析——以户口统计为中心》，《历史研究》2008 年第 3 期。
⑦ 杨蕤：《宋夏沿边人口考论》，《延安大学学报（社会科学版）》2008 年第 4 期。
⑧ 汤开建、杨惠玲：《宋金时期安多藏族人口的数据与统计——兼谈宋金时期安多藏族人口发展的原因》，《西北民族研究》2008 年第 3 期。

以了解金代辽宁少数民族及汉族的人口状况。[①] 韩世明认为金代的移民活动对其社会发展影响是相当大的，促使女真社会得到了快速发展。[②] 李莎认为元代屯田中的人口迁移主要是由国家强制组织实施的。屯田中人口迁移的垦荒和戍边作用越来越突出，对增加封建国家的赋税收入、稳定社会秩序和巩固蒙古政权也起到一定的作用。[③] 吴志坚认为明白户口条画的整体体例及各条款各自的适用范围，不仅有利于更准确地理解条画所涉及的相关史实，还能够帮助我们更深入地理解领属权和人身所有权在元代社会关系中的核心作用。[④]

李月新指出，数量众多的辽属汉人在辽朝的创建与发展过程中具有特殊重要的地位和作用，考其来源，主要有本土固有、乱世流入和割地划归三种情况。[⑤] 武玉环认为，渤海国与王氏高丽的关系是中国地方政权与国外政权的关系；渤海国灭亡后，迁到朝鲜半岛的渤海移民与王氏高丽的关系是王氏高丽王朝与其附属民众的关系；渤海移民与王氏高丽属于不同民族，不存在血缘上的联系。[⑥] 杨晓春指出，入居辽沈地区的高丽降民主要居住在沈州（沈阳）一带，并详细分析了元末明初辽沈地区高丽移民的三种动向：迁回高丽、留居辽东、迁往扬州。[⑦] 张锦鹏认为，在宋代，新兴的富民阶层已经成为一股财富力量，在国民经济和社会发展中起着日益重要的作用。由于商品经济的发展，使主要从事工商业活动的坊郭户从弱势群体成为新兴富民，对其征收助役钱，正是明确了这一群体已成为这一时期的新兴财富力量。[⑧] 于志娥从对商人的经营活动，尤其是由此而获得的经济收入及其所承担的社会负担的视角，对宋代商人的社会地位与作用进

---

① 都兴智：《论金代辽宁境内的猛安谋克与人口》，《东北史地（学问）》（长春）2008 年第 6 期。

② 韩世明：《金代人口迁徙问题管窥》，《文化学刊》2008 年第 5 期。

③ 李莎：《元代屯田中的人口迁移》，《郑州航空工业管理学院学报（社会科学版）》2008 年第 6 期。

④ 吴志坚：《元至元八年户口条画校勘及释例》，《中国史研究》2008 年第 2 期。

⑤ 李月新：《契丹统治下的汉人来源与分布》，《辽宁师范大学学报（社会科学版）》2008 年第 3 期。

⑥ 武玉环：《王氏高丽时期的渤海移民》，《吉林大学社会科学学报》2008 年第 3 期。

⑦ 杨晓春：《13～14 世纪辽阳、沈阳地区高丽移民研究》，《中国边疆史地研究》2008 年第 1 期。

⑧ 张锦鹏：《北宋社会阶层变动与免役法制度创新》，《西南大学学报（社会科学版）》2008 年第 3 期。

行了分析。① 邓晓影认为，传统的重农抑商政策从宋朝开始松动，宋朝开始实行了农商并重的政策，并对通商实施了有效的管理，提高了商人的政治地位。② 周峰对在辽金时代长达 160 余年刻石活动中占有重要地位的刻工宫氏家族进行了较为详尽的考述。③ 王德忠认为，金朝女真族社会阶层的流动，主要是指金朝女真族、奴婢地位的升降变迁和猛安谋克户分化两个方面的问题。④ 程尼娜认为，金朝对西北地区驻牧的契丹等游牧民族保持原辽朝的社会组织形式——部族、糺，以此对其进行统治。"糺"偏重于军事，部族侧重于生产，皆为金朝分番守边。⑤

八　经济法与产权

杨卉青认为宋代社会变革促进了宋代契约关系的发展。宋代契约关系广泛存在于农业、手工业、商业和服务业中，契约种类增多，国家注重对契约关系的法律调整，保障了契约的履行。⑥ 杨卉青、崔勇认为，宋代在借贷的利率、担保、履行方面都制定了严格、完备的法律，国家对借贷契约关系的法律调控在一定程度上为当时借贷关系的正常运行提供了保障，维护了借贷秩序的稳定。⑦ 赵彦龙结合目前已经考释公布的西夏汉夏文契约实物和《天盛律令》的有关条款规定，从西夏契约成立的要素和西夏契约的法律规定两个方面进行了比较深入细致的探讨。⑧ 赵彦龙指出，西夏契约的种类有买卖契约、借贷契约和典当契约三种。西夏政府对契约的签订和执行主要有干预制度、双方合意及订立书面契约制度、担保制度、对

---

① 于志娥：《宋代商人的经营活动与收入状况分析》，《渤海大学学报（哲学社会科学版）》2008 年第 5 期。

② 邓晓影：《论金朝女真族的社会阶层流动及其评价》，《湖南城市学院学报》2008 年第 3 期。

③ 周峰：《北京辽金石刻工宫氏家族考》，《北京文博》2008 年第 3 期。

④ 王德忠：《宋代商业发展与商人地位的提高》，《东北师大学报（哲学社会科学版）》2008 年第 1 期。

⑤ 程尼娜：《金朝西北部契丹等游牧民族的部族、糺制度研究》，《吉林大学社会科学学报》2008 年第 3 期。

⑥ 杨卉青：《宋代社会变革与契约法的发展述论》，《理论导刊》2008 年第 8 期。

⑦ 杨卉青、崔勇：《宋代借贷契约及其法律调控》，《河北大学学报》2008 年第 4 期；杨卉青：《宋代契约保障制度》，《榆林学院学报》2008 年第 1 期。

⑧ 赵彦龙：《西夏契约研究》，《青海民族研究》2008 年第 4 期。

借贷（典当）利息的法律规定等。[1] 李文军认为，宋政府根据形势需要，灵活务实地颁布了一系列民事经济法令来调整边区蕃汉民众的经济生活。这些法令的实施，促进了蕃汉民众之间的经济交流。[2] 魏天安认为，宋代私田宅典、卖、抵押和官田租佃、出卖及招民耕垦逃荒田时，近亲、四邻有优先权。从北宋到南宋优先权的亲邻范围越来越小，体现了田宅交易的宗法限制逐步宽松的发展趋势。[3] 王颂从北宋的宅第制度及宋画中的描述探讨了北宋的城市宅第、乡村住宅及宅第室内陈设等建设情况。[4] 高楠、张波认为，宋代社会中，大多数母亲独立掌控自己的奁产。[5] 谭晓玲认为，元代北方地区流行收继婚，南方盛行典雇婚，两种婚俗都是在经济利益驱使下的行为。元代妇女在当时的历史环境中，处境进一步恶化。[6] 杨印民认为元代籍没妻孥的处境相当悲惨，他们一部分成为官奴隶，到官营匠局劳作，一部分被转赐为私人奴隶，其中一些妇女则被官府指配为他人妻妾。籍没妻孥法的行废，实质反映的是蒙汉两种不同文明的冲突和较量。[7]

九　环境、地理、交通

张全明认为，北宋开封地区的气候绝大部分时间表现为继唐代以来我国气候变迁史上第三个温暖期的延续。建中靖国元年前后，该地气候突然发生明显变化而进入了新的寒冷期。[8] 马泓波从宋代有关植树护林的法律规定和家训族规出发，对其规范树木采伐的程序、禁止违法伐木、鼓励植树造林及有关边境、河堤、坟墓、荒地等特定区域的专门规定加以归纳，阐明了这些树木在军事防御、环境保护、尊祖敬宗等方面所起到的作用。[9] 魏华仙指出，由于社会商品经济的发展，使得宋代时野生动物经济价值凸

① 赵彦龙：《论西夏契约及其制度》，《宁夏社会科学》2008年第4期。
② 李文军：《试论北宋西北边区的民事经济法令》，《天中学刊》2008年第3期。
③ 魏天安：《论宋代的亲邻法》，《中州学刊》2008年第4期。
④ 王颂：《浅议北宋宅第建设》，《山西建筑》2008年第7期。
⑤ 高楠、张波：《母亲生前的奁产权利——以宋代为中心》，《云南社会科学》2008年第5期。
⑥ 谭晓玲：《元代两种婚姻形态的探讨》，《内蒙古大学学报》2008年第5期。
⑦ 杨印民：《元代籍没妇女的命运与籍没妻孥法的行废》，《史学月刊》2008年第10期。
⑧ 张全明：《论北宋开封地区的气候变迁及其特点》，《史学月刊》2008年第1期。
⑨ 马泓波：《宋代植树护林的法律规定及其社会作用》，《人文杂志》2008年第3期。

显，这是导致野生动物被捕杀的根本原因，由此对当时和后世生态环境产生了深远影响。[①] 杨蕤、乔国平考察了宋夏沿边的麟府地区、横山及环庆路沿边、泾原路沿边等区域的自然植被状况，勾勒出宋夏沿边地区自然环境的概貌。[②] 杨蕤主要讨论了西夏野生动物的种类及分布状况，西夏对自然环境破坏的方式和类型，西夏官方文献以及地方民众表现出的朴素的环境保护意识。[③] 刘建丽认为，北宋王朝对甘肃自然资源的开发利用，有利于甘肃地区的经济发展。[④] 潘云、姚兆余从王祯《农书》出发，针对农业开发经营过程中出现的耕地面积下降、水土流失、水资源短缺、农业污染严重、生态环境恶化等问题，探讨其中的农业生态思想。[⑤]

郭志安认为，北宋时期，黄河在沟通东西水路交通方面发挥了重要作用，其竹木运营也曾一度占有重要地位。[⑥] 章深认为，北江上除了运送官货的官船外，民间商船更是舳舻衔尾、络绎不绝，宋朝在北江沿线设置了许多征收商税的税卡，向商人征税。[⑦] 余春燕通过对当时三峡水道、舟船构造及航行技术的探讨，展示了宋代三峡水运的概况。[⑧] 王卓然、梁丽认为，北宋运河走向的变化，与当时政治中心与经济中心的日渐分离，政治、经济中心向东、向南的转移有关。北宋运河也成为大运河历史走向从"弓背"向"弓弦"转变的过渡时期。[⑨] 陆宁认为，发达的交通和贸易，是西夏不同经济区域得以沟通乃至形成对周边地区民族经济辐射的关键因素。[⑩]

---

① 魏华仙：《试论宋代对野生动物的捕杀》，《中国历史地理论丛》2008 年第 2 期。

② 杨蕤、乔国平：《宋夏沿边地区的植被与生态》，《宁夏社会科学》2008 年第 4 期。

③ 杨蕤：《西夏环境史研究三题》，《西北第二民族学院学报（哲学社会科学版）》2008 年第 2 期。

④ 刘建丽：《宋代甘肃自然资源的开发》，《甘肃联合大学学报（社会科学版）》2008 年第 4 期。

⑤ 潘云、姚兆余：《从元代王祯〈农书〉中透视农业生态思想》，《安徽农学通报》2008 年第 3 期。

⑥ 郭志安：《北宋黄河竹木运营简论》，《保定师范专科学校学报》2008 年第 3 期。

⑦ 章深：《北江，唐宋时代的黄金水道》，《珠江经济》2008 年第 1 期。

⑧ 余春燕：《宋代三峡水运初探》，《重庆社会科学》2008 年第 10 期。

⑨ 王卓然、梁丽：《北宋运河走向与政治、经济中心转移》，《华北水利水电学院学报（社科版）》2008 年第 5 期。

⑩ 陆宁：《简论西夏经济与地理环境的关系》，《西北第二民族学院学报（哲学社会科学版）》2008 年第 6 期。

十 灾疫与社会救济

张国庆、阚凯认为，辽代民间佛教赈灾活动之所以能持续不断地开展下去，与其持有源于佛教教义的"慈悲济世"的指导思想有直接关系。[1]朱琳阐述了宋朝荒政思想和措施的主要特色，并对赈济中存在的弊端进行了经济学分析。[2]王淳航根据《宋史·五行志》和《续资治通鉴长编》的有关内容，对北宋时期（960～1127 年）160 多年的水旱灾害的时空分布进行统计归纳，得出一些规律性的认识。[3]杨晓红指出，灾疫给社会生产和人民生活造成巨大破坏，成为推行许多经济政策的重要原因。[4]邱云飞认为两宋时期爆发的瘟疫次数比较多，在时间上表现为不规则、无周期，空间分布上呈现出南方比北方多、东部比西部多的特征。[5]袁冬梅认为宋代江南地区是流行病的多发区。这大概与江南地区水网密布、气候温湿、人口密集、人员流动频繁、经济较为活跃，易于细菌病毒繁殖有关。[6]孙春芳、耿扬认为宋代"因灾罢相"成为政治倾轧和统治者任人理政的一个契机。[7]豆霞、贾兵强认为，分析义庄的创建、发展及其特点，可以发现宋代义庄的社会救济作用，以及宋代社会条件下的经济手段对世家大族维持社会地位的重要性。[8]

陈燕萍认为宋代以防治疫疾为核心的公共卫生制度独树一帜，其所采取的法律措施影响广泛而深远。[9]韩毅以宋代政府诏令为中心，探讨宋代牲畜疫病的流行情况及特点，牲畜疫病的病因及对农业生产、交通运输

① 张国庆、阚凯：《辽代佛教赈灾济贫活动探析》，《内蒙古社会科学（汉文版）》2008 年第 3 期。

② 朱琳：《宋代荒政的历史考察和经济分析》，《安徽农业科学》2008 年第 8 期。

③ 王淳航：《北宋水旱灾时空分布及相关问题浅析》，《大众科学（科学研究与实践）》2008 年第 18 期。

④ 杨晓红：《灾异对宋代社会的影响》，《云南社会科学》2008 年第 5 期。

⑤ 邱云飞：《两宋瘟疫灾害考述》，《医学与哲学（人文社会医学版）》2008 年第 6 期。

⑥ 袁冬梅：《宋代江南地区疾疫成因分析》，《重庆工商大学学报（社会科学版）》2008 年第 4 期。

⑦ 孙春芳、耿扬：《略论宋代的弭灾与"因灾罢相"》，《殷都学刊》2008 年第 3 期。

⑧ 豆霞、贾兵强：《论宋代义庄的特征与社会功能》，《华南农业大学学报（社会科学版）》2008 年第 3 期。

⑨ 陈燕萍：《宋代公共卫生治理的法律措施述略》，《沧桑》2008 年第 4 期；陈燕萍：《宋代的医事组织与疾疫防治的法律措施》，《浙江档案》2008 年第 6 期。

和军事战争所产生的重大影响，分析和疏理宋代通过政府诏令对不同时期发生的牲畜疫病所采取的应对措施。[①] 刘婷玉论述了宋朝中央政府直接参与救助、收养弃婴及其慈幼救助措施。[②] 郭文佳指出，对乞丐和囚徒的日常生活，宋朝政府分别采取不同措施予以救助，以便使他们拥有基本的生活保障和起码的人身权利。[③] 谭景玉认为宋代乡村行政组织在救灾过程中发挥了联系官府与民众的中介环节的作用。[④] 许秀文认为，社仓制度的建立，促使中国古代的仓储制度在南宋时期发展到了一个更高的阶段，对后世的影响颇为深远。[⑤] 廖寅认为，南宋后期，在湖湘学派及其同道朱门弟子的积极推动下，在深受湖湘学派影响的地方大族的积极响应下，湖南一些地区初步建立了社会保障体系，这是湖湘学经世致用精神的体现。[⑥] 朱春阳认为，元末农民战争的爆发，与包括义仓在内的元代社会保障机构的废除有着不可分割的联系。[⑦] 李莎认为：元代对弱势群体的救助体系主要包括赈恤制度、收养制度、刑律优免制度、医疗救助制度、法律保护制度和赋役免除制度等，其救助范围大大超过了前代。[⑧] 杨旺生、龚光明认为元代蝗灾有鲜明的特征：时间、地域上的不均衡性，以及大灾频发。元代蝗灾防治较前代出现了一些新的变化因素，既有较成功的经验，也有值得关注的教训。[⑨]

十一　饮食、节日

周智武认为，唐宋时期，随着北方士民的大量南迁和中原先进文化的南传，对东南饮食文化也产生了重要的影响，促进了东南沿海城市饮食业

① 韩毅：《宋代的牲畜疫病及政府的应对——以宋代政府诏令为中心的讨论》，《中国科技史杂志》2008 年第 2 期。
② 刘婷玉：《论宋代官方的慈幼救助措施》，《山东省农业管理干部学院学报》2008 年第 2 期。
③ 郭文佳：《宋代乞丐囚徒救助论略》，《商丘师范学院学报》2008 年第 1 期。
④ 谭景玉：《宋代乡村行政组织在救灾中的作用》，《广西社会科学》2008 年第 1 期。
⑤ 许秀文：《浅议南宋社仓制度》，《河北学刊》2008 年第 4 期。
⑥ 廖寅：《官民合办：南宋时期湖南乡村社会保障事业初探》，《学术论坛》2008 年第 5 期。
⑦ 朱春阳：《元代义仓初探》，《东南文化》2008 年第 5 期。
⑧ 李莎：《元代官方对弱势群体的救助体系》，《中州学刊》2008 年第 6 期。
⑨ 杨旺生、龚光明：《元代蝗灾防治措施及成效论析》，《古今农业》2008 年第 3 期。

的兴旺。[①] 张景明、杨晨霞指出，在辽代墓葬壁画中，以艺术的形式表现了获取食物来源的经济类型场面和备食、烹饪、宴饮、进酒、进茶、茶道等饮食过程，形象生动，画面宏大。[②] 王孝华认为女真人有其独特的饮酒方式与习俗，随着女真社会的发展，其饮酒活动也呈现出动态的发展过程。[③] 王赛时探讨了元代的饮食结构与饮食内容，从而证实了元朝饮食的丰富程度。[④]

刘锡华、郑以荣从唐诗宋词的角度解读元宵节这一兴于汉完备于唐的娱神节日，剖析了至唐代始设灯节后，宋时完全形成的官民同乐的新局面。探究随着唐朝由盛转衰，其应节食品开始出现的"团圆"主题。[⑤] 刘钟认为，契丹辽朝庆祝端午节的内容有制艾衣、食艾糕、饮大黄汤、臂缠合欢索、佩戴长命缕和寿缕、拜天、射柳和击球等。[⑥] 魏华仙认为，宋代时，不仅民间传统节日文化进入了成熟、丰满时期，而且在宋真宗、宋徽宗两朝，又新创了11个节日，既增加了宋代节日数量，同时，在国家因事设节、完善中国古代节日系统结构方面具有开创之功。[⑦]

十二 经济与文化

李占稳、韩田鹿、田玉琪、孙彩霞等人的笔谈中，既有对宋代文学文本的经济解读，也有对文人创作的商业特征、文体的经济因素的宏观思考，希望能以一个断代为对象，为文化、文学现象的经济考察提供一个参照。[⑧] 赵鸿飞从题材、内容及传播方式等方面，探讨了当时都市商业文明

---

① 周智武：《唐宋南北经济文化的交流与东南饮食文化的发展》，《南宁职业技术学院学报》2008年第2期。

② 张景明、杨晨霞：《契丹饮食文化在墓葬壁画中的反映》，《大连大学学报》2008年第1期。

③ 王孝华：《金代女真人与酒》，《北方文物》2008年第3期。

④ 王赛时：《元代的主食结构与副食内容》，《四川烹饪高等专科学校学报》2008年第3期。

⑤ 刘锡华、郑以荣：《浅谈元宵节在唐宋时的流变与民俗体现》，《江西科技师范学院学报》2008年第1期。

⑥ 刘钟：《辽朝的端午节》，《社会科学论坛（学术研究卷）》2008年第1期。

⑦ 魏华仙：《诸庆节：宋代的官方节日》，《安徽师范大学学报（人文社会科学版）》2008年第4期；《宋真宗与宋代节日》，《中华文化论坛》2008年第2期。

⑧ 李占稳、韩田鹿等：《宋人崇杜的经济因素解析》、《宋代文人与文化娱乐市场》、《宋代南戏中的经济生活——以〈张协状元〉为例》、《宋代城市经济与城市中的瓦子勾栏》，《河北大学学报（哲学社会科学版）》2008年第2期。

与文学传播的相互影响。[1] 邱红、黄桃红对宋代文化娱乐与社会经济的良性互动关系进行了探讨。[2] 彭韬认为年画在宋代有深厚的民间土壤，它既可以成为百姓谋生的手段，又可点染生活情趣，它用民俗的独特魅力，聚集起了庞大的创作队伍和观赏阶层，使宋代在年画史上留下了浓重的一笔。[3] 王少南对小报产生的历史背景以及政治、经济、文化条件进行了简单的探析，以说明小报在宋代出现并非偶然，而有其历史必然性。[4] 王连海指出，南宋画家李嵩有四幅《货郎图》传世，图中描绘了多种古代民间玩具。宋元时期的文献中也可见相关记录，两相参照，接近真实地反映了南宋民间玩具的存在过程。[5] 周永健认为宋代祠禄制度具有一定程度的社会福利保障性质。部分退处清闲的士大夫在这一制度的庇护下，潜心向学，推动了宋代学术文化事业的发展。[6] 陈云峰根据元朝的少数民族政权及其统治者的一些特征，分析了邸报到了元朝中断的五点原因。[7] 田银生认为北宋东京汴梁的街市是中国古代城市发展的一项革命性产物，它的意义之一是把城市改造成为更为健全的世俗生活场所，从而培育了文化发展的肥沃土壤，增强了城市的文化发展功能。[8] 王广超认为元代杂剧审美商业化特征是顺应市井审美习惯与欣赏心理的结果。[9] 赵平平认为元代商人在爱情婚姻中表现出一定的优越感，在家庭生活中又表现出一定的无能为力。这与当时社会重商的价值观是分不开的。[10]

十三　廉政与反贪

韩瑞军认为，北宋统治者为防止官吏贪污受贿、枉法犯罪，通过加强

---

①　赵鸿飞：《宋代都市商业文明及其文学传播性表达》，《上海商学院学报》2008 年第 3 期。
②　邱红、黄桃红：《宋代文化娱乐与社会经济的互动影响》，《江西社会科学》2008 年第 6 期。
③　韩韬：《年画兴盛于宋代原因考》，《焦作大学学报》2008 年第 1 期。
④　王少南：《从宋代的特殊历史背景看小报的产生》，《理论界》2008 年第 11 期。
⑤　王连海：《李嵩〈货郎图〉中的民间玩具》，《南京艺术学院学报（美术与设计版）》2008 年第 2 期。
⑥　周永健：《宋代祠禄制度对士大夫的影响》，《湖北职业技术学院学报》2008 年第 3 期。
⑦　陈云峰：《浅论元代邸报之有否及其原因分析》，《科技信息（学术研究）》2008 年第 1 期。
⑧　田银生：《城市的文化发展力——以北宋东京汴梁的街市为例》，《城市规划》2008 年第 10 期。
⑨　王广超：《元代杂剧审美商业化特征发微》，《社会科学辑刊》2008 年第 4 期。
⑩　赵平平：《从元杂剧看元代商人的婚姻家庭生活》，《和田师范专科学校学报》2008 年第 4 期。

监督，完善制度建设，建立了一整套防范机制以应对官吏的经济犯罪。在一定程度上对官吏贪赃枉法起到了钳制作用。[①] 刘双认为，宋朝官吏的贪赃，主要是由于商品经济的冲击、封建官僚政治的缺陷、封建统治者的包庇纵容，以及封建剥削制度所致。[②] 他还认为宋代实行的有关犯赃官吏告发和包庇的奖惩政策，对遏制封建官场的贪腐之风起到了重要作用。[③] 方宝璋认为宋代对官吏经济政绩的考核由人事、财计和监察部门共同参与，其内容以人口、垦田、赋税、场务课利为主要指标，采取十分为率、取数年酌中之数定额、留意官本与收入的比率等来比较祖额、递年增亏，或确立多项增亏指标进行评价，确定等级，作为赏罚的依据。[④]

十四　经济思想

孙兴澈〔韩〕通过对范仲淹、王安石等的变法思想和社会改革的根本理论进行简单考察，进而分析北宋改革的性质和对现代的意义。[⑤] 杨葆指出，北宋时期是继西汉中叶以后确立的维护自然经济，视商品、货币为祸害之源的经济思想学说之后的一次重大转折，人们改变了对商业、商人的看法，这一深刻变化是基于北宋社会的深刻变化。[⑥] 刘晓平、刘欣认为宋代家训中的"俭"，在保留了以往家训中有关修身养性的道德说教的同时，更增加了一些与日常经济生活密切相关的新内容。[⑦] 张喜琴认为苏轼主张加强国家调控，以解决国家财政制度与地方救荒间存在的矛盾，明确责权，健全救荒的行政程序和监督机制，尤其是他的灾前管理和灾害预警思想最具有前瞻性和科学价值。[⑧]

---

① 韩瑞军：《略论宋代官吏经济犯罪的防范机制》，《河北经贸大学学报（综合版）》2007 年第 7 卷第 2 期。

② 刘双：《宋朝官吏贪赃的几个问题》，《郑州大学学报（哲学社会科学版）》2008 年第 2 期。

③ 刘双：《宋代惩治官吏贪赃对策述论》，《中州学刊》2008 年第 2 期。

④ 方宝璋：《宋代对官吏经济政绩的考核》，《中国经济史研究》2008 年第 1 期。

⑤ 〔韩〕孙兴澈：《北宋的改革思想管见》，《人文杂志》2008 年第 1 期。

⑥ 杨葆：《北宋时期经济思想的转型》，《青海民族学院学报（社会科学版）》2008 年第 2 期。

⑦ 刘晓平、刘欣：《略论宋代社会经济观念的变化在家训中的反映——以家训中的"俭"为例》，《船山学刊》2008 年第 1 期。

⑧ 张喜琴：《苏轼救荒思想述略》，《山西大学学报（哲学社会科学版）》2008 年第 4 期。

十五　其他

李鹏涛认为宋代非纸质广告媒介的特点在于：多为人们喜闻乐见且具有民族及地域特色，广告艺术性增强，追求大信息量及文化内涵，注重情感取胜，对广告媒介的利用由单一形式趋向多样化。[①]

夏时华指出，香料不但极大丰富了宋代官僚贵族的物质生活，成为他们生活中不可缺少的常物，而且也丰富了他们的精神文化生活，从一个侧面折射出他们生活中既奢侈又雅致的一面。同时，也具有一定的负面作用。[②]

李华瑞、郭志安认为，在黄河防治中，北宋王朝逐渐形成了一套较为完整的官员奖惩机制。而在其运行中，宋廷通过综合运用行政升黜、经济赏罚乃至刑事制裁等多重手段，对激励治河官员致力于河政发挥了重要作用。[③]

何和义、邵德琴通过对生活与生产环境、人口分布和生产布局三个方面进行时间（唐与宋）和空间（北与南）的比较，大体勾画出这一历史发展演变过程，并说明这是由一系列因素相互作用的结果。[④]

---

① 李鹏涛：《略论宋代非纸质广告媒介》，《重庆师范大学学报（哲学社会科学版）》2008 年第 1 期。
② 夏时华：《宋代香料与贵族生活》，《上饶师范学院学报》2008 年第 4 期。
③ 李华瑞、郭志安：《北宋黄河河防中的官员奖惩机制》，《河北大学学报（哲学社会科学版）》2008 年第 1 期。
④ 何和义、邵德琴：《浅论唐宋之际我国经济重心南移的原因》，《广东农工商职业技术学院学报》2008 年第 1 期。

第五章
2007 年明清经济史研究

封越健

一　总论

　　赵轶峰指出，用资本主义发生学障碍思想模式来分析明清中国历史演变的基本趋势，是一种把明清史当做"变态"来看待的方法，带有强烈的西方中心论色彩，以"正常"的视点出发，可得出明代中国的趋势是演变成为一种帝制农商社会。[①] 王亚民利用托马斯·孟的晚期重商主义考察明清时期的经贸增长，认为明清帝国在客观上不自觉地成了"贸易差额论"特殊的实践者，其"生产人口与技艺对于财富增加与经济增长重要性"的理论，在明清江南地区亦得到证实。[②] 傅瑞斯、李晶认为，"富国之所以富有是因为拥有市场的自由，穷国之所以贫弱是因为拥有官僚的专制"的观点并没有真实地解释中、西方在历史演化轨迹中所出现的"大分岔"，作者对基于英国或其他发达工业国早期历史上的军国主义财政策略和中国清代以降所采取的悲天悯人的家长式农业制度进行比较研究，强调西方崛起或工业化并非自由市场竞争的结果，而是由国家意志、海外贸易和奉行军

---

①　赵轶峰：《明代中国历史趋势：帝制农商社会》，《东北师大学报》2007 年第 1 期。

②　王亚民：《西方重商思潮与明清（1840 年前）经贸研究——以托马斯·孟的晚期重商主义为例》，《吉林师范大学学报》2007 年第 5 期。

事财政体制促成的。① 王秀丽以英国为参照，从资本、市场和劳动力三个方面阐释了明代经济缺乏有效拉动而落后的缘由。② 李国运从产权经济学的视角对明代中国和欧洲的经济发展状况和产权制度进行了比较研究，论证了 14~16 世纪的中国不可能出现资本市场的历史必然性。③ 余同元分期估算明中后期到清末民初江南传统工业的从业人数，认为江南早期工业化社会形成于明代中后期的嘉靖、万历年间，此后到清末民初是江南早期工业化社会的发展时期。④

二 财政

叶丹认为清代中央与地方的财政关系经历了中央集权型、地方分权型和中央与地方争权型三个阶段，中央与地方财政关系的演变与社会性质、政府职能、经济等因素密切相关。⑤ 陈崇凯等论述了清廷对西藏的财政支出政策、项目、数量和特点，以及驻藏大臣对西藏地方的财务核查管理，认为清代中央政府在对西藏地方的财政投入和财务监管方面形成了一整套行之有效的政策，构成了西藏地方与中央政府关系的又一重要方面。⑥

高寿仙考察了明代解京钱粮物料中的兜揽代纳赋税活动，明代中叶以后，解京钱粮物料中的实物项目逐步实行了折征银两、召商买办，这对于抑制揽纳作用较大。但折征实行得不够彻底，直到明末，揽纳者仍有一定的活动空间。⑦ 胡铁球考察明及清初"歇家"参与赋役领域的原因和方式，

---

① 傅瑞斯、李晶：《令人瞩目的不同世界：西欧与中国近代早期的国家与经济》，《南开经济研究》2007 年第 2 期。

② 王秀丽：《15~17 世纪社会经济转型的中英比较》，《天津大学学报（社会科学版）》2007 年第 3 期。

③ 李国运：《明代中国经济的产权分析与中欧比较研究》，《中南财经政法大学学报》2007 年第 5 期。

④ 余同元：《明清江南早期工业化社会的形成与发展》，《史学月刊》2007 年第 11 期。

⑤ 叶丹：《清代中央与地方财政分配关系的研究与借鉴》，《石家庄经济学院学报》2007 年第 1 期。

⑥ 陈崇凯、刘淼：《清代中央政府对西藏的财政支出与财务监管》，《中央民族大学学报》2007 年第 2 期。

⑦ 高寿仙：《明代揽纳考论——以解京钱粮物料为中心》，《中国史研究》2007 年第 3 期。

"歇家"可分为"粮里型歇家"和"保歇型歇家"两种。① 王东平、郭红霞指出，清代回疆主要土地占有形式"原垦地亩"和"官地"的田赋征收是"视岁收数目"而非土地面积，显示出与中原地区赋税征收制度的差异。②

万明指出，折银成为明代赋役改革的一条主线，是明代赋役改革不同于历朝历代改革的主要特征。明代白银货币化，亦即一系列赋役改革推而广之的过程。这一过程最关键的作用体现在直接推动农民从纳粮当差到纳银不当差，农民与国家的关系从身份走向契约。它既是社会的进步，也是社会转型的重要标志之一。③ 黄阿明认为明代赋税征银存在着诸多负面问题，这些问题在根本上与明代国家的货币制度、赋税制度等国家制度自身存在的缺陷有关，简单地将这些问题归咎于白银的使用而忽视制度层面的检讨，是远远不够的。④

林枫通过考察明万历前期营业税定额与各省区商业水平，认为商业水平与营业税额之间相关性不高，而北宋商税与万历前期营业税额又高度相关，这就足以证明明代营业税额是在宋代商税的基础上，经过某种订正所致。⑤ 张素容以大庾岭路所经之南雄地区为对象，考察清代原额在一个特定的地方，受到交通要道影响之后所出现的模式，借此展现明代"万历原额"演变成清代"原额"的具体情形，以探讨国家赋税制度与基层地方历史的互动，以及在赋税问题上地方社会与国家的对话过程。⑥

邓亦兵考察了明至清前期关税设置及其变化过程，作者指出清代前期关税的附加税是政府以制度形式规定各关征收不同名目、抽取一定比例的费用，大概在 11% ~24% 之间。作者还指出，清代前期政府对税官进行量

① 胡铁球：《明及清初"歇家"参与赋役领域的原因和方式》，《史林》2007 年第 3 期。
② 王东平、郭红霞：《清代回疆粮赋制度研究：牛津大学所藏清代库车、沙雅尔署衙档案之探讨》，《中国边疆史地研究》2007 年第 3 期。
③ 万明：《白银货币化视角下的明代赋役改革》（上、下），《学术月刊》2007 年第 5、6 期。
④ 黄阿明：《明代赋税征银中的负面问题》，《史林》2007 年第 6 期。
⑤ 林枫：《历史上的原额化管理——以明万历前期营业税额为例》，《中国经济史研究》2007年第 4 期。
⑥ 张素容：《大庾岭路与清代南雄州之虚粮》，《清史研究》2007 年第 2 期。

化考核，要求各关税收数量逐年增加，致使税官造假制假，虚增瞒报，达不到考核目的，反使税官贪污，国税短缺。① 廖声丰考察了清代前期北方边疆地区的榷关，指出北疆地区榷关的商业贸易对于促进北疆地区经济发展具有重要意义，使内地与北疆地区成为一个牢固的经济共同体，有利于多民族国家的巩固与繁荣。② 范金民认为，康熙二十年代起开海贸易，海运量日增，运河量相对减少，导致淮安等榷关税收随之减少。商人采取各种手段违禁绕越偷漏税款，更严重影响了淮安关税的如额征收。③ 吴美凤通过考察中国台北故宫博物院收藏的 88 件清代杀虎口税关奏折，廓清了杀虎口税关财政、国家行政职能、土地和税关修缮等问题，分析了杀虎口在清代中国经济中的地位与作用。④

三　经济活动和环境变迁

王晗等指出，清代对陕北长城以外的地区在不同时期制定了不同的垦殖政策，经历了封禁、招垦、禁垦、拓垦四个阶段，这既是清政府对陕北长城以外地区逐步认识和开发的过程，同时也是该地区生态环境变化的过程。在政策—人—环境相互作用的关系过程中，制度、政策与权力的结合对区域环境变化的影响具有根本性的驱动作用。⑤ 胡英泽分析清代、民国陕西省朝邑县营田庄黄河滩地鱼鳞册及地册，指出当地选择耕种方向、采用长条地畛、动态调整田块位置、村庄家户平均分配土地、禁止买卖等制度，便于解决黄河河道移徙、泛滥带来的边界纠纷、农业生产等问题，反映了地域社会应对环境的精神。⑥ 冯贤亮从观察平湖县横桥堰为中心的区域背景入手，将环境变化置于自然与社会两方面考察，分析其对水利设施

① 邓亦兵：《清代前期税关的设置》，《清史研究》2007 年第 2 期；《清代前期关税的附加税》，《清华大学学报》2007 年第 6 期；《清代前期税官的考核标准》，《中国社会经济史研究》2007 年第 2 期。
② 廖声丰：《清代前期北方边疆地区的榷关》，《贵州社会科学》2007 年第 10 期。
③ 范金民：《清代前期淮安关税收的盈绌原由》，《安徽史学》2007 年第 1 期。
④ 吴美凤：《清代的杀虎口税关》，《山西大学学报》2007 年第 2 期。
⑤ 王晗、郭平若：《清代垦殖政策与陕北长城外的生态环境》，《史学月刊》2007 年第 4 期。
⑥ 胡英泽：《营田庄黄河滩地鱼鳞册及相关地册浅析——一个生态史的视角》，《中国史研究》2007 年第 1 期。

兴废的深刻影响，详细说明乡村水利与社会各阶层的诸种关系，从而建构起一个小地方的水利社会史，并据此探讨清代中国地方社会的一些重要生活侧面。①

四 农业

折亩是导致明清土地统计误差的一个重要原因。赵赟探索折亩内在的距离衰减规律，在深入分析土地统计口径、民间田亩计量单位复杂性的基础上，提出了处理折亩误差的可行性途径。② 在以往对明代土地数据的研究中，对洪武二十六年土地登记数据的解释，或认为是管理体系不同引起的，或认为是定位错误。傅辉从登记制度和定量分析两方面入手考察，认为洪武二十六年河南土地数据是合理的。③ 汪庆元考察了清代顺治年间土地清丈在徽州的推行，指出清初鱼鳞图册所载表明其土地数字为实际丈量所得，并非赋税原额。鱼鳞图册登载的土地数字具有土地产权性质，与官府为保持税额而编制的土地数字性质不同。④ 王社教认为，尽管光绪《山西通志》中记载的田地数字不是完全通过实际丈量得来的计量亩，但在目前没有其他更为系统全面和准确真实数字的情况下，其价值是不可替代的。特别是在考虑到资料性质在时间上的前后同一性和空间上的区域相似性的情况下，其土地数字的变动基本上应该可以反映清代山西各地土地垦殖的变化情况。⑤

吕卓民认为明清是西北地区农牧业生产结构又一次发生重大改变的时期，农业生产最终取代畜牧业生产，成为区域经济发展的主导产业。⑥ 龚晨等认为阴山北麓农作制随着社会经济发展而演变，并具有继承和发展

---

① 冯贤亮：《清代江南乡村的水利兴替与环境变化——以平湖横桥堰为中心》，《中国历史地理论丛》2007 年第 3 期。

② 赵赟：《技术误差：折亩及其距离衰减规律研究——明清土地数据重建的可行性研究之一》，《中国社会经济史研究》2007 年第 3 期。

③ 傅辉：《明代土地数据登记制度研究——以洪武二十六年河南数据为例》，《人文杂志》2007 年第 1 期。

④ 汪庆元：《清代顺治朝土地清丈在徽州的推行》，《中国史研究》2007 年第 3 期。

⑤ 王社教：《清代山西的田地数字及其变动》，《中国农史》2007 年第 1 期。

⑥ 吕卓民：《明清时期西北农牧业生产的发展与演变》，《中国历史地理论丛》2007 年第 2 期。

性，各种农作制度长期并存。阴山北麓地区农作制度演变主要经历了撂荒制、压青休闲制、草田轮作制和集约耕作制四个阶段。不同时期主导的农作制不同。① 宋乃平、张凤荣考察鄂尔多斯农牧交错土地利用格局的演变过程，指出清代、民国是一个由自发开垦到政府组织开垦、由汉人租佃开垦到蒙汉共同开垦、由鄂尔多斯周缘向其内部深入的过程，这一格局是在自然条件、人口压力、经济利益和民族融合等因素的共同驱动和阻碍的平衡中形成和发展的。② 黄正林指出，大约自明末开始到清朝乾隆、嘉庆时期，黄河上游区域农作物种植结构开始发生变化，但变化十分缓慢。晚清以后农作物种植结构的变化加速，这一变化在民国时期基本完成，主要标志就是广泛种植玉米、马铃薯，而且这两种作物成为居民生活中的主要食粮。③

梁诸英估算皖南平原的水稻亩产量为明代 3.2 市石／市亩左右，清代 3.6 市石／市亩左右。清代皖南平原水稻亩产量的上升主要是由生产技术的改进和增加劳动力和肥料投入等方面的因素促成的，但资本投入的匮乏是水稻单产提高的重要制约。④ 邓永飞对清代湖南的水稻生产技术进行了比较具体的考察，他认为清代湖南农民在生产工具的配置与改进，稻种的选择，田地的整治，秧苗的培育，虫害的防治，以及肥料的使用等方面均取得了较大的进步，水稻亩产量较明代有了显著的增长。⑤ 张萍考察了清代陕西植棉业发展的过程，对晚清陕西棉花品种改良与推广时间进行了辨析，初步匡算出清代陕西棉花产销数量，并对清前、后期陕西棉花运销路线的变化及其影响因素作了分析。⑥ 梁四宝、张新龙考察了烟草传入曲沃的时间和路径，论述了烟草在曲沃的生产规模、加工过程、贸易数量及经济影响。⑦

① 龚晨、安萍莉、琪赫、潘志华：《阴山北麓地区农作制度演变历程及演变规律研究》，《干旱区资源与环境》2007 年第 2 期。
② 宋乃平、张凤荣：《鄂尔多斯农牧交错土地利用格局的演变与机理》，《地理学报》2007 年第 12 期。
③ 黄正林：《清至民国时期黄河上游农作物分布与种植结构变迁研究》，《古今农业》2007 年第 1 期。
④ 梁诸英：《清代皖南平原水稻亩产量的提高及原因分析》，《古今农业》2007 年第 1 期。
⑤ 邓永飞：《清代湖南水稻生产技术探析》，《中国社会经济史研究》2007 年第 3 期。
⑥ 张萍：《清代陕西植棉业发展及棉花产销格局》，《中国历史地理论丛》2007 年第 1 期。
⑦ 梁四宝、张新龙：《明清时期曲沃烟草的生产与贸易》，《中国经济史研究》2007 年第 3 期。

李伏明认为，用西方所有制理论或产权理论不能揭示明清永佃制与"一田二主"的真相，永佃制和"一田二主"现象的出现是特定历史和人文环境条件下的产物，意味着人地关系的相对紧张，地主对土地资源和人口劳动力资源控制能力的下降，社会结构和社会秩序形式发生了一定的变化，与生产力发展水平和商品经济发达程度相关度不大。[①] 吴秉坤根据最新发现的一份明代徽州典当契约，认为"大小买"之名在明代徽州确已出现，说明"一田二主"现象在明代徽州已经流行。[②] 陈学文根据实物对明清契尾形制作了考释。[③] 罗洪洋把清代黔东南文斗林业契约分为卖木又卖地契、卖木不卖地契、卖栽手契三类。大量的需要 10 年、20 年才能获取预期收益的卖木不卖地契、卖栽手契的存在，说明了锦屏苗民对契约的信心，也旁证了当年人工林业经济的繁荣。[④] 毛立平指出，清代妆奁日趋华靡，一些士人提出与其"鬻产嫁女"，莫若直接用土地做嫁妆的对策，并通过奁田权属分割等办法将土地权利尽量保留在宗族之内。但是，由于奁田权属问题十分复杂，极易引发土地纠纷。[⑤]

栾成显指出，黄册制度既是明代的赋役之法，也是明代的户籍制度。它体现了一种社会经济制度，同时也反映了当时的等级身份，即天下之人都是皇帝的臣民，而臣民之中又分为官绅、凡人和贱民等不同等级。黄册制度的衰亡使广大人民摆脱了徭役制的枷锁，而使人身束缚有所松懈。[⑥] 栾成显分析黄册归户底籍，认为明清时代即使占有土地不多的一般业户，从户内的经济关系而言，亦多为总户与子户这种关系，这种关系具有普遍性。[⑦] 安介生指出，"田地陷阱"是中国传统农业社会中迫使广大农民背井离乡，甚至弃农经商的重要原因，而"田地陷阱"现象的形成与频繁的自然灾害、定额田赋制度的缺陷以及灾害应对制度的缺失有着直接的关系。[⑧]

① 李伏明：《明清永佃与"一田二主"现象新论》，《井冈山学院学报》2007 年第 9 期。

② 吴秉坤：《新发现的一份明代徽州契约探析》，《黄山学院学报》2007 年第 1 期。

③ 陈学文：《明清契尾考释》，《史学月刊》2007 年第 6 期。

④ 罗洪洋：《清代黔东南锦屏苗族林业契约之卖契研究》，《民族研究》2007 年第 4 期。

⑤ 毛立平：《论清代"奁田"》，《中国社会经济史研究》2007 年第 2 期。

⑥ 栾成显：《赋役黄册与明代等级身份》，《中国社会科学院研究生院学报》2007 年第 1 期。

⑦ 栾成显：《明代黄册归户底籍二种》，《安徽大学学报》2007 年第 5 期。

⑧ 安介生：《自然灾害、制度缺失与传统农业社会中的"田地陷阱"——基于明代山西地区灾害与人口变动状况的探讨》，《陕西师范大学学报》2007 年第 3 期。

通过研究明清两代律例中的"雇工人"问题，对了解当时的经济、法制、社会均有重要意义。经君健自 20 世纪 60 年代初通过分析明清"雇工人"身份对雇佣劳动性质的判断提出了一系列看法，并在此基础上提出了在学术界颇有影响的清代等级问题。经君健就罗仑等学者的批评与争鸣，论证了万历"新题例"中"官民之家"中的"民"包括作为百姓的"农民佃户"、明清"新题例"的规定适用于农业雇工、明清两代关于雇工人条例的历次修订反映了农业雇工法律省份的解放过程三个问题。① 沙毕纳尔是清代蒙古社会阶层的重要组成部分，也是清代蒙古寺院经济中的主要生产劳动者，胡日查指出，沙毕纳尔主要来源于蒙古王公、台吉、塔布囊等封建主的捐献或卖给，沙毕纳尔世世代代作为寺院和呼图克图的属民，其人身权利和自由被牢牢控制在寺院和呼图克图手中。② 长期以来，关于堕民的起源众说纷纭。俞婉君在田野调查的基础上，重新解读文献记载，认为堕民的起源与于越族有着文化上的渊源关系，他们原以巫业为生，沦为贱民有一个过程。宋后堕民的社会地位边缘化，明代被地方政府贬入丐籍而正式沦为贱民，而"门眷"特权的形成则标志着堕民阶层的稳固。③

五　手工业

李兴福指出，云南黑井盐业在明清时期为云南赋税大户，后因薪本昂贵、环境破坏等原因而衰落。④ 纪丽真认为清代山东盐业的生产技术有了进一步的发展。具体表现在：其晒盐技术在经过了淋卤晒盐法阶段后，发展到工艺成熟的滩晒法阶段，完成了向近代晒盐业的转化，是海盐技术史上的一个重大进步。⑤ 周思中归纳了清代御窑六大特点：新兴民族在艺术创造上的"新势能"；陶政中的艺术趣味和政治意识；内行的技术官僚

---

① 经君健：《关于明清法典中"雇工人"律例的一些问题（上）——答罗仑先生等》，《中国经济史研究》2007 年第 4 期。
② 胡日查：《清代蒙古寺院劳动者——沙毕纳尔的生产生活状况》，《内蒙古师范大学学报》2007 年第 4 期。
③ 俞婉君：《堕民的起源与形成考辨》，《浙江社会科学》2007 年第 5 期。
④ 李兴福：《试论云南黑井盐业的兴衰》，《云南师范大学学报》2007 年第 6 期。
⑤ 纪丽真：《清代山东海盐生产技术研究》，《盐业史研究》2007 年第 2 期。

督陶体系的形成；雇佣制度的变化，匠籍制改为雇役制；"影子窑厂"："官搭民烧"为"民搭民烧"；财出内府，不扰地方。①

林荣琴通过对运送京局数量、本省鼓铸用量，以及从外省采买或供外省采买数量的分析，估算了清代湖南铜、铅、锌、锡各矿在不同时段的产量，进而认为：清代湖南矿业生产的规模虽然与云南相差很远，但部分时期产量较大，尤其是铜矿的产量很大，可以认为湖南是清代全国铜矿生产第二大省，也是鼓铸第二大省。② 温春来探讨了清代最重要的铅产基地——贵州大定府的铅的产量、分配与运销，以期揭示偏僻的西南一隅在改土归流之后是如何影响整个国家的。③

六　商业、市场、城镇、商人

许檀指出，在明清商业城市研究中，任何理论都不能代替具体的研究。对城乡市场的研究也不能停留在对市场的模型建构和等级划分上，还需要进一步探讨市场的实际运行状况。她对施坚雅的市场等级划分进行了简化，即把明清时期的城乡市场网络区分为流通枢纽城市、中等商业城镇和基层市场三大层级。④ 吴松弟提出城市的"经济空间"这一概念，认为明清以来，上海的经济空间经历了三个变化阶段，对经济发展产生了决定性的影响。在此基础上，论述了经济空间三个层次的彼此关系，以及经济空间对城市和区域发展的重要意义。⑤

王日根认为，清代江南地方官府对商业秩序的整治措施为江南经济的繁荣提供了必要的保障，实际上清代各级政府对商业秩序整治的作为往往

---

①　周思中：《艺术创造的"新势能"与陶政上的"皇家品味"——清代御窑六大特点之一、之二》，《更专业的督陶官与更自由的工匠——清代御窑的六大特点之三、之四》，《"影子窑场"与"财出内府，不扰地方"——清代御窑的六大特点之五之六》，分载《紫禁城》2007年第8、9、10期。

②　林荣琴：《清代湖南矿产品的产销（1640～1874）——以铜、铅、锌、锡矿为中心》，《中国社会经济史研究》2007年第1期。

③　温春来：《清前期贵州大定府铅的产量与运销》，《清史研究》2007年第2期。

④　许檀：《明清商业城市研究感言：理论、资料与个案》，《清华大学学报》2007年第5期。

⑤　吴松弟：《经济空间与城市的发展——以上海为例》，《云南大学学报》2007年第5期。

是决定性的。① 廖声丰认为清政府对榷关的长途商业实行了一套比较有效的管理制度，尽管这些政策在实际执行中，由于吏治的腐败常常不能得到真正贯彻，但不能由此否定清政府为保证税收而立法定制政策的出发点。② 杨国桢根据英国国家档案局收藏的粤海关监督豫堃致钦差大臣林则徐咨文，指出粤海关在管理和维护广州与内地沿海贸易的作用。③

20 世纪 30 年代，以汤象龙先生为主的北平社会调查所和中央研究院社会科学研究所的经济史学者，曾整理清代档案中道光至宣统间粮价资料。最近中国社会科学院经济所中国经济史研究室和图书馆的科研人员再次整理了这批珍贵资料，即将由广西师范大学出版社出版。王砚峰对这批资料作了概要介绍。④

Christopher M. Isett、胡泽学、苏天旺考证了东北地区的大豆产量及贸易量，得出了与以往学术界不同的研究结论。⑤ 彭先国、孙凤龙认为清代湖南商贸有三个基本的表现形式：转口、过境与市肆，由此形成了湘潭、郴州、岳阳、常德等几个商品集散中心。⑥ 王春芳认为清代前期安徽稻米大量输出，徽州地区虽常年仰赖外粮，但并不影响安徽的粮源地地位。安徽以江浙为主要销区，经常性地大量输出稻米，是清代前期重要的稻米供应者，但不是位居首位的稻米输出者。⑦ 周琍指出，盐制的不合理和粮食分布的不匀称的状况构成了闽粤赣边区的盐粮流通，米盐贸易成为清代闽粤赣经济区域商品贸易的主要内容之一，在很大程度上促成了闽粤赣经济

① 王日根：《清代江南地方官府对商业秩序的整治——以碑刻资料为中心的考察》，《厦门大学学报》2007 年第 2 期。
② 廖声丰：《论清政府对长途商业的管理政策——以清代榷关的考察为中心》，《云南社会科学》2007 年第 4 期。
③ 杨国桢：《禁烟运动中的粤海关与沿海贸易——英国收藏的豫堃致林则徐咨文考释》，《中国社会经济史研究》2007 年第 4 期。
④ 王砚峰：《清代道光至宣统间粮价资料概述——以中国社科院经济所图书馆馆藏为中心》，《中国经济史研究》2007 年第 2 期。
⑤ 〔美〕Christopher M. Isett、胡泽学、苏天旺：《1700～1860 年间中国东北谷物与大豆的贸易》，《古今农业》2007 年第 3 期。
⑥ 彭先国、孙凤龙：《清代湖南商贸问题浅析》，《株洲师范高等专科学校学报》2007 年第 6 期。
⑦ 王春芳：《清代前期安徽在稻米供需格局中的地位》，《安徽大学学报》2007 年第 5 期。

区域的形成。①

张海英考察了明清商书中所体现的商业知识的传授特点，认为公开刊印的商书多以"行商"知识为主，主要介绍交通路线、各地商品行情、经营买卖各类商品的专业知识等内容；"坐贾"方面的商业书，因时常涉及店家内部的经营秘密或行业窍门，初以抄本为多，刊印本多出现在清后期；而一些涉及本行业技术秘密、针对性较强的商书，主要都是以抄本的形式在业内传授。② 陶钟灵指出，清代锦屏林木交易习惯以契约、碑文等为主要载体，属于初阶成文形式的习惯法。它们不仅反映了当地历史上民族经济发展的客观情况，而且也是老百姓自觉地创造民间法和政府正确运用法律和经济手段治理边疆的真实写照。③

谢秀丽认为，清朝前期商人之间形成了比较长的商业信用链条，从商品生产到流入市场，从高级市场到初级市场都不断有商业信用产生，贩运商与坐商之间、坐商与小商贩和摊贩之间都建立了信用关系。④ 韩瑞军、谢秀丽认为，清代前期民间商业信用有五个特点：商业信用的广泛性与多样性、牙行在商业信用中的突出作用、对产品的预买与定买、商业信用与高利贷信用开始有机结合、商业信用出现票据化趋势。⑤ 刘秋根、韩瑞军指出，清代前期广州中外贸易呈现出中国传统贸易与西方近代贸易在货款结算、融通资金、组织方式、信用制度等各方面的差异。⑥ 柏桦认为，清代进一步在法律上调整借贷关系，在一定程度上促进了社会经济的发展。而在"违禁取利"方面，统治者一味实施限制与打击，最终不但没有建立起他们期待的社会经济秩序，反而使朝廷失去经济控制能力，王朝的政治与社会发展受到严重阻碍。⑦ 俞如先认为，清代民国时期闽西培田民间借贷领域形成了货币借贷利率与粮食借贷利率互相参照，流行利率与互助利率互相补

① 周琍：《盐粮流通与闽粤赣经济区域的形成》，《赣南师范学院学报》2007 年第 4 期。
② 张海英：《从明清商书看商业知识的传授》，《浙江学刊》2007 年第 2 期。
③ 陶钟灵：《清代贵州锦屏林木交易习惯的法律经济学分析》，《贵州文史丛刊》2007 年第 1 期。
④ 谢秀丽：《清代前期商人之间的商业信用关系研究》，《河南大学学报》2007 年第 1 期。
⑤ 韩瑞军、谢秀丽：《论清代前期民间商业信用的特点》，《商业研究》2007 年第 6 期。
⑥ 刘秋根、韩瑞军：《清代前期广州中西商业信用比较研究》，《江苏商论》2007 年第 12 期。
⑦ 柏桦：《论清代的"违禁取利"罪》，《政法论丛》2007 年第 4 期。

充的利率体系，分析了粮价的周期性波动对培田粮食借贷利率的影响。[1]

徐东升考察了明清市场名称的历史演变，认为由于城市市场制度、习俗和商品经济的共同作用，不同名称的市场的内涵和分布区域都发生了变化，导致两种或两种以上的市场名称在同一省、府（州）、县并存和市场名称的混乱。[2] 周雪香认为，自明中叶以来，闽粤边客家地区的经济发展出现了市场化的趋势，但这一地区商品经济的发展并不是建立在生产力发展与变革的基础上，而是建立在商业活动的基础之上，其经济发展的深度和广度都是有限的。[3] 何伟福指出，滇黔地区形成的城乡市场网络可分为区域中心市场、中等商业城镇和农村市场三大层次，构成了一个比较完整、复杂多变的滇黔地区的市场网络体系。[4]

许檀、何勇认为清代多伦诺尔的商业兴起始于康熙雍正年间，乾隆以后发展迅速，经由多伦诺尔税关输出的商品以茶叶和纺织品为大宗，输入则以牲畜、毛皮和木材为主。[5] 许檀、乔南考察了清代雁门关的商人和商品流通，指出晋商的经营活动推动了汉、蒙民族之间的物资交流，也促进了塞北地区商业城镇的发展。[6] 刘建生等认为最早的西口即是当今右玉县杀虎口，作者还论述了这一重要关口的设立、在国家财政和北路贸易中的重要历史地位以及由此逐渐形成的"西口文化"现象。[7] 戴迎华认为明清时期的镇江发展成为区域中心市场，由于中转贸易的特殊性、本地商品生产水平和手工业水平的限制，与苏杭、南京等商品经济发达的商业都市相比，镇江商业水平逊色不少，影响了近现代镇江商业经济的发展。[8] 刘吕

---

① 俞如先：《清代至民国时期民间借贷利率研究——以闽西培田为例》，《江西师范大学学报》2007 年第 6 期。

② 徐东升：《明清市场名称的历史演变——以市、镇、墟、集、场为中心》，《中国经济史研究》2007 年第 3 期。

③ 周雪香：《明清闽粤边客家地区的商品流通与城乡市场》，《中国经济史研究》2007 年第 2 期。

④ 何伟福：《清代滇黔地区的内地商人与市场网络体系的形成》，《思想战线》2007 年第 6 期。

⑤ 许檀、何勇：《清代多伦诺尔的商业》，《天津师范大学学报》2007 年第 6 期。

⑥ 许檀、乔南：《清代的雁门关与塞北商城——以雁门关碑刻为中心的考察》，《华中师范大学学报》2007 年第 3 期。

⑦ 刘建生、张朋、张新龙：《浅析西口在北路贸易中的历史地位》，《中国经济史研究》2007 年第 4 期。

⑧ 戴迎华：《明清时期的镇江商业》，《江苏大学学报》2007 年第 3 期。

红分析东川、个旧两个案例，展示了云南区域次中心城镇的演进，以及与区域经济发展的互动关系，认为云南区域经济发展在清代经历了由东北向东南的位移。在位移的过程中，资源型城镇东川和个旧起着举足轻重的作用。①

刘景纯、徐象平提出，黄土高原地区清代城镇化发展存在政府、晋陕商人和域外商人（包括外国资本势力）三种力量，政府所领导的自上而下和晋陕商人为主体的自下而上的两种城镇化发展途径。② 许檀指出，清代山东周村镇商业兴起在康熙、乾隆年间，清代中叶迅速发展，并认为清中叶以降，周村开始从单纯的商业中心向加工制造业中心转化。③ 安涛等认为朱泾镇的发展代表了明清时期江南市镇的一种成长模式，它依托其传统资源，适应商品经济的发展，被纳入以苏州为中心的传统商品经济体系之下，并融入江南乃至全国的市场网络中，逐渐成长为金山区域的中心市镇。明清时期的朱泾镇依靠国家的力量和地方势力的积极参与，建立了良好的社会运行机制。在"王权止于县"的传统社会，为保证市镇社会的稳定与发展，国家权力和地方权威通过强制性和非强制性的方式强化着对市镇社会的控制。上海开埠并取代苏州成为江南新的增长极后，部分市镇融入以上海为中心的经济发展体系中，得以继续发展。而部分市镇传统优势逐渐丧失，市镇的区域中心地位逐步被边缘化。④ 张河清指出，明清时期洪江古商城的发展繁荣与逐步衰落，是其区位条件、时代背景、商业盛衰和社会变迁等多种因素共同作用的结果。⑤

① 刘吕红：《清代云南区域次中心城镇演变与区域经济发展》，《中华文化论坛》2007 年第 2 期。

② 刘景纯、徐象平：《黄土高原地区清代城镇化发展的途径与方式》，《西北大学学报（自然科学版）》2007 年第 6 期。

③ 许檀：《清代山东周村镇的商业》，《史学月刊》2007 年第 8 期。

④ 安涛、朱泾：《明清以来江南一个区域中心市镇的发展探析》，《徐州师范大学学报》2007 年第 4 期；《明清时期江南市镇的社会运行机制——以金山朱泾镇为个案的考察》，《安徽教育学院学报》2007 年第 4 期；《明清时期江南市镇的社会控制体系》，《临沂师范学院学报》2007 年第 4 期；《从朱泾镇看明清时期江南市镇社会控制的非强制性方式》，《学术论坛》2007 年第 5 期；《明清时期经济中心转移与江南市镇的衰落——以金山朱泾镇为个案的考察》，《江西社会科学》2007 年第 7 期。

⑤ 张河清：《商业城市发展与变迁的内外条件——以明清时期洪江古商城为例》，《求索》2007 年第 2 期；《省际边界民族地区城市发展动力研究——以湘西洪江古商城发展变迁为例》，《社会科学家》2007 年第 1 期。

范金民考察清代刘家港的豆船字号数量、经营方式、结算方式，认为商客（豆船字号）、豆行、保税行共同形成了相互关联、互负责任的商业经营链。① 胡铁球指出，在明清商贸民营和赋役货币化的变革过程中，形成了一种新的"歇家牙行"经营模式。歇家牙行在内地，上承邸店、塌房，下接字号、坐庄及其他商业经营模式；在藏边地区，取代茶马司的职能，成为明中叶至民国时期主导该地区的贸易模式之一。② 刘凤云认为清代北京的各类铺户及其商人在京城乃至国家经济运行中充当着重要的角色，但由于其资本的积累与封建政治的关系过于密切，所以难以为商品经济的发展注入新的活力。③

山西不产茶叶，晋商的茶叶贸易与国际贸易中的资源禀赋理论相悖，成艳萍从以需求为导向、追逐丰厚利润的驱动、创名优品牌、驼帮运输等方面对此作了解释。④ 燕红忠、刘建生认为，晋商讲诚信、重信用并非单纯的道德教化，而是有着一系列的制度保证。晋商信用制度安排的最大特点在于其建立在乡土网络基础之上的自我实施与集体主义惩戒机制，这一机制保证了在当时的社会环境中晋商信用约束的硬性化，即承诺的可信性、约束和实施的有效性。⑤ 韩芸认为，晋商卓越的信用制度与会馆强有力的自治管理是分不开的，晋商会馆除了采用自治规则来增加不守信行为的成本外，还利用其控制的商业渠道和对行业价值理念的引导功能，构建起了一整套信用管理机制。⑥ 石涛、李志芳从产权与激励机制视角下来分析晋陕商帮的不同发展道路，认为晋商创立的股俸制使得商号内部的产权明晰，较好地激励了相关人员努力为商号工作；而陕商基于不同人文地理渊源创立的合伙股份制和契约股份制同样有效率。⑦ 张喜琴、刘成虎考察了山西典商的开设资本、流通资本、发行资本。⑧ 刘建生等著的《山西典

---

① 范金民：《清代刘家港的豆船字号——〈太仓州取缔海埠以安海商碑〉所见》，《史林》2007 年第 3 期。
② 胡铁球：《"歇家牙行"经营模式的形成与演变》，《历史研究》2007 年第 3 期。
③ 刘凤云：《清代北京的铺户及其商人》，《中国人民大学学报》2007 年第 6 期。
④ 成艳萍：《资源禀赋与晋商的茶叶贸易》，《山西大学学报》2007 年第 4 期。
⑤ 燕红忠、刘建生：《晋商信用制度启示》，《经济问题》2007 年第 11 期。
⑥ 韩芸：《试论明清晋商会馆的信用自治管理》，《山西煤炭管理干部学院学报》2007 年第 1 期。
⑦ 石涛、李志芳：《产权与激励机制视角下的晋陕商帮》，《山西大学学报》2007 年第 6 期。
⑧ 张喜琴、刘成虎：《山西典商的资本来源探析》，《中国经济史研究》2007 年第 2 期。

商研究》（山西经济出版社，2007），论述了中国典当的起源与历史，山西典商兴衰及其原因，山西典商的业务经营、组织管理、资本，典商行会，典商的文化习俗，典商与社会经济的关系，山西典商与徽州典商、广东典商的比较以及山西典商研究的历史启示。

陈刚锋、秦宗财认为，明清徽商充分利用宗族群体资源、文化教育资源、朋友人脉资源、传统通信手段以及经营特色等构建了商业信息渠道网络。这些商业信息渠道使徽商在市场竞争中占有优势。[①] 王裕明考察了明代前期的徽州商人的活动地域、经营行业，指出明代前期徽州商人的活动奠定了明中叶徽商勃兴的基础。[②]

原祖杰认为，天津在清初获得了前所未有的繁荣与发展，同时也吸引了其他地区的移民，清代移民多是以经商为目的。经济利益与城市生活将这些居民联结成一个新的社区，而以商人为主体的社会参与对于社区意识的形成发挥了重要的作用。[③]

七　民族经济

李艳洁指出，明代泰宁卫一直以游牧为主要生活方式，经济上依赖明朝，后期逐渐发展多种经营，体现在牧业、农业、手工业、渔业等多方面。明朝政府始终以属卫方式对待泰宁卫，对其提供经济上的扶持，最终造成自己的被动。[④] 白初一考察了明代满蒙市场需求及文化、社会组织的相同特点，指出明代满族和蒙古族有共同的市场需求，与中原汉族地区建立贸易关系是他们的相同目的。满、蒙两族主要用畜产品、渔猎产品、土特产品交换中原汉族的农产品、手工业产品。[⑤] 施新荣以贡赐贸易为中心，分哈密建卫前、哈密建卫至成化八年以及成化九年哈密卫内迁后三个时期

---

① 陈刚锋、秦宗财：《明清徽商的商业信息渠道》，《安徽师范大学学报》2007 年第 6 期。

② 王裕明：《明代前期的徽州商人》，《安徽史学》2007 年第 4 期。

③ 原祖杰：《清代的天津商人与社区认同》，《四川大学学报》2007 年第 1 期。

④ 李艳洁：《明代泰宁卫的经济生活及与明朝的关系》，《内蒙古师范大学学报》2007 年第 2 期。

⑤ 白初一：《明代满蒙市场需求及文化、社会组织的相同特点》，《中央民族大学学报》2007 年第 1 期。

探讨明代哈密与中原地区的经济交往关系。①

　　安平从土地关系与经济形态、产业结构及制约藏区经济发展因素的三个方面，阐述了清代前期藏区经济的状况，认为清代前期藏区社会在经历了数百年的封建农奴制统治后，经济有了缓慢的增长，但它远未适应当时整个社会生产力的发展。② 格桑卓玛、陈改玲指出，明代甘南藏区贡赐贸易不仅有利于当地的稳定，还加强了当地与内地的经济联系，更促进了汉藏间的文化交流和甘南藏、汉文化的发展，因此朝贡对甘南藏区具有重要的意义和深远的影响。③ 王彬、朱竑指出，明清时期广东回族从西北、华北、华中、江南、东北及周边省份迁移而来，从职业看，多为驻防军士、任职官员及其家眷，亦有来粤经商、游教及被流放人员；从迁移性质看，多系受政府支配，甚至是被迫迁移的。来粤回族主要集中在以广州为中心的珠江三角洲地区和以肇庆为中心的西江一带。④ 陈颖认为，清廷领台之初，台湾平埔族的生产活动以渔猎为主，兼营游耕式原始旱作农业；其衣食住行虽因地域和族群不同而各有所异，但基本上均处于冬夏一布、粗粝一饱、无求无欲的状态；其贸易活动原始低级，只是偶有物物交换行为。⑤

八　对外贸易

　　李庆新的《明代海外贸易制度》2007 年由社会科学文献出版社作为"东方历史学文库"之一出版，凡 5 章 45.8 万字，包括绪论、明前期朝贡贸易及其管理体系、明中期海外贸易转型与"广中事例"的诞生、明后期开海贸易与制度调适、制度的力量及其局限性。全书结构宏大严密，资料丰富，颇多创见。李庆新另撰文指出，明代屯门地区包括今香港和深圳南头等陆地及附近海域，历来是"全广门户"和贸易要区。明中期南头贸易

①　施新荣：《明代哈密与中原地区的经济交往——以贡赐贸易为中心》，《西域研究》2007 年第 1 期。

②　安平：《清代前期藏区经济探析》，《中国藏学》2007 年第 2 期。

③　格桑卓玛、陈改玲：《明代甘南藏区贡赐贸易述论》，《西北第二民族学院学报》2007 年第 5 期。

④　王彬、朱竑：《明清时期广东回族来源及分布》，《热带地理》2007 年第 6 期。

⑤　陈颖：《清初台湾平埔族经济生活面向探究》，《福建师大福清分校学报》2007 年第 6 期。

一度形成与广州相配合的运作机制，可名之为"南头体制"，在广东海外贸易转型与管理制度演变中起着重要的作用。[①] 萧国亮指出，清代前期的行商制度具有对外贸易垄断所有权与垄断经营权相分离的垄断特征，它使具有官商特征的行商成为专制国家统制对外贸易的工具。行商制度在实际运行过程中，涉及清代专制国家、粤海关等衙门的官吏、行商、外国商人和中国私商集团之间的利益关系。这些利益关系的变动最终导致行商制度的衰落。由此可见中国传统社会里专制国家与经济制度变迁的关系。[②] 隋福民以新制度经济学理论为视角梳理清朝"广东十三行"贸易制度演化，认为清朝贸易制度在中央政府、地方官吏、行商、散商、外商、外国政府等多个主体的持续博弈中不断演化，最终完成了制度变迁，朝贡体制变成国与国对等的贸易体制。[③] 方慧指出，清政府法规对西南地区边境贸易采取限制、禁止态度。[④]

刁书仁指出，明代图们江、鸭绿江流域的女真族与朝鲜的贸易往来比较频繁，贸易形式通常是女真携带"土物"到朝鲜京城"进献"，从中得到朝鲜的"回赐"与边境互市贸易两种形式。[⑤] 林金树分析了明洪武年间中朝官方贸易纠纷的政治原因。[⑥] 荆晓燕认为，清初顺治帝对日本采取一种更加积极的姿态，力图将日本纳入其宗藩体系之内。在对日海外贸易方面，这一时期并未厉行海禁，而是允许拥有政府执照的商船前往日本及东南亚国家进行贸易，贩买铜斤或者一些政府急需的物品。[⑦] 胡孝德从清代前期输入日本汉籍的渠道、数量、价格和利润等方面考察了中日书籍贸易的情况，认为清朝时期中国书籍输入日本的数量较以往朝代更大、种类更多，其原因不仅在于日本各阶层的需求量大大增加，书籍的巨大利润也是

---

① 李庆新：《明代屯门地区海防与贸易》，《广东社会科学》2007 年第 6 期。
② 萧国亮：《清代广州行商制度研究》，《清史研究》2007 年第 1 期。
③ 隋福民：《清代"广东十三行"的贸易制度演化》，《社会科学战线》2007 年第 1 期。
④ 方慧：《清代前期西南地区边境贸易中的有关法规》，《贵州民族学院学报》2007 年第 3 期。
⑤ 刁书仁：《明代女真与朝鲜的贸易》，《史学集刊》2007 年第 5 期。
⑥ 林金树：《明代洪武年间中朝两国政治游戏中的官方贸易》，《大连大学学报》2007 年第 1 期。
⑦ 荆晓燕：《清顺治十二年前的对日海外贸易政策》，《史学月刊》2007 年第 1 期。

重要的因素。① 冯立军指出，清统治者为稳固统治，安辑边疆，加强了对广西与越南边境贸易的管理及控制，并分析了清前期统治者管理广西与越南边境贸易的思路及原则。②

2005 年国家博物馆水下考古中心组织调查了福建平潭"碗礁 I 号"清代沉船，出水瓷器 17000 多件。吕军通过对出水瓷器的品种、器形以及装饰风格等方面的特征进行分析，探讨了当时景德镇瓷业生产和海上"陶瓷之路"贸易情况以及清代瓷器外销路线等相关问题。③

九　人口

叶显恩、周兆晴考察明清两代珠江三角洲的人口变动及与社会经济之间的演变关系，认为清代官方人口统计存在着种种弊端，但不能取全盘否定或置之不理的态度，它仍然不失为研究的基础和依据。作者将清代人口的变动划分为四个时期进行分析。④ 郝文军试图复原 1650～1850 年伊克昭盟蒙古族人口，认为该地区 1650 年的人口为 14 万人左右，1750 年为 17 万多人，1850 年为 21 万多人，达到人口高峰。⑤ 郑维宽通过方志资料梳理和辨析明清时期广西的官方户口数字，指出土司地区基本上不进行户口编审，而在汉族聚居区，户口的编审也多失实，明代尤其突出。清乾隆十四年以后，虽然官方户口数字总体较为接近实际，但如果具体分析各府州县的册载户口数，仍然可以发现大量问题，因此也需慎重使用。⑥ 赵英兰指出，清朝前期的东北边疆户口管理主要实行编审制度，其重点通过"编审"了解"人头"而征赋税。清朝中后期主要运行"保甲制度"管理户

---

① 胡孝德：《清代中日书籍贸易研究》，《中国经济史研究》2007 年第 1 期。
② 冯立军：《清前期对广西与越南边境贸易的管理》，《南洋问题研究》2007 年第 3 期。
③ 吕军：《沉船考古与瓷器外销——以"碗礁 I 号"资料为中心》，《博物馆研究》2007 年第 3 期。
④ 叶显恩、周兆晴：《明代珠江三角洲的人口增长》，《清代珠江三角洲的人口消长》，《珠江经济》2007 年第 7、8 期。
⑤ 郝文军：《1650～1850 年伊克昭盟人口复原研究——以蒙古人为研究对象》，《中国历史地理论丛》2007 年第 2 期。
⑥ 郑维宽：《照抄还是扬弃：明清时期广西户口数字辨析》，《河池学院学报》2007 年第 4 期。

籍，以加强社会治安。清末，东北实行新政，设立"警政"来监控人口，使户口管理进一步正规化。整个户口管理体系的演变与有清一代东北的经济、政治、社会变迁密切相关。①

王东指出，明代赣闽粤边区域出现日趋频繁的人口流动，社会动乱也日甚一日。南赣巡抚的设置，特别是王守仁在南赣巡抚任上所采取的一系列措施，是赣闽粤边移民社会"土著化"进程中的具有标志性意义的事件。② 王志鸿指出，明代特别是明中期以来，山西、河北等地的汉族移民纷纷北上，促成这一移民潮的原因有自然灾害、叛卒逃亡以及北元蒙古贵族的南下掠夺等。③ 珠飒、佟双喜等认为，清代以来人地矛盾等引起的晋、陕等地百姓大量涌入归化城土默特、鄂尔多斯、察哈尔等地，促进了农耕与游牧文化的交融，口外蒙古地区从传统单一的游牧社会演变为旗县双立、农牧并举的多元化社会，呈现出游牧由南向北收缩，农耕区相应向前推进的态势。④ 何晓芳、于海峰指出，清代部分关内汉族农民来到喀喇沁蒙古地区，为了生存需要，主动融入蒙古族中，并最终在心理上完成了对蒙古族的认同，从而促进了当地的民族融合，引发了巨大的社会变迁。⑤

①　赵英兰：《清代东北边疆户口管理体系及其演变》，《社会科学战线》2007 年第 4 期。

②　王东：《明代赣闽粤边的人口流动与社会重建——以赣南为中心的分析》，《赣南师范学院学报》2007 年第 2 期。

③　王志鸿：《明代土默特地区移民原因初探》，《内蒙古师范大学学报》2007 年第 1 期。

④　珠飒、佟双喜：《"走西口"与晋蒙地区社会变迁》，《山西大学学报》2007 年第 2 期。

⑤　何晓芳、于海峰：《辽宁省喀左蒙古族自治县"随旗"现象历史分析——兼谈东北地区民族融合与社会变迁》，《黑龙江民族丛刊》2007 年第 1 期。

第六章
2007年中国近代经济史研究

高超群

一 农业

曹树基认为，需要对土地产权中不同性质的永佃权问题作具体研究。从1927年后浙江省推行二五减租实践的过程看，既有欠租撤佃的"相对的田面田"，也有欠租也不可撤佃的"公认的田面田"。由于两种"田面田"的地租率不同，而"公认的田面田"主反对"二五减租"，成为浙江"二五减租"的最大障碍。[①] 李德英通过对20世纪30年代成都平原佃农地主结构进行分析，揭示了该地区复杂的租佃关系，探讨了该地区佃农比例高于其他地区的原因。[②] 她还通过对一些县级档案资料和土改档案资料的分析研究，指出近代成都平原的押租与押扣，是该地区自然生态和社会生态环境的产物。从制度上看，租佃双方的经济关系比清代以前更趋平等。[③]赖晨指出被长期描述为50%~80%的近代赣闽边区的地租，其内涵实际仅为土地一季的"正产"量的比率，边区土地的真实地租为36%左右。[④] 宿

① 曹树基：《两种"田面田"与浙江的"二五减租"》，《历史研究》2007年第2期。
② 李德英：《20世纪30年代成都平原佃农地主结构分析》，《中国经济史研究》2007年第4期。
③ 李德英：《民国时期成都平原的押租与押扣》，《近代史研究》2007年第1期。
④ 赖晨：《近代闽赣边区地租率的再探讨》，《中国集体经济》2007年第9期。

志刚研究了抗战时期陕甘宁边区代耕问题。[①] 王志龙对近代安徽宗族保护族田的措施进行了比较详细的研究。[②] 谈家胜等评析了近代以来安徽池州圩田开发对生态环境的影响。[③] 于春英探讨朝鲜移民迁入黑龙江地区的原因、迁入过程、移民的数量以及水田开发和经营的状况。[④] 赵人坤认为近代中国农业雇佣劳动的性质兼有非商品生产性和小商品生产性。由于土地制度和社会商品经济发展程度的制约，不可能达到它的下一个发展阶段，即商品生产阶段。[⑤]

中华农学会是民国时期中国规模最大、影响最为广泛的学术团体，王思明回顾了其历史背景、创建过程、主要工作及历史贡献。[⑥] 从卫兵讨论了张謇对农业资本的现代化运作，比如他创造了佃农"顶首"和劳力投资等方式，并采用股份制来解决通海垦牧公司的资金问题等。[⑦] 张士杰介绍了张謇在江苏苏北沿海地区进行的资本主义大农业经营。[⑧] 苏全有介绍了袁世凯对清末民初的农业发展的贡献。[⑨] 苑朋欣介绍了清末山东的农业科学试验。[⑩] 刘亚玲认为督鄂期间的张之洞在推动湖北近代农业产业化的进程中发挥了重要作用。[⑪] 甲午战败后，西方近代化农业技术通过基层农业教育部门、农业试验场，以讲座、发送良种等方式传授给农民。魏露苓介绍了有关历史过程。[⑫] 他还概述了近代各类与农业有关的公司的兴起及其对农业发展的贡献。[⑬] 近代以来，传教士、教会学校把西红柿、奶牛、新鸡种和高产优质的玉米、小麦等农作物新品种传入山西，并引进了农业技

---

① 宿志刚：《抗战时期陕甘宁边区代耕问题研究》，《史学月刊》2007 年第 9 期。

② 王志龙：《近代安徽宗族对族田的保护》，《中国经济史研究》2007 年第 4 期。

③ 谈家胜、汪志国：《近代以来安徽池州圩田开发对生态环境的影响评析》，《古今农业》2007 年第 4 期。

④ 于春英：《朝鲜移民与近代黑龙江地区水田开发》，《农业考古》2007 年第 6 期。

⑤ 赵人坤：《雇佣劳动与中国近代农业的发展》，《江海学刊》2007 年第 5 期。

⑥ 王思明：《中华农学会与中国近代农业》，《中国农史》2007 年第 4 期。

⑦ 从卫兵：《论张謇对农业资本的现代化运作》，《中国农史》2007 年第 3 期。

⑧ 张士杰：《张謇与近代化大农业的产生》，《民国档案》2007 年第 4 期。

⑨ 苏全有：《袁世凯与清末民初的农业发展》，《青岛农业大学学报》2007 年第 4 期。

⑩ 苑朋欣：《清末山东的农业科学试验》，《历史教学》2007 年第 12 期。

⑪ 刘亚玲：《张之洞与湖北近代农业产业化》，《农业考古》2007 年第 3 期。

⑫ 魏露苓：《晚清西方近代农业科技在基层的推广活动》，《学术研究》2007 年第 4 期。

⑬ 魏露苓、饶汕贤：《晚清的农业公司及其对近代化农业科技的实践》，《古今农业》2007 年第 2 期。

术、工具，使山西种植业开始向现代转变。刘安荣对此进行了探析。[1] 张俊华介绍了民国北京政府时期实行的一系列发展农业的政策和措施。[2] 抗战时期，甘肃农业的种植业结构、生产关系结构和生产技术结构发生了较大变化。同时也建立了农业中高等教育机构及科研机构。喻泽文介绍了这一过程。[3] 戴巍考察了抗战时期近代农业生产技术首次在甘宁青地区的推广和实践。[4] 丁晓杰研究了伪蒙疆政权的绵羊改良活动。[5]

　　陶德臣分析了 19 世纪末至 20 世纪上半叶印度茶业的崛起及对中国茶业的影响与打击。[6] 苏祝成认为上海民族茶商演变在一定程度上反映了近代中国茶业组织的特点及其变迁历史。[7] 管家馏综述了贵州近代茶叶的产销状况。[8] 吴朋飞等依据各种文献资料，认为鸦片在山西的最早种植时间应为道光十一年，大面积种植在咸丰之后。同时，对晋省鸦片栽种情况进行了初步复原，将栽种州县绘制于图。[9] 阚耀平等通过对近代西北地区皮毛贸易规模的变化，以及挖掘甘草和苁蓉等对农牧业的破坏状况的探讨，认为不合理的农牧业开发给西北地区的土地资源造成了巨大破坏。[10]

二　农村

　　陈岗依据方志、年鉴等方面的资料，以苍梧戎圩为个案，追踪考察了

① 刘安荣：《基督教与近代山西种植业、养殖业和林果业发展初探》，《山西农业大学学报》2007 年第 4 期。
② 张俊华：《民国北京政府时期的农业改良》，《怀化学院学报》2007 年第 5 期。
③ 喻泽文：《试论二十世纪三四十年代甘肃国统区农业结构的转变》，《内蒙古农业科技》2007 年第 6 期。
④ 戴巍：《南京国民政府时期近代农业生产技术在甘宁青地区的初步推广》，《青海民族学院学报》2007 年第 3 期。
⑤ 丁晓杰：《伪蒙疆政权的绵羊改良活动》，《史学月刊》2007 年第 10 期。
⑥ 陶德臣：《印度茶业的崛起及对中国茶业的影响与打击》，《中国农史》2007 年第 1 期。
⑦ 苏祝成：《上海民族茶商变迁与近代中国茶业组织的发展》，《中国社会经济史研究》2007 年第 3 期。
⑧ 管家馏：《贵州近代茶叶产销综述》，《贵州茶叶》2007 年第 3 期。
⑨ 吴朋飞、侯甬坚：《鸦片在清代山西的种植、分布及对农业环境的影响》，《中国农史》2007 年第 3 期。
⑩ 阚耀平、樊如森：《近代西北地区农牧业开发对土地资源的影响》，《干旱区研究》2007 年第 6 期。

近代广东商人的商贸活动对广西农家经济变迁的影响。[①] 周智生以多民族世居的滇西北地区为研究中心，揭示了族际经济互动是促进近代西南边疆少数民族地区区域经济生活转型的内在动力和重要基础。[②] 孙桂珍等对近代江西农村的土地市场、劳动力市场、资本市场等要素市场的发育、发展状况进行逐一考察。[③] 晋隆冈考察了铁路对近代河北农村经济的推动作用。[④] 莫宏伟考察了苏南土地改革前农村的借贷关系。[⑤] 陈风波探讨了民国时期江汉平原的粮食市场。[⑥] 汪效驷分析了 1932～1934 年长江中下游地区的农业危机产生的原因。[⑦] 近代中国合作运动史上曾出现过的"商资归农"，是世界合作运动史上较为特殊的一种社会经济现象。刘纪荣分析了"商资归农"出现的原因。[⑧]

三 工商业

彭南生讨论了近代中国农村中存在着的三种手工业形态——农民家庭手工业、工场手工业、工匠手工业。[⑨]"九一八"事变前，以织布业、缫丝—丝织业为代表的中国乡村手工业显示了良好的发展势头。但日本全面侵华战争的爆发中断了这一发展进程。[⑩] 王翔讨论了近代冀南棉纺织手工业的蜕变与延续。[⑪] 范瑛分析了传统手工业城市景德镇的陶瓷业在近代所面临的挑战及其衰落的原因。[⑫] 于新娟等简述了民初至抗战前长江三角洲洋

---

① 陈岗：《近代广东商人与西南边疆农家经济的变迁》，《中国农史》2007 年第 1 期。
② 周智生：《族际商贸交流与近代西南边疆民族的经济生活》，《中南民族大学学报》2007 年第 3 期。
③ 孙桂珍、李剑萱：《近代江西农村要素市场嬗变的考察》，《农业考古》2007 年第 3 期。
④ 晋隆冈：《铁路对近代河北农村经济的影响》，《河北学刊》2007 年第 3 期。
⑤ 莫宏伟：《苏南土地改革前农村借贷关系的考察》，《中国社会经济史研究》2007 年第 3 期。
⑥ 陈风波：《民国时期江汉平原的粮食市场》，《史学月刊》2007 年第 9 期。
⑦ 汪效驷：《试论 20 世纪 30 年代的农业危机》，《农业考古》2007 年第 3 期。
⑧ 刘纪荣：《论近代合作运动进程中的"商资归农"》，《中国农史》2007 年第 2 期。
⑨ 彭南生：《论近代中国乡村手工业的三种形态》，《华中师范大学学报》2007 年第 1 期。
⑩ 彭南生：《日本侵华战争与近代乡村手工业发展进程的中断》，《江汉论坛》2007 年第 9 期。
⑪ 王翔：《近代冀南棉纺织手工业的蜕变与延续》，《历史档案》2007 年第 2 期。
⑫ 范瑛：《近代中国传统手工业城市衰落略论》，《四川师范大学学报》2007 年第 4 期。

布与土布之争，并分析了土布业日益萎缩的原因。① 刘文俊探讨了手工业的兴革对广西圩镇的发展产生的影响。②

汪敬虞采用条目的形式，对中国近代发生的一些重要经济史实作了简要论述。作者通过六个方面的系统研究，表明近代中国的现代化是一段艰难跋涉的征程。③ 1932 年开始的中国棉纺织工业危机中，民族纺织工业在总体上不但没有缩减生产规模，反而在极力扩大。林刚分析了其中的原因，认为"九一八"后民族纺织工业丧失了对国内市场的自主权，为应对在华日本纺织势力的压迫，他们不得不谋求最后一线生存机会。④ 近代民族棉纺织工业取得了显著发展。经过研究，张东刚等指出，1895～1936 年间，技术进步对近代中国民族棉纺织工业产值增长速度的贡献率为 8.6%，对劳动生产率的贡献作用显著。⑤ 胡天鹤等用委托代理理论解释了近代中国的"官利制"。⑥ 徐涛以上海市档案馆馆藏档案和《中国旧海关史料（1859～1948 年）》等资料为基础，简述了近代上海民族自行车产业从无到有的艰难变迁之路。⑦ 宋美云以天津东亚毛呢纺织公司作为个案研究对象，对其"股本多元化"兴起的背景、推行方式以及经济效应进行初步探索。⑧ 吴静等研究了抗战前章华毛绒纺织公司的技术引进与企业发展⑨。易斌考察了中国近代卷烟烟标、烟画、香烟命名等方面的特色。⑩ 王强通过对英美烟公司成功的本土化广告案例的研究，认为本土化经营策略是近代外国在华企业有效利用中国传统社会资源降低社会经营成本的重要因素和

---

① 于新娟、郭瑾：《民初至抗战前长江三角洲洋布与土布之争》，《历史教学问题》2007 年第 4 期。
② 刘文俊：《近代广西手工业的兴革对圩镇发展的作用》，《中国社会经济史研究》2007 年第 2 期。
③ 汪敬虞：《中国现代化征程的艰难跋涉（上）》，《中国经济史研究》2007 年第 1 期；《中国现代化征程的艰难跋涉（下）》，《中国经济史研究》2007 年第 3 期。
④ 林刚：《试论列强主导格局下的中国民族企业行为》，《中国经济史研究》2007 年第 4 期。
⑤ 张东刚、李东生：《近代中国民族棉纺织工业技术进步研究》，《经济评论》2007 年第 6 期。
⑥ 胡天鹤、胡明：《近代中国"官利制"的研究：委托代理理论的解释》，《陕西教育》2007 年第 12 期。
⑦ 徐涛：《上海民族自行车产业研究（1897～1949）》，《社会科学》2007 年第 11 期。
⑧ 宋美云：《近代天津企业家宋棐卿积聚股资的灵活策略》，《商场现代化》2007 年第 27 期。
⑨ 吴静、郑剑顺：《技术引进与企业发展》，《中国社会经济史研究》2007 年第 1 期。
⑩ 易斌：《中国近代卷烟包装设计的特色》，《包装工程》2007 年第 12 期。

必然选择。[①] 许桂霞从土榨加工制糖生产、机制糖厂的兴建、蔗糖产量、食糖的出口四个方面，描述了民国时期广西制糖业的繁荣景象。[②] 梁华认为，不完全财政制度约束、政府资金供给约束，以及政府企业制度供给约束是近代时期官办和官督商办煤矿失败的内在原因。[③] 郝飞认为近代开滦煤矿在生产管理和安全管理上的漏洞，成为矿难发生的重大安全隐患。[④] 林荣琴参照严中平先生对云南矿产量的估算方法，通过对运送京局数量、本省鼓铸用量以及从外省采买或供外省采买数量的分析，估算了清代湖南铜、铅、锌、锡各矿在不同时段的产量。[⑤] 钟雯从营销环境的视角剖析了中国最早的近代化重工业企业贵州青溪铁厂失败的原因。[⑥] 沈世培从经营方式、输入品种、石油市场等方面分析了英美"三外商"在安徽石油垄断经营格局的形成，以及石油输入对安徽社会转型的影响。[⑦] 郭红娟探讨了抗战时期资源委员会重工业建设的资金动员问题。[⑧] 杨旭东介绍了宁夏近代工业的起源和发展特点。[⑨]

四　企业制度、金融业及市场

任吉东利用天津档案馆馆藏的房地契资料分析了近代天津开埠前后土地在交易模式、地价、市场、交易区域以及规模等方面的变化和发展状况。[⑩] 1929～1935 年，上海房地产市场在短短的五六年间经历了暴涨和暴跌。徐华发现导致大起大落的主要原因是币值和物价的变化。[⑪]

---

① 王强：《从英美烟公司广告看近代外国企业的本土化意识》，《史学月刊》2007 年第 5 期。

② 许桂霞：《民国时期广西制糖业的发展》，《广西民族大学学报》2007 年第 4 期。

③ 梁华：《近代时期官办、官督商办煤矿的政府约束因素分析》，《中国经济史研究》2007 年第 3 期。

④ 郝飞：《管理因素与近代开滦煤矿矿难的发生》，《华北科技学院学报》2007 年第 4 期。

⑤ 林荣琴：《清代湖南矿产品的产销（1640～1874）》，《中国社会经济史研究》2007 年第 1 期。

⑥ 钟雯：《从营销环境看近代中国第一个铁厂的破产》，《贵州文史丛刊》2007 年第 3 期。

⑦ 沈世培：《近代"三外商"在安徽的石油垄断经营及其对社会经济的影响》，《中国社会经济史研究》2007 年第 3 期。

⑧ 郭红娟：《抗战时期资源委员会重工业建设的资金动员》，《中国经济史研究》2007 年第 4 期。

⑨ 杨旭东、隋志坚：《宁夏近代工业述论》，《宁夏师范学院学报》2007 年第 5 期。

⑩ 任吉东：《传承与嬗变：近代化过程中的土地契约交易》，《南方论丛》2007 年第 1 期。

⑪ 徐华：《近代上海房地产市场波动的金融分析（1929～1935）》，《财经研究》2007 年第 11 期。

近代中国的公司法规中出现过限制大股东表决权和选举权的规定。杜恂诚分析了这一制度产生的原因以及实施的效果，他还指出，在政府权力大于私人产权的情况下，政府可以随意介入某个企业。① 张晓辉认为近代华资联号主要有并列、分支和复合三种类型。② 陈争平指出：大生企业集团成功的基础主要在于企业制度创新，他总结了张謇的企业制度创新之处以及现实意义。③ 卢征良指出，大生纱厂虽然建立起了以股东大会、董事会、查账员为基本特征的治理结构。但张謇个人在企业内部的集权特性始终非常明显。④ 周学熙是最早在中国北方采取公司制的，但他采取的并不是严格意义上的现代公司制。程莉剖析了这种体制的利弊。⑤ 杨在军以近代上海永安公司为例，对家族企业治理进行了个案分析。⑥ 肖良武对中国近代公司制形成进行了经济学分析。⑦ 1914～1922 年被公认为是中国资本主义发展的"黄金时期"，传统研究多将之归于较好的外部契机。吴申元等则认为企业家因素是"黄金时期"的主要原因。⑧ 李福英探析了规模扩张与近代企业集团兴衰之间的关系。⑨ 何世鼎认为中国近代民族工业企业科技进步的原因主要有两个方面：一方面是中国近代民族工业企业主的经营理念都以"择优"和创新为最终原则；另一方面是进入 20 世纪 30 年代以后全国性经济萧条的压力。⑩

刘克祥对 1927～1937 年全国中资银行的数量、资本状况、地区分布、资本所有制及规模结构、银行内部业务分工与结构体系等进行了新的考察、统计和初步分析。⑪ 企业商号吸收社会储蓄，在近代中国是一个普遍

① 杜恂诚：《近代中国股份有限公司治理结构中的大股东权利》，《财经研究》2007 年第 12 期。
② 张晓辉：《中国近代华资联号企业释义》，《广东社会科学》2007 年第 6 期。
③ 陈争平：《近代张謇的企业制度创新及其现实意义》，《清华大学学报》2007 年第 1 期。
④ 卢征良：《早期大生纱厂内部治理结构的发展及其特征研究》，《山东科技大学学报》2007 年第 2 期。
⑤ 程莉：《周学熙采取公司制组织企业的特点及启示》，《池州师专学报》2007 年第 4 期。
⑥ 杨在军：《家族企业治理个案研究》，《商业研究》2007 年第 4 期。
⑦ 肖良武：《中国近代公司制形成的经济学分析》，《贵阳学院学报》2007 年第 1 期。
⑧ 吴申元、杨勇：《企业家与近代中国企业发展的"黄金时期"》，《河南社会科学》2007 年第 1 期。
⑨ 李福英：《规模扩张与近代企业集团的兴衰》，《贵州社会科学》2007 年第 11 期。
⑩ 何世鼎：《中国近代民族工业企业科技进步的原因》，《宁德师专学报》2007 年第 1 期。
⑪ 刘克祥：《1927～1937 年中资银行再统计》，《中国经济史研究》2007 年第 1 期。

现象。1930 年南京政府财政部曾对这种现象颁发禁令。朱荫贵指出，由于种种因素的制约，企业商号吸收社会储蓄的现象仍然得以存在，并在经济发展进程中发挥着重要的作用。[①] 徐琳介绍了近代中国邮政金融的发展阶段及演变特征，认为近代中国的邮政储蓄的制度变革虽然包括了邮政金融业务的不断发展和完善，但政府主导的特质却依然引发了深层次的危机。[②] 涂家英介绍了近代武汉的证券市场。[③] 抗战前，上海银行公会十分重视银行信用制度的建设，并为此采取了各种措施。郑成林对此进行了研究。[④] 刘平对中国近代银行监理官制度创设与变迁过程以及运作效果进行了梳理与分析。[⑤] 孙建国讨论了民国时期上海银行业防弊与信用保证制度变革。[⑥] 刘平对 20 世纪三四十年代上海银行业保人制度改良作了评述。[⑦] 陈礼茂通过对早期中国通商银行的几个金融案的述论，指出这些事件不但凸显了该行生存的恶劣环境，而且暴露出该行运作机制的一些弊病。[⑧] 兰日旭总结了银行业在近代经历的两次大的资金运作重心转移。并指出银行资金运作重心通过转移越来越靠近产业，但对产业资本的形成作用是有限的。[⑨] 龚关以恒源纱厂与银行的关系为中心，对清末至民国前期的银企关系进行了分析，认为近代中国出现了银行控制企业的趋势。[⑩] 王红曼探讨了抗战时期四联总处在西南地区的特种工业投资、工业垄断等。[⑪] 任树根等描述了山西票号在近代广州的兴衰历程。[⑫] 罗群讨论了近代云南旧式金融业的发

① 朱荫贵：《论近代中国企业商号吸收社会储蓄》，《复旦学报》2007 年第 5 期。

② 徐琳：《近代中国邮政金融：发展阶段及演变特征（1919～1949 年）》，《中国经济史研究》2007 年第 4 期。

③ 涂家英：《近代武汉证券市场略论》，《武汉文博》2007 年第 2 期。

④ 郑成林：《上海银行公会与近代中国银行信用制度的演进》，《浙江学刊》2007 年第 4 期。

⑤ 刘平：《近代中国银行业监理官制度述论》，《上海金融》2007 年第 6 期。

⑥ 孙建国：《论民国时期上海银行业防弊与信用保证制度变革》，《中国经济史研究》2007 年第 1 期。

⑦ 刘平：《上海银行业保人制度改良述略》，《史林》2007 年第 4 期。

⑧ 陈礼茂：《早期中国通商银行的几个金融案述论》，《中国经济史研究》2007 年第 2 期。

⑨ 兰日旭：《近代中国银行业资金运作变迁及其绩效探析》，《福建师范大学学报》2007 年第 3 期。

⑩ 龚关：《清末至民国前期银企关系探究》，《南开经济研究》2007 年第 6 期。

⑪ 王红曼：《抗日战争时期四联总处在西南地区的工业投资》，《贵阳学院学报》2007 年第 1 期。

⑫ 任树根、付海生：《山西票号与近代广州金融组织》，《雁北师范学院学报》2007 年第 1 期。

展状况及衰败过程。① 王颖讨论了近代西北农村资金融通由传统借贷方式向现代农村金融合作方式转变的过程。② 赵珂简述了近代福州小保险业的兴起及其原因。③ 曾劲介绍了近代中国会计教育的发展历程。④

胡铁球认为，自晚清以来，皮毛贸易逐渐成了整个西北商业、金融运行的"发动机"。它不仅推动了西北城镇布局的演变，而且还改变了西北牧民的消费结构。⑤ 胡铁球还根据地方志、实业统计、海关统计、征税局统计及学者有关青海羊毛输出量的记载，确定了近代青海各个时段羊毛输出的基本情况。指出青海近代羊毛输出量在 250 万～2000 万斤之间波动，起伏异常。⑥ 近代中国 70% 以上的皮毛产于西北地区，天津开埠后其经济腹地不断由华北向西北延伸，带动了近代西北皮毛市场的兴起。黄正林对近代西北皮毛产地及流通市场进行了研究。⑦ 钟银梅从国内外市场需求、区域政治环境和贸易政策及民族和交通状况三方面，剖析了影响近代甘宁青皮毛贸易发展的主要因素，进而阐述了皮毛贸易发展的特点。⑧ 钟银梅对抗战前五十多年里皮毛贸易在甘宁青地区的发展规模、贸易路线、市场格局等基本情况进行了廓清。⑨ 歇家作为近代青海地区特有的民族中间商，在西北商贸活动中扮演了重要角色。马安君讨论了近代青海歇家与洋行的关系。⑩ 宾长初从纵向和横向考察了广西近代的市场的变化和特征，并指出这些功能各异、联系密切的市场点构成了广西近代的市场网络。⑪ 陈炜重新审视了近代以来右江流域城镇圩市发展状况、成因及其对民族经济融合的影响。⑫ 丁德超研究了近代河洛地区的农村庙市。⑬ 肖良武分析了近代

① 罗群：《略论近代云南旧式金融业的发展状况及趋向》，《学术探索》2007 年第 1 期。
② 王颖：《近代西北农村金融现代化转型初论》，《史林》2007 年第 2 期。
③ 赵珂：《近代福州小保险业的兴起及其原因》，《株洲师范高等专科学校学报》2007 年第 4 期。
④ 曾劲：《近代中国会计教育的发展历程》，《江西社会科学》2007 年第 12 期。
⑤ 胡铁球：《近代西北皮毛贸易与社会变迁》，《近代史研究》2007 年第 4 期。
⑥ 胡铁球：《近代青海羊毛对外输出量考述》，《青海社会科学》2007 年第 2 期。
⑦ 黄正林：《近代西北皮毛产地及流通市场研究》，《史学月刊》2007 年第 3 期。
⑧ 钟银梅：《论近代甘宁青皮毛贸易发展的影响性因素及特点》，《青海民族研究》2007 年第 4 期。
⑨ 钟银梅：《近代甘宁青民间皮毛贸易的发展》，《宁夏社会科学》2007 年第 3 期。
⑩ 马安君：《近代青海歇家与洋行关系初探》，《内蒙古社会科学》2007 年第 3 期。
⑪ 宾长初：《广西近代的市场及市场网络》，《中国经济史研究》2007 年第 2 期。
⑫ 陈炜：《近代右江流域城镇圩市发展与民族经济融合》，《中国边疆史地研究》2007 年第 1 期。
⑬ 丁德超：《近代河洛地区农村庙市研究》，《河南科技大学学报》2007 年第 4 期。

云贵区域棉纱市场的发育进程。[①] 陈岗就猪鬃在四川经济贸易中的地位,猪鬃产业开发状况、立足的市场,以及开发中存在的不利因素等方面进行了分析。[②] 贾贵浩总结了近代河南农村集市的特点与作用。[③] 王国臣指出,近代东北大豆三品贸易的较快发展,促进了农业商品化和近代工业、交通运输业,对东北近代经济起到了支撑作用。[④]

五　财政、货币与经济政策

宋美云通过对近代天津会馆房地契约与诉讼习惯的研究,认为在国家立法中,周密的法律规定和严格的执法方式,使国家法规与民间习惯的距离越来越大。这种状况直至民国终结都没有得到根本性的改变。[⑤] 王红梅认为中国近代商会法律制度的建立提高了商人的法律地位,并为中国近代经济立法和执法提供了强有力的社会基础。[⑥] 朱正业简要介绍了南京国民政府于 1929 年 12 月颁布的《工厂法》。[⑦] 庄少绒从法律文化的视角,分析了中国近代金融法治演进的特点及其影响因素。[⑧] 侯强介绍了近代中国商标法的肇始及其演进过程。[⑨] 王奎介绍了清末商部在近代农会组织建立过程中的积极作用。[⑩] 郭华平认为北京政府建立了一套具有近代意义的审计机构和审计法规,出现了审计人员职业化和民间审计,对后世产生了积极的影响。[⑪]

海关金单位制度是南京国民政府成立初期财金领域内一系列重要改革

---

① 肖良武:《近代云贵区域棉纱市场分析》,《贵阳学院学报》2007 年第 2 期。
② 陈岗:《近代四川猪鬃产业开发史述略》,《重庆师范大学学报》2007 年第 3 期。
③ 贾贵浩:《河南近代农村集市的特点与作用》,《南都学坛》2007 年第 3 期。
④ 王国臣:《近代东北大豆三品贸易及对经济发展的影响》,《长白学刊》2007 年第 3 期。
⑤ 宋美云:《近代天津会馆房地契约与诉讼习惯研究》,《史学月刊》2007 年第 7 期。
⑥ 王红梅:《近代商会法律制度与中国法制近代化》,《社会科学辑刊》2007 年第 1 期。
⑦ 朱正业:《南京国民政府〈工厂法〉述论》,《广西社会科学》2007 年第 7 期。
⑧ 庄少绒:《中国近代金融法治演进的特点及其影响因素》,《理论月刊》2007 年第 11 期。
⑨ 侯强:《近代中国商标法的肇始及其演进》,《青岛科技大学学报》2007 年第 4 期。
⑩ 王奎:《清末商部（农工商部）与近代农会组织》,《襄樊学院学报》2007 年第 10 期。
⑪ 郭华平:《论中国近代社会转型下的北京政府时期审计》,《中国经济史研究》2007 年第 4 期。

之一，吴景平等对这一制度的建立过程进行了评述。[①] 日本试图通过亲日的皖系军阀政府实行金券制度，以达到日华货币一体化。但这一阴谋最终并未得逞，马陵合撰文分析了西原借款中的金券问题。[②] 林日杖探析了五口通商时期的银元风潮对近代中国金融发展的影响。[③] 抗日战争时期，陕甘宁边区发生了严重的通货膨胀。李建国分析了通货膨胀的成因以及边区政府的反通胀对策。[④]

1927 年，南京国民政府开征营业税。但当时地方政府及工商团体私下签订包征协议使包税制呈现出"团体包税"的新形态。魏文享认为，这说明国民政府建立现代税收国家的努力遭受顿挫。[⑤] 张立杰从盐税的负担、地方军政的苛征、盐商的盘剥、税警的苛扰等几方面，剖析了南京国民政府时期民众的食盐负担。[⑥] 姚顺东认为，南京国民政府成立后，加强了食盐立法，调整盐务机构，促进了中国盐务近代化。[⑦] 清代盐税与田赋是云南财政收入的两大主要来源，赵小平指出盐课税是云南财政收入的支柱。[⑧]

近代中国和日本政府消费支出的总体发展趋势是在较低水平的基础上，保持了稳定和快速的增长态势，张东刚比较了中日两国在政府消费支出总量和结构上的差异，并进而分析了这些差异对两国经济发展的贡献力。[⑨] 苏全有讨论了清末电政的商办、官办之争，他认为不应将官办与商办对立化。[⑩] 龚汝富通过对江西宜丰、万载两县民国保甲纠纷案卷的梳理，分析了民国时期江西保甲长的权力寻租行为所产生的经济纠纷，并探讨了

---

① 吴景平、龚辉：《1930 年代初中国海关金单位制度的建立述论》，《史学月刊》2007 年第 10 期。
② 马陵合：《诱惑与现实的冲突：西原借款中的金券问题》，《中国社会经济史研究》2007 年第 3 期。
③ 林日杖：《五口通商时期的银元风潮与近代中国金融的发展》，《福建师范大学学报》2007 年第 3 期。
④ 李建国：《试论陕甘宁边区的通货膨胀与反通货膨胀措施》，《抗日战争研究》2007 年第 2 期。
⑤ 魏文享：《工商团体与南京政府时期之营业税包征制》，《近代史研究》2007 年第 6 期。
⑥ 张立杰：《南京国民政府时期的盐政与民生》，《历史教学》2007 年第 8 期。
⑦ 姚顺东：《南京国民政府初期食盐立法与中国盐务近代化》，《盐业史研究》2007 年第 1 期。
⑧ 赵小平：《近代滇盐盐税与地方财政》，《四川理工学院学报》2007 年第 4 期。
⑨ 张东刚：《近代中国与日本政府消费支出变动的宏观分析》，《厦门大学学报》2007 年第 4 期。
⑩ 苏全有：《论清末的商电官办事件》，《学术研究》2007 年第 2 期。

经济纠纷的解决机制及其失败的社会根源。①

经过计算，潘国旗指出，北洋政府所发内债总额应为 992725449.868 元。这些内债对稳定经济还是起到了一定的积极作用的。② 李爱丽以粤海关档案为基础，从发行办法、公债观念、还款担保和影响因素等方面对广东省 1894 年息借商款和 1905 年广东公债的情况进行了考察，并修正了一些不准确的数字。③ 刘晓泉评介了 1910 年的"湘省公债案"。④

六 商人及其他社会阶层

近代中国商会的选举制度不同于传统工商组织带有随意性的"推选"方式，是一种全新的"选举"规定。朱英认为 20 世纪 20 年代以后上海总商会的选举呈现出从常态向变态的演变趋向。⑤ 朱英考察了清末至民国时期天津商会从"公推"到"票举"的曲折演进历程，他认为这说明在选举制度的建设中，天津商会的领导人在思想认识和实践操作两个方面都偏向于保守，并指出这种现象也表明了清末民初各地商会对现代投票选举制度的认识并不完全一致。⑥ 他还对无锡商会 1919 年的换届改选进行了研究。⑦

陈支平通过分析台湾杨氏族商的殖产过程及商业经营状况，讨论了以往学界对于传统家族制度批评的诸问题。⑧ 张忠民从 20 世纪 30 年代上海同业公会普遍订立的"业规"出发，分析了同业公会的功能、作用与地位。⑨ 1925 年召开的关税特别会议是中国近代史上的一次重要会议。陶水

---

① 龚汝富：《民国时期江西保甲制度引发的经济纠纷及其解决》，《中国经济史研究》2007 年第 3 期。

② 潘国旗：《北洋政府时期国内公债总额及其作用评析》，《近代史研究》2007 年第 1 期。

③ 李爱丽：《从粤海关档案看清末广东省两次公债发行》，《代史研究》2007 年第 3 期。

④ 刘晓泉：《1910 年发生的"湘省公债案"》，《中国社会经济史研究》2007 年第 1 期。

⑤ 朱英：《近代中国商会选举制度之再考察》，《中国社会科学》2007 年第 1 期。

⑥ 朱英：《从"公推"到"票举"：近代天津商会职员推选制度的曲折演进》，《近代史研究》2007 年第 3 期。

⑦ 朱英：《五四时期无锡商会选举风波》，《江苏社会科学》2007 年第 1 期。

⑧ 陈支平：《略论台湾杨氏族商的经营方式》，《中国经济史研究》2007 年第 4 期。

⑨ 张忠民：《从同业公会"业规"看近代上海同业公会的功能、作用与地位》，《江汉论坛》2007 年第 3 期。

木揭示了上海商界对关税特别会议施加的积极影响。[①] 抗日战争胜利以后，以上海米商为核心的全国米业围绕着粮食营业税的征免问题，与执政机关展开了三年多的拉锯和博弈。马军对这一过程进行了剖析。[②] 许冠亭揭示了 1905 年中美工约交涉及抵制美货运动中中国商会的重要作用。[③] 孙炳芳等认为直隶商会推动了以天津为中心的四通八达的近代交通网络的形成。[④] 徐锋华高度评价了周学熙在华北地区倡风气之先，促进当地经济发展的贡献。[⑤] 罗群介绍了近代云南商人组织从会馆、行帮到商会的发展过程。[⑥] 陶水木等考察了民国时期杭州丝绸业同业公会的近代化过程，认为同业公会的内控机制与外联效应对维护行业发展、促进经济进步起了积极作用。[⑦] 蔡志新指出，商人在南浔从农业社会向工业社会转型的过程中扮演着至关重要的中枢角色。[⑧] 肖文燕等以梅县为研究区域，对华侨与近代侨乡工业发展的关系进行了分析。[⑨] 蒋燕玲讨论了近代中国公司立法中商会的角色与作为。[⑩] 牛海桢等分析了在近代包头商业城市的兴起中回族商人的作用。[⑪] 常国良以 19 世纪后期上海买办的教育背景为中心，考察了中国近代商业教育的萌芽。[⑫] 根据对 20 世纪三四十年代上海商业储蓄银行、中国征信所等进行的调查整理出的大量有关买办的资料，马学强等认为 20 世纪前期买办在社会经济生活领域仍具有一定的势力与影响。[⑬] 纪辛介绍了经济史学家方显廷的回忆录。[⑭]

① 陶水木：《上海商界与关税特别会议》，《史林》2007 年第 6 期。

② 马军：《1945 至 1949 年上海米商研究》，《史林》2007 年第 6 期。

③ 许冠亭：《商会在官、民、洋三元互动中的角色和作用》，《史学月刊》2007 年第 12 期。

④ 孙炳芳、张学军：《直隶商会与近代交通发展》，《石家庄铁道学院学报》2007 年第 2 期。

⑤ 徐锋华：《周学熙与近代华北经济的发展》，《兰州学刊》2007 年第 6 期。

⑥ 罗群：《从会馆、行帮到商会》，《思想战线》2007 年第 6 期。

⑦ 陶水木、林素萍：《民国时期杭州丝绸业同业公会的近代化》，《民国档案》2007 年第 4 期。

⑧ 蔡志新：《商人和近代南浔的社会变迁》，《江淮论坛》2007 年第 4 期。

⑨ 肖文燕、张宏卿：《华侨与近代侨乡工业》，《华侨华人历史研究》2007 年第 3 期。

⑩ 蒋燕玲：《论近代中国公司立法中商会的角色与作为》，《河北法学》2007 年第 7 期。

⑪ 牛海桢、李晓英：《近代包头商业城市的兴起及回族商人的作用》，《回族研究》2007 年第 1 期。

⑫ 常国良：《中国近代商业教育之萌芽》，《山西师大学报》2007 年第 6 期。

⑬ 马学强、张秀莉：《二十世纪前期买办及其社会生活状况研究》，《社会科学》2007 年第 12 期。

⑭ 纪辛：《经济史学家〈方显廷回忆录〉读后》，《中国经济史研究》2007 年第 2 期。

经过分析 1927 年初因曲江商会一纸电函而引发解雇工人的"无情鸡"问题，霍新宾认为这一事件不仅集中反映了国民革命后期广州工商两界在利益冲突中迥异的心态及行为，也体现了国共两党对待劳资问题政策上的差别。① 池子华认为尽管苏南地区农民工来源地广泛，但由于天时地利人和的优势，苏南农民工的空间运动有着鲜明的区域内部流动的特征，这与工业欠发达地区的苏北农民工的空间位移迥然不同。② 马庚存介绍了中国近代青年产业工人的历史命运。③ 黎霞通过对 1927～1937 年间武汉码头劳资纠纷情况的梳理，认为码头工作权的封建把持与自由雇佣原则之间的矛盾，是近代武汉码头劳资纠纷产生的根源。④

七　外贸

晚清时期，由于税收利益冲突，中英双方都希望香港能够在不同的情况下享有外国口岸和中国口岸的双重待遇，由此引发了复杂的冲突与交涉。最后，1886 年中英《香港鸦片贸易协定》正式确认了香港在沿海贸易中的外国口岸地位。曹英评述了这一争议的过程和意义。⑤ 周建明介绍了民国时期的中德贸易的货物种类、贸易方式、发展趋势等问题。⑥ 清末澳门一度成为粤茶出口重镇，对于本地及内地的经济贸易产生了重要影响。张晓辉撰文简述了这一问题。⑦ 陈晋文以 1930～1936 年的对外贸易为考察对象，研究了这一时期贸易发展的各个阶段，并分析了各阶段形成的原因以及抗战前中国对外贸易发展的重要特点。⑧ 刘梅英分析了近代福建

① 霍新宾：《"无情鸡"事件：国民革命后期劳资纠纷的实证考察》，《近代史研究》2007 年第 1 期。
② 池子华：《近代苏南农民工的源与流》，《苏州大学学报》2007 年第 6 期。
③ 马庚存：《论中国近代青年产业工人的历史命运》，《史林》2007 年第 6 期。
④ 黎霞：《民国时期武汉码头劳资纠纷及其影响（1927～1937）》，《华中师范大学学报》2007 年第 6 期。
⑤ 曹英：《两难的抉择：晚清中英关于香港在中国沿海贸易中的地位之争》，《近代史研究》2007 年第 4 期。
⑥ 周建明：《民国时期的中德贸易（1919～1941）》，《中国经济史研究》2007 年第 1 期。
⑦ 张晓辉：《近代澳门与内地的茶叶贸易》，《中国农史》2007 年第 4 期。
⑧ 陈晋文：《现代化进程中的对外贸易》，《中国社会经济史研究》2007 年第 2 期。

洋米进口量起伏不定的原因。① 李英铨等指出，近代中国外贸方向变动的趋势是中国与亚太地区的经贸联系逐渐加强。② 隋福民应用新制度经济学对清朝的"广东十三行"贸易制度演化历史作了简要的重新梳理。③

近代中国旧海关统计种类繁杂，采编形式又时有变化。吴松弟等指出，只有从海关统计制度的演变过程切入，才可以明晰统计文本变化的内涵，通过准确把握各类数据的规范定义、计量方法、书写格式等，才能全面准确地认识有关旧海关统计文本。④ 自 1910 年滇越铁路全线贯通后，云南的工业经济地理结构便演变成以昆明和蒙（自）个（旧）为两大节点的经济走廊。车辚的研究指出，滇越铁路运输量与蒙自海关进出口总值之间、滇越铁路列车公里与消耗机煤数量之间存在显著正相关。他还尝试利用 1923 年和 1929 年的统计数据建立了民国初年云南的柯布—道格拉斯生产函数。⑤ 1933～1935 年，以上海为中心的国货年运动，并未获致与洋货竞胜的市场和减少外贸入超的预期利益。周石峰认为民众的崇洋心态是构成民族产品市场的重大阻力之一。⑥ 日本侵华期间，在一些占领区发行"军票"以控制经济、掠夺财富。王翔以新近发现的日文版《海南岛三省连络会议决议事项抄录》为基本史料，剖析了日本侵占海南岛期间强制推行军票的过程、手段、实质及其危害。⑦

陈昭按照近代中国货币供给内生性的逻辑建立了符合近代中国国情的内生货币供给理论函数，并用计量经济学方法进行了检验。⑧ 郝雁利用 1870～1936 年的年度统计数据，就银汇价和外国收入水平的变动对近代中国出口贸易的影响进行了实证分析，并对 3 个变量进行了 Granger 因果关

① 刘梅英：《近代福建大米进口贸易影响因素探析》，《廊坊师范学院学报》2007 年第 4 期。

② 李英铨、严鹏：《论近代中国对外贸易地理方向的变动及其原因》，《安徽史学》2007 年第 4 期。

③ 隋福民：《清代"广东十三行"的贸易制度演化》，《社会科学战线》2007 年第 1 期。

④ 吴松弟、方书生：《中国旧海关统计的认知与利用》，《史学月刊》2007 年第 7 期。

⑤ 车辚：《近代云南经济史中的若干计量经济模型》，《云南财经大学学报》2007 年第 2 期。

⑥ 周石峰：《"国货年"运动与社会观念》，《中国经济史研究》2007 年第 1 期。

⑦ 王翔：《日本侵占海南期间推行"军票"的过程及其后果》，《抗日战争研究》2007 年第 1 期。

⑧ 陈昭：《中国内生货币供给理论函数与计量检验（1927～1935）》，《中国经济史研究》2007 年第 1 期。

系的检验。[1] 叶羽脉等对 1870 ~ 1931 年间中国对外贸易的比较优势进行了测算与分析。[2]

八　城市化

游欢孙以吴兴县为例，对传统方志与其他文献中乌青、南浔、双林等市镇所谓的"烟火万家"的描述，以及近代以来这些大镇人口数量的变化进行了仔细的辨析与对照。[3] 苏州通商场又称"各国租界"，19 世纪 90 年代与日本租界几乎同时在苏州开辟。以往学界对苏州商埠的研究多集中在日本租界，对苏州通商场关注较少。金兵考察了苏州通商场的变迁。[4] 陈国灿探讨了晚清时期浙江城市经济的演变，指出浙江城市经济的近代转型远未完成，呈现出传统性、近代性和殖民性互相交织的特点。[5] 安涛以金山朱泾镇为个案讨论了江南市镇的近代转型及其制约因素。他还以朱泾镇为个案研究了 20 世纪 30 年代江南市镇的经济社会实态。[6] 邵建以近代上海早期工业化的发展为比照，检视了苏州早期近代工业发展的曲折道路。[7] 何一民分析了清代中期以来相对发达的工商业城市苏州、杭州、扬州三城市在近代以来衰落的原因。[8] 郑忠指出，1842 年通商开埠后，上海取代苏州成为长江三角洲的区域中心，而且该区域原有的城镇经济结构也在这一剧变中发生着前所未有的改变。[9] 1864 ~ 1930 年间，上海作为全国外贸转

---

① 郝雁：《近代中国出口贸易变动趋势及其影响因素的实证分析（1870 ~ 1936）》，《中国社会经济史研究》2007 年第 2 期。

② 叶羽脉、刘明强：《近代中国对外贸易比较优势测算与分析》，《茂名学院学报》2007 年第 1 期。

③ 游欢孙：《近代江南的市镇人口》，《中国农史》2007 年第 4 期。

④ 金兵：《论近代苏州通商场的变迁》，《苏州大学学报》2007 年第 6 期。

⑤ 陈国灿：《略论晚清时期浙江城市经济的演变》，《浙江社会科学》2007 年第 5 期。

⑥ 安涛：《论江南市镇的近代转型及其制约因素》，《上海师范大学学报》2007 年第 3 期；《20 世纪 30 年代江南市镇的经济社会实态》，《史学月刊》2007 年第 8 期。

⑦ 邵建：《论苏州早期近代工业的先天不足》，《社会科学》2007 年第 5 期。

⑧ 何一民：《中国传统工商业城市在近代的衰落》，《西南民族大学学报》2007 年第 4 期。

⑨ 郑忠：《嬗变与转移：近代长江三角洲城市体系之雏形（1842 ~ 1895）》，《复旦学报》2007 年第 1 期。

运中心地位经历了由鼎盛到中落的变迁。唐巧天分析了这一变化过程。[1]

黄达远、牟成娟通过分析指出，近代安多藏区形成的宗教型城镇与近代北方的商业市场具有密切联系。[2] 董建霞分析了近代山东各开埠城市与区位条件之间的关系。[3] 马安君对马家官僚资本在青海近代化过程中所起的作用给予了评价。[4] 张陈呈等认为，近代广西城市发展对周边农村经济的影响具有商品经济发展迟缓、水平低以及深受广东影响等特点，未能形成良好的城乡互动关系。[5] 陈炜对近代以来广西城镇经纪业发展的数量规模、社会经济功能进行了初步探讨。[6] 冯云琴等对唐山工业化启动的区域优势作了简要探讨。[7] 林星以福州和厦门为个案，探讨了近代城市发展与农村社会经济的关系。[8] 袁北星探讨了外来人口与近代汉口经济发展的互动关系。[9] 于春英论述了近代移民与牡丹江区域经济变迁之间的关系。[10] 第二次鸦片战争以后，清政府陆续在东北地区开设了 29 处商埠。衣保中指出，这些商埠是影响东北区域经济近代化的重要因素。[11] 费驰考察了晚清东北商埠格局的变迁，他认为变迁过程呈现出商埠地域分布以沿交通线为主、类型多样及发展不平衡等特点。[12]

九 消费

张东刚认为，1887～1936 年的 49 年间，近代中国总需求呈现不断上

---

① 唐巧天：《从鼎盛到中落——上海作为全国外贸转运中心地位的变迁（1864～1930）》，《史林》2007 年第 6 期。

② 黄达远、牟成娟：《近代安多藏区寺院型城镇成因与特征初探》，《宗教学研究》2007 年第 4 期。

③ 董建霞：《近代山东开埠与区位分析》，《济南大学学报》2007 年第 6 期。

④ 马安君：《略论马步芳家族官僚资本与青海近代化》，《柴达木开发研究》2007 年第 5 期。

⑤ 张陈呈、李金华：《再论近代广西城市发展对周边农村经济的影响》，《梧州学院学报》2007 年第 5 期。

⑥ 陈炜：《近代广西城镇经纪业发展与民族经济融合》，《青海民族研究》2007 年第 3 期。

⑦ 冯云琴、王雅卓：《谈唐山近代工业化启动的区域优势》，《石家庄经济学院学报》2007 年第 5 期。

⑧ 林星：《近代东南沿海通商口岸城市城乡关系的透视》，《中国社会经济史研究》2007 年第 2 期。

⑨ 袁北星：《论外来人口与近代汉口经济发展与变迁》，《江汉论坛》2007 年第 9 期。

⑩ 于春英：《近代移民与牡丹江区域经济变迁》，《北方文物》2007 年第 2 期。

⑪ 衣保中：《清末东北地区商埠的开辟与区域经济的近代化》，《北方文物》2007 年第 2 期。

⑫ 费驰：《晚清东北商埠格局变迁研究》，《史学集刊》2007 年第 2 期。

升的态势，但其上涨并非直线运动，而是呈波动不居的逐步上升趋势。个人消费需求、民间投资需求、政府支出和净出口需求是影响总需求变动的决定性因素。[①] 张东刚运用实证分析方法，考察了近代中国国民的食品和营养水平及其结构状况，进而从一个侧面测度近代中国国民生活水平和质量。[②] 王玉茹等分析了 20 世纪二三十年代中国农民的消费结构，着重于农民生活消费的分析，同时涉及消费的来源、消费的营养结构、消费与收入的关系、不同耕种权的农民的消费差异等问题。[③] 李小尉研究了 1912～1937 年间北京居民的工资收入与生活状况。[④]

---

① 张东刚：《近代中国总需求变动的宏观分析》，《浙江大学学报》2007 年第 6 期。

② 张东刚：《食品结构和营养结构：20 世纪二三十年代一个中国国民社会生活的实证分析》，《中国经济史研究》2007 年第 4 期。

③ 王玉茹、李进霞：《20 世纪二三十年代中国农民的消费结构分析》，《中国经济史研究》2007 年第 3 期。

④ 李小尉：《1912～1937 年北京居民的工资收入与生活状况》，《史学月刊》2007 年第 4 期。

第七章
2007 年中国现代经济史研究

董志凯

2007 年，中国现代经济史既有对较早的如计划经济历史的重新认识，又有对近 30 年改革发展的研究。领域的拓宽导致研究热点的集中度有所下降，同时也出版了一批相关学术专著。①

一 经济体制及其变革

2007 年度经济史研究的特点在于将 1978 年前后的体制变迁联系起来分析。不仅从历史学角度关注改革开放以前的经济发展与制度变迁②，而且通过比较

---

① 如《杜润生自述：中国农村体制变革重大决策纪实》，人民出版社，2005；《市场与调控——李鹏经济日记》，新华出版社，2007；许建文：《中国当代农业政策史稿》，中国农业出版社，2007；胡鞍钢：《中国政治经济史论（1949～1976）》，清华大学出版社，2008；黄平、姚洋、韩毓海：《我们的时代：现实中国从哪里来，往哪里去?》，中央编译出版社，2006；江小涓等：《中国经济的开放与增长 1980～2005》，人民出版社，2006；吴晓波：《激荡三十年》（上、下），中信出版社，2007，2008；王荣、韩俊、徐建明主编《苏州农村改革 30 年》，上海远东出版社，2007；李义平：《来自市场经济的繁荣——论中国经济之发展》，生活·读书·新知三联书店，2007；刘日新：《新中国经济建设简史》，中央文献出版社等，2006。一批本学科博士论文出版，如宋士云：《中国农村社会保障制度结构与变迁（1949～2002）》，人民出版社，2006；常明明：《中国农村私人借贷关系研究——以 20 世纪 50 年代前期中南区为中心》，中国经济出版社，2007；迟爱萍：《新中国第一年的中财委研究》，复旦大学出版社，2007；瞿商：《粮食问题与中国经济发展》，中国财政经济出版社等，2008。

② 如朱佳木：《毛泽东对计划经济的探索及其对社会主义市场经济的意义》，《中共党史研究》2007 年第 2 期；蒋伯英：《二十世纪五十年代前期毛泽东关于农业合作制的若 （转下页注）

改革开放前后两个 29 年经济体制的异同，探索中国特色社会主义道路。①

新民主主义经济体制的研究成果仍然很多。对于新民主主义与社会主义初级阶段关系的讨论仍然继续进行。如有的新观点认为中央人民政府组成形式与农村土地所有制的不同，是新民主主义社会与社会主义初级阶段最为显著的差异。②针对土地改革实施过程中"土地改革法的夭折"，有的观点认为新中国成立以后的土地改革是有法律、有组织、有秩序进行的。③关于外资经济是不是"新民主主义经济理论的重要组成部分"的讨论，观点主要集中于新民主主义经济理论的不成熟性，中共未给予外资经济明确的定位，因此很难说外资经济是新民主主义经济的重要组成部分。④对于"劳资两利"政策的研究认为，在马克思主义发展史上第一次把劳资矛盾当作人民内部矛盾来处理是理论基础；依靠工人阶级，发挥工商业者的积极作用是根本保证；以国家利益为准绳，引导、平衡和评判劳资双方的利益是基本准则；以制度建设为根本，积极制定处理劳资关系的各种法规是正确路径。还有文章提出了新民主主义工业化的见解。⑤

（接上页注②）干理论），《中共党史研究》2007 年第 4 期；李彩华、苏少之：《国民经济恢复时期劳资关系的调整与经验教训》，《中共党史研究》2007 年第 4 期；毛传清：《中国共产党对苏联经济模式认识过程的考察》，《党史研究与教学》2007 年第 5 期；张亚斌：《新中国成立前后毛泽东对苏联经济建设经验的认识与思考》，《党史文汇》2007 年第 14 期；郭根山：《改革开放以前中国经济增长存在的问题及原因分析》，《河南师范大学学报》2007 年第 4 期；邱美娟：《对我国 1953～1978 年工业化的认识》，《消费导刊》2007 年第 7 期；王立诚：《1958 年农业经济学界"拔白旗"运动始末》，《百年潮》2007 年第 8 期；田毅鹏：《"典型单位制"的起源和形式》，《吉林大学社会科学学报》2007 年第 4 期；邢和明：《"大跃进"、人民公社化运动中的苏联因素》，《中共党史研究》2007 年第 6 期等。

① 如朱佳木：《从改革前后的历史联系上认识中国特色社会主义道路》，《国史研究参阅资料》2007 年第 11 期；张占斌：《中国优先发展重工业战略的政治经济学解析》，《中共党史研究》2007 年第 4 期等。

② 罗平汉：《关于新民主主义社会与社会主义初级阶段的差异》，《党史研究与教学》2007 年第 3 期。

③ 何之光：《土地改革法的夭折》，《炎黄春秋》2006 年第 8 期；叶明勇：《土地改革政策与"和平土改"问题评析》，《当代中国史研究》2007 年第 4 期；喻权域：《〈土地改革法〉何曾"夭折"——四川土地改革亲历记》，《中华魂》2007 年第 1 期。

④ 任晓伟：《外资经济：新民主主义经济理论的重要组成部分》，《中共党史研究》2007 年第 2 期；曾耀荣、卿定文：《外资经济是新民主主义经济理论的重要组成部分吗?》，《中共党史研究》2007 年第 6 期。

⑤ 王强：《新中国成立初期党的"劳资两利"政策评析》，《当代中国史研究》2007 年第 2 期；李彩华、苏少之：《国民经济恢复时期劳资关系的调整与经验教训》，《中共党史研究》2007 年第 4 期；高伯文：《中国共产党对新民主主义工业化与"三农"问题关系的认识及其启示》，《中共党史研究》2007 年第 4 期。

　　社会主义改造的研究在深入。如从中共执政角度探讨了社会主义改造的意义；对于粮食统购统销政策推行初期出现的问题及其对策有了更为全面的剖析。中共八大关于社会主义经济体制改进模式的新构想，虽未冲破传统体制框架的外壳，却在党的认识中添加了具有关键意义的合理内核，与改革开放新时期的制度创新有着传承发展的内在联系。①

　　对于"大跃进"和人民公社研究的视角在拓展。如认为人民公社化运动将农村传统的以血缘关系和宗族关系为纽带的自然村落改造成为人民公社下属的大队、生产队的基层组织。公社化运动仍受斯大林所有制理论的影响，在纠"左"过程中，毛泽东建议四级领导读斯大林《苏联社会主义经济问题》、《苏联政治经济学教科书》，对纠"左"起到了一定的积极作用，但也产生了消极影响，是纠"左"不彻底的重要原因之一。农村普遍建立的供给制和工资制相结合的分配制度具有不稳定、不统一、低水平和追求绝对平均等特征，进而导致人民公社化运动失败，这也是引发 20 世纪 50 年代末 60 年代初大饥荒的制度因素之一。60 年代初的严重经济困难，很大程度上是没有对现实情况进行认真调查研究造成的。中共中央制定了"农业六十条"，促使农业形势逐渐向好的方向转化。另有研究认为人民公社是在其完成自己的历史使命之后消失的。人民公社制度下的农业经济为我国工业经济的发展作出了巨大的贡献，使农业生产条件显著改善，为基层政治、经济组织结构积累了宝贵的经验，对新农村的建设有着极大的参考价值。②

　　农村土地制度变迁是中国经济史研究的焦点。对于新中国成立初期的土地改革，除前述争论外，学者们还探讨了土改中的富农问题。新富农是

---

① 毛传清：《"中国共产党与中国社会主义发展五十年"学术研讨会综述》，《中共党史研究》2007 年第 1 期；徐腊梅：《粮食统购统销政策推行初期出现的问题及其对策》，《国史研究参阅资料》2007 年第 12 期；庞松：《八大前后党对社会主义认识的历史坐标》，《党的文献》2007 年第 1 期；武力：《社会主义改造完成后引入市场机制的先声——陈云与 1956 年农村自由市场的开放》，《当代中国史研究》2007 年第 5 期。

② 王立胜：《人民公社化运动与中国农村社会基础再造》，《中共党史研究》2007 年第 3 期；邢和明：《"大跃进"、人民公社化运动中的苏联因素》，《中共党史研究》2007 年第 6 期；辛逸：《简论大公社的分配制度》，《中共党史研究》2007 年第 3 期；罗平汉：《1961 年的全党农村调查与"农业六十条"的制定》，《当代中国史研究》2007 年第 1 期；樊宇明：《我看农村经济体制问题》，《中国经济史论坛》2007 年第 11 期；张海荣：《二十世纪五六十年代农民选择包产到户的社会心理分析》，《中共党史研究》2007 年第 5 期。

土改后在占有生产资料大体均等的基础上，在新的社会经济条件下最先富裕起来的农民。从土改结束到农业集体化高潮前，多种因素对新富农的产生、发展都发挥过作用，新富农产生是农村经济恢复和发展的表现，是新的历史条件下农业走向规模经营和发展商品经济的起步。对新富农的政策最初是允许其存在和一定程度的发展，以消除土地改革后农民生产的顾虑。但很快就把新富农看作农村资本主义自发势力的集中体现，转而限制直至消灭新富农。新富农党员是由新民主主义革命时期实行鼓励新富农政策派生出来的问题。从党规党纪的角度，有剥削行为者不能入党；而从鼓励发展生产的角度，党在农村组织建设上容许新富农党员存在。二者之间的矛盾在发展生产的要求上得到调节。由于土地改革、巩固农村新生政权、调整农村阶级和社会关系的需要，农民协会再度兴起。但它并不是建立在利益共同体基础上的现代意义上的农民社团，而是具有策略性、战术性和暂时性。《共同纲领》确定了新中国的发展道路——走国家资本主义工业化发展道路。实际上为土地国有制奠定了法律基础。土改不是给农民完全的土地产权，而是建立"国家所有，农民'平均'占有土地农用权"的土地制度。对新中国具有决定意义的土改必须完成两个根本任务：一是建立土地的国家属性，就确立了新政权的合法性；二是在重分土地和恢复发展农业生产活动中，建立起新的乡村组织和基层政权，同时通过新的乡村组织和基层政权获取比旧社会更多的土地地租。所以，土地是中国新政权的经济和政治根本。站在农民、农村的立场上评价新中国成立以来的土地制度，1977～1988 年间的土地制度是最好的。20 世纪 90 年代后，理论界开始探索未来制度变迁的方向，推动了土地政策的法制化进程。土地政策的法制化是社会逐渐成熟的标志。[①]

　　选择并实行计划经济体制并非是单纯从某种理论出发和照搬别国模

[①]　苏少之：《新中国土地改革后新富农产生的规模与分布研究》，《当代中国史研究》2007 年第 1 期；庞松、苏少之：《历史转变中的新富农党员问题》，《中共党史研究》2007 年第 1 期；苏少之：《新中国土地改革后农村新富农经济的经营结构与经营方式》，《中国经济史研究》2007 年第 2 期；范立、张举：《新中国成立初期农民协会兴与隐退原因探析》，《华北电力大学学报》2007 年第 2 期；李昌平：《中国土地制度变迁与"三农"兴衰》，《炎黄春秋》2007 年第 6 期；刘广栋、程久苗：《1949 年以来中国农村土地制度变迁的理论和实践》，《中国农村观察》2007 年第 2 期。

式，主要是为了较快实现工业化、建立独立完整的工业体系的需要；计划经济体制并非只是造成经济活力不足等弊病的根源，也是社会主义建设取得辉煌成就的重要原因之一。为赶超发达国家，新中国选择了违反当时要素禀赋结构所决定的比较优势的发展战略，试图在资本极端稀缺的条件下优先发展资本密集型重工业。改革开放以来，中国经济取得了奇迹般的快速增长，然而双轨制的渐进改革使得原有计划体制和市场体制之间出现了某些制度不配套等诸多问题。只有完成传统赶超部门内缺乏自生能力企业的改革，消除计划体制中各种制度扭曲存在的原因，中国才能全面完成向市场经济的过渡。中国宏观经济稳定的威胁主要来自过多的固定资产投资，导致较大的经济起伏波动循环出现。过量投资来自道德风险，即投资者和企业都不负担投资项目的失败所带来的经济后果。必须使银行贷款公正，才能抑制过量的固定资产投资。①

建立社会主义市场经济体制的改革成为研究的重点和热点。中国市场化进程实质上不是一般的放权让利，而是逐步放松对非国有部门的政府管制。中国经济转轨过程中政府放松管制的内容、方式和次序为：先投资管制后融资管制，先产品市场管制后要素市场管制，先经济管制后社会管制，目前中国仍然是政府主导型经济。在中国经济转轨过程中，放松政府管制不是一次、全部、立即完成的，而是多次、分步、逐步进行的，因此经济转轨是一个动态的发展过程。改革开放所带来的体制效应有五方面：一是联产承包责任制克服了集体生产条件下的"搭便车"现象，产生了制度激励，降低了生产监督成本。二是通过企业改革带来的效率提高。民营经济蓬勃发展的同时，国有经济从竞争性领域退出，效益也稳步提高。三是分税制改革促进了地方政府围绕经济发展的制度竞争和制度创新。四是金融体系的市场化使资金能够向高效益的环节流动，大大提高了资本要素配置的效率。五是对外开放有效地弥补了国内资本短缺和市场需求不足的

---

① 朱佳木：《关于在国史研究中如何正确评价计划经济的几点思考》，《理论前沿》2006年第21期；郭根山、刘玉萍：《改革开放以前新中国经济增长存在的问题及原因分析》，《河南师范大学学报》2007年第4期；甘阳：《中国道路：三十年与六十年》，《读书》2007年第6期；林毅夫：《李约瑟之谜、韦伯疑问和中国的奇迹——自宋以来的长期经济发展》，《北京大学学报》2007年第4期等。

缺陷，通过参与国际竞争提高了经济运行效率。①

对于价格改革、国企改革、私营经济的发展等专题研究正在深入。回顾 20 世纪 80 年代的价格改革和双轨制，本来国务院的常务会议在 1986 年 8 月批准了配套改革的设计方案，邓小平本人也支持这个方案并给予很高的评价，但是与原来提出的价格、税收、财政、金融等整体配套改革的思路相反，10 月国务院领导转向了以国有企业的所有制改革为主线的思路，而且在 1987 和 1988 年决定在国有企业实行承包制。这与整体配套改革触及太多的部门利益以及这些利益的不可调和有直接的关系。由于国务院在 1984～1985 年那一轮的通货膨胀中采纳了紧缩的治理政策，尤其是中国人民银行在 1985 年下半年采取了紧缩的货币政策，连续两次提高利率，加强信贷的控制，结果经济在 1986 年的第一季度出现了明显的下滑，2 月份还出现了经济的零增长。面对经济不景气，放松货币政策，刺激生产增长极有可能重新变成国务院优先考虑的问题。在这种情况下，企业改革可能比价格改革和配套改革对帮助经济恢复繁荣更具说服力。此外，学者们还对 1984～2002 年国有企业改制的进程，改制对劳动力、公司治理、企业行为、企业业绩等多方面的影响作了阐述与分析。回顾了 2004～2006 年国有资产监督管理委员会成立后的中央企业改革发展与国有资产管理体制改革。民营企业改革 30 年的发展历程可分为四个阶段：1978～1987 年乡镇企业异军突起；1988～1991 年徘徊发展；1992～2001 年快速发展；2002 年以后全面发展。民营经济改革存在四大难点：在观念方面，垄断行业能否向民营经济开放？是否允许民营企业做大做强？民营企业原罪问题是否会被追究？是否允许民营经济在比例上占主导地位，即占 GDP 的比重超过 50%？此外，民营企业在融资、国际化和创业环境方面也存在问题。②

① 张曙光：《中国经济的市场化转轨过程：描述和分析》，《社会科学战线》2007 年第 4 期；柏晶伟：《改革开放是中国发展的动力源泉》，2007 年 11 月 30 日《中国经济时报》；李义平：《来自市场经济的繁荣——论中国经济之发展》，生活·读书·新知三联书店，2007。

② 张军：《价格改革模式是怎样出现的》，2007 年 10 月 27 日《经济观察报》；张军：《双轨过渡与配套改革》，2007 年 11 月 10 日《经济观察报》；宋立刚、姚洋：《中国企业的所有制改革进程、成效及其前景》，中国财政经济出版社；李荣融：《中央企业改革发展与国有资产管理体制改革》，《中国经济报告》2007 年第 2 期；李亚：《民营经济改革三十年》，2007 年 8 月 7 日《中国经济时报版》。

　　针对中国经济转型过程中存在着"泛市场化"误区，研究认为使改革的正当性遭受公众质疑的根本原因在于 20 世纪 80 年代以来中国社会中愈演愈烈的行为失序。当国有房地产开发企业的董事长公然宣称"不为穷人盖房"时，当普通老百姓买不起国有制药企业生产的药品时，当国有商业银行将绝大多数中小储户排挤出去时，国有企业改革已经岌岌可危。市场化改革面临四大战略转折：从数量建设为主转向侧重质量；从制度移植、引进和模仿型经济走向自主创新经济；从外向型及投资主导型增长转向以内需拉动和消费主导型增长；从"效率优先、兼顾公平"转向更注重和实现社会公平与正义。①

二　工业化与经济增长

　　我们不应遗忘 20 世纪 50 年代到 70 年代我国工业化建设的那段历史。"一五"计划提前完成，更重要的是高效率地组织有限的资源，用极低的成本把人们组织起来干大事。我国集中进行的大规模能源工业建设取得了突出成就。改革最初得以顺利推进和这个基础有关。毛泽东不希望中国在经济上附庸于任何国家，在关系国家长远利益的问题上，将国家利益摆在意识形态之上。因此选择了自己建立重工业基础的道路。中国工业化之路能跳出发达国家工业化、高积累的一般道路，有两个重要特点：一是没有对外殖民掠夺；二是对内建立起社会福利体系，避免了发达国家工业化过程中出现的疾病、失地、贫富严重分化、内战的代价。中国工业化成就很大，代价几乎是最小的。② 到

① 韩朝华：《行为失序与市场经济观》，2007 年 5 月 13 日经济研究所网页；乔新生：《国企改革应进入"收官"阶段》，《改革内参》2007 年第 8 期；颜鹏飞、蔡彤：《中国社会经济转型和可持续改革开放的新拐点》，《经济学动态》2007 年第 5 期。
② 黄平、姚洋、韩毓海：《我们的时代：现实中国从哪里来，往哪里去？》中央编译出版社；张占斌：《中国优先发展重工业战略的政治经济学解析》，《中共党史研究》2007 年第 4 期；何一民、周明长：《156 项工程与新中国工业城市发展（1949～1957 年）》，《当代中国史研究》2007 年第 2 期；徐行：《对"一五"时期能源工业建设的重新审视》，《当代中国史研究》2007 年第 2 期；郎毅坤：《我国工业化历史分期及当前政策选择》，2007 年 5 月 18 日《中国经济时报》；中国制造企业物流研究课题组：《中国制造企业物流现状及政策建议》，《经济要参》2007 年第 12 期；董志凯：《新中国成立初期的城市规划》，《中国投资》2007 年第12 期。

2005 年，工业化水平综合指数表明中国刚刚进入工业化中期的后半阶段。中国实现工业化的地区已经过半。2000～2004 年工业企业规模扩张主要表现在"量"上而非"质"上；工业企业经济效益好转但工业生产能力利用不均衡，2000 年以来，工业经济增长整体上朝着速度、质量和效益统一的方向前进；重化工业比重上升，主要耗能产业能耗居高不下；劳动密集型产业国际竞争力强，但劳动者权益保障不容忽视；科技创新能力有明显增强，与国际水平仍有显著差距；地区工业发展差距扩大。[①] 关于产业结构变迁方面的研究认为：1952～2006 年，我国第三产业增加值占国内生产总值的比重由 28.6% 上升到 39.5%。第三产业的正常发展进程被严重扭曲，以至于当前第三产业发展严重滞后。按当年汇价计算，2006 年我国第三产业比重比与我国人均国内生产总值大体相当的下中等收入国家的平均比重低 12.5 个百分点，比上中等收入国家的平均比重低 19.5 个百分点，比高收入国家的平均比重低 31.5 个百分点。第三产业发展长期滞后的原因在于：生产力发展水平低，长期推行强速战略，市场取向改革不到位以及经济社会体制改革和开放的非均衡的发展等。加工贸易对促进我国经济增长，推动我国对外贸易发展起到了重要作用，特点为：经营主体以外商投资企业为主；市场集中度较高；劳动力要素优势逐渐减弱；以加工贸易为主的贸易方式造成了巨大的贸易顺差，发展加工贸易的关键在于尽快实现转型升级。[②]

　　关于宏观调控的经验总结十分丰富。我国经济发展与宏观调控的历史，除新中国成立初的 3 年恢复时期以外，大致可以分为两个阶段：（1）从 1953 年到改革开放以前的 1978 年。计划经济体制下经济领导工作主观性很强；全国上下对发展经济的积极性很高，其结果是一次又一次地经历经济过热—宏观调控—再次过热—再次调控这种恶性循环。经济工作的领导水平没有明显提高。（2）1979 年至今，不但引入了市场机制，而且调控的方法和手段也实现了经济、行政、法律各种手段多样化，使宏观

---

① 中国社会科学院经济学部课题组：《我国进入工业化中期后半阶段——1995～2005 年中国工业化水平评价与分析》，2007 年 9 月 27 日《中国社会科学院院报》。中国社会科学院工业经济研究所国务院第一次全国经济普查办公室联合课题组：《我国工业企业基本情况》，《经济研究参考》2007 年第 43 期。

② 汪海波：《对第三产业发展严重滞后原因的分析》，《经济学动态》2007 年第 4 期；闫敏：《我国加工贸易现状、问题及对策》，《中国宏观经济信息》2007 年第 6 期。

调控的周期从过去的 3～5 年延长到大约 5～10 年，效果一次比一次好。1978 年改革开放以来宏观经济调控主要有三次：（1）1988 年末，以不到 1 年的时间就使经济重新达到基本平衡。（2）1993 年下半年，经过大约两年时间，到 1995 年下半年使经济基本上又恢复了平衡。同时增长速度没有大幅度减慢，获得的评价比第一次要高。（3）2003 年下半年，基本上做到了"三适"，即适时、适度与适可而止，取得了比较全面的成功。近几年，我国政府在对付 2004 年经济过热和 2006 年初经济偏热中创造了一种新的宏观调控模式，使经济增长率保持在 10% 以上的高位区间称之为"高位控制模式"。另有研究认为，我国只有政治周期还没有经济周期。[①]

经济增长方式与能源、能耗和环境保护的历史开始受到关注。我国经济发展面临的最大问题，不是经济增长速度不快，而是资源和能源消耗太多，环境污染严重。"十五"计划节能减排指标未能完成。中国经济增长存在四个两难局面：既想经济保持高增长，又想降低能耗；既想改变粗放式的经济增长模式，但又不敢大幅提高资源价格和环境成本；既想控制投资增长过快的势头，又不敢增加投资资金的成本；既想减少贸易顺差，又怕人民币升值过快影响国内的就业。我国经济发展效率效益仍然低下，技术水平、生产技术与管理技术的水平普遍较发达国家落后 7～10 年以上，许多高端设备和产品都需要依赖进口。[②]

三 "三农"史研究

对农村合作经济的研究，包括横向的生产合作、供销合作、信用合作等，且以生产合作为主；纵向的以土地制度为主线详细记述了新中国成立后的土地改革、互助组、初级社、高级社、人民公社以及改革开放以来的

---

① 杨启先：《适时、适度、适可而止——我国经济宏观调控的重要经验分析》，2007 年 5 月 14 日《学习时报》；周学：《破解我国连续四年高增长之谜——兼论我国宏观调控新模式》，2007 年 8 月 7 日《光明日报》；陈乐一：《新中国历次经济过热回眸》，2007 年 8 月 14 日《中国经济时报》；刘福垣：《建立符合国情的宏观调控体系》，《中国经济报告》2007 年第 1 期。

② 房维中：《实现"十一五"节能和环保指标完全可能，必须寸步不让》，《中国经济报告》2007 年第 1 期等。

家庭承包经营各个阶段的演化过程，体现了农村合作经济的完整性。总结农村合作经济发展过程中的失误在于：包括土地、供销、信用合作在内的所有制"过渡"和"升级"，是对农民财产的剥夺，并且采取了强制的方法把农民组织起来，违背马克思主义合作理论和原则。20 世纪 60 年代初期家庭承包兴起于安徽，虽很快夭折，但留下了深远的影响。与同时期世界粮食和农业生产的增长速度相比，中国改革开放政策实施最初 10 年的增速要高得多；回顾 1952～1978 年的统计数据，1961～1965 年间的增长速度也并不逊色。改革开放以来，有 9 年的中共中央 1 号文件是以"三农"为主题的，20 世纪 80 年代 5 个中央 1 号文件主要针对传统计划经济的弊端，实行放活政策和市场取向改革；21 世纪初 4 个中央 1 号文件将农业养育工业的政策转变为工业反哺农业的政策。以往农村改革走的是渐进道路，第一阶段的农村改革是建立家庭承包经营制度，而产权改革被回避了，是"半截子"产权改革。第二阶段农村改革的核心是取消广义的农业税。第三阶段的改革以"综合改革"为核心，也包括了农村医疗和社会保障体制改革。在中国不可能实行激进的改革方案，但渐进改革的做法把难题留在后面了。中国农业正处于大规模非农就业、人口自然增长减慢和农业生产结构转型三大历史性变迁的交汇之中。这将同时导致农业从业人员减少和农业劳动需求增加。关键在于国家抓住契机，适当投资和扶持农业，既为缓解"三农问题"，也为城镇工业建立广阔的国内市场，借以促进国民经济连锁发展。[1]私人借贷作为农村传统的融资形式，其中的非友情性借贷存在高利贷倾向，但又有信用评价成本、实施成本、监督成本低，灵活方便的特点，与农民的生产力水平较低、生活的分散性相适应。[2]

---

[1] 王贵宸：《中国农村合作经济史》，山西经济出版社，2006；陆德生：《六十年代初安徽责任田问题风波》，《中共党史研究》2006 年第 4 期；张海荣：《二十世纪五六十年代农民选择包产到户的社会心理分析》，《中共党史研究》2007 年第 5 期；陈其广：《农业经济发展研究中的若干方法问题探讨》，2007 年 5 月 8 日《中国经济史论坛》；郑有贵：《"三农"政策突破与理论创新——9 个中央 1 号文件的重大突破》，《教学与研究》2007 年第 9 期；党国英：《农村改革，难题待解》，《中国经济报告》2007 年第 3 期；黄宗智、彭玉生：《三大历史性变迁的交汇与中国小规模农业的前景》，《中国社会科学》2007 年第 4 期。

[2] 常明明：《中国农村私人借贷关系研究——以 20 世纪 50 年代前期中南区为中心》，中国经济出版社。

本年度对"三农问题"研究的一个特点是注重工农、城乡关系。1949～2003年的54年里，城乡关系的实质基本上是农业和农村支持工业和城市的发展。1978年以前，在农业剩余非常有限、工业资金不足的条件下，农民主要是通过提供农副产品而不进入城市的方式，来为工业和城市的发展提供农业剩余产品和降低工业发展成本。而当农副产品在20世纪80年代前期已经能够满足城市需求的条件下，农民和农村则主要是通过直接投资（乡镇企业）、提供廉价劳动力（大量农民工）、提供廉价土地资源三种方式，为工业和城市的发展提供了强大的动力。综合农民负担的农业税和其他杂项负担来看，大致分为三个阶段：1949～1976年，是农民负担相对稳定期；1976～2000年，是农民负担凸显加重期；2000～2006年，是农民负担下降期。与农民负担相关联的是农村公共产品供应。1949年以来对乡村社会进行了史无前例的资源整合和政治结构改造，这种制度安排保障了从农业和农村提取资源以实现工业化强国方略的目标。农民在较大范围内被积极动员和组织起来，乡村公共产品供给走上用劳动力最大限度替代资金的道路。家庭责任制为农业生产提供了高效率的激励机制，但它只是在家庭承包的土地这一准私人物品上，引进了民间投资农业生产的机制，却未从实质上触及乡村公共产品的供给机制并提供有效的制度安排。随着集体经济组织的解体，"公地悲剧"表现为原有农村公共产品供给水平遭到相当程度的破坏，农村公共产品的制度外供给造成了农民负担过重。在后农业税时代，农民的负担减轻了，县乡财政却陷入了困境。只有加快对农村公共产品的补偿性供给，建立"以工促农、以城带乡"的长效机制，才能消除"制度剥削"的根源，维护农民的根本利益。[1]

---

[1] 国务院发展研究中心课题组：《我国城镇化体制机制问题及若干政策建议》，《改革》2007年第11期；武力：《1949～2006年城乡关系演变的历史分析》，《中国经济史研究》2007年第1期；董志凯：《工业化初期的固定资产投资与城乡关系——对1950～1980年代工业建设的反思》，《中国经济史研究》2007年第1期；郑有贵：《农业养育工业政策向工业反哺农业政策的转变——"取""予"视角的"三农"政策》，《中共党史研究》2007年第1期；林刚：《城乡关系变迁与当代"三农"问题》，2007年1月24日《中国社会科学院院报》；赵云旗：《中国当代农民负担问题研究（1949～2006）》，《中国经济史研究》2007年第3期；苏东、万其刚：《新中国农业税制的历史沿革》，《当代中国史研究》2007年第1期；刘伟：《陈云的农业税思想对我国农村税制重构的启示》，《延边大学学报》2007年第1期；施威、王思明：《农村公共产品供给机制变迁的历史困境及其突破》，（转下页注）

一些学者研究了新中国粮食流动方向、数量、品种、方式的变化。农产品统派购制度始于粮食统购统销，它在实现保障向工业提供农产品原料这一初始政策目标的基础上，还承接起国民收入分配的功能，成为服务于赶超战略的一种制度安排。20 世纪 50 年代到 80 年代我国在推行农副产品统购政策时，实行了农副产品预购定金制度，是财政投入与银行信贷投入之外国家向农村经济注入生产资金的第三条主渠道。农副产品预购定金制度对满足农民及农村经济组织的资金需求，促进国家急需的农副产品的生产发挥了积极作用，但存在运行成本过高的问题。[①]史志宏介绍了 1929 ~ 1998 年四次无锡保定农村调查的历史及调查资料的现存状况。颜公平考察了 1984 年以前社队企业的发展历史。[②]

四 国家财政与居民收入分配

收入分配的研究包含国家财政收入分配与居民收入分配。从较长时段探讨收入差距是怎样扩大及其原因是本年度研究的热点之一。特点是将国家宏观的财政政策与居民收入相联系；将经济政策与社会政策相联系；将居民收入与城乡关系相联系。实践表明，在解决共同富裕的模式问题上，指导思想起决定作用；平均主义是共同富裕的对立物，两极分化也是共同富裕的对立物；找到既有效率又具公平的分配方式，是一个难题。通过对

（接上页注①）《中国农史》2007 年第 3 期；迟爱萍：《新中国成立前后中财委恢复城乡交流的政策研究》，《当代中国史研究》2007 年第 3 期；王玉玲：《新中国的农业合作化与农村工业化》，《当代中国史研究》2007 年第 2 期；韩俊：《改革开放以来农村经济社会转型研究》，2007 年 5 月 30 日《理论动态》。

① 罗平汉：《1955 年统购统销中的粮食"三定"工作》，《中共党史研究》2007 年第 5 期；武力：《社会主义改造完成后引入市场机制的先声——陈云与 1956 年农村自由市场的开放》，《当代中国史研究》2007 年第 5 期；郑有贵：《比较视角的农产品统派购制度》，《当代中国史研究》2007 年第 5 期；赵学军：《1950 ~ 1980 年代的农副产品预购定金制度》，《中国经济史研究》2007 年第 3 期；罗平汉：《一九五五年统购统销中的粮食"三定"工作》，《中共党史研究》2007 年第 5 期；瞿商：《粮食问题与中国经济发展》，中国财政经济出版社。田锡全：《基层党政机构、社会组织与粮食统购统销政策的推行——以 1953 ~ 1957 年的河南唐河县为中心》，《史林》2007 年第 1 期。

② 史志宏：《无锡、保定农村调查的历史及现存无、保资料概况》，《中国经济史研究》2007 年第 3 期；颜公平：《对 1984 年以前社队企业发展的历史考察与反思》，《当代中国史研究》2007 年第 2 期。

1992～2003 年中国资金流量表的分析可以发现，1999 年以前，居民、部门还因再分配得益，其经过再分配之后的收入占比明显高于其初次分配收入占比。然而从 2000 年开始，居民收入的再分配收入占比与初次分配收入占比已经没有差别，2002 年，前者甚至低于后者；而与此同时，政府税收占国民可支配收入的比重持续上升，政府部门在再分配环节中社会福利支出占国民可支配收入的比重却在下降。从 20 世纪 90 年代中期以来，中国的社会分化已经从收入分化阶段进入利益分化阶段。1992～2001 年居民收入在城镇之间、农村之间、城乡之间、行业之间、地区之间的差距进一步拉大了。①

　　人口与就业、居民收入分配直接相关。最值得关注的是蔡昉论述改革开放时期中国的经济增长，是通过一种有自身特色的二元经济发展模式实现的。随着人口转变新阶段的到来，中国经济迎来其发展的刘易斯转折点，即劳动力无限供给的特征逐渐消失。不同意见认为，1996 年以来我国剩余劳动力没有明显的下降趋势。目前我国农业剩余劳动力数量约为 1 亿

---

① 李扬、殷剑峰：《中国高储蓄率研究——1992～2003 年中国资金流量表的分析》，《经济研究》2007 年第 6 期；杨奎松：《从供给制到职务等级工资制——新中国建立前后党政人员收入分配制度的演变》，《历史研究》2007 年第 4 期；程永宏：《改革以来全国总体基尼系数的演变及其城乡分解》，《中国社会科学》2007 年第 4 期；张启春：《我国城乡居民消费差距实证分析（1985～2005）》，《学术界》2007 年第 4 期；葛玉好：《部门选择对工资性别差距的影响：1988～2001 年》，《经济学（季刊）》第 6 卷第 2 期；赵德馨：《1949～2002 年：走向共同富裕的两条思路及其实践经验》，《当代中国史研究》2007 年第 2 期；宋士云：《1992～2001 年中国居民收入的实证分析》，《中国经济史研究》2007 年第 1 期；刘佐：《中国企业所得税制度的发展》，《经济研究参考》2007 年第 37 期；张东辉、司志宾：《教育、技术进步与农村收入差距——基于中国农村统计数据的分析》，《经济评论》2007 年第 5 期；夏庆杰、宋丽娜：《中国城镇贫困变化的趋势和模式：1988～2002》，《经济研究》2007 年第 9 期；贾康：《1998 年以来财政政策和财政制度的重大变化》，《经济学动态》2007 年第 7 期；郭宣：《看税收征管 15 年四大变化》，2007 年 4 月 12 日《人民日报》；王绍光：《从经济政策到社会政策的历史性转变》，2007 年 4 月 6 日《中国经济时报版》；李巧宁：《新中国成立初期西北地区群众的生活状况——以汉中地区为例的考察》，《甘肃联合大学学报》2007 年第 2 期；汤兆云：《新中国成立初期关于人口节育的规定及其后果》，《国史研究参阅资料》2007 年第 9 期；朱高林：《1992 年以来我国城镇居民居住消费的变化趋势》，《当代中国史研究》2007 年第 6 期；张太原：《20 世纪 90 年代中国城市居民的文化消费——以北京为例》，《当代中国史研究》2007 年第 1 期。

人，约占全部农业劳动力的1/3。[①] 政府经济作用和宏观调控、社会保障涉及二次分配，相关历史也受到重视。[②]

五　金融改革、资本市场与投资、经济周期

复旦大学历史系召开专题研讨会，讨论货币制度建设、农村金融体制、农副产品预购定金制度和国家农贷，并形成专题论文。[③] 资本市场的历史研究开始进入现代经济史的研究视野。

中国属于资本积累水平最高的国家之一，而且变动非常快。中国总资本的变动不仅表明国民福利状况大幅度改善，而且也暗示了支撑经济

---

①　蔡昉：《中国经济面临的转折及其对发展和改革的挑战》，《中国社会科学》2007年第3期；郭金兴：《1996～2005年中国农业剩余劳动力的估算》，《南开经济研究》2007年第4期；李新慧：《论新中国成立初期失业的治理及启示》，《理论界》2007年第7期；张静：《20世纪50年代初期长江中下游地区乡村劳动力市场探微》，《当代中国史研究》2007年第5期；汤兆云：《从节制生育到计划生育——新中国人口政策的演变》，《百年潮》2007年第5期；宋健：《信息时代的人口动力学》，《人口研究》2007年第1期等。

②　宋士云：《新中国农村五保供养制度的变迁》，《当代中国史研究》2007年第1期；刘立振：《救济与改造：1956～1966年工商界生活互助金述评——以江苏省为例的考察》，《党史研究与教学》2007年第4期；高冬梅：《国民经济恢复时期社会救助工作中的社会动员研究》，《党史研究与教学》2007年第4期；中国（海南）改革发展研究院主编《中国公共服务体制：中央与地方》，中国经济出版社出版；张俊国：《毛泽东国家经济利益思想与实践探析》，《毛泽东思想研究》2007年第6期；曾敏：《论毛泽东"自力更生为主、争取外援为辅"科技方针的主要内容》，《毛泽东思想研究》2007年第6期；严书翰：《论我国经济社会发展战略的第三次重大转型》，《中共云南省委党校学报》2007年第3期；张进铭：《论中国经济发展中的政府主导及其弊端》，《经济评论》2007年第6期；赵娜：《我国宏观消费率的变动过程：1952～2005》，《改革》2007年第10期；黄文平：《法制转型、不平等与中国的经济增长：1952～2003中国法院诉讼的实证研究》，《当代经济科学》2007年第4期；张恒龙、孟添：《中国财政体制（1949～2004）变迁的实证研究——基于财政压力与竞争的视角》，《经济体制改革》2007年第4期；韩勤英：《贫民救助与政府责任——以1949年～1952年北京（平）市的贫民救济为例》，《北京社会科学》2007年第5期。

③　常明明：《新中国成立初期国家农贷的历史考察——以中南区为中心》，《当代中国史研究》2007年第3期；赵学军：《20世纪50～80年代的农副产品预购定金制度》，《中国经济史研究》2007年第3期；赵学军：《陈云与新中国货币制度建设》，《当代中国史研究》2007年第5期；匡家在：《1978年以来的农村金融体制改革：政策演变与路径分析》，《中国经济史研究》2007年第1期；《刘明康谈农村金融》，2007年5月14日《财经》；温铁军：《农村合作基金会的兴衰史》，水木社区网站，2007年12月6日；常远：《中国期货市场的发展历程与背景分析》，《中国经济史研究》2007年第4期；陈志武：《资本化的（转下页注）

发展的长期潜力持续增强，中国步入了全面发展和加速发展的黄金阶段。但是，物质资本的投资率偏高，人力资本的投资率偏低，特别是教育公共支出和卫生公共支出显著偏低，是中国五大资本构成中最突出的问题。新中国成立以来农村公共产品供给制度变迁轨迹体现出：城乡非均衡发展战略、农作制度改革的"单项突进"以及供需主体的双重缺失，导致了农村公共产品供给的历史困境，并日益成为困扰和阻碍农业和农村发展的瓶颈。研究资本回报率基本数据后初步发现，1998～2005年间9个资本回报率系列指标以很高的统计相关性同时增长。如以权益作为资本存量计算，净资产净利润率从1998年2.2%上升到2005年12.6%，税前利润率从3.7%上升到14.4%，总回报率从6.8%上升到17.8%。以资产作为资本存量计算，总资产净利润率从1998年的0.8%上升到2005年的5.3%，税前利润率从1.3%上升到6.0%，总回报率从2.5%上升到7.5%。[①]自20世纪80年代以来，中国交通走了一条高速公路优先的发展战略。铁路业的发展被边缘化了。无论从铁路技术优势看，还是从中国国情看，中国更应当选择走以铁路为主导的大交通战略。近年来中国企业的对外投资有较大的发展，一些企业的跨国经营能力逐步提高，形成了一批具有比较优势的产品和产业，但总体而言，中国企业的对外投资经

（接上页注③）奥秘》，2007年6月18日《经济观察报网》。另见李利明、曾人雄：《1979～2006：中国金融大变革》，上海人民出版社；刘少波、贺庆春：《中国货币错配引致原因的实证分析：1986～2005》，《财经研究》2007年第6期；王广谦、郭田勇的《中国金融改革历程：1978～2007》，《改革》2007年第3期；匡家在：《1978年以来的农村金融体制改革：政策演变与路径分析》，《中国经济史研究》2007年第1期；彭克强、陈池波的《农村信用社改革进程演进：1996～2005》，《改革》2007年第8期；周波：《金融发展和经济增长：来自中国的实证检验》，《财经问题研究》2007年第2期；宋勃、高波：《国际资本流动与房地产价格的影响：基于我国的实证检验（1998～2006）》，《财经问题研究》2007年第3期；刘骏民、刘忠江：《中国银行体系流动性过剩测度与股票价格波动：1997～2007》，《改革》2007年第10期。

① 王亚华、胡鞍钢：《从国际比较看中国发展态势》，《世界经济与政治》2006年第12期；施威、王思明：《农村公共产品供给机制变迁的历史困境及其突破》，《中国农史》2007年第3期；董志凯：《陈云与大跃进中的基本建设》，《宁波市委党校学报》2007年第6期；刘洪升：《论河北根治海河运动的特点》，《当代中国史研究》2007年第3期；刘光华、赵忠龙：《转型期民间投资乡村公共物品的路径及其制度困局》，《中国乡村研究》第四辑。

验不足，水平不太高，规模还很小。①

从长期趋势考察，1953～2006 年地区间经济增长的速度差异呈现出一种逐步缩小的趋势。在 1980 年代和 1990 年代，中国先后经历的两轮区域经济冲突表现为重复建设、能源原材料争夺与市场封锁等；2002 年开始的新一轮区域经济冲突表现为市场竞争更激烈，地方保护主义抬头；外资进入使得冲突趋于复杂化；重复建设由传统和耐用消费品行业逐渐向高新技术行业蔓延。② 资源利用和环境保护的论文创作方兴未艾，少数民族区域经济史研究迈出了新步伐。③ 我国出口规模快速扩大，参与全球经济活动能力不断增强，国际竞争地位明显提高，但也出现贸易顺差居高不下，外汇储备巨额增长等系列问题。④ 比较研究在深入。⑤

---

①　张孝德、霍文慧：《关于中国交通战略的反思》，2007 年 12 月 25 日《中国经济时报》；王玉茹：《从美国的筑路运动看中国交通运输业的现状和发展》，2007 年 7 月 1 日国学网；发展和改革委员会：《我国鼓励企业境外重点投资四领域》，《中国宏观经济信息》2007 年第 18 期；卢锋：《我国资本回报率知多高？——新一轮投资增长与经济景气的微观基础》，《学习时报》第 378 期；CCER "中国经济观察" 研究组：《我国资本回报率估测（1978～2006）——新一轮投资增长和经济景气微观基础》，《经济学》第 6 卷第 3 期。

②　刘树成、张晓晶：《中国经济持续高增长的特点和地区间经济差异的缩小》，《经济研究》2007 年第 10 期；《张可云访谈："中国第三轮区域经济冲突凸现"》，2007 年 3 月 22 日《南方周末》；黄佳金：《1988～2003 年中国制造业地理集中的时空演变特点》，《经济评论》2007 年第 1 期；金相郁：《中国区域全要素生产率与决定因素：1996～2003》，《经济评论》2007 年第 5 期；邹薇、周浩的《中国省际增长差异的源泉的测算与分析（1978～2002）》，《管理世界》2007 年第 7 期；郭志仪、姚敏：《我国产业集聚与地区专业化水平测度：1994～2005》，《改革》2007 年第 11 期；许士春、何正霞：《中国经济增长与环境污染关系的实证分析——来自 1990～2005 年省级面板数据》，《经济体制改革》2007 年第 4 期；熊广勤：《FDI 在中国的区位选择：1992～2005》，《改革》2007 年第 8 期；何艳、安增科：《我国地区经济差距与投资差距的实证分析》，《当代经济科学》2007 年第 2 期；滕堂伟：《西北民族地区经济发展多重差距分析》，《经济研究参考》2005 年第 27 期；姚勇：《新中国开发新疆的特殊道路——新疆生产建设兵团》，《新疆大学学报》2007 年第 6 期；石建国：《浅析 "大跃进" 对东北工业的影响》，《中国经济史研究》2007 年第 4 期。

③　如张连辉、赵凌云：《1953～2003 年间中国环境保护政策的历史演变》，《中国经济史研究》2007 年第 4 期；马晓强等：《黄河水权制度变迁研究》，《中国经济史研究》2007 年第 1 期。

④　江小涓等著《中国经济的开放与增长 1980～2005》，人民出版社，2007；张侃：《新中国成立初期上海外资企业改造中的转让》，《中共党史研究》2007 年第 6 期；汤少梁：《外商直接投资的特征分析及引导》，2007 年 5 月 13 日《光明日报》等。

⑤　王亚华、胡鞍钢：《从五大资本比较看中国经济追赶美国》，《经济社会体制比较》2007 年第 1 期；卢锋、刘鎏：《我国两部门劳动生产率增长及国际比较（1978～2005）》，（转下页注）

吴承明的《经济史：历史观与方法论》（上海财经大学出版社，2006），是可与严中平的《科学研究方法十讲》并提的我国老一代学贯中西的学者在经济史方法论方面的代表作。其强调了经济学应以历史为依据。[①]

（接上页注⑤）《经济学（季刊）》第 6 卷第 2 期；王聪、王正斌：《中、英利率与证券价格关系的比较：基于 1993～2005 年数据的实证研究》，《当代经济科学》2007 年第 2 期；赵建军：《当代中印经济改革比较》，《四川大学学报》2007 年第 1 期；周佰成、方炬：《中美宏观经济波动周期比较分析》，《社会科学战线》2007 年第 3 期；刘鸿：《中俄经济转型起点的比较》，《黑龙江社会主义学院学报》2007 年第 2 期；冒天启：《转型国家不同制度安排与价值取向——中俄转型理论与实践比较》，《经济研究》2007 年第 11 期；傅勇：《从经济史的视角考量中国当前的宏观经济问题》，2007 年 11 月 9 日《中国经济时报》等。

① 刘福寿：《珍贵的一课》，2007 年 6 月 30 日国学网；孟祥仲：《李嘉图恶习的延续》，2007 年 5 月 18 日《经济学消息报》；李伯重：《国际视野下的史学研究》，《中国图书评论》2007 年第 5 期；董志凯：《中国现代经济史研究中的若干关系探析》，载《祝福吴承明先生九十华诞文集》中国社会科学出版社，2006。

2008年

第八章
2008年中国经济史研究总论

刘兰兮

2008年正值改革开放30周年，30年来，在"解放思想"旗帜的指引下，中国的历史学研究发生了巨大的变化，出现了百花齐放、硕果丰裕的局面。为纪念改革开放30周年，不少学术刊物组织、刊发有关近30年史学发展的评论文章，由此引发了学界对史学理论的再思考。这是2008年史坛的特点之一。

一　史学理论

《史学理论研究》、《历史研究》等重要史学刊物纷纷以改革开放以来历史学的发展、史学理论的学科建设等为题组织笔谈，在回顾30年史学发展历程、展望未来的同时，也研讨了一些重大理论问题。《史学理论研究》2008年第1期以历史学与建设具有中国特色的社会主义的关系，以及如何促进社会主义文化的发展繁荣为题组织笔谈，应邀学者在历史学与加强中国国民的文化认知和民族凝聚力、历史学的资政作用、历史学在当代国际交往中的作用、如何开创中国历史学大发展的新局面、如何建设具有中国特色的史学理论流派以及中国的历史学如何走向世界等方面发表了不同的见解。第2、3、4期则围绕史学理论学科自身的发展，分别就中国历史学家对海外中国学的关注和研究、史学理论的各种研究方向、西方话语与中国史学理论研究的关系以及史学理论研究的类型、史学理论学科建设、西方史学理论研究和史学发展多样性等问题展开研讨。2007 年 10 月，"哲学与史学的对话：唯物史观与历史评价"全国学术研讨会在上海召开，与会学者围绕学科对话与学术创新的必要性、唯物史观在学术研究中的方法论意义、唯物史观与历史评价等问题进行了深入探讨。《历史研究》2007 年第 1 期发表与会 5 位学者的笔谈文章。同刊第 6 期则就当前史学理论中诸如史学观念、历史认识等问题展开了专题讨论。

《江海学刊》编辑部邀集哲学、历史学界的相关学人，讨论马克思唯物史观和西方马克思主义史家的历史认识等问题，并于第 4 期刊发了一组相关文章，希冀推动国内马克思主义史学思想史的研究。

《学习与探索》以"中国古代历史理论研究"为专题刊发系列笔谈，从中国历史发展演变的角度，研讨中国古代历史理论的一些基本问题，诸如早期民族观和民族史观，正朔论，古代国家观，历史人物评价原则，中国史学上的地理观念，天命思想的变化特点，正统论的文化功能，历史发展的"事"、"理"、"势"，等等，力图对中国现代史学理论建设作出贡献。

《河南师范大学学报》编辑部有感于当今史学批评远远没有达到反省批判自身、规范史学研究、推进史学发展的目的，史学批评的实践意义和学术意义仍有巨大的讨论空间，特邀请北京师范大学、暨南大学、首都师范大学等单位相关领域的学者就"史学批评与史学发展"发表评论，于第 6 期刊登了一组关于史学批评的文章，以推进相关研究的深入开展。

《山东社会科学》连续刊发了一系列外国学者的文章，讨论史学的性质、特点、历史叙事，等等。欧恩斯特·范·登·哈格指出，历史学被视为一门事实化虚构的人文科学，存在认知、伦理与审美三个维度。[1] 佐藤正幸将史学分为认知型史学与规范性史学，认为历史研究在西方属于认知领域，在东方则是一套规范体系。一个半世纪以来东亚史学尽管接受了现代西方认知型史学的方法，但它的规范性和公立性却依然故我，在根本上

---

① 〔美〕欧恩斯特·范·登·哈格：《作为事实化虚构的历史学》，张小忠译，《山东社会科学》2009 年第 1 期。

保留了其规范型的特征。① 克里斯·洛伦兹认为，有关历史叙述争论的根源可以追溯到亚里士多德对学科的界定、区分和古典修辞学采用修辞手法叙述过去；而伴随着现代性的出现，18 世纪产生了历史叙述的现代问题。② 格奥尔格·伊格尔斯认为，我们正处在一个全球化不断加速的时代，应以全球为背景，从跨文化比较的角度分析历史研究的组成和指导作用，探究历史思想和历史作品的转变，正确评价历史学家及其历史作品。③ 恩斯特·沃尔夫提出人类化历史与人性化的问题，认为始于旧石器时代的人类化历史是一个持续形成、至今尚未终结的过程，西方的现代化似乎预示世界人性的未来，但工业化的益处与弊端在世界各地传播的非均衡性导致了人类生存环境的多样性。④

　　马克思主义史学理论一直是国外马克思主义研究的重要领域。鲁克俭介绍近年来国外学者关于马克思主义史学理论的研究成果，以期增进中国学者对国外马克思主义史学理论的历史及现状的了解。⑤ 侯云灏、曹守亮认为，改革开放以来，中国史学界形成了中国特色的马克思主义史学理论，主要具有六个特点：对唯物史观内涵和外延的新阐发；深化了对中国历史特点的认识；以历史认识论研究为重点构建史学理论体系；史学方法的更新和多样化；对历史学功能的新探索；构建中国特色马克思主义史学的理论体系和学科体系。⑥ 沈湘平强调马克思主义学说中最高的一元范畴是历史，历史科学不仅具有整体性、前提性，而且具有后哲学和后科学的性质。⑦ 吴成瑞指出，马克思在《德意志意识形态》中首次科学地阐发唯

① 〔日〕佐藤正幸：《认知型史学与规范型史学》，卓立、陈菲译，《山东社会科学》2008 年第 8 期。

② 〔荷兰〕克里斯·洛伦兹：《历史：表现形式，话语及功能》，郭艳秋译，《山东社会科学》2008 年第 2 期。

③ 〔美〕格奥尔格·伊格尔斯：《全球化与历史研究》，范丽军、丛修凡译，《山东社会科学》2008 年第 1 期。

④ 〔南非〕恩斯特·沃尔夫：《人类化历史与人性化：一种技术社会学的视角》，韩炯译，《山东社会科学》2008 年第 11 期。

⑤ 鲁克俭：《近年来国外学者对马克思主义史学理论的思想史梳理》，《教学与研究》2008 年第 7 期。

⑥ 侯云灏、曹守亮：《改革开放以来中国特色马克思主义史学理论成就综述》，《学术研究》2008 年第 12 期。

⑦ 沈湘平：《回到整体的历史科学》，《北京师范大学学报》2008 年第 2 期。

物史观的基本思想，其基本特征是把物质生产看做历史的前提和基础，核心问题是物质生产的运动规律、生产力和生产关系的矛盾运动。① 万斌、王学川认为，马克思主义的历史主义原则体现为历史与逻辑一致的方法、历史比较方法、阶级分析方法、逆向考察法等。其解读社会历史的要点包括："从实践方面去理解"；把社会关系归结于生产关系，把生产关系归结于生产力水平；坚持历史规律与主体选择相统一；坚持社会活动与个人发展相统一；在历史认识中采用价值分析方法，等等。② 庞卓恒等人把人们认识事物的规律分为两类，即"单层面"实证归纳性的"重现律"与把"因"和"果"两个层面的事实联系起来归纳得出的"因果律"，认为马克思揭示的人类社会发展规律是普遍有效的因果必然性规律，但长期被学界误解为是某几种社会形态递进规律。③ 卢钟锋认为，与马克思的社会形态说相背离，国内有一种非社会形态化思潮；按非社会形态化思潮研究历史，不仅整个中国历史要重新改写，而且半个多世纪以来由马克思主义历史学家根据唯物史观的基本理论和基本方法构建起来的中国历史体系也要推倒重建。④ 孙厚生探讨历史创造者与发展动力问题，认为马克思恩格斯从以人为本的立场出发，所阐发的基本观点是：（1）历史的创造源于现实的个人及其活动；（2）发展的动力归结为现实的个人对新的需要的追求。⑤ 董欣洁认为，经济全球化的日益发展凸显了马克思世界历史理论的科学性和重要性。马克思世界历史理论揭示生产力因素在人类社会发展过程中的决定性作用，为我们理解人类历史和改造世界提供了科学的理论与方法论支持，并为当代的世界史或全球史的研究和编纂提供了具有方法论意义的科学指南。⑥

---

① 吴成瑞：《试论唯物史观第一原理——读〈德意志意识形态〉》，《东南大学学报》2008 年第 2 期。

② 万斌、王学川：《历史主义方法及其对社会历史的解读》，《天津社会科学》2008 年第 4 期。

③ 庞卓恒、刘方现、王京春：《真理、规律与历史研究——兼论历史学是科学还是艺术之争》，《江海学刊》2008 年第 2 期。

④ 卢钟锋：《马克思的社会形态学说与中国历史研究》，《马克思主义研究》2008 年第 8 期。

⑤ 孙厚生：《关于历史创造者与发展动力问题的几点思索》，《唐山师范学院学报》2008 年第 6 期。

⑥ 董欣洁：《世界历史进程中的马克思世界历史理论》，《史学理论研究》2008 年第 3 期。

　　孙晓喜从历史理解的不同维度入手，论述历史落入形而上学视界的原因及历史理解的两种不同逻辑思维，认为思维方式的非历史性造成真实历史的缺失，只有在辩证的逻辑思维下，才能理解历史本身。① 晁天义认为，历史事实不是以往人类活动的总和，而是历史学家根据研究目标和学科观念从历史素材中择取的结果。科学的历史学应汲取社会学、文化学的成功经验，将社会性、一般性作为理解历史事实的重要标准。② 赵春玲认为，福柯用考古学的方法去分析文献、话语乃至陈述在不同条件、环境和关系中的形成规律，是新的历史分析方法。③ 沈汉主张将形态学方法引入历史研究，指出形态历史学方法的要点在于：对历史客体的典型性和非典型性的区分，用过渡带概念取代边界概念；对历史系统内个体作比较研究，通过维的研究对历史客体作发生学的探讨；对历史系统的构成的研究，等等。④ 胡伟希指出，大凡人类以往的行为与活动，只有经过思想的理性反省以后，才进入历史的视野，而历史在形式上总是采取"讲故事"的形式，具有认知的性质。⑤ 赵世瑜细说"小历史"与"大历史"这对概念，指出所谓"小历史"，是指那些"局部的"、"常态的"历史；大历史则是指那些全局性的历史。⑥ 黄凯锋探讨历史认识与历史评价的内在关系，认为评价的主体性和认识的客观性可以统一；只有把对价值的评估和对过去事实的认识结合起来，才构成完整的研究过程。⑦ 赵庆云指出，历史研究中存在不同层面的假设，并对"历史可能性"假设发表了自己的见解。⑧ 刘瑞认为，历史学与人类学结合或历史学借鉴人类学的方法，极大地拓展了历史学研究的视角，对历史学者更好地解读文献、认知历史产生了很大的影响。⑨ 王先胜则以考古材料为基础，通过列举、分析大量事实和案例，

---

① 孙晓喜：《历史的形而上学的发展及其终结》，《大连海事大学学报》2008 年第 4 期。
② 晁天义：《浅论历史事实》，《南京社会科学》2008 年第 4 期。
③ 赵春玲：《论福柯的考古学历史分析方法》，《湛江师范学院学报》2008 年第 1 期。
④ 沈汉：《形态历史学方法及其在历史研究中的应用》，《史学月刊》2008 年第 6 期。
⑤ 胡伟希：《历史的叙事、评判与信念——兼论"一切历史都是思想史"何以可能》，《河南社会科学》2008 年第 1 期。
⑥ 赵世瑜：《"小历史"与"大历史"》，《清华大学学报》2008 年第 4 期。
⑦ 黄凯锋：《历史认识与历史评价》，《吉首大学学报》2008 年第 2 期。
⑧ 赵庆云：《也说历史研究中的"假设"问题》，《近代史研究》2008 年第 1 期。
⑨ 刘瑞：《浅谈历史学的人类学转向：历史人类学》，《重庆科技学院学报》2008 年第 9 期。

说明文化人类学的观念、方法、材料用于史前研究存在明显问题，并分析了产生问题的原因。① 傅光明认为，国内口述史的发展正呈方兴未艾之势，显示历史研究的触角已开始向多学科领域延伸；但做口述史要遵循严格的口述史操作规范。② 金观涛、刘青峰从历史研究方法论的高度，提出阐明历史事件背后的观念是呈现历史真相的前提，并解说数据库新方法在历史研究中的运用。③

彭雄指出，当今中国的史学面临着种种危机，史学的有效性越来越遭到人们的非议或质疑。史学家应从各个方面提高自身的素养，写出有力的学术著作以证明史学的有效性。④ 谢进东认为，"现代性"用于认识和解释历史时，分别体现为进化史观、民族国家的历史叙事观以及科学主义的历史知识观。自 20 世纪初以来的现代中国史学研究受到这种内在的现代性取向的强大影响，渗透着浓厚的现代性情结。⑤

二　历史哲学

杨耕、张立波梳理西方历史哲学的发展，指出维柯的《新科学》确立了历史哲学的基本面貌，标志着历史哲学的诞生；黑格尔在启蒙运动的进步观念和康德哲学的自由概念中注入了新的因素，标志着历史哲学的合法性得以完成；英国哲学家沃尔什把历史哲学明确区分为思辨的历史哲学与分析的历史哲学两大流派：思辨的历史哲学关注的重心是历史本身，研究历史本身如何运动；分析的历史哲学注意的中心则是人们如何认识历史运动，使历史哲学的主题从历史本体论转移到历史认识论；马克思主义的历史哲学超越了思辨的历史哲学与分析的历史哲学，成为现代历史哲学"三足鼎立"的重要一维；后现代历史哲学的兴起则意味着知识的不确定性，

---

① 王先胜：《文化人类学用于史前研究存在的问题》，《社会科学评论》2008 年第 1 期。
② 傅光明：《口述史：历史、价值与方法》，《甘肃社会科学》2008 年第 1 期。
③ 金观涛、刘青峰：《历史的真实性：试论数据库新方法在历史研究的应用》，《清史研究》2008 年第 1 期。
④ 彭雄：《明辨的意义：历史学的危机与历史学的应对》，《江西蓝天学院学报》2008 年第 4 期。
⑤ 谢进东：《20 世纪中国历史思考的现代性情结》，《史学理论研究》2008 年第 4 期。

显示出对历史哲学的最初梦想以及思辨的历史哲学的高层次复归。[①] 王学川认为，马克思主义的历史哲学主要探讨人学理论、历史本体论、历史认识论、历史价值论、历史审美论、历史方法论等存在的必要性、合理性以及它们之间的内在联系和辩证统一；而马克思主义历史哲学研究必须遵循和把握的一般方法论原则是客观性原则、实践性原则和主体性原则。[②] 彭刚指出，在 20 世纪西方史学和史学理论领域中，史学的"客观性"遭受了两次较大的冲击，即 20 世纪二三十年代的史学相对主义思潮以及 70 年代以降的后现代主义思潮。我们要在更为谨慎、更多限定的意义上讨论客观性。[③] 董立河认为，后现代历史哲学从语言的角度解构和颠覆传统历史学的客观性概念，否认某种历史学家可以接近的真实和实在，将历史著作归结为文学制品或想象之物。实践唯物主义语言观是我们理解后现代语境下历史客观性问题的有效指南，也是我们批判后现代历史学的有力武器。[④] 董文俊分析了后现代思潮产生的社会历史原因，对"现代性"、"后现代"与后现代史学进行了具体研究，并对后现代史学的主要特点作了新的研判。[⑤] 徐浩从诠释学的角度解读后现代主义史学，主张对待哲学的或反思的诠释学应采取辩证的态度，既要借鉴其对文本和诠释的重要研究成果，又要旗帜鲜明地反对以文本取代历史实在，以历史相对主义取代历史客观性的种种极端认识。[⑥] 《学术研究》2008 年第 3 期刊登了一组关于后现代史学的研究文章。其中，徐兆仁认为，后现代主义思潮提出关于历史真实检验标准的核心问题，在史学史研究上具有不可低估的学术价值。刘曙光认为，历史知识、历史认识既有其主观性的一面，也有其客观性的一面，历史认识应当坚持唯物史观主体性与客观性相统一的原则，从主体与客体

① 杨耕、张立波：《历史哲学：从缘起到后现代》，《学术月刊》2008 年第 4 期。

② 王学川：《马克思主义历史哲学的学科性质、对象和任务》，《东岳论丛》2008 年第 3 期。

③ 彭刚：《相对主义、叙事主义与历史学客观性问题》，《清华大学学报》2008 年第 6 期。

④ 董立河：《后现代语境中的历史客观性问题》，《求是学刊》2008 年第 3 期；《西方后现代历史哲学对历史编纂的影响及其局限》，《国外社会科学》2008 年第 1 期。

⑤ 董文俊：《后现代思潮与后现代史学论略》，《昆明理工大学学报（社会科学版）》2008 年第 12 期。

⑥ 徐浩：《历史是文本——论西方后现代主义历史哲学中的诠释学视角》，《学习与探索》2008 年第 4 期。

的双向作用来把握历史知识、历史认识的本质。[①]

张作成对 1986～2006 年间国内有关柯林武德历史哲学思想的研究进行评述，期望在揭示该研究的历史和现状的同时，促进有关研究的深化和发展。[②] 白利鹏探究黑格尔"思辨的历史哲学"，认为黑格尔把历史作为一个整体性的问题来把握，体现了哲学思考的非凡勇气和巨大魄力；而"思辨的历史哲学"留下的问题，在很大程度上被现、当代的历史哲学所搁置和放弃。[③] 王利红论赫尔德的浪漫主义历史哲学思想，指出其开创了浪漫主义的历史新观念。他的"历史的有机体"的观点，对历史发展的个体性、多样性、内在性、连续性和整体性的论述，及理解历史的"移情"方法，都对浪漫主义历史学和后来的史学发展产生了重要而深远的影响。[④] 杨彦斌认为，维柯的历史哲学是理论与实践的创新，其所蕴含的许多"天才的闪光"点，对马克思创立唯物史观产生了极其深远的影响。[⑤] 董馨认为，米歇尔·福柯对海登·怀特的历史诗学产生了重要影响，他的后结构主义"考古"式历史研究启示怀特采用形式主义方法将历史归结为一种历史修辞。[⑥] 刘炬航、林影评述德国哲学家卡西尔的历史哲学思想，指出卡西尔的历史哲学属于其符号形式的哲学的一部分。在卡西尔看来，历史完全属于人文科学，与自然科学、社会科学有很大的差别；历史与诗歌是自我认识的工具；历史本质上是诗性的。[⑦] 纪逗指出，本雅明的星座、碎片和差异性的思想，延续了马克思哲学革命反对形而上学的传统，将过去、现在和未来汇聚在"当下"的历史时间观念，摆脱了现代线性时间的虚幻流逝状态，为理解人类本质历史和现实生存提供了意义指引。[⑧]

---

① 刘曙光：《历史认识的客观性与主体性》，《社会科学论坛》2008 年第 12 期。
② 张作成：《近 20 年来国内柯林武德历史哲学思想研究综述》，《江西社会科学》2008 年第 1 期。
③ 白利鹏：《历史哲学的主题回归与问题转换》，《云南社会科学》2008 年第 1 期。
④ 王利红：《试论赫尔德浪漫主义历史哲学思想》，《史学理论研究》2008 年第 4 期。
⑤ 杨彦斌：《对维柯的历史认识理论的解读》，《华北水利水电学院学报》2008 年第 5 期。
⑥ 董馨：《历史修辞的形式主义方法——米歇尔·福柯对海登·怀特历史诗学的影响》，《学术研究》2008 年第 9 期。
⑦ 刘炬航、林影：《卡西尔的历史哲学思想评析》，《重庆科技学院学报》2008 年第 8 期。
⑧ 纪逗：《历史的辩证意象——本雅明历史哲学思想的现实性》，《学术交流》2008 年第 8 期。

朱慈恩认为，朱谦之的历史哲学以生物学的生机主义理论为基础，解释人类社会的发展进化，构成了完整的理论体系。其对于历史学的性质、分类以及研究方法等也有深入的探讨。[①] 朱悦坤指出，朱谦之提出生物史观，即从新生机主义的角度去认识历史，进而形成了有别于实证主义史学与马克思主义史学的现代史学观。[②]

三 史学史

为了推进学界关于中国古代史学"求真"与"致用"问题的思考，揭示中国古代史学思想发展的特点，《史学史研究》编辑部邀请 6 位学者就此问题发表见解。其中，许殿才认为，"求真"是中国古代史学的根本要求，"致用"则是中国古代史学的主要动机，二者是对立统一的关系。汪高鑫认为，汉代史学"求真"与"致用"的思想倾向不尽相同，司马迁的"实录"精神与班固的"宣汉"意识，代表了汉代史学思潮的两种取向。李传印认为，魏晋南北朝史学的经世致用呈现出重视人生价值、资政鉴戒和社会教化的特点，然而政治对史学的过分要求在一定程度上导致了曲笔泛滥。牛润珍认为，从唐初贞观君臣论政来看，史鉴在"求真"与"致用"之间，求真、史鉴、致用是一个有机的联系。罗炳良认为，宋元义理史学讲究"求真"，能够适当处理议论褒贬与历史事实之间的关系，注意把握"致用"与"求真"的相互制衡维度。周文玖认为，明清之际实学思潮的兴起，力反明末的空疏学风，在史学的"求真"与"致用"上达到了高度的统一。[③]

杜维运认为，中国史学与西方史学各自独立发展两千余年，其分歧极为明显。中国设立及时记事的史官，留下了大量珍贵的原始史料；西方没有史官记事的制度，文字的记录缺如，史学家不得已利用修辞学的方法制造情节，缺乏历史真实的意识。[④] 邹诗鹏指出，解释学史学可分为历史解释学、哲学解释学以及后现代解释学三个阶段，分别见证历史的三个基本

① 朱慈恩：《朱谦之历史哲学述论》，《福建省社会主义学院学报》2008 年第 3 期。

② 朱悦坤：《朱谦之历史哲学思想观刍议》，《湖北第二师范学院学报》2008 年第 5 期。

③ 见《史学史研究》2008 年第 2 期。

④ 杜维运：《中国史学与西方史学之分歧》，《学术月刊》2008 年第 1 期。

规定性（客观性、历时性与总体性）的丧失过程，并导致历史的当下化、话语化与时尚化。解释学史学观是当代人文学科体现和表达这一时代之相对主义与虚无主义的典型表征，其实质是现代性历史意识的危机。①

王记录考察西学对于清代乾嘉考据学的发展究竟产生的影响，认为西学对乾嘉考据学的影响主要在如何看待西学、在西学刺激下发掘中学以及用自然科学知识考史等层面，而以钱大昕为代表的乾嘉考据学者所固有的传统文化品格和治学格调，并未受到西学影响，他们研究学问的价值体系依然是"中式"的。② 王振红指出，中国古代史学"实录"思想向近现代史学"求真"概念的转变，是认识取向上从"实录"之实用性向"求真"之知识性的转变，思维模式上从"实录"之分散性向"求真"之系统性的转变，语言表达上从叙述的理解向逻辑的论证与推理转变。这些转变是传统史学思想与西方史学理论相互融合的过程。③ 王玉华认为，儒家经学直接影响中国近代进化历史哲学的建构：龚自珍、魏源、康有为、梁启超等以儒家今文经学为思想武器，系统阐发"变易"史观和社会进化史观；章太炎则以儒家古文经学为基础，强调历史进化中的剧烈变革，对资产阶级历史哲学的建立产生了积极的作用。④ 杨舒眉把近代前期中国史学的变化归纳为三个方面：传统史学中经世致用思潮的再度崛起；边疆史地研究开始兴起；掀起编译外国史著热潮。⑤ 卢伯炜深入探讨新史学革命的内在理路、主体表现及其推动中国传统史学向现代史学转型的划时代意义。⑥ 章清认为，"新史学"之所以构成中国史学的"事件"，原因在于有着悠久史学传统的中国获得了书写历史的新方式；同时，除将中国纳入"普遍历史"外，还规划了"专门史"的书写方向。⑦ 胡逢祥关注"科学方法"输入后中国现代史学的走向，指出胡适等人倡导"科学方法"所提示的现

---

① 邹诗鹏：《解释学史学观批判》，《学术月刊》2008 年第 1、2 期。
② 王记录：《西学究竟在多大程度上影响了乾嘉考据学——以钱大昕为例》，《河南师范大学学报》2008 年第 3 期。
③ 王振红：《从"实录"到"求真"：近现代史学理论的转型》，《南都学坛》2008 年第 2 期。
④ 王玉华：《经学对中国近代进化历史哲学的影响》，《齐鲁学刊》2008 年第 1 期。
⑤ 杨舒眉：《近代前期中国传统史学的几个变化》，《兰州学刊》2008 年第 6 期。
⑥ 卢伯炜：《清末中国"史界革命"论》，《苏州大学学报》2008 年第 6 期。
⑦ 章清：《重塑"中国历史"——学科意识的提升与"专门史"的书写》（上、下），《学术月刊》2008 年第 8、9 期。

代人文学术研究参照自然科学的成功经验、注重外延性拓展的新思路，直接开启了重视田野考察和现代多学科交叉研究的史学发展新路径。但在理论上也存在一些弱点：一是混淆了自然科学和人文科学的界限；二是模糊了传统考据学（朴学）方法与现代科学方法的区别。[①]

　　冯天瑜追溯唯物史观在中国的早期传播及其遭遇，指出唯物史观自 20 世纪初即流布于中国，并逐渐衍为主流历史观。"五四"新文化运动和中国社会史论战是唯物史观在中国早期传播的两个关键阶段，期间一方面通过译介与运用唯物史观，对中国史学发展起到了积极引导作用；另一方面又因当时流行的"左"派幼稚病而导致两种偏颇：（1）把西欧历史模式放大为普世规则；（2）忽视反映社会形态的核心概念的准确性，导致中国历史宏大叙事的紊乱。[②] 王贵仁探讨唯物史观在中国传播的历史学背景，揭示唯物史观在中国传播的历史学逻辑根源，认为 20 世纪唯物史观在中国传播是多种因素促成的结果，其基本理念与近代新史学理念具有内在联系，是对近代新史学理念更深入的体现。[③] 徐国利、陈永霞指出，中国马克思主义史家李大钊、郭沫若、翦伯赞、范文澜和白寿彝等从不同角度和层面对文史关系问题作了现代解答，将其内涵拓展到四个方面，即史学与文学的学科性质及其关系、史学与文学认识（思维）形式的异同及相互关系、文史撰述的异同、史家文学性的才能和文学作品的史料价值。[④]

　　王学典检视 20 世纪中国史学史的叙事方式，认为叙事基调大致经历了三个阶段的变迁：1945 年以前，占主导地位的是以史料考订派为中心的叙事；1949 年到 20 世纪 80 年代末，基本是以唯物史观史学为中心的叙事；90 年代以来，学术史叙事分裂空前，总体趋势向史料考订派倾斜。"客观的学术史叙事"不是以"史考"或"史释"为中心的叙事，而是兼顾史观、史料和方法的叙事。[⑤] 胡成认为，21 世纪以来中国近现代史研究

---

①　胡逢祥：《"科学方法"输入后的中国现代史学之走向》，《学术月刊》2008 年第 3 期。

②　冯天瑜：《唯物史观在中国的早期传播及其遭遇》，《中国社会科学》2008 年第 1 期。

③　王贵仁：《从"史学革命"到"唯物史观"的传播——试析唯物史观在中国传播的历史学逻辑》，《求索》2008 年第 8 期。

④　徐国利、陈永霞：《中国马克思主义史家论文史关系》，《史学理论研究》2008 年第 4 期。

⑤　王学典：《"二十世纪中国史学"是如何被叙述的——对学术史书写客观性的一种探讨》，《清华大学学报》2008 年第 2 期。

一个日益显现的叙述转向，是对边缘、性别、底层、族群、区域及诸多以往被忽略的历史面相的呈现和重估，及对 20 世纪初兴起的现代性史学的质疑和挑战。①

张耕华回顾新时期以来的史学理论研究，指出其大体经历了没有问题、寻找问题到发现问题的发展过程，表现为"概论史学"、"剖析史学"和"反思史学"三个阶段。② 李振宏指出，改革开放以来的史学方法论研究取得了重大进展，主要表现在与唯物史观相关的方法论研究、多学科方法与西方史学方法的引入、实证史学方法的重新评价、社会史方法论的备受关注等诸多方面；提出进一步改善史学方法论研究，应注意方法论研究与具体实证研究相结合、培养自觉的方法论意识、西方史学方法与中国历史学家的史学实践相结合、在历史主义原则的指导下发挥多学科方法论效应诸方面。③ 周祥森认为，改革开放以来，中国史学界关于史学规范的探讨与建设，经历了从强调史学论著的技术性规范到关注史学范式转轨的深入过程，建议进行史学规范研究应注意：（1）把史学规范纳入史学理论学科体系；（2）加强史学规范制约机制和作用方式的研究；（3）正确认识西方史学规范，加强史学规范本土化问题的研究。④

李伯重回顾中国社会经济史学的百年发展，指出我国的经济史学科出现于西方近代社会科学传入以后，已经历了萌芽、形成、转型和发展阶段，并在此演变过程中形成了自己的学术传统，即 1949 年以前居于主流地位的历史主义史学传统，1949 年以后确立的马克思主义史学传统，以及 1978 年以后形成的多元化史学传统。而中国经济史学未来的发展方向，应是既珍视自己的传统，又积极投入国际化的进程，建立既有中国特色又融入国际学术主流的经济史学。⑤ 祝松指出，社会经济史学家傅衣凌教授吸收传统学术和日本史学、西方社会学、经济学、民俗学的长处，提出具有

① 胡成：《叙述转向与新旧之间的整合——新世纪中国近现代史研究面临的一个问题》，《近代史研究》2008 年第 1 期。
② 张耕华：《新时期我国史学理论研究的嬗变》，《探索与争鸣》2008 年第 10 期。
③ 李振宏：《改革开放以来的史学方法论研究》，《社会科学战线》2008 年第 4 期。
④ 周祥森：《走向史学的"常规状态"——改革开放以来的史学规范研究》，《史学月刊》2008 年第 8 期。
⑤ 李伯重：《回顾与展望：中国社会经济史学百年沧桑》，《文史哲》2008 年第 1 期。

中国特色的社会经济史学方法，即注重于民间记录的搜集，以民间文献证史；注重社会调查，以民俗乡例证史，以实物碑刻证史；注意地域性的细部研究和比较研究，从特殊的社会经济生活现象中寻找经济发展的共同规律。[①] 范建鏋认为，当前中国经济史的研究在方法论和研究对象上都有其不足，主张在财政史研究中引进政治—经济史方法，借鉴相关政治理论，尤其是权力理论，研究政府权力如何"渗入"传统中国社会、如何影响其财政运行及经济变迁轨迹。[②]

四　社会科学发展理论

万斌、王学川认为，历史进步的基本内涵主要表现为：历史进步是主体与客体的统一、事实与价值的统一、量变与质变的统一、相对与绝对的统一；历史进步的基本形式分对抗和非对抗两种。[③] 寇永平认为，人的活动即实践构成了社会的发展，实践的合目的性与合规律性的统一构成了社会发展的客观规律性与主体选择性的统一。客观规律为社会发展提供了条件、可能，并给予一定程度的限制；主体选择性与能动创造性使其对社会发展具有关键性的作用。[④] 杨金华提出，社会的发展在基于物质的直线式的进步之外，还有基于情感价值多向度、回环式变化的另一维，即历史的进步是从不同角度展示出来的虚实相间的、不断变动的综合图景。[⑤] 冷树青、钱双逢把人类社会系统的发展分为采业、农业、工业和科业社会四个层次演进阶段，指出人类社会的"跳跃转型"具有普遍性，它源于不同文明系统间的竞争与互动，是特定的内外部条件的产物。[⑥] 刘同舫论述人类解放的进程与社会形态的嬗变之间的关系，指出政治解放与人类解放在典

---

① 祝松：《再现中国社会经济史研究的开山之作——〈傅衣凌作品集〉出版》，《中国社会经济史研究》2008 年第 3 期。

② 范建鏋：《权力视角下中国经济史研究的新面相与"政治—经济史"的萌芽——对中国经济史学未来走向及其方法论的一点思考》，《福建论坛》2008 年第 1 期。

③ 万斌、王学川：《论历史进步》，《浙江学刊》2008 年第 1 期。

④ 寇永平：《社会发展：客观规律性与主体选择性的辩证统一》，《西安社会科学》2008 年第 3 期。

⑤ 杨金华：《历史进步的多元视域及其当代意蕴》，《华中科技大学学报》2008 年第 5 期。

⑥ 冷树青、钱双逢：《试论人类社会系统的跳跃转型》，《求实》2008 年第 12 期。

型意义上使得全部历史被合乎逻辑地分成前资本主义、资本主义和共产主义三个阶段。这三个阶段与马克思提出的社会发展的"三大形态"——人的依赖性社会、物的依赖性社会以及个人全面发展的社会具有内在关联，人类解放的进程与社会形态的嬗变实际是同一个过程。① 林波、薛昱试图通过对人类生产力发展的历史脉络的分析，借助于东西方生产力发展的比较，以寻求生产力发展视角下的东西方文明进程的同步与异步性规律。董文俊探究现代化道路问题，指出各种现代化发展状况的存在，并非是现代化模式不同所导致的直接结果，而是由现代化进程所具有的交叉性和不同步性所造成。各种模式的划分依据值得商榷，在这一前提下提出的现代化道路具有多样性的说法也必须更加谨慎。② 童焱认为，传统并不是所有在历史上发生过的内容，而只是某些特殊的历史事实的沉淀物，其传承方式和历史知识的传播方式不同。③ 王孝哲认为，社会矛盾是推动社会不断发展的矛盾动力；人是推动社会不断发展的主体动力；人的实践活动是推动社会不断发展的物质动力；人的智慧和需要是推动社会不断发展的精神动力。这四种动力在相互交叉、相互包含或者渗透中共同起作用。④

五 史学专论

近年来，"封建"的名实问题因冯天瑜的《"封建"考论》问世而成为学界热门论题。《武汉大学学报》2008 年第 5 期刊发了一组关于"封建"名实问题的讨论文章。其中，叶文宪认为，"封建"是一种国家结构形式而不是一种政体，"封建"是一种政治制度而不是一种经济制度，"封建"既不是社会形态，也不是社会阶段；中国古代的经济结构是一个复杂的综合体，并不是所谓的"封建地主经济制"。吴宗杰认为，"封建"泛化与封建话语的形成有关。该话语构造了现代史学的知识空间、表征结构与作为进化的直线时间观，与《易经》为代表的民族史学思维格格不入，

① 刘同舫：《人类解放的进程与社会形态的嬗变》，《中国社会科学》2008 年第 3 期。
② 董文俊：《现代化道路多样性的认知悖论》，《西北工业大学学报》2008 年第 4 期。
③ 童焱：《关于传统本质及其价值的几点看法》，《福建论坛》2008 年第 1 期。
④ 王孝哲：《关于社会发展动力之新见》，《东南大学学报》2008 年第 5 期。

但却取得了对中国文化进行诠释和支配的话语权。用"封建"作为中国历史的断代词语，或者给今天中国传统文化现象进行定性，都是没有任何历史和文化根据的当代话语游戏。聂长顺则认为，对马克思主义封建观的学术探究不能简单武断，是己非人；"地主宗法专制社会"一词与中国民主革命三大任务契合，意味深远。侯树栋认为，"封建主义"一词具有多义性，这一概念的学术史由狭义封建主义、广义封建主义和马克思主义的封建主义概念这三大理论发生和发展的历史构成。狭义封建主义概念源于 16 世纪法学家对西欧中世纪"封建法"的研究，专指封臣制和封土制；广义封建主义概念形成于启蒙思想家对中世纪社会的批判，由此这一概念代表整个中世纪社会；马克思主义的封建主义概念源于马克思对前资本主义社会形态的研究，封建主义至此具有生产方式的含义，代表社会形态演进的一个阶段。三大封建主义概念都有各自的学术功用，它们为认识前资本主义社会提供了不同的角度和层面，无须再以"封建"的本义否定这个词的其他含义。[①] 林甘泉对"封建"及"封建社会"作了历史考察，与冯天瑜《"封建"考论》中的观点进行商榷。[②] 于东探讨中国封建社会历史周期率的发生特点、发生形式，并从唯物史观的角度揭示了这一周期率发生的本质原因——中国封建社会基本矛盾运动。[③] 侯旭东从思想史的角度对"秦至清的帝制时代的中国政体为专制政体"、"皇帝为专制皇帝"的说法产生、传播的历史及其后果加以分析，指出此一论断并非科学研究的结果，而是亚里士多德以来的西方人对东方的偏见。18 世纪个别西方思想家开始以此来描述中国，19 世纪末以后经由日本传入中国，并广为不同立场的中国知识分子所接受，并通过辞书与历史教科书渗透到大众中。不加反思地用它来认识帝制时代中国的统治机制只会妨碍研究的深入。[④]

　　李学智、庞卓恒就马克思资本主义理论的适用性展开争论，李氏认为，罗荣渠、庞卓恒所说马克思明确地将资本主义道路或社会形态的"历

---

① 侯树栋：《论三大封建主义概念》，《北京师范大学学报》2008 年第 6 期。
② 林甘泉：《"封建"与"封建社会"的历史考察——评冯天瑜的〈"封建"考论〉》，《中国史研究》2008 年第 3 期。
③ 于东：《中国封建社会历史周期率问题管窥——基于唯物史观的角度》，《南昌航空大学学报》2008 年第 4 期。
④ 侯旭东：《中国古代专制说的知识考古》，《近代史研究》2008 年第 4 期。

史必然性"限于西欧各国，是对马克思关于"我明确地把这一运动的'历史必然性'限于西欧各国"的论述的误读，马克思在这里只是"分析资本主义生产的起源"问题，而非一般的"资本主义社会"或"资本主义发展道路"。① 庞卓恒坚持原来的观点，从理论与实践的结合上，对马克思原著进行深入分析，回答了李氏提出的异议。② 学界对中国资本主义萌芽及萌芽发展的不同阶段历来有不同见解。曹守亮认为，以中国资本主义萌芽最终没有发展成为资本主义社会形态为依据否定中国资本主义萌芽的存在，在逻辑上存在问题。资本主义萌芽问题研究所具有的国际影响、资本主义萌芽问题研究的学理基础、资本主义萌芽问题研究的史学方法等，都体现出中国资本主义萌芽问题研究的史学意义。③

梅雪芹探讨中国的环境问题，指出环境问题实质是社会历史问题，具有累积突发、性质复杂、责任具体、影响持久、治理艰难等特点。历史学已在以往的环境问题研究中显露自己的特色，即关注多重社会因素间的联系，挖掘深层次的文化根源，细腻而生动地描述事件原委，旗帜鲜明地宣扬价值取向，为现实的环境治理提供借鉴。④ 陈新立撰文总结分析中国环境史研究的既有成果和不足，展望中国环境史研究前进的方向。⑤

六　重要会议

为了推动跨学科的沟通与合作，在不同学科的交叉互动和视界融合中寻找更加富有现实解释力与思想创造性的学术生长点，中国社会科学杂志社推出了"当代中国社会科学学术前沿系列对话"。2007 年 10 月 9～10 日，中国社会科学杂志社与复旦大学哲学学院、复旦大学国外马克思主义

---

① 李学智：《资本主义道路，还是西欧资本主义生产起源的道路？——马克思将其"'历史必然性'限于西欧各国"的是什么》，《史学理论研究》2008 年第 1 期。

② 庞卓恒：《答李学智的"资本主义道路，还是资本主义生产起源的道路？"》，《史学理论研究》2008 年第 1 期。

③ 曹守亮：《再论中国资本主义萌芽问题及其研究的史学意义》，《中国社会经济史研究》2008 年第 3 期。

④ 梅雪芹：《历史学与环境问题研究》，《北京师范大学学报》2008 年第 3 期。

⑤ 陈新立：《中国环境史研究的回顾与展望》，《史学理论研究》2008 年第 2 期。

与国外思潮研究基地、复旦大学当代国外马克思主义研究中心共同主办的"哲学与史学的对话：唯物史观与历史评价"全国学术研讨会，即是"当代中国社会科学学术前沿系列对话"的第一场。《中国社会科学》2008 年第 1 期刊登了该会的述评。

2007 年 10 月 29 日至 11 月 1 日，第十四届全国史学理论研讨会在厦门大学举行。这次会议由中国社会科学院史学理论研究中心、中国史学会史学理论研究分会、中国社会科学院史学理论重点学科、《史学理论研究》编辑部和厦门大学人文学院等单位联合主办，中国美国史研究会协办。来自全国各地的近 40 名史学理论工作者参加了研讨会，提交论文 36 篇，会议围绕中外马克思主义史学思想、历史哲学、史学流派与史学方法、史学理论专题研究等问题进行了热烈的讨论。《史学理论研究》2008 年第 2 期刊登了该会的会议纪要。

2007 年 10 月 11～12 日，由中国社会科学院历史研究所主办，经济研究所和《历史研究》编辑部协办的中国社会科学院 2007 年中国古代史论坛暨"'封建'社会名实问题与马列主义封建观"学术研讨会在京举行。来自各高校、研究机构、编辑部的 30 余位学者与会。会议围绕如何看待"封建"、"封建社会"概念的演变、如何认识和评价马克思主义的封建观、中西方封建社会的比较、马克思主义社会形态学说以及"封建"名实问题讨论的意义与实质等问题展开了热烈讨论。[①]

"全球视野下的史学：区域性与国际性"国际学术研讨会于 2007 年 11 月 3～5 日在华东师范大学隆重举行。由华东师范大学思勉人文高等研究院海外中国学研究中心和历史系承办。会议的筹备得到国际史学理论与史学史研究会主席佐藤正幸教授（日本山梨大学）和秘书长王晴佳教授（美国罗文大学）等国外学者的协助和支持。《学术研究》2008 年第 1 期刊登了该会的会议纪要。

"史学现代化问题"国际学术研讨会于 2008 年 4 月 12～13 日在天津南开大学隆重举行。中国、美国、新加坡等国家的 30 余位学者出席了会

---

① 朱昌荣：《"'封建'社会名实问题与马列主义封建观"研讨会综述》，《史学理论研究》2008 年第 2 期。

议，提交会议论文 30 余篇。与会学者围绕"唯物史观与历史研究"、"史学现代化"两个中心议题，从理论与实际、历史与现实相结合的角度深入探讨了国内外史学界所关心的一系列理论和方法问题，并展开了富有成效的讨论和沟通，内容涉及中外史学研究现状、马克思主义史学、后现代主义、史料分析与认识主体性、近现代史学发展历程回顾、中外史学交流与比较等。①

由北京师范大学史学理论与史学史研究中心和大连大学中国古代社会与思想文化研究中心共同举办的"史学批评与史学文化"学术研讨会，于 2008 年 9 月 12 ~ 15 日在大连大学召开。来自祖国大陆和台湾地区的近 20 个省、市、自治区的学者及一些学术期刊的编辑共 70 多人参加了这次会议。会议收到论文 60 余篇，学者们围绕史学批评的意义、史学批评的范畴、中国史学批评的成就和特点，以及史学文化的内涵、中西史学理论的有关问题、当代史学现象等问题，进行了广泛而深入的交流和探讨。②

---

① 吕庙军：《各国学者纵论"史学现代化"》，《国际学术动态》2008 年第 5 期。
② 林华、开军：《一次收获丰硕的学术盛会——"史学批评与史学文化"学术研讨会综述》，《史学史研究》2008 年第 4 期。

第九章
2008 年先秦秦汉经济史研究

王万盈

2008 年先秦秦汉经济史研究就成果数量而言和上年基本持平，对古代社会性质的讨论成为本年度引人注目的热点，从长时段视角研究相关问题的论文增多，经济思想仍是研究者关注较多的领域，总体研究水平有所提高，但学术研究不良行为增多，存在较为严重的重复发表论文现象。

一　总论

冯天瑜认为，以前学界把秦汉至明清的中国社会称之为"封建社会"的泛化封建观不符合马克思原论，以"五种社会形态"递进序列表述中国历史，确乎牵强。① 林甘泉认为，冯天瑜批评马克思主义史学家着眼于经济形态变化的研究是"泛封建观"，并提出确定历史分期的四条标准，其本身前后矛盾。马克思主义史学家主张以社会经济形态发展变化作为历史分期的标准更为接近历史客观情况。冯天瑜提出的"非贵族式土地所有制与封建主义不相兼容"和"中央集权君主专制与封建主义不相兼容"等观点是对马克思"原论"的误读，是把历史分期问题的讨论完全政治化，是

① 冯天瑜：《中国"封建社会"再认识》，《史学月刊》2008 年第 3 期。

对中国史学与政治关系的一种片面曲解。① 李根蟠认为，马克思、恩格斯把"封建"视为一种生产方式，视为人类社会演进系列中的一个时代，这样的"封建"概念显然具有普遍性。不但战国秦汉以后实行实物地租的地主经济具有封建性质，而且那些既是土地所有者又是主权者的东方国家，其地租和赋税的合一也是封建地租的一种特殊形式，也可以纳入马克思所揭示的封建生产方式的范畴。马克思并没有把对封建社会的认识局限在西欧中世纪早期的特殊形式上，绝不可能只有严格的封土封臣制和严格的农奴制才算封建社会。把秦以后属于封建社会的观点说成是背离马克思封建社会原论的"泛封建论"的说法站不住脚。② 瞿林东也指出，冯天瑜认为秦以后至清代的中国社会不应当叫做"封建社会"的论点难以成立③。吴承明认为，封建是一个社会形态，现在所用的封建主义跟标准的"封建主义"有很大不同。我国封建社会是指有中国特色的封建社会，中国封建主义最大的特色一是宗法，二是"专制"。④ 黄敏兰认为，中国有没有封建社会，取决于西欧封建主义是否具有普遍性，如果注重西欧封建制的具体规定性，就不会得出封建主义普遍性的认识；如果舍弃西欧封建制的具体内容，抽象地概括它，就会认为封建主义在世界上普遍存在，那么，中国当然就会有封建社会。史实表明中国历史上没有西欧那种封建制和封建社会，以往将中国中古社会定性为"封建社会"，抹杀了它与西方的差异，无视中西方各自的特点，对于历史研究只能是有害无益⑤。叶茂对 20 世纪末以来学术界关于秦汉以后社会性质问题的讨论作了述评。认为在社会史论战中，人们虽然有不同的认识，但都信奉（起码是表面上信奉）唯物史观关于社会经济形态演进的理论。从 20 世纪末开始的这次争论则不同，由于有的学者对原来为大家共同接受的理论前提提出质疑和挑战，唯物史观关于社会经济形态理论本身已经成为讨论的对象。因此，如何正确认识和正确对待马克思主义经典作家的有关论述，成为摆在我们面前的十分严

---

① 林甘泉：《"封建"与"封建社会"的历史考察——评冯天瑜的〈"封建"考论〉》，《中国史研究》2008 年第 3 期。
② 李根蟠：《略谈马列主义的封建观和社会形态观》，《史学月刊》2008 年第 3 期。
③ 瞿林东：《〈"封建"考论〉一书的论点和方法献疑》，《史学月刊》2008 年第 3 期。
④ 吴承明：《秦以后的中国是有中国特色的封建社会》，《史学月刊》2008 年第 3 期。
⑤ 黄敏兰：《超越定性和命名，从史实出发认识封建社会》，《史学月刊》2008 年第 3 期。

肃的问题。① 荣剑认为，西周是中国封建社会形成时期，秦统一中国，是中国封建主义历史的正式终结，是中央集权专制主义时代的开始。中央集权专制主义的典型形态是在大宋帝国完成的。②

翁礼华认为，从公元前 21 世纪大禹建国开始，中央与地方的事权与财政关系就逐渐形成，这一关系与国家体质紧密联系在一起。夏商时期，部落联盟组成的夏代国家雏形向周的分封制过渡，形成了松散型的分权关系；从秦到清，中央集权的国家体制从确立到逐步强化，形成了紧密型的事权与财权关系。③ 刘守刚梳理了中国古代财政制度变迁的脉络，总结了帝国制度在财政运行方面的权力特征。④ 史云贵认为，帝制中国长期以来存在着以对君主绝对服从为公或忠，和以对"天"、"道"、"民"以及比较抽象意义上的"天下"、"社稷"、"国家"等政治共同体的意志与利益的绝对服从为公或忠的两种矛盾的公、忠观。这两种不同的公、忠观的矛盾与冲突，影响着帝制中国财政职官制度及财政管理体制的历史生成、设计与变迁。⑤ 李金玉从商人聚民视角研究中国古代抑商原因，认为商人经商积累财富亦能聚民，会对统治者构成威胁，因此商人受到政府的抑制在所难免。⑥ 陈小葵认为，中国古代的"抑商"针对的对象是"私商"，对"官商"，统治者不仅不"抑"，反而予以保护。⑦ 刘玉峰认为，中国传统重农抑商政策有明确的政策目标，也有明显的政策缺陷和突出的执行失效。中国古代的货币理论和铸币政策既是政府调节经济的手段，也是古代王朝币制混乱的理论根源。⑧

① 叶茂：《"封建"新辨——关于近年来中国秦汉以后是否属于"封建社会"争论的述评》，《河北大学学报》2008 年第 2 期。

② 荣剑：《论中国"封建主义"问题——对中国前现代社会性质和发展的重新认识与评价》，《文史哲》2008 年第 4 期。

③ 翁礼华：《中国古代中央地方事权与财权关系的形成和发展》，《中国财政》2008 年第 4 期。

④ 刘守刚：《传统中国帝国制度的财政基础探究》，《浙江学刊》2008 年第 3 期。

⑤ 史云贵：《帝制中国的"公"、"忠"观念与制度变迁——以帝制中国财政职官制度的变迁为研究主体》，《人文杂志》2008 年第 4 期。

⑥ 李金玉：《聚民思想对中国古代抑商政策的影响》，《河南师范大学学报》2008 年第 1 期。

⑦ 陈小葵：《中国古代"抑商"政策考辨》，《求索》2008 年第 4 期；《中国古代商业控制策略简论》，《平原大学学报》2008 年第 2 期。

⑧ 刘玉峰：《中国传统重农抑商政策评议》，《江汉论坛》2008 年第 9 期；《中国古代货币理论和铸币政策评议》，《山西大学学报》2008 年第 4 期。

鲁西奇把古代中国的基本经济格局划分为游畜牧经济带、旱作农业带和稻作农业经济带三大经济带，三大经济带的基本格局至迟到汉代已大致奠定下来。[①] 胡火金论述了中国传统农业的生态系统观。[②] 吴宾、党晓虹认为，中国古代从宏观粮食安全看，大部分历史时期供求相对平衡，甚至经常出现供大于求的状况，但个人和家庭粮食的获取能力却影响着古代粮食的微观安全，粮食的宏观安全和粮食的微观不安全并存于古代社会。正是粮食微观上的不安全，导致粮食问题成为影响古代中国社会发展、稳定、变迁的重要因素。[③] 高巍翔认为，技术进步和经济发展的正关联为新的封建经济制度基础的形成和思想文化的繁荣提供了物质基础。[④]

二 农业

裴安平认为，各种水生动物和小粒型植物果实直到新石器时代中期都是人类食物的主要来源。新石器时代晚期，广谱经济的原有地位才最终被稻作农业取代。[⑤] 李友东探讨了黄河农业文明起源的特定历史地理背景。[⑥] 赵晓明等判定甲骨文中的"米"、"箕"是对薏苡果实脱壳过程即远古春取薏米仁的描述，夏商时代薏苡主要以粥和饭的形式消费。赵晓明等还认为，彝酒即仪狄酒是薏苡粥发酵而成的醴，而酒是对这种醴过滤的产物，这种食品早在夏代以前的母系社会就已发明。[⑦] 陈文华研究了夏、商、西周和春秋时期农业开发和农业生产结构变化问题。[⑧] 陆忠发认为，商代气

① 鲁西奇：《中国历史上的三大经济带及其变动》，《厦门大学学报》2008 年第 4 期。

② 胡火金：《论中国传统农业生态系统观》，《农业考古》2008 年第 1 期。

③ 吴宾、党晓虹：《论中国古代粮食安全问题及其影响因素》，《中国农史》2008 年第 1 期。

④ 高巍翔：《春秋战国经济技术发展与我国封建社会的文化生态》，《中国矿业大学学报》2008 年第 1 期；《春秋战国经济、政治和思想的协进与我国封建社会形成的文化生态性》，《兰州学刊》2008 年第 8 期。

⑤ 裴安平：《史前广谱经济与稻作农业》，《中国农史》2008 年第 2 期。

⑥ 李友东：《协作式农业文明产生的特定地理环境——黄河中下游农业文明起源地理背景比较初探》，《农业考古》2008 年第 4 期。

⑦ 赵晓明、乔永刚、宋芸、田永生：《甲骨文披露夏商时代薏苡的收获》，《山西农业大学学报》2008 年第 1 期；《甲骨文披露夏商时代的粥与饭》，《山西农业大学学报》2008 年第 2 期；《甲骨文披露薏苡酒的发明》，《山西农业大学学报》2008 年第 3 期。

⑧ 陈文华：《从考古发现看夏、商、西周、春秋时期农业区的开发》，《农业考古》2008 年第 1 期。

候发生了很大的改变，农作物主要品种应该是水稻而不是粟。① 刘亚中认为"耦"是古代的一种农具，分为直尖和斜尖两种，它分别适用于不同质地的土壤耕作而采取相应的耕作方式。"耦耕"就是"持耦而耕"，是西周时期盛行的耕作方式。② 陈勇勤认为井地制不等于井田制，井田学说的中心点是均田。中国古代私田的普遍化是通过国家政策得以实现的，私人占田到了一定时期就会出现土地兼并，导致占田不均。农地问题在任何时代都是围绕着人口与土地的关系展开。③ 刘向明认为秦代十分重视粮食的储藏，尤其是在粮食仓储的虫害、鼠害防治上，不仅开展防治技术和方法的探索，也制定了相关的防治法规。④ 袁林认为战国秦汉时期的农业决定了工商业的总体规模和发展水平。⑤ 王勇认为秦汉时期在地方上建立了多层次、多系统的农官体系，进行农业生产的组织管理。大司农是汉代掌管农业的最高行政官员，武帝初年的官制改革增加了大司农管理国家财政的职能，也加大了其参与农业再生产的能力。西汉中后期大司农在农业开发中投入大量人力、物力、财力的情况与汉初治粟内史的无所作为形成了鲜明对照，官营农业成为大司农经营的重点。东汉后大司农将发展农业的主动权交给了地方政府，大司农放弃对农业的直接经营，不仅造成了汉代农业开发重心的转移，也加速了农民人身依附关系的发展。⑥ 姚智远、徐婵菲认为，两汉之前花椒的主要用途包含丰富的文化意义和巫术文化信息，花椒并非用于烹饪食用或医用，而是用于敬神与祭祀、辟邪与养生、熏香与清洁。⑦

三 手工业

王强认为，史前玉石器镶嵌技术从发生之初一直就是重要的工艺手

---

① 陆忠发：《论水稻是商代主要的农作物》，《农业考古》2008 年第 4 期。
② 刘亚中：《也说"耦"与"耦耕"》，《中国农史》2008 年第 1 期。
③ 陈勇勤：《井田学说与小农经济下的均田思想和农地产权》，《安徽史学》2008 年第 3 期。
④ 刘向明：《从睡虎地秦简看秦代粮仓虫害、鼠害的防治》，《农业考古》2008 年第 3 期。
⑤ 袁林：《小农经济是战国秦汉商品经济繁盛的主要基础》，《兰州大学学报》2008 年第 4 期。
⑥ 王勇：《秦汉地方农官建置考述》，《中国农史》2008 年第 3 期。《大司农的演变与汉代的农业经营》，《南京农业大学学报》2008 年第 3 期。
⑦ 姚智远、徐婵菲：《先秦两汉花椒的用途及文化意义》，《农业考古》2008 年第 1 期。

段，大大提高了史前人类制作工具的水平。① 王仁湘认为，史前陶器的衬花工艺是史前制陶工艺取得的重要成就，完全可以与彩陶和磨光黑陶相提并论，后来装饰艺术中的加地和减地技法，应当是起源于这种工艺传统。② 裴安平将史前晚期手工业主体分成特殊与普通两种类型，并对不同类型的生产方式及相关特点进行了探讨。③ 杨玉东分析了远古煤炭的早期利用状况，认为早在西周时期，煤炭就已经被开采利用，远古中国人对煤炭的利用仅限于制作生活用品和工艺品。④ 向安强从沿海考古和科技史研究角度讨论了环珠江口先秦手工业史研究的必要性，对前人相关研究作了述评，提出要运用多学科交叉整合的研究方法，对先秦手工业史进行"技术—经济—社会"的综合考察。⑤ 潘吉星坚持认为灞桥纸是纸，考古实践已经否定了蔡伦发明纸的错误记载这一所谓"历史定论"。⑥ 李玉华认为，到目前为止，没有一件"西汉纸"是符合造纸术的工艺要求的，而且也找不到历史文献根据。20 世纪的考古新发现不能否定蔡伦发明造纸术这一命题。⑦

四 商业、市场与盐业史研究

高维刚分别论述了秦汉特种市场、农村集市和郡县市场以及两汉的区域市场等问题，认为秦汉时期市场贸易较先秦有了长足进步，除了在全国范围内形成了各层次市场外，在边境等一些特定的地区还形成了特殊的关市、军市。秦汉社会常见的农村市场有里市、亭市和乡市等。在一个郡县范围内以郡县城市市场为中心，形成了第二层次的郡县地方市场。在农村

---

① 王强：《试论史前玉石器镶嵌工艺》，《南方文物》2008 年第 3 期。
② 王仁湘：《西南地区史前陶器衬花工艺探讨》，《四川文物》2008 年第 1 期。
③ 裴安平：《中国史前晚期手工业的主要特点》，《中国经济史研究》2008 年第 4 期。
④ 杨玉东：《先秦时期的煤炭利用》，《河南理工大学学报》2008 年第 1 期。
⑤ 向安强：《技术与社会：环珠江口先秦手工业史的综合考察》，《华南农业大学学报》2008 年第 2 期。
⑥ 潘吉星：《西汉工匠发明了纸》，《博览群书》2008 年第 3 期。
⑦ 李玉华：《蔡伦发明的是"造纸术"》，《博览群书》2008 年第 3 期。

市场和郡、县城市市场的基础上，形成了更高一级层次的区域市场。[①] 张金光认为，秦时在普遍土地国有制与国家普遍授田制下确立了官社经济体制，这种体制的特点可称为"政社合一"制。[②] 张江洪认为，汉初出现的富商巨贾凭借雄厚的资财跻身封建国家经济、政治生活，尤其是西汉中后期统治者任用富商为吏，使他们有机会参与政事，更使他们直接成为统治阶级的一部分。[③] 李海东认为，汉武帝时期推行的官营工商业政策，是西汉政府为摆脱财政危机，抑制兼并，打击富商大贾的畸形发展，而对原有传统经济体制进行的一系列改革和创新。[④] 袁林认为，西汉国家与私商的利益冲突导致抑商政策，其目的是将商利从私商转移至国家手中。在国家与私商的博弈中，双方各有多种策略选择，作为主导方的国家通过"试错"找到了最佳策略，在国家与私商之间实现了最优策略均衡。[⑤]

阿波对传说中的大夏之盐的产地、盐品进行了考释，认为千古盛传的大夏之盐，乃是我国巴蜀地域早期生产的煮卤之盐，被古羌蜀人称为"白卤"或"盐巴"。[⑥] 吉成名认为，先秦时期我国至少已经有了海盐、池盐、井盐、崖盐四个盐种的食盐生产。先秦时期食盐产地的分布为秦汉以后食盐产地的发展奠定了基础。[⑦] 孔祥军对西汉盐官制度嬗变问题也有考察。[⑧]

五　财政、赋税与货币

黄天华认为，国家财政的形成经过了父系氏族公社、父系氏族向农村公社过渡、农村公社三个时期。在政教合一制国家形态下，公共祭祀品转

---

① 高维刚：《秦汉的特种市场》，《中华文化论坛》2008 年第 1 期；《秦汉农村集市及郡县市场》，《西南民族大学学报》2008 年第 8 期；《两汉的区域市场》，《四川师范大学学报》2008 年第 3 期。

② 张金光：《秦官社经济体制模式典型举例》，《西安财经学院学报》2008 年第 5 期。

③ 张江洪：《西汉商品经济的发展与富商大贾的崛起》，《求索》2008 年第 2 期。

④ 李海东：《汉武帝时期官营工商业政策探析》，《边疆经济与文化》2008 年第 10 期。

⑤ 袁林：《西汉国家与私商的博弈》，《陕西师范大学学报》2008 年第 5 期。

⑥ 阿波：《大夏之盐新探》，《盐业史研究》2008 年第 1 期。

⑦ 吉成名：《先秦时期食盐产地》，《盐业史研究》2008 年第 1 期。

⑧ 孔祥军：《西汉盐官制度考察》，《江苏商论》2008 年第 9 期。

化为宗教税课，国家财政完全形成。[①] 李孝林认为，西周审计机构不仅有司会、宰夫，还有内史。早期审计是对会计报告和账务的审查。李孝林还提出复式簿记产生于西汉简牍的观点。[②] 杨兴龙认为，秦国上计制度的突出特点在于以法律的形式对"以其年计之"的年度原则和"计毋相谬"的正确性原则进行了明文规定。[③] 张兴林认为，张家山汉简《二年律令》对校核和审计，特别是相关责任的划分作了明确的规定。[④]

贾鸿认为，汉代的"户赋"是与口算钱、刍稾税并列的一个独立税种，而非"诸赋的集合"。秦国刍稾税具有实物税、定额税征收方式、以田亩数量为计税依据和严格的征收管理制度四个特点。[⑤] 朱德贵认为，汉初为稳定市场，曾立法规范货币的铸造、流通与管理，而非完全采取"除钱律，民得铸钱"之政策。另外，出土汉简材料多见"罚金"二字，学界一般理解为收取黄金，其实，政府采取的是"以钱代金"的征收办法，而非真正收取黄金。[⑥] 袁延胜认为，天长纪庄木牍《算簿》中的"事算"，体现了徭役承担者和算赋承担者的一致性；《算簿》中"复算"数额几乎占算赋总额的1/10，应与汉代在不同情况下"复算"人员较多有关；《算簿》和《户口簿》的统计表明，汉代算赋承担者基本占总人口的一半；《算簿》中八月和九月的算赋数额，应分别是"八月算人"和"计断九月"统计的结果。[⑦] 赵浴沛认为，汉武帝实行盐铁官营政策前，沿用对矿产开采征税的管理措施，矿产税归少府管理，供皇室私用。[⑧]

尹继志、陈小荣认为，海贝在夏朝已是实物货币之一，在商朝和西周时期成为全国通用货币。随着金属冶炼技术的进步和天然海贝的不敷应用，在流通领域出现了各种仿制贝币，其中铜仿贝的铸行成为实物货币向金属货

① 黄天华：《四论原始财政》，《现代财经（天津财经大学学报）》2008 年第 4 期。
② 李孝林：《周、汉审计史新证》，《审计研究》2008 年第 1 期；《我国复式簿记产生与发展比较研究》，《中国社会经济史研究》2008 年第 1 期。
③ 杨兴龙：《从睡虎地秦简看秦国的上计制度》，《重庆工学院学报》2008 年第 8 期。
④ 张兴林：《从〈二年律令〉探索汉初核验与审计》，《重庆工学院学报》2008 年第 1 期。
⑤ 贾鸿：《〈二年律令〉所见西汉"户赋"制度》，《重庆工学院学报》2008 年第 1 期；《从睡虎地秦简看秦国刍稾税制度的特点》，《重庆工学院学报》2008 年第 8 期。
⑥ 朱德贵：《汉代货币制度二诂》，《哈尔滨商业大学学报》2008 年第 5 期。
⑦ 袁延胜：《天长纪庄木牍〈算簿〉与汉代算赋问题》，《中国史研究》2008 年第 2 期。
⑧ 赵浴沛：《关于汉初的矿产税》，2008 年 2 月 24 日《光明日报》。

币过渡的重要载体。[①] 盛治刚推测秦代黄金与钱币的兑换率基本上是 1：5000，即一斤黄金兑换 5000 枚标准"半两"钱币。[②] 赵昌认为，荚钱是西汉初年所实行的一项重要经济措施。轻型化的小钱在商品交换水平及购买力低下的时期表现出极大的优越性，起到了繁荣经济、便利商品流通、促进社会生产力发展的良好效果。[③] 刘金华对汉简中涉及的有关物价资料进行了梳理。[④] 温乐平认为，秦汉粮价波动时期远远超过稳定时期，尤其秦汉之交、两汉之际、东汉末年是粮价暴涨时期。影响粮价波动的因素比较多，主要有天灾人祸、税收财政政策、币制不稳定、商人不法经营等因素。为此，国家采取了一系列调控粮价的积极措施，对于平抑粮价起到了重要作用。[⑤]

六　区域经济

王银平探讨了长江中游和四川盆地两地区史前城址的渊源问题。[⑥] 赵小帆认为，贵州中水遗址发现大量的炭化稻谷与邻省发现的稻谷品种不同，可能是属于适合当地高原环境，在本土生长的稻谷品种。[⑦] 马银行认为汝、颍水流域优越的自然地理条件是促进秦汉时期汝、颍水流域社会经济繁荣的重要条件。[⑧] 郑清森依据商丘考古发掘资料，结合史籍记载，对西汉梁国的农业和饲养业作了叙述。[⑨] 郭友亮对西汉梁国经济发达的原因作了分析。[⑩] 李峰认为，河南郡是汉代农业最发达的地区之一，东汉时河南郡的农业经济明显超过了西汉。[⑪] 王子今认为，江南的开发因受纳来自

---

① 尹继志、陈小荣：《试论贝币在我国的行用》，《金融教学与研究》2008 年第 3 期。
② 盛治刚：《秦代金钱兑换率蠡测》，《东岳论丛》2008 年第 1 期。
③ 赵昌：《西汉初期的半两钱——荚钱》，《濮阳职业技术学院学报》2008 年第 3 期。
④ 刘金华：《汉代西北边地物价述略——以汉简为中心》，《中国农史》2008 年第 3 期；《汉代物价考（二）——以汉简为中心》，《文博》2008 年第 2 期。
⑤ 温乐平：《秦汉时期粮价波动与国家调控措施》，《湖北师范学院学报》2008 年第 2 期。
⑥ 王银平：《长江中游与四川盆地史前城址比较研究》，《湖北民族学院学报》2008 年第 2 期。
⑦ 赵小帆：《贵州发现的早期稻作遗存及谷物的收割和加工》，《古今农业》2008 年第 2 期。
⑧ 马银行：《远古至秦汉间汝颍水流域社会经济发展》，《平顶山学院学报》2008 年第 1 期。
⑨ 郑清森：《商丘汉代农业和饲养业初论》，《农业考古》2008 年第 1 期。
⑩ 郭友亮：《西汉梁国经济发达的原因及表现》，《边疆经济与文化》2008 年第 4 期。
⑪ 李峰：《汉代河南郡农业状况初论》，《河南科技大学学报》2008 年第 2 期。

北方数量众多的移民而实现了跃进。北方移民与原住民的关系，中央政府与区域政权的关系，儒学主流与地方文化的关系，都在"和合"的主题下得到合理调整。王子今认为，汉代"亡人"的存在背离"编户齐民"的理想社会组织秩序，"亡人"的活动往往促成了生产技术和文化礼俗的自然传播。① 许志强对西南地区汉代墓葬中陂塘水田模型的分布和主要传播路线进行了分析，认为其起源于汉代巴蜀地区，通过五尺道和灵关道传播到云南地区。②

七　经济思想

涂平荣对孔子生态伦理思想中的生态伦理认知、生态伦理情感和生态伦理实践作了论述。③ 刘海龙从自然观、道德理念和行为规范三个方面论述了儒家生态思想。④ 石明秀认为，我国古代的月令观中的尊重自然、保护物种的思想是我国古代生态观的主要内涵。⑤ 马华阳论述了我国先秦时期的环保思想、环保管理和环保措施。⑥ 杜宗才认为，汉代道家形成了丰富的生态保护思想。⑦ 党超认为，两汉是中国古代生态思想总结定型的关键阶段，生态和谐、生态伦理和生态保护正是两汉时期生态思想的核心内容和基本特点。⑧

易玉香、夏毅辉认为，历年对孔子经济思想的研究涉及义利观、财富观、生产观、消费观、分配观、人口观、赋役思想以及整体经济思想评价等诸多方面。⑨ 王公山认为，孔孟农事观差异主要表现为孔子轻视农民，

① 王子今：《"和合"思想主导下的汉代江南经济开发与社会进步》，《石家庄学院学报》2008年第 2 期；《汉代"亡人""流民"动向与江南地区的经济文化进步》，《历史教学》（高校版）2008 年第 4 期。

② 许志强：《浅析汉代西南地区陂塘水田模型的分布和传播》，《古今农业》2008 年第 2 期。

③ 涂平荣：《孔子的生态伦理思想探微》，《江西社会科学》2008 年第 10 期。

④ 刘海龙：《儒家生态思想及其现实意义》，《江西社会科学》2008 年第 2 期。

⑤ 石明秀：《先秦两汉月令生态观探析——以敦煌悬泉壁书为中心的考察》，《敦煌研究》2008 年第 2 期。

⑥ 马华阳：《先秦时期的环境保护》，《安徽农业科学》2008 年第 15 期。

⑦ 杜宗才：《试论汉代道家生态保护思想》，《河南科技大学学报》2008 年第 3 期。

⑧ 党超：《论两汉时期的生态思想》，《史学月刊》2008 年第 5 期。

⑨ 易玉香、夏毅辉：《近二十年来孔子经济思想研究综述》，《许昌学院学报》2008 年第 4 期。

不重视农事，孟子却认为"民为贵"；孔子没有具体的农事措施，孟子却提出减轻农民负担、均田、安民、税收等具体措施。[①] 李维林、赵梦涵从经济学的角度阐述了范蠡的"平粜法"与李悝的"平籴法"的基本内容，分析比较了二者的相同点与不同点。[②] 谢树放认为，以义取利是儒家仁学经济思想的核心，以礼为准是其实质要害，为公利民是其精华所在。[③] 何国蕊等认为，儒家伦理思想是人们界定财产权利的法律来源，儒家伦理思想削弱了人们获取、占有、转让和保护财产的权利。这种状况下，人们的最优选择是以"生计原则"而非"营利原则"来指导生产消费行为。[④] 张守军论述了中国传统的富民思想、均贫富思想、崇俭黜奢思想和重义轻利思想在维护封建社会的和谐和稳定过程中所起的作用。[⑤] 陈忠锋认为，王莽经常施民以财，赈民之急，惠民以利，鼓励发展农业，改革俸禄制度等，这些举措构成其富民思想的基本内涵。[⑥]

庞天佑认为，司马迁的民本思想与儒家思想及道家思想有直接关系。[⑦] 张俊认为，司马迁通过对道家思想的理性转换，提出了因俗变迁的经济观，反对政府干预和与民争利，这是传统经济自由主义思想的创举。[⑧] 景春梅认为，司马迁与亚当·斯密在经济思想诸多领域均存在着相似或接近的认识。[⑨]

耿振东认为，轻重学说是一种政府理财的经济学说，轻重学说不仅借鉴了法家的法、术、势思想，其利出一孔、重农抑商等内容也与法家相近。将汉武帝实行的一系列财经政策与《管子》一书中的轻重学说相对比就能看出，这些财经政策正是以轻重学说为理论渊源。同时，轻重学说中

---

① 王公山：《孔孟农事观异同辨析》，《求索》2008 年第 3 期。

② 李维林、赵梦涵：《范蠡平粜法与李悝平籴法比较的经济学分析》，《东岳论丛》2008 年第 3 期。

③ 谢树放：《儒家仁学经济思想的蕴涵与价值》，《郑州大学学报》2008 年第 6 期。

④ 何国蕊、何国忠、栾庆帅：《我国儒家伦理思想对财产权利制度的影响分析》，《上海经济研究》2008 年第 5 期。

⑤ 张守军：《传统经济思想的社会和谐目标》，《东北财经大学学报》2008 年第 3 期。

⑥ 陈忠锋：《王莽富民思想探微》，《历史教学问题》2008 年第 1 期。

⑦ 庞天佑：《论司马迁的民本思想》，《湛江师范学院学报》2008 年第 1 期。

⑧ 张俊：《论司马迁的因俗变迁经济观及现代价值》，《上海经济研究》2008 年第 2 期。

⑨ 景春梅：《论"太史公"与"经济学之父"的不谋而合——司马迁与亚当·斯密经济思想的相似性及其原因探析》，《江西社会科学》2008 年第 2 期。

法家思想的渗透也决定了汉武帝财经政策中具有浓厚的法家思想意识。[①]
尹世杰认为，荀子的消费思想是一种按等级差别进行消费的思想，荀子的
性恶论，为他强调"礼"、强调法治、搞等级消费提供了理论依据。[②] 魏
悦、魏忠认为，韩非和马尔萨斯是中西方倡导人口过剩论的突出代表。[③]
林鹏旭认为，《管子》与《商君书》二者的经济思想在调控经济的方法手
段、对农工商各生产部门的认识、消费思想以及对国家与民众分配的认识
等诸多方面有着明显的差异。[④] 刘家贵认为，盐铁会议是一次为朝廷的重
大政策调整作思想动员和舆论准备的会议。在野的知识分子代表贤良文学
从经济效率、动力机制、成本收益分析、供求适应性、产品质量等经济学
的角度分析了官工商业的弊端和私营工商业的优越性，阐述了封建国家所
应采取的经济发展路线和模式，这是西汉王朝长期存在的反主流意识形态
的社会批判思潮的一次集中表达。[⑤] 刘玉峰对汉武帝盐铁官营、均输平准
政策之得失进行了评述。[⑥]

八　阶级、阶层与人口

桑秋杰等认为，秦始皇统一中国后，秦朝妇女在家庭和社会中的地位
有所提升。[⑦] 刘敏认为，秦汉时期的吏民有时是吏与民的合称，有时却是
一体词，指非官僚贵族非贱民奴婢的平民。秦汉吏民既包括可以为官为吏
之民，也包括曾经为官为吏之民，还包括正在充当吏职之民。吏民具备为
吏的政治标准和财产标准，一般都占有爵位，是一个生活相对富裕的阶
层。吏民是秦汉国家生存的基础，是国家授田的主要对象和赋税徭役的主
要承担者，他们在社会中处于被统治地位，但却具有政事参与意识，汉代

---

① 耿振东：《轻重学说与法家略论》，《江苏科技大学学报》2008 年 2 期；《轻重学说视角下
的汉武财经政策》，《昆明理工大学学报》2008 年第 4 期。

② 尹世杰：《略论荀子的消费思想》，《湖南师范大学社会科学学报》2008 年第 1 期。

③ 魏悦、魏忠：《韩非和马尔萨斯人口思想之比较研究》，《江西财经大学学报》2008 年第
1 期。

④ 林鹏旭：《〈管子〉与〈商君书〉经济思想之差异分析》，《哈尔滨学院学报》2008 年第 2 期。

⑤ 刘家贵：《重评西汉盐铁会议及贤良文学的经济思想》，《中国经济史研究》2008 年第 4 期。

⑥ 刘玉峰：《汉武帝盐铁官营、均输平准政策之得失》，2008 年 9 月 22 日《学习时报》。

⑦ 桑秋杰、陈健：《略论秦朝妇女的经济地位》，《长春师范学院学报》2008 年第 1 期。

吏民上书已成为有律令规范的制度。吏民还是反抗统治阶级的主要力量。[①]
王子今认为，两汉未成年人中的"小男"、"小女"身份包括"使男"、
"使女"和"未使男"、"未使女"。"小男"较"小女"享受更高的社会
待遇。[②] 黄今言认为长沙东牌楼东汉简牍中的"租茡"，当释作"租蒭"；
"筭卒"疑应释为"更卒"。汉灵帝建宁年间"绣衣御史"复置的原因，
与当时荆南地区赋役沉重，"蛮人"反抗不断有直接关系。[③] 卜宪群认为，
经济剥削是秦汉乡里基层行政组织所要承担的主要职能，但不是唯一的经
济职能，还有其他诸多经济职能。[④] 文霞认为，从简牍情况看来，秦汉奴
婢更多地是以资产性质或依附人口的身份登记于户籍，而没有以个人身
份登记于户籍。这种情况与奴婢半人半物的身份特征密切相关。[⑤] 高凯
认为，两汉时期的居延地区生存环境多沙，土壤微量元素锌、碘严重缺
乏，加之饮食条件差和劳动强度大等因素，造成居延戍卒具有较高的患
病率和死亡率。由于戍卒的高死亡率，又必然带来因成年戍卒死亡而形
成的大量"女户"问题。[⑥] 晋文、李伟从立户角度审视张家山汉简《二
年律令·户律》第 323～324 简，认为其律文规范的最终目的就是要迫
使不为户者立户。同时，汉初亦沿袭了秦的"分异令"，分户具有强制
性质。[⑦]

九　生态环境、自然灾害与社会救济

段宏振认为，作为典型的冲积低平原与浅湖沼地貌形态的白洋淀地
区，是研究全新世环境变迁及古环境与古文化相互关系的重要地域。[⑧] 赵
东升、水涛认为，三峡地区独特的自然地理条件及其变迁，使得当地各个

① 刘敏:《秦汉时期"吏民"的一体性和等级特点》,《中国史研究》2008 年第 3 期。
② 王子今:《两汉社会的"小男""小女"》,《清华大学学报》2008 年第 1 期。
③ 黄今言:《〈长沙东牌楼东汉简牍〉释读的几个问题》,《中国社会经济史研究》2008 年第 2 期。
④ 卜宪群:《从简帛看秦汉乡里组织的经济职能问题》,《史学月刊》2008 年第 3 期。
⑤ 文霞:《试论秦汉简牍中奴婢的户籍问题》,《广东教育学院学报》2008 年第 2 期。
⑥ 高凯:《从居延汉简看汉代的"女户"问题》,《史学月刊》2008 年第 9 期。
⑦ 晋文、李伟:《从〈二年律令·户律〉看汉初立户分户问题》,《中国农史》2008 年第 3 期。
⑧ 段宏振:《白洋淀地区史前环境考古初步研究》,《华夏考古》2008 年第 1 期。

时期的人类主要是在沿河两岸优越的环境中生存和发展，环境的变迁对生存地点的选择产生着影响。[1] 王星光认为，商代的生态环境对农业生产有直接的影响，形成了"粟稻混作区"。[2] 韩建业认为，我国西北地区自然环境及其演变对该地区先秦文化发展存在显著的制约和影响，先秦时期西北地区的人地关系总体上比较自然和谐。[3] 关荣波从生态保护思想、生态职官的设置、生态法律和具体保护措施等方面对两汉生态保护情况进行了论述。[4] 卜风贤从灾害史的视角解读西汉王朝的西北农业开发决策，认为灾害风险、粮食安全是西汉政权以战争手段解决匈奴问题、扩大耕地面积的动因之一。也因为如此，经过苦心经营之后，奠定了西北农业生产的基本格局。[5]

段伟论述了秦汉时期的灾害应对制度的诸多方面，重新统计了秦汉时期的自然灾害次数，对灾害的概况和特点作了比较细致的说明，并从人对自然的盲目博弈角度，论述了秦汉时期禳灾制度的来源、形式与影响，阐释了秦汉时期减灾制度的各种形式以及背后的驱动因素，分析了秦汉时期禳灾与减灾之间的互动关系与变迁周期。[6] 冯利兵等认为，秦汉时期农业减灾救荒思想已呈现体系化的特征，它包含农业灾害预防思想、农业减灾思想和农业救荒思想三大部分。[7] 王海鹏认为，先秦时期对老人的救助制度主要表现在免除赋税徭役、减免刑罚、赐物养老以及对致仕官吏的优抚等几个方面。[8] 周全霞、徐兴海认为，中国古代赈济标准的制订极具科学性，保障了不同状态下灾民的食品安全。[9] 王文涛认为汉代河北各类自然灾害中发生次数最多的是水灾，汉代政府救灾措施的主要内容在河北救灾

---

① 赵东升、水涛：《从三峡地区史前考古遗址分布看人类生存与环境的关系》，《科学通报》2008 年第 S1 期。

② 王星光：《商代的生态环境与农业发展》，《中原文物》2008 年第 5 期。

③ 韩建业：《中国西北地区先秦时期的人地关系特征》，《北京联合大学学报》2008 年第 2 期。

④ 关荣波：《略论先秦两汉时期的生态保护》，《牡丹江师范学院学报》2008 年第 1 期。

⑤ 卜风贤：《西汉时期西北地区农业开发的自然灾害背景》，《干旱区资源与环境》2008 年第 10 期。

⑥ 段伟：《禳灾与减灾：秦汉社会自然灾害应对制度的形成》，复旦大学出版社，2008。

⑦ 冯利兵、卜风贤：《秦汉时期农业减灾救荒思想研究》，《安徽农业科学》2008 年第 6 期。

⑧ 王海鹏：《先秦时期对老人的救助制度研究》，《山东省农业管理干部学院学报》2008 年第 1 期。

⑨ 周全霞、徐兴海：《中国古代的赈济标准与民食安全》，《江西社会科学》2008 年第 2 期。

活动中都有表现。① 张文安认为，两汉河南水患严重，两汉政府采取的一系列救灾措施对稳定社会秩序有重要作用。② 张文华认为淮河流域汉唐时期农业灾害的发展一直呈上升态势。淮河流域汉唐时期蝗灾发生具有很强的阶段性和集中性，但无明显的周期性，同时它和旱灾之间存在着极高的相关度。③

十 其他

吴春明认为，自新石器时代开始，百越先民就已经开始了频繁的近海及远洋航行实践。④ 石晓琴简要叙述了春秋晚期吴国和晋国之间的陆路交通情况。⑤ 陈隆文认为，战国秦汉时期，中国古代货币的流通影响到了朝鲜半岛和日本列岛。⑥ 王元林认为"秦所通越道"包括驰道、"新道"两次修建的南岭峤道；两汉武帝元鼎间、光武帝建武间、章帝永初间、灵帝熹平间五次新修和改建南岭交通，开创了岭南与内地联系的新格局。⑦

王子今认为"富贵"追求成为秦汉时期重要的社会意识。⑧ 景红艳认为战国晚期的社会弥漫着追求禄利的意识，受社会大环境的熏陶和濡染，知识界也掀起了一股浓厚的逐利风气，导致了士人精神道德的日趋沦丧。⑨ 陈新岗认为西汉是中国传统经济制度的形成时期。自战国起，传统经济制度的基本要素开始孕育。至西汉中期，各种经济转型相继完成。⑩ 袁靖认

① 王文涛：《两汉时期河北地区的自然灾害与救助》，《河北师范大学学报（哲学社会科学版）》2008年第5期。
② 张文安：《两汉时期河南地区的水患及其治理与救助》，《河南大学学报》2008年第2期。
③ 张文华：《淮河流域汉唐时期农业灾害发展的基本特征》，《安徽农业科学》2008年第6期。《淮河流域汉唐时期蝗灾的时空分布特征——淮河流域历史农业灾害研究之二》，《安徽农业科学》2008年第10期。
④ 吴春明：《中国东南与太平洋的史前交通工具》，《南方文物》2008年第2期。
⑤ 石晓琴：《从季札出使看春秋晚期吴晋的陆路交通》，《宿州学院学报》2008年第1期。
⑥ 陈隆文：《战国秦汉时期环东中国海地区的陆路交通》，《史学月刊》2008年第8期。
⑦ 王元林：《秦汉时期南岭交通的开发与南北交流》，《中国历史地理论丛》2008年第4期。
⑧ 王子今：《秦汉人的富贵追求》，《浙江社会科学》2008年第3期。
⑨ 景红艳：《论战国晚期知识界逐利成风的社会原因》，《山西师大学报》2008年第4期。
⑩ 陈新岗：《试论西汉的经济转型》，《贵州社会科学》2008年第9期；《从西汉经济转型谈中国传统经济制度之建立》，《内蒙古社会科学》2008年第4期。

为黄河流域和长江流域的史前居民获取肉食资源的方式存在明显的差异，黄河流域的居民在相当长的时间里主要通过饲养家猪的方式获取肉食资源，这一特点与长江流域的居民主要通过渔猎活动获取肉食资源的特征形成了鲜明的对照。[①] 彭卫对汉代食饮状况进行了研究。[②]

---

① 袁靖：《黄河与长江流域史前居民获取肉食资源方式的差异》，2008 年 10 月 8 日《光明日报》。
② 彭卫：《汉代食饮杂考》，《史学月刊》2008 年第 1 期。

第十章
2008 年魏晋南北朝隋唐五代
经济史研究

魏明孔

2008 年魏晋南北朝隋唐五代经济史研究成果的数量与上年度基本相当。该年度表现出的新特点主要有：一是年轻学者崭露头角，特别是有一些比较出色的博士、硕士论文；二是有关学术会议比较活跃，且有不少上乘论文。2008 年 1 月 4 日，中国唐史学会北京地区会员联谊会在北京师范大学召开，主要就新获吐鲁番文书进行了讨论；4 月 22～23 日，由中国唐史学会与龙门石窟研究院联合主办"隋唐佛教与石窟文化"学术讨论会；7 月 22～24 日由陕西师范大学历史文化学院与中国唐史学会联合举办"古都长安与隋唐文明"国际学术讨论会；10 月 24～26 日，由中国唐史学会与山西阳曲县委县政府联合主办的"全国郭氏文化阳曲学术研讨会"在阳曲县召开；11 月 22～23 日，由中共广东省韶关市委市政府、广东省社会科学联合会主办的"张九龄诞辰 1330 周年纪念大会暨学术研讨会"在广东韶关举行。会议论文中对经济史多有涉及。

一　总论

李正图认为，在中央集权时代，土地所有制所依赖的经济形态始终是小农经济，生产要素的结合方式始终表现为劳动与土地的分离和结合关系，社会关系表现劳动者身份从依附到独立的演进，这三个方面构成了中国中央集权时代土地所有制结构性变迁的基础性的社会经济结构。[1] 陈榕三认为，闽台历史上一直存续着直接"三通"，三国时期，福建开辟了从大陆到台湾的航线，隋代对台湾的航海活动增多，唐代福建居民与台湾的经济交往进一步密切。[2] 刘玉峰认为，20 世纪前半叶，中外学术界关于唐代经济史的研究原创性地提出并论证了唐代经济史的许多重要课题和基本范畴，并一直走着社会经济史的研究道路，形成了一个研究高潮，基本建构起了唐代经济史研究的学术框架和学术体系。[3] 武建国、张锦鹏认为，唐宋时期，农村土地和耕牛投资增长很快，乡村富民积极主动进行地方性公共产品投资，农村总体消费水平增长，奢侈性消费较为突出，货币性消费也出现增长。这些新特点是唐宋社会变革在乡村社会的折射。[4] 肖建乐认为，社会生产力和商品经济的发展、社会生产力的转移、农村社会结构的破坏、工商业互动及市民阶层社会生活的影响等成为唐代城市发展的推动因素。[5] 陈必昌认为，唐宋之际，随着国家土地制度的变化，寺院的土地来源发生了深刻的变化，这对寺院农业生产关系产生了较大影响，导致唐宋寺院农业生产关系的重大变化。[6]

二　土地制度

蒋福亚认为，吴国前期民屯实行都尉和州郡县四级体制，都尉屯田听命于孙权，州郡县司屯曹分别主持州郡县屯田，各级民屯收入由县级政府征收。民屯劳动者耕种限田，缴纳定额租，亩征限米二斛，剥削率超过

① 李正图：《中国两千年中央集权时代土地所有制的结构性变迁》，《江淮论坛》2008 年第4 期。
② 陈榕三：《闽台历史上的直接"三通"》，《现代台湾研究》2008 年第 4 期。
③ 刘玉峰：《20 世纪前半叶唐代经济史研究回顾》，《思想战线》2008 年第 4 期。
④ 武建国、张锦鹏：《从唐宋农村投资消费结构新特点看乡村社会变迁》，《中国经济史研究》2008 年第 1 期。
⑤ 肖建乐：《试论唐代城市发展的原因》，《云南民族大学学报》2008 年第 1 期。
⑥ 陈必昌：《唐宋寺院田产来源的变化与影响》，《民俗研究》2008 年第 3 期。

2/3。故民屯者只有再租佃国有土地才能维持生计,这是与曹魏民屯最大的区别。① 王云芳认为,生产要素相对价格变化、劳动生产率的提高、商品经济的发展和均田制本身的制度矛盾性是影响均田制历史沿革的重要因素。从产权演进理论视角分析均田制历史沿革,均田制历史沿革符合产权制度演进规律。② 吴树国认为,唐宋之际是土地管理制度进一步强化的时期,虽然手实法在唐后期仍占重要地位,但已经出现对土地的"差官检量",五代十国时期手实和检田交替应用,宋代对土地开始进行大规模的清丈,而且检田方法越来越细密化。这说明随着唐宋之际田税地位的上升,标志着中国古代社会前期"黔首自实田"的简单的土地管理模式已被国家制度化的检田所代替,土地管理走向成熟。③ 王雪萍、吴树国认为,国家对土地交易的控制重心在唐宋之际发生转变,唐前期勘验土地买卖是否合法的申牒是控制的重心,中唐以后,土地买卖的限制取消,涉及土地的税收交割成为重心。宋代将唐后期的契书和公验统一起来,形成公契。从注重申牒到着眼于割税,反映出唐宋之际国家对土地交易控制逐步加强的趋势。④ 翟麦玲、谢丽认为,屯田与营田在唐代是两个既相联系又有区别的概念。二者在经营人员、设置目的、设置地点、经营方式以及转化为民田等方面具有相似性,而在组织管理系统方面则不同。⑤ 耿元骊认为,《天圣令》复原《唐令》是近年来新发现的重要史料,如何理解其中出现的"私田",关系到唐代是否存在土地私人所有的重要问题,更牵涉到"均田制"研究的诸多方面。分析唐《田令》等相关史料,能够得出唐代存在土地私有权的结论。唐代没有土地私有权,或者把土地私有权拆分为体制内有、体制外没有等观点,皆不能成立。⑥ 耿元骊认为,唐宋间的所

①　蒋福亚:《吴简所见吴国前期民屯——兼论魏吴民屯的区别》,《中华文史论丛》2008 年第 1 期。

②　王云芳:《论均田制历史沿革的影响因素——基于制度变迁理论视角》,《延安大学学报》2008 年第 2 期;《从产权演进理论视角看均田制历史沿革》,《牡丹江大学学报》2008 年第 2 期。

③　吴树国:《试论唐宋之际土地管理的强化》,《文化学刊》2008 年第 2 期。

④　王雪萍、吴树国:《试论唐宋之际土地交易控制的转变》,《黑龙江教育学院学报》2008 年第 4 期。

⑤　翟麦玲、谢丽:《辨析唐代的屯田与营田》,《中国农史》2008 年第 1 期。

⑥　耿元骊:《"土地兼并"与唐宋间地权的流变》,《辽宁大学学报》2008 年第 4 期;《〈天圣令〉复原唐〈田令〉中的"私田"问题——与何东先生商榷》,《文史哲》2008 年第 4 期。

谓"土地兼并"是"反复进行"的低水平重复，其实质是"换手"，是权势者对失势者和"公共土地"的掠夺，不是"地主阶级"对"农民阶级"的掠夺。从历史的长时段观察来看，土地并不存在一个大量集中的倾向，土地所有权的转移流动性相对较差，稳定性远远高于流动性，似不存在大土地所有制的高度膨胀问题。

三　农业生产与水利

杨乙丹、何婧云认为，魏晋南北朝时期，南北农业文化交流的特点主要是以经济、文化、科技为中心的黄河中下游地区向南北开发不深地区的人口、技术、思想的单向流动。同时，北方游牧民族在接受中原先进农业文明之后完成了其封建化进程，这改善了中国区域经济发展的不平衡性，缩小了各地经济发展水平的差距。[1] 赵相丽认为，魏晋时期的士族庄园在承袭东汉传统的基础上，更讲究"向地卜宅"，延纳大自然的山水风景之美，体现了当时士人的文化素养和审美情趣，孕育了隐逸文化和玄学思想。[2] 孙彦认为，河西走廊地区在魏晋十六国时期农业的发展，具体表现在生产工具的进步和使用方面。[3] 张安福对唐代的农民家庭经济进行了全面系统的探讨。[4] 郝二旭认为，唐五代时期的敦煌壁画和文献中有大量当时所用农具的形象资料和文字记载，对于研究当时农业生产技术的发展水平具有极高价值。[5] 刘玉峰认为，唐代均田农户经济不是完全自然自发地形成的，很大程度上是唐王朝有目的地加以规划培植的结果，均田制、户籍制、邻保里乡制、租庸调制、徭役制、府兵制等制度共同对它进行了制度设计、制度安排和制度强制，带有明显的政治、法律、道德等上层建筑属性，具有突出的超经济特征。广大均田农户被唐王朝编制操控在一个严

---

① 杨乙丹、何婧云：《浅谈魏晋南北朝时期南北农业文化的交流》，《农业考古》2008 年第 1 期。

② 赵相丽：《魏晋时期士族庄园形成原因浅探》，《南方论刊》2008 年第 7 期。

③ 孙彦：《试论魏晋十六国时期的农具与农业生产——以河西走廊墓葬壁画为例》，《农业考古》2008 年第 4 期。

④ 张安福：《唐代农民家庭经济研究》，中国社会科学出版社，2008。

⑤ 郝二旭：《略论唐五代敦煌地区的农业生产工具》，《敦煌学辑刊》2008 年第 2 期。

密的制度网络中，遭受多重的超经济强制和压迫。对于唐代均田农身份及其生产生活的自由程度与独立程度，不宜估计过高。[①] 周尚兵认为，唐代荆襄地区通过运用新技术培育出茶叶、襄器、朱橘、楚练生产等四大主导产业，使区域经济各要素得到了合理的优化配置，既形成了多增长极的产业结构形态，又有良好的运转绩效，从而造就了唐代荆襄经济的繁荣。[②] 郭华认为一千多年前的唐代关中地区已经出现了碾硙与农业用水之间的矛盾。[③] 李薇认为贾思勰的《齐民要术》在农业思想中蕴含着忧患意识，劝君以农为本，重视救荒农作物的栽培，发展基于大农业观的多种经营等就是这种意识的表现。[④] 贾名党认为在元稹和白居易的诗文中蕴涵着丰富的农业思想，如强调农业的基础地位，关注农民日常生活，力倡减轻农民负担，重视劳动力人口，注重行为实践等。[⑤]

李令福认为唐代引泾灌溉系统发生了重大变化，原来以郑白二渠作为灌区的南北两条干渠，经过多次改建，郑国渠的渠首段到唐代中期逐渐失去效用，其下游诸水各自形成了独立的灌渠系统。唐后期的引泾灌溉系统以白渠为主，逐步发展成南北中三条干渠，灌溉体系趋向完善，发挥出了巨大的经济效益。[⑥] 李增高认为隋唐农业的发展与水利的发展是分不开的，随着水利事业的发展，促进了粮食产量的提高。[⑦] 汪永臻认为唐五代河陇区的农田水利开发为当时西北屯田发展起到重要作用，成为支撑唐盛世的物质基础之一。[⑧] 马发科认为隋唐北宋时期汝、颍水流域的社会经济发展进入历史发展高峰时期，水利工程大量修建，局部便利的水陆交通，城镇经济的繁荣发展以及优越而又极其重要的地理位置，对汝、颍水流域社会

---

① 刘玉峰：《唐代均田农户经济的规划形成及其经济形态特征》，《中国经济史研究》2008年第3期。

② 周尚兵：《技术变革视野下唐宋间荆襄经济盛衰原因论析》，《上海师范大学学报》2008年第4期。

③ 郭华：《唐代关中碾硙与农业用水矛盾及其解决途径》，《唐都学刊》2008年第1期。

④ 李薇：《论〈齐民要术〉农业思想中的忧患意识》，《管子学刊》2008年第3期。

⑤ 贾名党：《元稹与白居易农业思想述略》，《农业考古》2008年第1期。

⑥ 李令福：《论唐代引泾灌渠的渠系变化与效益增加》，《中国农史》2008年第2期。

⑦ 李增高：《隋唐时期华北地区的农田水利与稻作》，《农业考古》2008年第4期。

⑧ 汪永臻：《唐五代河陇地区的农田水利开发》，《西北第二民族学院学报》2008年第4期。

经济的发展起到了重要的推动作用。[①] 李增高就隋唐时期华北地区的农田水利与稻作的发展状况进行论述。认为有隋一代，朝廷十分重视水利事业的发展，唐代对水利建设数量、规模、水利设施的管理与使用，都达到了前所未有的水平。随着水利事业的发展，水稻的种植面积进一步扩大，并形成了河北中部、北部、南部三个较为集中的水稻种植中心。[②] 刘再聪认为，黄河上游长途航运全线开通最早出现在西汉晚期，航段从湟水流域至金城。北魏时期，航段从博骨律镇至沃野镇。唐朝，黄河航段从灵州上逆至会州乌兰县乌兰桥下。北宋时期，黄河兰州至会州段出现放木情形，黄河上游航段全线开通。清中晚期以来，黄河上游航道逐渐进入繁盛时期。[③]

四　畜牧业

陈玲认为唐代的马政制度在中国古代社会中占有重要的地位，这主要体现在它具有完备的马政管理机构和政策、优越的相马术和卓越的马匹杂交改良举措。唐代马政较之宋代更为优越，牧监范围更为辽阔，马政制度更为稳定，马匹数量更多。唐代马政制度受政治、经济、军事、交通、文化、对外关系等因素的影响明显。[④] 杜文玉、梁丽对五代的畜牧业经济进行了探讨。[⑤]

五　手工业、商业与对外贸易

黄义军结合考古学与陶瓷工艺学的成果，认为青白瓷起源于南方地区早期的白瓷生产，并不是仿照青白玉的结果。[⑥] 于海平从唐宋时期江南地

---

① 马发科：《隋唐北宋时期汝颍水流域社会经济发展初探》，《凯里学院学报》2008 年第 4 期。

② 李增高：《隋唐时期华北地区的农田水利与稻作》，《农业考古》2008 年第 4 期。

③ 刘再聪：《甘、宁、青地区的水运航道——甘、宁、青水上交通史研究之一》，《中国社会经济史研究》2008 年第 1 期。

④ 陈玲：《论唐代的马政思想》，《厦门大学学报》2008 年第 4 期。

⑤ 杜文玉、梁丽：《五代时期畜牧业发展状况初探》，《唐史论丛》第 10 辑。

⑥ 黄义军：《唐宋之际南方的白瓷生产与青白瓷的产生》，《华夏考古》2008 年第 1 期。

区较长期的和平环境、政府的支持政策、大规模的南迁移民等方面对该时期江南手工业发展原因进行探析，认为唐宋时期是我国古代经济重心南移的重要时期，也是手工业和商业的异常繁荣时期。① 赵瑞廷、康宇凤认为，辽政权特殊的地理位置及其统治策略，使其早期金银工艺几乎完全承接了唐的风格，有些金银器可能就是唐的遗存。② 权奎山认为唐五代是定窑的创烧和发展时期，定窑的制瓷工艺技术受到了邢窑的影响，唐五代定窑的发展为北宋定窑的繁荣奠定了良好的基础。③ 陈涛对唐代端溪石砚进行了详细考证。④ 卢华语、潘林对巴蜀地区的酒业生产进行了论述，认为唐代西南各地普遍酿酒，酒品较多。其地理分布与当时西南地区的经济发展走势大体一致。唐代西南地区的酒类中，黄酒占有重要地位，配制酒也出产不少。西南各地酒肆、酒家林立，宴饮之风盛行，也反映出当时酒业的兴盛。⑤ 陈香认为唐代前期黄淮地区属于国家的经济重心，也是全国的丝织业重心。中唐以后，黄淮平原仍保持了传统并能够继续向前发展。蚕桑丝织业遍布所有的州县，贡绢州的比例也高于其他地区，仍为政府丝织品的主要供应地。⑥

朱艳艳认为，六朝时期大量描写商人及商品经济的民间歌曲主要集中在乐府诗《清商曲辞》的《吴声歌曲》和《西曲》中。"吴声"、"西曲"中大量描述商人及商品经济的民歌的出现，为研究六朝时期城市商品经济的发展提供了有力的佐证。⑦ 高长虹认为，隋唐时期陆路交通、大运河和海外贸易线路的发展和完善，使其沿线中心城市和重要港口在其影响区域内成为焦点或核心，并与腹地之间产生强烈的互动关系，带动整个区域繁

---

① 于海平：《唐宋时期江南手工业发展的原因探析》，《东南文化》2008 年第 2 期。

② 赵瑞廷、康宇凤：《唐代金银工艺对辽代金银器的影响》，《内蒙古师范大学学报》2008 年第 5 期。

③ 权奎山：《唐五代时期定窑初探》，《故宫博物院院刊》2008 年第 4 期。

④ 陈涛：《唐代端溪石砚考辨》，《唐史论丛》第 10 辑。

⑤ 卢华语、潘林：《唐代西南地区酒业初探》，《中国社会经济史研究》2008 年第 1 期；潘林：《论唐代巴蜀地区酒业》，《重庆工商大学学报》2008 年第 2 期。

⑥ 陈香：《唐代黄淮地区蚕桑丝织业的发展》，《中国矿业大学学报》2008 年第 1 期。

⑦ 朱艳艳：《试从"吴声"和"西曲"看六朝城市商业的繁荣》，《郑州航空工业管理学院学报》2008 年第 2 期。

荣发展。① 程东宇认为，自 20 世纪 30 年代以来，国内外学者先后开始了对唐代商品市场领域的关注，并取得了一些颇具价值的研究成果。但与此同时，也存在着研究领域较陈旧、区域市场的研究不平衡等缺陷。唐代西南地区共有大小商业都会十余个，这些商业都会的兴起无不与当地农业手工业的发展、物产资源的丰饶、交通条件的便利等有着密切联系，同时也形成了自己的特点。② 王涛认为，唐宋之际，伴随着南方城市网络的形成与商品经济的发展，南方城市市场也形成了网络状结构。作为一个整体，这一市场网络在与北方城市进行经济贸易的过程中显示出了独特的地位，成为全国主要的商品发散地。南北城市间的经济运动也显现出了非均衡性的发展态势。③ 薛平拴探讨了唐代商人阶层的政治意识与自卫意识④，为唐代历史研究提供了一个新的视角。宋健认为，隋唐时期，西南农村市场快速成长，开始形成较为完整的区域体系。其中广泛兴起的各种集市将市场活动扩散到农村各个角落，发挥出初级市场的作用。镇市则属于更为成熟的市场形式，与城市市场和跨地区市场关系密切，发挥着中心市场的作用。⑤ 尹向阳认为，唐宋政府对市场的管理模式发生了重大改变，由唐代市场管理模式的强权化特征改变为完全控制市场的管理模式，设立相应的市场管理机构，制定相应的干预经济的政策法规，直接参与到市场的交易活动中，与民争利，并且逐渐完善前代的商品专卖政策，做到与民分利，实现官商共利，呈现市场管理模式市场化特征。⑥ 贾志刚探讨了唐代军市问题，使我们对这一问题有了比较清晰的认识。⑦

周加胜认为，唐末黄巢起义后，海上丝绸之路并没有中断，刘岩建立南汉王朝之后，继续开展海外陶瓷贸易，延续发展了唐代对海外贸易的管理制度，加强了对藩坊的管理，取消了市舶使，扩大了押番使的权力。⑧ 郭友亮

---

① 高长虹：《隋唐时期的区域开发与城市发展》，《华中师范大学研究生学报》2008 年第 3 期。

② 程东宇：《20 世纪 30 年代以来唐代商品市场研究综述》，《重庆工商大学学报》2008 年第 1 期；《试论唐代西南地区商业都会》，《乐山师范学院学报》2008 年第 8 期。

③ 王涛：《唐宋之际南方城市市场网络的形成与繁盛》，《中国经济史研究》2008 年第 1 期。

④ 薛平拴：《论唐代商人阶层的政治意识与自卫意识》，《唐史论丛》第 10 辑。

⑤ 宋健：《隋唐时期西南农村市场》，《传承》2008 年第 18 期。

⑥ 尹向阳：《试论唐宋市场管理模式的变迁》，《思想战线》2008 年第 2 期。

⑦ 贾志刚：《唐代军市问题研究——兼析传统军市的终结》，《唐史论丛》第 10 辑。

⑧ 周加胜：《南汉时期的海外贸易管理制度研究》，《求索》2008 年第 3 期。

认为，唐朝时期波斯、大食、西域等国商人纷纷来华贸易，而这种景象的出现与当时唐代社会的经济、政治、军事、交通状况以及统治者的开明政策分不开。同时，外国商人来华贸易对唐王朝社会生产的发展、人民物质生活的繁荣、商业的繁荣与发展以及国家财政收入的增加等方面都产生了深远影响。[①] 车垠和认为，从明州出海的唐朝商人能在9世纪后期主导对日本的贸易，得益于下面几个因素：（1）明州港在中日海上航线的优越位置开始发挥作用。（2）浙东地区盛产丝绸和陶瓷等货物，为跨国贸易提供了可能。（3）当时东亚贸易势力的主体——新罗张保皋海上势力覆灭。（4）日本对唐货也表现出强烈的需求，因而对唐商高度重视。这一切都促成了明州出海唐商的迅速崛起。[②] 拜根兴对张保皋海洋活动的原发力等问题进行了论述。[③] 朴天申认真考察了公元8~9世纪东亚海上的航线，分析了《道里记》记载的登州人入高丽渤海航线的内容，说明当时的交易船在东亚海上（包括黄海、东海）并不是只选择固定的迂回航线，而是选择了多样的直线航线。[④]

六　盐业

Drek Flora Ortiz以四川、陕北以及东南沿海等产盐地区为研究对象，从社会与国家的角度来探讨唐代晚期盐的重要性。认为盐业在唐代占有重要地位，至公元780年，唐王朝至少一半的收入来自国家的盐业的垄断收入。安禄山叛乱之后，盐业垄断所得主要用于重建战后破败的国家、服务于君王群臣享乐。唐代对盐业的垄断成为广大贫民遭受不平等和剥削的主要根源，同时也是朝廷与地方之间贪婪与权力斗争，乃至更多利益冲突的关键因素。[⑤] 李三谋认为，五代时期的解盐生产方式大体上承袭了唐朝后期的模式，基本没有变化，但在运销方面则颇具特点（除了后梁）；后唐之后，实行官销、商销并行之制以及划区销盐制；后晋时一度施行过单纯

---

①　郭友亮：《论唐代外国商人来华贸易的原因及影响》，《商丘职业技术学院学报》2008年第3期。

②　车垠和：《明州出海唐商的兴起与东亚贸易格局》，《社会科学辑刊》2008年第5期。

③　拜根兴：《论九世纪初张保皋海洋活动的动因》，《唐都学刊》2008年第3期。

④　朴天申：《八至九世纪东亚交易航线考察》，《唐史论丛》第10辑。

⑤　〔美〕Drek Flora Ortiz：《盐统王朝：唐代后期的盐业、财政以及国家安全》（英文），《中国历史地理论丛》2008年第1期。

的官卖，又创行转境"抽分税"。总体的感觉是政府与商争利，与民争利。而且，制定严酷的律法，以高压手段禁止民间触及朝廷的盐利范围。[①] 于赓哲讨论了唐代人均食盐量及盐的使用范围。[②]

七　妇女生产与消费

勾利军、吴淑娟认为，唐代妇女的经商具有被动性，多因寡居，生活无着不得已而经商。由于她们经济力量不足，只能选择投资少、资金周转快的行业，所以经商的行业面相当狭窄，仅限于旅店、餐馆、酒店等少数服务性行业。在经营过程中，不少人利用女性的特点经商，同时注意商品的质量问题。[③] 张剑光、张洁认为，长安女性的消费欲望十分强烈，在饮食、衣饰、居住、交通、医药、宗教信仰、娱乐、教育等方面有较强的消费能力。[④] 介永强认为，宗教消费是隋唐社会生活中一项重大消费，是一种非生产性消费。侈靡豪奢的宗教消费，在财力、物力、人力等方面给隋唐社会经济造成了极大的损害。[⑤]

八　财政、税收与物价

王万盈对日本学者渡边信一郎认为北魏存在地方财政的观点提出质疑，认为北魏并无真正意义上的地方财权，地方政府制度外的收入不属于地方财政的法定收入范畴，"统收统支"是北魏财政的重要特点。渡边信一郎认为"调外帛"属于地方财政经费的观点缺乏根据。"调外帛"依然属于中央财政统管，北魏地方政府无权支配。北魏中央在剥夺地方州郡财政权力的同时，以"使职差遣"方式强化对地方的财权控制。[⑥] 史卫认为，

[①] 李三谋：《五代时期的解盐管理》，《盐业史研究》2008 年第 3 期。
[②] 于赓哲：《唐代人均食盐量及盐的使用范围》，《唐史论丛》第 10 辑。
[③] 勾利军、吴淑娟：《略论唐代妇女的经商活动》，《河南社会科学》2008 年第 5 期。
[④] 张剑光、张洁：《唐代长安女性消费研究》，《史林》2008 年第 5 期。
[⑤] 介永强：《论隋唐时期的宗教消费》，《思想战线》2008 年第 4 期。
[⑥] 王万盈：《北魏存在地方财政说质疑——兼与渡边信一郎先生商榷》，《中国社会经济史研究》2008 年第 3 期。

曹魏建立户调制为北朝继承，孙吴最初则继续推行汉制，并结合曹魏制度做了改革。西晋统一南方后，孙吴旧制还有所保留。东晋门阀政治对南朝财政制度影响较大，南朝制度虽是北魏太和新制的重要参照元素，但是影响有限。太和新制经过北周改革，最终形成隋唐财政制度。史卫认为，北魏时期货币经济有很大发展，在政府财政收支中，钱也有广泛的使用，而且政府还曾有利用货币政策解决财政危机的设想。但是由于征收实物的租调制度的影响，北魏货币经济发展始终有限，绢帛等实物货币始终占据主要位置，甚至到了唐代还一直"钱帛兼行"，铜钱的地位非常有限。① 操晓理认为，粮食是魏晋南北朝时期最主要的大宗商品之一，贩运是粮食贸易的主要方式，同时粮食又作为实物交换媒介大量进入流通领域，农民、地主和封建国家都与粮食贸易发生不可分割的必然联系。学术界有关魏晋南北朝时期商品贸易以土特产品和高档消费品为主的看法值得商榷。② 任延芳、周倩倩分析了三国两晋南北朝时期的赋税制度变革。③ 朱红琼认为，唐中叶时以两税法取代租庸调，是一种"帕累托改进"，是中央与地方政府在权衡了各自的成本收益后作出的选择。④ 谷小勇、张波对人丁为本农税制和东汉及以前赋役之法的历史渊源关系作了论述，认为晋唐时期各朝农业税制的内容及体系基本都在"人丁为本农税制"这一范畴内。⑤ 任艳艳认为，三贾均市是唐京都诸市令管理商品交易市场货物价格的一项制度，不仅在京都，而且在全国各地也普遍实行，三贾均市与悬平赃物也有密切的关系。⑥ 孙德华研究了唐代赋税变化与经济发展的互动关系。⑦

蒋福亚认为，完整的《吏民田家莂》有两种组合形式，即"吏民田家别莂"加"吏民田家莂顷亩旱熟收米钱布付授吏姓名年月都莂"；"吏民田家别莂"加《竹简（一）》中吏民缴纳"税米"、"租米"的简牍，再

① 史卫：《六朝财政制度变迁与隋唐财政制度渊源略论》，《南京晓庄学院学报》2008 年第 2 期；《北魏货币经济关系的扩大和财政制度的相对滞后》，《许昌学院学报》2008 年第 1 期。
② 操晓理：《魏晋南北朝时期的粮食贸易》，《史学月刊》2008 年第 9 期。
③ 任延芳、周倩倩：《浅析三国两晋南北朝时期的税赋制度变革》，《现代商业》2008 年第 26 期。
④ 朱红琼：《两税法取代租庸调制的制度分析》，《内蒙古社会科学》2008 年第 2 期。
⑤ 谷小勇、张波：《晋唐人丁为本农税制的历史渊源探析》，《农业考古》2008 年第 3 期。
⑥ 任艳艳：《唐代物价管理制度刍议》，《理论月刊》2008 年第 7 期。
⑦ 孙德华：《唐代赋税制度变化与经济发展互动关系研究》，《合作经济与科技》2008 年第 9 期。

加"吏民田顷亩收钱布牒"。后一种组合早于前者，嘉禾四、五两年还继续存在着。在这一制度中，"税米"亩租额 1.2 斛恒定不变正是其核心和性质的集中体现；"租米"的由高及低和其他方面的变化，只是其发展和完善过程中的产物。估计这一制度最晚在黄武前期便已出现。① 王祥伟认为，四柱结算法在我国会计发展史上占有重要的地位。② 商兆奎、邵侃认为，唐政府在对农产品价格问题的处理上是不成功的，没有建立行之有效的农产品价格的预报机制和应急机制，造成农产品价格的大起大落，直接影响了唐代的社会进程。③ 程东宇认为，唐政府改造新钱图利，引起盗铸之风盛行。为解决钱荒问题，唐政府采取了多种措施。唐代统治阶级始终维护着钱帛兼行的货币制度，对钱币的认识总体上没有实质性的进展，这在一定程度上制约了唐代经济的进一步发展。④

九　区域经济

魏新民认为，三国两晋时期中国经济重心开始了第一次南移，随之农田水利建设也向江南推进，这一变化不仅直接促进了后来"苏湖熟，天下足"局面的形成，而且也对中国古代农田水利建设的完善和发展产生了深远的影响。⑤ 彭安玉认为，魏晋南北朝时期，南北方各政权都在苏北一带刻意经营，苏北地区在战乱频繁的背景下，经济上仍取得了一些进步，从而为隋唐时期的大发展奠定了必要的基础。⑥ 史卫认为，魏晋南北朝时期在经济重心南移的大趋势下，北方出现了经济重心东移现象。河北经济地位不断增强，逐渐成为重要的财源基地，在东魏北齐时期，成为北方的经济重心。⑦ 薛霞认为，魏晋南北朝时期襄樊凭借其战略位置成为各方争夺

① 蒋福亚：《〈吏民田家莂〉的组合形式》，《中国经济史研究》2008 年第 1 期。
② 王祥伟：《敦煌文书关于"四柱结算法"外欠账务的两则资料》，《中国社会经济史研究》2008 年第 1 期。
③ 商兆奎、邵侃：《唐代农产品价格变迁研究》，《安徽农业科学》2008 年第 3 期。
④ 程东宇：《略谈唐代的钱币改造及控制问题》，《重庆科技学院学报》2008 年第 8 期。
⑤ 魏新民：《试析三国两晋时期的江淮农田水利建设》，《农业考古》2008 年第 3 期。
⑥ 彭安玉：《魏晋南北朝时期的苏北开发及其影响》，《江苏商论》2008 年第 7 期。
⑦ 史卫：《论南北朝时期河北地区经济重心地位的形成》，《石家庄学院学报》2008 年第 1 期。

的焦点，地方实力派为了保障其庞大的军粮供应和维护社会的稳定，采取了一系列措施发展襄樊的农业经济。魏晋时期地主大土地生产对于襄樊农田面积的扩大、生产工具与技术的改进也起到一定的积极作用。① 吴存浩认为，六朝时期江南地主庄园经济的产生与发展，既与这一地区所特有的自然环境有关，又与因北方战乱，大量流民进入南方地区有关。庄园经济的性质为综合性多种经营的带有休闲性的庄园经济，六朝时期南方地主庄园经济对于保护流民生产积极性，发展江南地区的经济，以及塑造江南世族政治上的惰性都起到了重要作用。② 徐东升认为，唐代有明确记载产麻布的州府明显多于宋代，麻布在宋代赋税收入中的地位也较唐代下降，这主要是赋税制度发生变化所致，不能因此而认为宋代麻布生产出现萎缩。宋代人口大量增加，绝大多数人的衣着等需求仍以麻布为主，宋代麻布生产总量应超过唐代。唐宋麻布的集中产区有所变化，质量较高的麻布均集中出产于江淮流域。③ 王承文认为，岭南地区是唐朝境内最重要的金银产地和来源地。岭南的金银生产开始于六朝时代，至唐代有了进一步的发展，尤其是大量"夷獠杂居"的溪洞地区被纳入金银贡奉的体系中。金银的普遍生产对岭南产生了深刻的影响，一方面，对金银财富的追求造成了岭南溪洞豪族与唐中央王朝之间的利益冲突以及地方吏治的困难；另一方面，岭南在六朝既已形成的以金银为货币的传统，在唐朝则得到了新的发展，并进而直接影响了唐宋国家白银货币化的进程。④ 程东宇从茶叶的经济价值功能视角进行分析，认为唐中后期以前，巴蜀地区茶业经济较发达。种茶区域广泛、名茶众多，茶业经济已成为带动当地发展的新的经济增长点。但自唐中后期以后，茶业经济逐步呈现出衰退趋势。⑤ 关传友认为，魏晋南北朝时期，皖西地区茶的饮用和种植获得了明显的发展。唐代皖西地区成为重要的产茶之地，茶是皖西人谋生的重要产业。⑥ 张剑光、陈巧凤认为，唐至五代时润州农田水利建设比较兴盛，是南方水稻和粟、

---

① 薛霞：《论魏晋时期襄樊区域经济的发展》，《中南民族大学学报》2008 年第 5 期。
② 吴存浩：《论六朝时期南方地主庄园经济》，《东岳论丛》2008 年第 1 期。
③ 徐东升：《唐宋麻布生产的地理分布》，《中国社会经济史研究》2008 年第 2 期。
④ 王承文：《论唐代岭南地区的金银生产及其影响》，《中国史研究》2008 年第 3 期。
⑤ 程东宇：《试论唐代巴蜀茶业经济》，《重庆三峡学院学报》2008 年第 1 期。
⑥ 关传友：《唐宋时期皖西地区的茶业》，《农业考古》2008 年第 2 期。

麦生产较为重要的地区，农业生产商品化的迹象明显。在纺织业、金银器制造业和造船业等方面较有特色。润州城市的经济功能开始增强，城市消费水平不断提高。然而唐末五代，润州作为江南北部经济中心的地位却在逐渐丧失。[①] 张剑光认为，无锡在唐五代时期成了江南经济的核心地区，社会比较安定，交通畅达，商业繁盛。[②] 刘再聪认为，唐朝对安西四镇地区的基层行政治理非常有效。乡里村坊名称出现于四镇地区，唐代的地方行政体制已经渗透到四镇的最基层。[③] 贾小军认为，十六国时期，五凉政权立足河西农牧业，与外界进行经济交流，在汉魏以来河西核心城镇发展的基础上，初步形成了河西城市群，并且具备了后世河西城市的某些特点。[④] 赵航、张剑光认为，唐代除申州和光州外，河南各州府都盛产粟，是唐代粟种植的最佳地区。河南地区的麦类生产呈大面积分布的特点，大部分都是小麦的重要产地。河南地区的水稻种植呈星星点点的分布状态，仅在部分州县种植面积较大。[⑤]

十　阶级、阶层与人口

周健认为，曹魏国家兵役主要由特定的家庭即军户承担，士兵及其家属专列军籍，士兵终身专职为兵，子弟世袭为兵。军户寡妇由官府配嫁给士兵，女儿只能嫁给士兵。士兵逃亡，罪及家属。[⑥]。王子今认为，走马楼竹简所见"小口"称谓，透露出一些反映三国时期赋税史、财政史乃至社会生活史的新信息。"大小口有差"的制度，在战国秦汉已经出现，历朝有所继承。走马楼竹简所见"小女"与"大女"的年龄界点应当在 15 岁左右，估计"小口"与"大口"的界定也是如此。[⑦] 于振波认为，孙吴时

---

① 张剑光、陈巧凤：《从唐至五代润州经济的发展与变化看区域经济中心的转移》，《江西社会科学》2008 年第 9 期。
② 张剑光：《唐五代无锡商业的发展与原因探讨》，《江南论坛》2008 年第 6 期。
③ 刘再聪：《唐四镇地区基层行政治理研究——以于阗、龟兹两地村坊制度为中心的考察》，《西域研究》2008 年第 3 期。
④ 贾小军：《十六国时期河西农牧经济的新发展》，《河西学院学报》2008 年第 1 期。
⑤ 赵航、张剑光：《唐代河南地区粮食作物的种植分布》，《南都学坛》2008 年第 2 期。
⑥ 周健：《曹魏军户制度述要》，《许昌学院学报》2008 年第 3 期。
⑦ 王子今：《走马楼竹简"小口"考绎》，《史学月刊》2008 年第 6 期。

期长沙下品和下品之下户在民户中占绝大多数。上品户与下品户之间的家产平均相差 20 倍以上，甚至上百倍，贫富差别非常悬殊。与户赀记录所反映的贫富差别相比，政府在按户品出钱时所确定的标准，显然打上了"优饶豪右，侵刻赢弱"的烙印。① 黎石生认为，走马楼吴简中的"士伍"、"岁伍"、"月伍"均为户籍身份。"士伍"籍具有世袭性，但只限于家庭中的男性成员，且可通过赐爵或立功等途径改变身份。"岁伍"和"月伍"可能与文献之"更"有关，"岁伍"系指戍边"一岁一更"者，戍边完毕返回原籍后，仍以"岁伍"著籍。"月伍"则指"给郡县一月而更者"。② 陈琳国认为，十六国时期的依附关系继续发展，社会动乱虽然改变了内迁少数民族部民依附化的形式，但并没有改变其依附化的本质。营户不是前、后燕和后秦所特有的，而是十六国普遍存在的，它在改造内迁少数民族的社会结构和重塑少数民族面貌等方面发生了深远的影响。③ 胡阿祥梳理了中国历史上特别是东晋南朝的侨置制度及其流变，复原了东晋南朝侨州郡县的具体设置，例说了东晋南朝侨流人口的状况及其影响，考释研究了东晋十六国南北朝侨州郡县与侨流人口问题。④ 杨龙探讨了前燕政权所采取的各种人口管理措施，分析了前燕在人口迁徙及其管理方面所采取的措施及其特点，认为这些措施加强了前燕政权的中央集权，有利于前燕对地方社会的控制，也是前燕能够迅速发展壮大的重要原因。⑤ 胡玉春认为，大夏国虽然国祚短暂，但由于统治者对人口的疯狂掠夺，造成境内人口急剧增长。到赫连勃勃真兴年间，大夏国的人口达到了历史上的高峰期，统万城的人口更是达到了历史最高点。⑥ 任玮认为，汉晋隋以来，河南地区的人口在历朝居于全国第一位。唐初到天宝年间，河南地区人口数量呈现由低到高的发展趋势。而此后至唐末，人口数量则明显下降，部分

① 于振波：《从走马楼吴简看其时长沙民户的贫富差别》，《史学月刊》2008 年第 6 期。
② 黎石生：《走马楼吴简所见"士伍"、"岁伍"、"月伍"考》，《史学月刊》2008 年第 6 期。
③ 陈琳国：《十六国时期的"军封"、营户与依附关系》，《华侨大学学报》2008 年第 1 期。
④ 胡阿祥：《东晋南朝侨州郡县与侨流人口研究》，凤凰出版传媒集团、江苏人民出版社，2008。
⑤ 杨龙：《试论十六国时期前燕的人口管理》，《东北史地》2008 年第 4 期。
⑥ 胡玉春：《大夏国人口问题初探》，《内蒙古大学学报》2008 年第 5 期。

州郡甚至减少了十几倍。[1] 周奇认为，魏晋以降，历代王朝以行政手段将僧尼名籍纳于国家户籍管理的机制内，是中国古代户籍管理中的一个特殊内容。其目的是为了检括人口，防止伪滥，防止赋役流失。除对僧尼进行规范的管理外，还对伪滥和无籍进行打击并几度沙汰僧尼。但随着王朝政治的波动，僧尼籍账常规管理出现松弛和混乱，僧尼数量膨胀，最终导致武宗时期废佛事件发生。[2] 陈金凤、吴庆忠认为，唐朝政策律令虽然禁止商人入仕，但有唐一代商人入仕前后不断，成为显著的社会现象。这一现象的形成，一方面是唐政府注重商品经济的发展，实行扶商政策的结果；另一方面也是商人为提高自身社会地位，努力寻求政治出路的结果。[3] 张天虹认为，在中唐至唐末大乱以前这段时间内，唐长安拥有百万人口是比较可信的事实。[4] 孔毅认为，魏晋南北朝时期的人口问题丛生，其中人口整体数量和国家所能控制的劳动人口数量不足的问题最为突出。为解决由此造成的社会矛盾和政治危机，统治集团高度重视人口数量问题，并提出了相关的伦理对策，这些对策有的不仅在实施过程中收到了一定的效果，而且也丰富了中国人口思想的内容。[5] 梁建国认为，唐贞观九年设置的乡长、乡佐在贞观十五年就废罢了。但乡仍是县以下的一级区划，其功能通过"里正"来体现。从唐中后期开始，里正的职责范围不断缩小，不仅治安事务由耆长来负责，财税方面的事务虽然和唐代大体一致，但也增配了户长和乡书手来共同完成。在北宋前期里正的职责经历了一个转移的过程，由最初在乡村承担催税和圈派差役等事务，转而被派往州县承担衙前，直到至和年间被彻底废罢。[6] 黄兆宏认为，伴随着隋唐政权对高丽的征伐战争，被俘获的高丽人不断迁入中原地区。唐高宗时期，高丽人开始入迁河西地区。[7] 薛政超以系列论文形式对唐宋时期湖南移民问题和《中

---

① 任玮：《唐代河南地区人口问题管窥》，《许昌学院学报》2008 年第 1 期。

② 周奇：《唐代国家对僧尼的管理——以僧尼籍账与人口控制为中心》，《中国社会经济史研究》2008 年第 3 期。

③ 陈金凤、吴庆忠：《唐代商人入仕析论》，《江西师范大学学报》2008 年第 2 期。

④ 张天虹：《再论唐代长安人口的数量问题——兼评近 15 年来有关唐长安人口研究》，《唐都学刊》2008 年第 3 期。

⑤ 孔毅：《魏晋南北朝时期的人口数量问题及伦理对策》，《重庆师范大学学报》2008 年第 3 期。

⑥ 梁建国：《唐宋之际里正的变迁》，《南都学坛》2008 年第 2 期。

⑦ 黄兆宏：《隋唐时期高丽人入迁河西问题考述》，《青海师范大学学报》2008 年第 3 期。

国移民史》中的相关资料问题作了论述，认为"安史之乱"后，虽然大部分的北方士庶选择经济文化较发达的东南地区为迁入地，但一部分官僚士大夫和一般民户仍选择迁移湖南。湖南邻境之人也因赋役繁苛等原因而迁来。唐宋时期的湖南迁出移民较少，且主要集中于唐末五代与南宋中后期，五代末马氏迁南唐是唐宋时期湖南最大的一支外迁移民。唐宋时期，有部分僧、道宗教移民迁来湖湘之地，这部分宗教移民以僧人为主，南方之闽浙和北方之陕晋都是主要迁出地，而湖南之衡山与潭州诸山是主要迁入地。在迁移时间上主要集中于唐中后期与北宋时期，迁徙原因主要与佛道之学传授有关。《中国移民史》列有 109 个唐宋湖南移民实例，薛政超对其中在史料和史实方面存在诸多问题的 65 例进行了考校，认为其中存在的主要问题是对史料的理解与引用有误、没有考察史料的史源等。①

曹端波以系列论文形式研究了唐代社会阶层、户籍制度、人口流动与社会变革之间关系诸问题。认为唐宋之际，农民身份地位出现较大程度的提高，法律意义上的良贱界线泯灭。唐宋农民身份地位的变化，不仅促进了国家土地制度、赋役制度的变革，而且导致了整个社会结构的转型，农村基层自治能力进一步增强。唐代中叶富民阶层的崛起使得中国古代社会的阶层结构出现转型，由身份等级制向以财富为标准的贫富转化。唐代社会阶层结构的变革对国家政策、制度产生了深远影响，标志着中国古代社会由前期向后期转型。唐代户籍管理的松弛，既是当时商品经济发展的结果，又在一定程度上促进了商品经济的发展，为城乡之间人口的流动提供了制度保障。唐代户籍制度的转型，是当时农民身份地位提高的重大表现，唐宋社会正是基于此而出现了一系列变革。唐宋户籍制度的变革不仅有利于农民身份地位的提高和促进商品经济的发展，而且有利于土地资源配置的优化、赋役征收的合理化及乡村社会控制的转型。②

---

① 薛政超：《唐代中后期的湖南移民研究（755～875 年）》，《邵阳学院学报》2008 年第 1 期；《唐宋湖南僧道移民考论》，《邵阳学院学报》2008 年第 5 期；《〈中国移民史〉唐宋湖南移民实例考校》，《中国历史地理论丛》2008 年第 4 期。

② 曹端波：《唐宋时期农民身份地位的变化与社会转型》，《云南行政学院学报》2008 年第 2 期；《唐代户籍制度的转型与人口流动》，《贵州工业大学学报》2008 年第 1 期；《唐代户籍制度与社会变革》，《农业考古》2008 年第 4 期。

十一　自然灾害与社会保障

刘锡涛从湖池、河流、水旱灾害三方面考察唐代关中水文环境，认为唐代关中水文环境出现恶化的趋势，关中的水文环境恶化使得关中农业经济受到很大影响，出现了不同程度的停滞状态。[1] 刘春雨认为，东汉三国是气候由暖而冷的转型期，期间存在旱灾高发期，发生过特大旱灾。[2] 李辉认为，北朝时期北方地区低温灾害的发生具有较明显的集中时段和间歇时段，不同形式的低温灾害具有不同的高发季节和高发地区。北朝时期国家在灾后采取一系列减免租调、徭役的措施。从减免地区来看，主要有针对受灾地区的减免、全国性的减免两大类，其中全国性减免措施较少。从减免对象来看，有面向全体灾民的，也有依据资产多少减免的。[3] 何婷立认为，隋唐五代时期的传染病主要有疟疾、伤寒、黄疸、蒸骨病、霍乱等。人们对这些传染病的病因、病症已经有了较深的认识，并尝试了一些治疗的方法。[4] 李福定、司家龙认为，唐代是我国古代社会保障事业大发展并日趋完善的时期。统治者为了维护城市的稳定，把社会保障的重心放在了城市社区，形成了以政府为主，家庭赡养和民间救助为辅的社会保障体系，有力地推动了唐朝封建经济的进一步发展。[5]

十二　交通

李广星认为，曹魏由于战争的需要，不论是在陆路还是水路建设上，都取得了很大的成绩，逐渐形成了以洛阳、邺城、许昌为中心的四通八达的交通路线，为曹魏统一北方、战胜蜀国打下了坚实的基础，为以后水陆

---

① 刘锡涛：《浅谈唐代关中水文环境》，《咸阳师范学院学报》2008 年第 1 期。
② 刘春雨：《东汉三国时期的旱灾研究》，《兰台世界》2008 年第 18 期。
③ 李辉：《试论北朝时期霜雪冻等低温灾害发生的特点》，《长春师范学院学报》2008 年第 3 期；《对北朝时期灾后减免租调徭役措施的探讨》，《东疆学刊》2008 年第 4 期。
④ 何婷立：《隋唐五代时期常见的传染病及其治疗》，《商丘职业技术学院学报》2008 年第 4 期。
⑤ 李福定、司家龙：《唐代城市社区的社会保障》，《安康学院学报》2008 年第 3 期。

交通奠定了基础。[①] 陈明认为，汉唐时期，于阗地区是丝绸之路的交通要
道之一。在众多外来医药涌入的潮流下，一方面于阗医学文化没有失去本
土的主体性，在医学典籍翻译和经验医疗中，仍使用沿袭于阗的道地药材
和风土习俗；另一方面又受到印度、波斯、中原和吐蕃等诸多外来文化的
影响，将印度婆罗门教文化体系内的生命吠陀医学知识佛教化，其做法甚
至超过印度本土佛教。随着密教的兴盛，于阗医学又与密教结合，密教色
彩在医学中的体现更加明显。[②] 景兆玺认为，唐代之前，中阿贸易主要通
过陆上丝路进行，从唐代中后期开始，海上丝路快速发展并取代陆上丝路
成为中阿贸易的主要通道。[③] 石云涛认为，北魏时中西交通主要利用了从
河西入西域的鄯善道、伊吾路，有时也利用吐谷浑之路。北魏时中西交通
的开展，为隋唐丝路交通的高峰奠定了良好的基础。[④] 张兴兆研究了魏晋
南北朝时期北方地区水上航运问题，认为魏晋南北朝是一个海上交通大发
展的时期，北方的近海水运形成了一些新的重要海港，江左——辽东航线
与渤海海域航线上的水运颇为繁忙，南方与辽东的来往多有赖于近海航
线。黄河是魏晋南北朝时期北方地区水上交通的大动脉，曹魏及北魏等北
方政权对黄河航运积极开发，三门峡及其以东峡谷航道不断得到整治。黄
河上游部分河段及整个中下游河段都有航运利用。"黄河也曾千帆过"是
这一时期并不少见的情形。魏晋南北朝时期北方地区的漕粮转运在黄淮地
区及河北平原呈现出兴盛的面貌。河北平原由于人工运渠的修治及海河水
系的形成，且受政治因素影响，内河航运有了较大的发展。曹魏时期一系
列运河的开挖使河北平原的水运南北贯通，以漳河为主体的海河水系的航
运利用颇具规模。[⑤] 马晓峰认为，魏晋南朝时期，出于战争的需要，各统

① 李广星：《曹魏之交通》，《沧桑》2008 年第 5 期。

② 陈明：《汉唐时期于阗的对外医药交流》，《历史研究》2008 年第 4 期。

③ 景兆玺：《试论唐中期以后中阿海路贸易迅速发展的原因》，《西北第二民族学院学报》
2008 年第 4 期。

④ 石云涛：《北魏西北丝路的利用》，《西域研究》2008 年第 1 期。

⑤ 张兴兆：《魏晋南北朝时期的北方近海水运》，《青岛大学师范学院学报》2008 年第 2 期；
《魏晋南北朝时期的黄河航运》，《许昌学院学报》2008 年第 3 期；《魏晋南北朝时期黄河
干支流航运状况考察》，《华北水利水电学院学报》2008 年第 3 期；《魏晋南北朝时期北方
粮食的水运与仓储研究》，《安徽农业科学》2008 年 28 期；《魏晋南北朝时期河北平原内
河航运》，《河北师范大学学报》2008 年第 6 期。

治者致力于各自区域内的交通建设，从而在魏晋南朝形成了以建康为中心和各州治为中心的陆路交通网。① 王颜、杜文玉考察了五代十国时期南北方的水路交通状况，对以开封为中心的运河系统的变化情况和南、北方新开凿或疏浚的小运河进行了研究；对这一历史时期各地的自然水道的通航情况作了考察。②

十三　其他

王东洋认为，魏晋南北朝时期考课标准发生了重大变化，而年劳标准的确立是其重要表现。年劳标准虽与政绩、品行标准有一定的矛盾性，但因其能够适应官僚政治的运转，三者逐渐融合，对唐代考课标准的形成产生了深远影响。魏晋南北朝各政权为防止考课中的作弊行为，建立了较为完善的监察机制，主要包括监察机构参与考课的制度、考簿的管理及相关制度、勾检制度等。考课与监察是官僚政治制度不可或缺的制度，二者的紧密配合是官僚政治正常运转的保障。③ 韦琦辉认为，东魏、北齐普遍存在贪污现象。虽然东魏、北齐贪污盛行有多方面的原因，但治理贪污的失败是最主要的原因。贪污的泛滥使东魏、北齐国力迅速衰退，最终被北周吞并。④ 高凯认为，孙吴初期长沙郡吏民的社会生活习俗大体反映在百姓取名和婚姻关系这两大方面。⑤ 王静认为，魏晋南北朝时期西北少数民族的内迁、北方及中原地区人民的流徙，为饮食上的交流和融合准备了有利条件。魏晋南北朝的饮食文化交流除了物态层面上的交流外，还有精神层面上的交流。⑥ 曾国富认为，五代后唐时期一度出现"小康"之局，表现在疆域扩大，国力强盛，四方来朝，局势安定，经济发展等方面⑦。朱江

① 马晓峰：《魏晋南朝陆路交通的建设与管理》，《江汉论坛》2008 年第 9 期。
② 王颜、杜文玉：《五代十国时期南北水路交通研究》，《中国历史地理论丛》2008 年第 3 期。
③ 王东洋：《魏晋南北朝"年劳"考课标准的确立及其影响》，《南京晓庄学院学报》2008 年第 5 期；《魏晋南北朝考课中的监察校正机制——兼论考课与监察的关系》，《扬州大学学报》2008 年第 5 期。
④ 韦琦辉：《略论东魏北齐的贪污现象》，《学术界》2008 年第 1 期。
⑤ 高凯：《从吴简看孙吴初期长沙郡吏民的生活习俗》，《许昌学院学报》2008 年第 1 期。
⑥ 王静：《魏晋南北朝的移民与饮食文化交流》，《南宁职业技术学院学报》2008 年第 4 期。
⑦ 曾国富：《略论五代后唐"小康"之局》，《唐都学刊》2008 年第 1 期。

红对敦煌文书中涉及"物权"观念的内容进行了解读。[①] 刘再聪认为，"村"概念出现于东汉中后期，直至隋朝，"村"一直作为一种自然聚落的名称。唐朝开始推行"村"制度，将所有野外聚落统一名为"村"，"村"正式成为一级基层组织。"村"制度是唐朝革弊"求治"政策中的重要一环。[②] 朱雄伟认为，中唐以后，禅林经济成为佛教寺院经济的主要形式之一。禅林经济以普请劳作制、自行开垦土地、自给自足等为主要特色。[③] 宗亮、张敏对蜀汉封爵制度作了论述。[④] 李锋敏认为，北朝是佛教寺院经济发展扩张时期，寺院在经济资源的配置方面显示了其积极自主的特点。[⑤]

① 朱江红：《从敦煌文书中看唐五代时期的物权观念》，《内蒙古农业大学学报》2008 年第 4 期。
② 刘再聪：《唐朝"村"制度的确立》，《史学集刊》2008 年第 2 期。
③ 朱雄伟：《试论唐代禅林经济》，《湖南工业职业技术学院学报》2008 年第 4 期。
④ 宗亮、张敏：《蜀汉封爵制度考论》，《中华文化论坛》2008 年第 2 期。
⑤ 李锋敏：《论北朝寺院经济的资源配置》，《西北师大学报》2008 年第 3 期。

第十一章
2008年辽宋西夏金元经济史研究

李华瑞　杨　芳

据不完全统计，2008年度辽宋西夏金元经济史研究发表论文200余篇，出版的相关著作有：葛金芳的《宋代经济史讲演录》（广西师大出版社，2007）；姜锡东、李华瑞主编的《宋史研究论丛》（第八辑，河北大学出版社，2007）；汪圣铎的《宋代社会生活研究》（人民出版社，2007）；林文勋等的《中国古代"富民"阶层研究》（云南大学出版社，2008）；黄纯艳的《宋代经济谱录》（甘肃人民出版社，2008）；阎福善主编的《北宋铜钱》（中华书局，2008）；李晓的《宋代茶叶经济研究》（中国政法大学出版社，2008）；徐吉军的《南宋都城临安》、邓禾颖、唐俊杰的《南宋官窑》（杭州出版社，2008）；雷家宏的《宋代社会与文化》（华夏文化艺术出版社，2008）；程民生的《宋代物价研究》（人民出版社，2008）；北大中国古代史研究中心编《邓广铭教授百年诞辰纪念文集》（中华书局，2008）；葛金芳的《南宋手工业史》、张锦鹏的《南宋交通史》、吴松弟的《南宋人口史》（上海古籍出版社，2008）；郎国华的《从蛮裔到神州——宋代广东经济发展研究》（广东人民出版社，2006）；沈冬梅的《茶与宋代社会生活》（中国社会科学出版社，2007）。

7月30～8月1日召开的"国际宋史研讨会暨中国宋史研究会第十三届年会"，与会者提交了35篇社会经济史论文；10月20～22日召开的"中国南宋史国际学术研讨会"，与会者提交社会经济史论文16篇；11月

3～5 日召开的"辽夏金元历史文献国际研讨会"和 11 月 7～9 日召开的
"第三届西夏学国际学术研讨会",与会者也提交了 10 多篇社会经济史方
面的论文。下面对论文情况略作介绍。

一　农牧业

孙洪升认为,北宋茶产量约在 8 355.2 万～9 548.8 万斤之间,接近 1
亿斤。南宋茶产量与北宋相差不会太远。[①] 张国庆认为,辽朝专业的理农
使职均非单独授之于人,而是由他职如"节度使"、"知某州军州事"等
兼任之。[②] 汤文博认为,宋代江南东路农村经济的跌宕起伏,从一个局部
阐释了宋代农村经济的兴衰。[③] 孙文政认为,黑龙江流域出土大量全备的
铁制农具,说明女真族已把黑龙江流域的农业生产推进到一个崭新的阶
段。[④] 汪登云认为,两宋时期,随着北方旱作经济带的转移、占城稻的引
进、圩田的兴建以及政府的重视等原因,江淮地区的农业经济得到了进一
步开发。[⑤] 高立迎认为,宋代的社会状况、统治政策,尤其是市场机制的
导向作用,对广大农民的价值观念、生产方式、谋生手段等都产生了前所
未有的冲击,并由此引发了农村经济的深刻变革。[⑥] 朱星宇认为,占城稻
的传入,对宋代长江流域稻作系统产生了深远的影响。[⑦] 吴宾、党晓虹认
为,宋元时期粮食流通的范围和规模趋于扩大,集中表现在漕运事业的发
达和粮食长途贩运量的激增。[⑧] 李文涛认为,在南宋时期,大部分地区晚
稻的收割还是在十月左右,加以主户的反对和稻麦复种的收益不大,所以
并没有形成稻麦复种的制度。[⑨]

---

① 孙洪升:《唐宋时期的茶叶产量辨析》,《思想战线》2008 年第 2 期。
② 张国庆:《辽代理农使职考略》,《中国农史》2008 年第 1 期。
③ 汤文博:《宋代江南东路农村经济研究》,《湖北大学学报》2008 年第 2 期。
④ 孙文政:《试述金代黑龙江流域的农业》,《古今农业》2008 年第 2 期。
⑤ 汪登云:《宋代江淮区域农业经济发展浅论》,《铜陵学院学报》2008 年第 5 期。
⑥ 高立迎:《试析宋代农村经济的商品化》,《山西农业大学学报》2008 年第 2 期。
⑦ 朱星宇:《北宋占城稻问题探析》,《辽宁行政学院学报》2008 年第 1 期。
⑧ 吴宾、党晓虹:《试析宋元时期的粮食流通与古代粮食安全》,《安徽农业科学》2008 年第 15 期。
⑨ 李文涛:《制度抑或现象:南宋时期的稻麦复种制——兼与李根蟠先生商榷》,《南都学坛》
2008 年第 3 期。

徐悦认为元代亦集乃路的屯田开发类型囊括了元代的全部类型，屯田户种类及民族成分复杂。[①] 申友良指出：元代粤西地区有雷州路、廉州路、高州路和化州路四个路屯田。在一定程度上促进了粤西地区的开发。[②]

程民生认为宋代河南的果木业是北方地区中最发达的，特点是种类多而且品兼南北，在社会生活和商品经济中有独特意义。[③] 朱隽嘉认为在贸易的刺激下，宋代岭南以花田为代表的花卉种植业商业化趋势日益明显。[④] 陈平平认为在元代相对稳定繁荣的时期和地区，牡丹仍是元人喜爱的名花，不仅宋代的部分牡丹品种被保存、继承，而且还培育出了不少新品种。[⑤] 张志勇认为辽代统治者设置畜牧和渔猎业机构，制颁法律，规定禁令，严惩违法行为，运用法律的手段调整、保护游牧和狩猎的经济秩序，收到了明显的效果。[⑥] 王自艳从马政的两个主要方面——牧马和市马考察了北宋时期的马政制度。[⑦] 张显运认为北宋牧羊业主要集中在北方，官牧羊采取放牧与舍饲相结合的饲养方式。[⑧] 他认为宋代牧驴业有一定的发展，是交通运输、私人骑乘的重要工具，作为畜力还被广泛用于粮食加工业中。[⑨] 张显运还指出，宋代私人养马业主要包括两个方面：民间私人养马和官员私人养马。无论马匹数量还是质量，北方和北宋都占绝对优势。[⑩] 张显运认为宋代耕牛贸易的对象表现为官方和民间两个方面，南方的福建、广南、两浙和北方京师开封最为兴盛。[⑪] 刘秋根、唐晔认为宋朝政府采取一系列措施来扶持农户养牛和保护耕牛，努力在农户中普及耕牛，做到"耕者有其牛"，并取得了一定成效。[⑫] 夏宇旭指出，金朝群牧从名称、

---

① 徐悦：《元代亦集乃路的屯田开发》，《宁夏社会科学》2008 年第 3 期。

② 申友良：《元代粤西地区屯田研究》，《社科纵横》2008 年第 2 期。

③ 程民生：《论宋代河南林果业的盛况与成就》，《中州学刊》2008 年第 6 期。

④ 朱隽嘉：《从文献看宋代广南花卉贸易》，《沧桑》2008 年第 1 期。

⑤ 陈平平：《我国元代观赏牡丹的再研究》，《南京晓庄学院学报》2008 年第 3 期。

⑥ 张志勇：《辽朝畜牧法与渔猎法考述》，《东北史地》2008 年第 1 期。

⑦ 王自艳：《北宋马政概述》，《濮阳职业技术学院学报》2008 年第 2 期。

⑧ 张显运：《北宋官营牧羊业初探》，《辽宁大学学报》2008 年第 5 期。

⑨ 张显运：《简论宋代牧驴业及其社会效益》，《内蒙古农业大学学报》2008 年第 3 期。

⑩ 张显运：《宋代私人养马业探研》，《甘肃社会科学》2008 年第 3 期。

⑪ 张显运：《宋代耕牛贸易述论》，《信阳师范学院学报》2008 年第 2 期。

⑫ 刘秋根、唐晔：《宋代对农户养牛的扶持及耕牛保护政》，《古今农业》2008 年第 1 期。

分布及管理上基本与辽朝相同，群牧所中的契丹牧民对金朝经济社会作出了重大贡献。[1]

二　土地制度、经济产权

吴树国认为，宋代对土地开始大规模的清丈，而且检田方法越来越细密化，标志着中国古代社会前期"黔首自实田"的简单土地管理模式已被国家制度化的检田所代替，土地管理走向成熟。[2] 王雪萍、吴树国认为宋代将唐后期的契书和公验统一起来，形成公契。从注重申牒到着眼于割税，反映出唐宋之际国家对土地交易控制逐步加强的趋势，也标志着土地管理制度的逐步成熟。[3] 耿元骊认为唐宋间的所谓"土地兼并"是"反复进行"的低水平"换手"，是权势者对失势者和"公共土地"的掠夺，而不是"地主阶级"对"农民阶级"的掠夺。从历史的长时段观察结果来看，土地并不存在一个大量集中的倾向，土地所有权的转移流动性相对较差，稳定性远远高于流动性，似不存在大土地所有制的高度膨胀问题。[4] 姜密认为，由唐至宋，国有土地制度发生了很大变化，尤显于"系官田产"的产权变动，不管是从私有转为国有，还是由国有转为私有，附着在田产之上的"亲邻关系"都不可避免地会发生变化，其变化呈淡化趋势。[5] 姜密认为，在宋代国有土地产权制度改革过程中，挟佃、冒佃、任意请射、冒占等不法行为时有发生，而地方政府或是不敢究治，或是有法不依，或是任意摊派、抑配、舞弊，种种弊端最终造成改革失败。[6] 郭丽冰认为，宋代实行"田制不立"、"不抑兼并"的土地政策，一方面使土地交易市场发展壮大，促进了商品经济的发展，但同时也加剧了社会的贫富

---

①　夏宇旭：《浅析金代契丹人的群牧组织》，《黑龙江民族丛刊》2008 年第 5 期。

②　吴树国：《试论唐宋之际土地管理的强化》，《文化学刊》2008 年第 2 期。

③　王雪萍、吴树国：《试论唐宋之际土地交易控制的转变》，《黑龙江教育学院学报》2008 年第 4 期。

④　耿元骊：《"土地兼并"与唐宋间地权的流变》，《辽宁大学学报》2008 年第 4 期。

⑤　姜密：《试论宋代"系官田产"的产权变动与"亲邻关系"》，《河北师范大学学报》2008 年第 1 期。

⑥　姜密《宋代地方政府与国有土地产权制度变革》，《河北学刊》2008 年第 5 期。

两极分化以及"产去税存"状况的存在，加重了农民的负担，影响了政府的财政收入，同时也影响了社会的稳定。① 王晓龙认为提刑官在地方职田管理中发挥了重要的监管作用，参与了地方职田分配、土地丈量、政策制定、查处不法行为等多个方面。②

王菱菱、王文书认为宋朝政府对遗孤财产的检校和放贷业务是积累恤孤慈幼事业经费的有益探索，也是适应宋代商品货币经济发展的有益探索。③ 魏天安认为"子承父分"和"兄弟均分"是宋代财产继承的基本原则，非户绝之家的女子除可获得适量"嫁资"外，一般别无财产继承权。④ 欧阳文东通过对宋代经济立法及北宋经济变革的考量，论述了宋代经济立法中的"民生"思想。⑤ 薄新娜认为与经济发展相适应，宋代居间契约关系有了很大的发展。⑥ 岳纯之指出，宋代以前，买卖不动产需要申请文牒，得到官方的批准，而宋代则只在特殊情况下方须如此，这显示出宋代官方在控制不动产买卖上的某些变化。⑦ 陈志英认为宋代法律对民众利益的保护达到了前所未有的程度，在制度确立的立法选择和制度实施的司法实践中呈现出许多进步特征。⑧ 金亮新认为宋政府先后颁布了一系列调控与规制经济的法律法规，内容涉及市场管理、禁榷专卖、海外贸易、货币金融和财政税收等方面，从而形成了较完善的经济行政法律体系。⑨ 赵彦龙从迄今发现的西夏契约资料、西夏契约的格式及签字画押的特点、西夏借贷（典当）的计息方式、西夏借贷（典当）不还的处罚方法等四个方面对西夏契约进行了探讨。⑩

---

① 郭丽冰：《宋代的土地政策及其影响》，《辽宁师范大学学报》2008 年第 5 期。
② 王晓龙：《论宋代提刑官在地方职田管理中的作用》，《大庆师范学院学报》2008 年第 4 期。
③ 王菱菱、王文书：《论宋政府对遗孤财产的检校与放贷》，《中国经济史研究》2008 年第 4 期。
④ 魏天安：《宋代财产继承法之"女合得男之半"辨析》，《云南社会科学》2008 年第 6 期。
⑤ 欧阳文东：《宋代经济立法中的"民生"思想》，《沈阳大学学报》2008 年第 5 期。
⑥ 薄新娜：《浅论两宋时期的居间契约》，《法制与社会》2008 年第 27 期。
⑦ 岳纯之：《论宋代民间不动产买卖的原因与程序》，《烟台大学学报》2008 年第 3 期。
⑧ 陈志英：《论宋代对私权的法律调整》，《河北大学学报》2008 年第 4 期。
⑨ 金亮新：《略论宋代政府对经济的法律规制》，《兰州学刊》2008 年第 3 期。
⑩ 赵彦龙：《西夏契约再研究》，《宁夏社会科学》2008 年第 5 期。

三 手工业

徐东升指出，唐代有明确记载产麻布的州府明显多于宋代，麻布在宋代赋税收入中的地位也较唐代下降，这主要是赋税制度发生变化所致，不能因此而认为宋代麻布生产出现萎缩。[①] 熊燕军认为，近年有关华北平原地区丝织业发展水平在两宋时期都居于领先地位的说法，不仅与唐宋经济重心南移这一学界共识相违背，也不符合东南沿海地区外向型经济成分增长的事实。[②]

郑军认为，为了保证宫廷用瓷的数量与质量，宋代设立了常设的与临时性的双直线式行政管理机构对钧窑的日常生产经营进行管理。[③] 曹建文认为，青花瓷器是景德镇宋元高质量青白瓷制瓷技术与磁州窑、吉州窑成熟的釉下彩绘技术和西亚优质的进口钴料相结合的产物。[④]

谭羚雁认为，宋政府在经济、政治、文化、军事等方面的政策对造船业的发展都产生了不同程度的影响力和推动力。[⑤] 郭万升认为，《平江城坊考》中记录了宋代苏州有船舫巷、船舫桥、东船场巷、西船场巷、艇船桥、蒲帆巷等不少地名与造船及辅助手工业有关，形象地再现了宋代苏州造船、修船业蓬勃兴旺的情景。[⑥] 唐勇、刘恒武认为，具有良好区位优势的宁波地区的造船工业在传统技术的基础上，随着对外贸易的发展，其造船的规模和技术都获得了很大的进步，甚至一度位居全国之冠。[⑦] 周峰认为，金代的造船技术由新中国成立前只能建造独木舟，发展到完颜时期能建造大型战舰，主要是吸收了宋朝的先进经验，也是出于战争的需要。[⑧]徐东升、郑学檬认为，苏轼"以（煤）冶铁作兵，犀利胜常"的原因，

① 徐东升：《唐宋麻布生产的地理分布》，《中国社会经济史研究》2008 年第 2 期。
② 熊燕军：《宋代东南沿海地区丝织品的生产与外销》，《农业考古》2008 年第 1 期
③ 郑军：《宋代钧瓷官窑的监管机制》，《郑州航空工业管理学院学报》2008 年第 4 期。
④ 曹建文：《试论景德镇元代青花瓷器的产生与发展》，《南京艺术学院学报》2008 年第 2 期。
⑤ 谭羚雁：《我国宋代造船科技政策研究》，《安徽广播电视大学学报》2008 年第 1 期。
⑥ 郭万升：《宋代苏州的造船业考察》，《船电技术》2008 年第 4 期。
⑦ 唐勇、刘恒武：《宋代宁波地区的造船业》，《宁波教育学院学报》2008 年第 1 期。
⑧ 周峰：《金代的造船与水战》，《博物馆研究》2008 年第 1 期。

并不是煤作为冶炼燃料比木炭具有优越性，而是徐州有高品位的铁矿石、优质煤，尤其是在灌钢普遍用于制造兵器的情况下，徐州仍有用百炼钢制造的兵器。[①] 杨芳、潘荣华认为，两宋繁盛时期，在官营药业发展的基础上，民间私营药业获得了充分发展。[②] 白秀梅认为，元代官手工业、商业、朝贡贸易等的发展，科差岁课赋税制度的推行，为元代宫廷服饰制度的形成奠定了重要的物质基础。[③]

四　商业、贸易

葛金芳认为，宋代虽然仍以农业立国，但在高度发达的农业经济基础上，已经生长出城市、货币、商业、信用、海外贸易等诸多工商业文明因子，雇佣劳动、包买商惯例、商业信用、集资合伙等新生事物均有踪迹可觅。[④] 苏吉永、袁春振认为，宋代经商群体的构成除职业商人外，还包括衣食国家的军人、官吏、皇室成员和享受国家优惠政策的宗教界人士。[⑤] 冯延淑认为，宋代进入流通领域的商品数量不断增多，品种类别日益多样化。[⑥] 郭旭认为，在宋代，小城镇担负起了农产品商品化这种经济功能，从而促使整个社会商品经济不断发展。[⑦] 陈瑞认为，元统一全国后，安徽地区不少地方商业街市的规模超过了宋代，徽州人大量外出从事商业活动，历史上著名的徽商在这一时期已初露头角。[⑧] 李晓英认为，甘宁青回回商人较之于唐宋时期的"蕃商"具有了一些新的特点。[⑨]

王晓燕认为，中原与周边对茶叶、马匹的供需关系，成为宋代官营茶马贸易兴起的经济原因。另一方面，两宋时期"群雄并立"的政治格局，

---

① 徐东升、郑学檬：《苏轼"以（煤）冶铁作兵，犀利胜常"辨析》，《西北师大学报（社会科学版）》2008年第3期。

② 杨芳、潘荣华：《两宋民间私营药业的兴衰之变》，《中医药文化》2008年第2期。

③ 白秀梅：《元代宫廷服饰制度形成的经济因素》，《阴山学刊》2008年第5期。

④ 葛金芳：《经济变革与宋代工商业文明的加速成长》，《河北学刊》2008年第5期。

⑤ 苏吉永、袁春振：《宋代的全民经商及经商群体研究》，《商业文化》2008年第7期。

⑥ 冯延淑：《浅探宋代的商品构成》，《内蒙古农业大学学报》2008年第5期。

⑦ 郭旭：《宋代农产品商品化初探》，《宜春学院学报》2008年第3期。

⑧ 陈瑞：《蒙元时期安徽地区的商业》，《中国社会经济史研究》2008年第3期。

⑨ 李晓英：《元代回回商人在甘宁青的活动和特点》，《青海民族研究》2008年第1期。

迫使宋王朝把市马看做是加强军备的"国之要务"。① 左长缨认为西夏与周边国家建立了以榷场贸易为主，以和市贸易、贡使贸易和走私贸易为补充的对外贸易多元化发展格局，具有十分鲜明的历史特点。② 谢天开认为宋代蜀地茶马互市对种茶民族与牧马民族经济文化影响深远。③

蒋戎认为，从内心讲，高丽是倾向宋朝的，视辽朝为蛮夷，但随着辽政权的不断壮大，高丽不得不采取"以小事大"的策略，对辽进行朝贡。④ 杨瑾认为，西夏占领河西走廊之前，于阗与北宋的贸易路线基本上沿袭了汉代的丝绸之路，经河西走廊进入内地。西夏占领河西走廊之后，于阗及西域各国商队与宋朝进行陆上贸易改由"青海路"。⑤ 朱爱武认为，海外贸易的日趋繁荣促进明州粮食生产的发展及其商品化，经济作物种植范围不断扩大，制陶业和造船业兴旺发达。⑥ 龚绍方认为有宋一朝通过加强对外贸的集权管理，使大宋内陆不仅成为海上丝绸之路流通商品的产销基地，更使北宋都城汴京成为海上丝绸之路名符其实的源头。⑦ 刘文波认为福建海商在宋代逐渐崛起为国内沿海商人的代表。⑧ 王四达认为宋元泉州外国侨民社区作为泉州港对外经济文化交流的作业平台，它的存亡与港口的兴衰有着密切的互动关系。⑨ 杨妮、王丁国从元代浙江与日本、高丽的贸易着手，阐述了元代浙江海外贸易的发展概况。⑩

五 财政、赋役

方宝璋认为宋代通过集中财权达到有效统筹调配全国钱物，控制财政

---

① 王晓燕：《宋代官营茶马贸易兴起的原因分析》，《中国藏学》2008 年第 3 期。

② 左长缨：《以榷场贸易为主的西夏贸易》，《宁夏社会科学》2008 年第 3 期；左长缨、祁伟：《论西夏时期的对外贸易》，《宁夏师范学院学报》2008 年第 1 期。

③ 谢天开：《宋代蜀地茶马互市特殊形式刍议》，《农业考古》2008 年第 3 期。

④ 蒋戎：《辽朝与高丽朝贡关系浅析》，《东北史地》2008 年第 6 期。

⑤ 杨瑾：《于阗与北宋王朝的贸易路线初探》，《新疆大学学报》2008 年第 4 期。

⑥ 朱爱武：《海外贸易发展与宋代明州经济结构的变迁》，《宁波工程学院学报》2008 年第 4 期。

⑦ 龚绍方：《宋代海上丝路源头新探》，《中州学刊》2008 年第 5 期。

⑧ 刘文波：《宋代福建海商之崛起》，《江苏商论》2008 年第 2 期。

⑨ 王四达：《宋元泉州外侨社区的兴衰及其启示》，《东南文化》2008 年第 1 期。

⑩ 杨妮、王丁国：《元代浙江之海外贸易》，《浙江纺织服装职业技术学院学》2008 年第 2 期。

收支平衡的目的，既防范财政财务收支上的不法行为，又开源节流，从而解决了财政困难。① 李晓认为，强制征购在法律规定层面和实际执行层面上有着巨大反差，这是宋朝政府购买活动中的一个突出现象。② 刘文波、吕庆华通过分析宋朝地方政府执行人户逃移政策的情况，认为宋朝日益加重的财政危机直接影响了宋朝中央与地方财政的调配体制和地方官员的考课标准，使地方政府在执行中央人户逃移政策时受到影响。③ 魏天安指出，结买、结籴是市易务官吏或由市易务招募商人，承办政府上供采买和购置沿边军粮的制度。④ 陈志英认为，金代在东北地区主要设置了两路转运司，即上京路和辽东路转运司，它们在调剂全国物资有无、稳定金初政治方面起了很大作用。⑤

赵彦龙借助新出土考释的西夏文土地税账文书和《天盛改旧新定律令》的相关内容，考察了西夏土地占有关系、土地租税种类、按亩计税制度、收缴土地税的相关规定。⑥ 米玲、崔勇、丁建军对宋代赋税征收弊端，从治国大略、官员腐败、征收制度的管制不严等方面作了分析，以探究其深层次内涵。⑦ 吴业国、王棣认为，南宋县级官府征收税赋存在两种体制，即以揽户为媒介的民间税赋征收体制和由民户、乡都役人、县级令佐公吏等构成的官方税赋征收体制。⑧ 吴树国认为，行政性收费、官民强制性交易的税化、免役纳资和财政摊派性加征是金代杂税的主要形成方式。金代杂税制度与土地税的疏离则是区别唐宋杂税的又一重要特征。⑨ 李莎认为，元代形成了蒙古本部、北方和南方三种不同税制共存的独特的赋税体系。元代还对一些特殊人户实行一定的优待和赋税减免政策。⑩ 吴超认为，《黑

---

① 方宝璋：《论宋代集中财权的思想》，《中国经济史研究》2008 年第 4 期。
② 李晓：《宋朝强制征购盛行的制度分析》，《学术研究》2008 年第 1 期。
③ 刘文波、吕庆华：《宋朝财政危机与地方行政关系研究——基于人户逃移政策的执行分析》，《山西财经大学学报》2008 年第 3 期。
④ 魏天安：《宋代的"结买"与"结籴"》，《安徽师范大学学报》2008 年第 1 期。
⑤ 陈志英：《金代东北地区转运司建制考》，《兰州学刊》2008 年第 5 期。
⑥ 赵彦龙：《论西夏土地税账册文书——西夏账籍文书研究之二》，《宁夏师范学院学报》2008 年第 4 期。
⑦ 米玲、崔勇、丁建军：《宋代赋税征收弊端成因探析》，《河北学刊》2008 年第 6 期。
⑧ 吴业国、王棣：《南宋县级税赋征收体制检讨》，《中国经济史研究》2008 年第 1 期。
⑨ 吴树国：《金代杂税新探》，《黑龙江民族丛刊》2008 年第 2 期。
⑩ 李莎：《元代的赋税体系和减免政策》，《湖北第二师范学院学报》2008 年第 5 期。

城出土文书》（汉文卷）中有地税、抽分羊马、酒醋课和商税等方面的文献，为研究元代亦集乃路的税务管理提供了可靠的史料。[①]

六 专卖、物价

王红武认为，宋朝利用国家行政权力建立了一个巨大的政府营销网络，但并没有明显改善宋朝的财政拮据状况，反而导致私盐的盛行。[②] 魏天安认为，宋代万户酒有增加贫民下户负担之弊，但实施简便，税额易办，因此，实施万户酒的区域越来越广。[③] 高飞认为，赵开通过改革茶盐酒法增加了财政收入，使川陕地区的经济在战后得到恢复和发展，解决了四川防区高额的军事需求供给。[④] 张国旺指出，元代盐运司官员由世侯或诸王辟选，到中书、吏部铨选，再到行省承制委任，反映了蒙汉二元特点和多元化的趋向。[⑤] 李正亭认为，元代以前滇盐生产与云南经济社会发展有着密切关系。盐利在南诏、唐中央政府与吐蕃三方矛盾斗争中起着独特作用。[⑥]

程民生先生对宋代服饰、食品、餐费、牲畜等的价格钩沉史料作了细致的梳理，发表了系列论文。[⑦] 曹福铉〔韩〕认为，两宋三百年间，米价比较稳定。由于政府的市场介入、战争和大小动乱、自然灾害、供给不平衡以及货币制度的紊乱等原因，米价亦曾有过激涨。[⑧]

七 城市、市场

尹向阳认为，唐代政府凭借行政手段强有力地掌控了市场的设立和管

---

① 吴超：《亦集乃路税务管理初探》，《阴山学刊》2008 年第 5 期。
② 王红武：《论宋代榷盐制度对食盐官营的影响》，《安阳工学院学报》2008 年第 5 期。
③ 魏天安：《宋代的万户酒》，《广西社会科学》2008 年第 2 期。
④ 高飞：《赵开茶盐酒法变革浅探》，《法制与社会》2008 年第 28 期。
⑤ 张国旺：《论元代盐运司官吏的选任和管理》，《中国史研究》2008 年第 3 期。
⑥ 李正亭：《元代以前滇盐与云南经济社会发展》，《盐业史研究》2008 年第 2 期。
⑦ 程民生：《宋代服饰价格考》，《淮阴师范学院学报》2008 年第 4 期；《宋代食品价格与餐费考察》，《河北大学学报》2008 年第 4 期；《宋代牲畜价格考》，《中国农史》2008 年第 1 期。
⑧ 〔韩〕曹福铉：《宋代米价变动的原因》，《中国社会经济史研究》2008 年第 3 期。

理，形成了市场管理模式的强权化特征。入宋以来，政府改变完全控制市
场的管理模式，实现官商共利，形成市场管理模式的市场化特征。[①] 韩光
辉、何峰考察自宋至元城市行政建制的嬗变及其在区域行政体系中的演
变。[②] 陈喜波、韩光辉认为金代是北京地区城市发展的重要转折时期，中都
路城市群在地域结构上出现了新的变化。在空间布局上，区域城市群呈现出
以交通道路为骨架，按照河流流域组团分布的格局。[③] 尹向阳从商品经济发
展的角度出发，对宋代市场管制机构、准入管制、价格管制等进行了具体
考察，探讨了宋代市场管制的演进及其新的特点。[④] 柴荣、郭理蓉认为，
为了建立相对比较平等的商品交易秩序，在宋代有"均输法"和"市易
法"，其目的都是为了打击大商人，限制大商人与官僚操纵垄断市场。[⑤]

　　瞿姝宁讨论了北宋时期城市生活中饮食文化与时代之间的互动及其相关
体现，简单梳理了如饮食业规模发展、南北方风格交融、饮食新风尚等时代
特点。[⑥] 陈凌认为宋代文娱场所的兴盛，为宋代的城市发展注入了新的活力，
并对两宋时代的经济、文化等方面产生了重要影响。[⑦] 李博认为，良好的人
文环境，城市经济的发展，艺术消费群体的扩大等，是宋代书画市场兴盛
的主要条件。[⑧] 史继刚指出，宋代私盐供给的主要渠道：一是官府控制下
的诸盐场盐户、盐官及民间诸色人的私煎私卖；二是官盐在转运途中被盗
卖或销售过程中的违禁；三是周边地区食盐的走私入境。[⑨] 田萌认为，金
代山西镇并不具备真正意义上的经济的突破，其繁荣仅仅表现在数量上的
增多，其中绝大多数都是由宋代关、寨改建而来，军事职能突出。[⑩]

① 尹向阳：《试论唐宋市场管理模式的变迁》，《思想战线》2008 年第 2 期。
② 韩光辉、何峰：《宋辽金元城市行政建制与区域行政区划体系的演》，《北京大学学报》
　2008 年第 2 期。
③ 陈喜波、韩光辉：《试析金代中都路城市群的发展演变及其空间分布特征》，《中国历史地
　理论丛》2008 年第 1 期。
④ 尹向阳：《宋代政府市场管制制度演进分析》，《中国经济史研究》2008 年第 2 期。
⑤ 柴荣、郭理蓉：《宋代商业市场管理法律初探》，《北京工商大学学报》2008 年第 1 期。
⑥ 瞿姝宁：《北宋城市的"饮食"新变化——饮食文化与时代风尚的互动》，《大众文艺（理
　论）》2008 年第 9 期。
⑦ 陈凌：《论宋代城市文娱场所兴盛的原因及影响》，《内蒙古农业大学学报》2008 年第 4 期。
⑧ 李博：《宋代书画市场昌盛的条件及特征》，《沈阳大学学报》2008 年第 5 期。
⑨ 史继刚：《论宋代私盐的市场供给》，《盐业史研究》2008 年第 2 期。
⑩ 田萌：《金代山西的镇》，《忻州师范学院学报》2008 年第 3 期。

八　金融、货币

王中良、王文书对辽金元时期官营借贷的利率及其利率政策等方面作了深入探讨。[①] 王希玲认为元朝随着"斡脱钱"的出现，高利贷被提高到了一个更高的层次，其发展与盛行得到了与一般商业同等的合法地位，而且成为一种重要的商业活动。[②]

覃万琼认为，宋代的铜币在铸造和流通方面出现了与前朝不同的新特点，即年号钱名目繁多，各帝几乎每次改元都要铸造新的年号钱；铸大小不同的钱；钱文书体多样化，最显著的是出现了御书体；出现了质量极为低劣的夹锡铜钱。[③] 姜丽文认为宋代统治阶级违反纸币的发行和流通规律，把纸币当成榨取百姓的工具，使纸币走向衰落，没能使纸币的作用得到充分的发挥。[④] 葛金芳、常征江认为宋代钱荒主要还是表现在基层市场的细碎性贸易中。铜钱向官府集中，同时在民间（富豪）沉淀，又往海外流失，则是导致钱荒的直接原因。[⑤] 王德朋在已有成果的基础上，就金朝铜钱的铸造及管理展开进一步探讨。[⑥] 徐立亭结合"隆安府合同"印章的发现对金代"合同交钞"问题进行了考察。[⑦]

九　社会阶层

姜歆指出，西夏时期存在大量的奴婢。其来源于四个方面：俘掠、买卖、获罪、债务。这些奴婢的法律地位低下，奴主对其有较大的处分权。西夏将奴婢役使用于官私产业，诸如农业、手工业和商业部门都有一部分

① 王中良、王文书：《辽金元官营借贷利率及其利率政策》，《辽宁工程技术大学学报》2008年第 5 期。
② 王希玲：《浅谈元朝的斡脱钱》，《大庆师范学院学报》2008 年第 1 期。
③ 覃万琼：《宋代铜币的特点新释》，《传承》2008 年第 14 期。
④ 姜丽文：《宋代纸币制度的源起和流变》，《中国商界（下半月）》2008 年第 3 期。
⑤ 葛金芳、常征江：《宋代"钱荒"成因再探》，《湖北大学学报》2008 年第 2 期。
⑥ 王德朋：《金朝铜钱的铸造及管理》，《中国钱币》2008 年第 3 期。
⑦ 徐立亭：《"隆安府合同"印章的发现与金代"合同交钞"问题》，《东北史地》2008 年第 2 期。

由奴婢进行生产，尤其是农、牧业生产方面，奴仆劳动有时起着相当大的作用。[①] 崔红芬认为，西夏把僧人管理纳入世俗法律范畴，僧人有度牒、寺籍和户籍。西夏允许土地自由买卖，实行"计亩输赋"政策，寺院和僧人也不例外，西夏僧人并非不劳而获的寄生阶层。[②] 杨华星认为宋代政府对社会弱势群体救助和对贫富分化控制的效果不明显。[③] 黄小荣认为宋代统治者从法律上肯定了农民对田主的人身依附，导致田主杀害佃农的事件时有发生，从而激化了农村中的对抗性矛盾。[④] 王丽认为形势户是宋代农村冲突的始作俑者，同时豪强形势户又在巩固封建统治中起到过重要作用。[⑤] 高楠认为，随着以学缘关系为基础的人际关系网络的成功构建，许多富民家庭实现了由富而贵的转变。[⑥] 朱蕾、任仲书认为宋代社会中的媒人有了相应的等级种类划分，成婚用媒已由单纯的礼制要求，变为法制规范。[⑦] 郭丽冰认为宋代女性参与桑麻织绩、商业、服务业、中介业及耕田养殖业等领域，从而依靠自己的辛勤劳动为家庭经济作出了巨大的贡献。[⑧] 李翀认为，阶级社会、等级制度的存在，是元代四等人制形成的历史根源，民族心理差别也是影响其形成的一个重要因素。地域差别的存在是元代四等人制形成的一个客观现实条件。[⑨] 杨军琴认为元代商人社会地位的变化主要体现在对商人政策、态度以及商人自身地位的转变上。[⑩]

十　人口、移民、家庭

马玉臣根据熙宁九年全国与各路"草、镇市"保丁数推算宋神宗元丰

---

① 姜歆：《论西夏的奴婢制度》，《宁夏师范学院学报》2008 年第 4 期。
② 崔红芬：《西夏寺院僧人赋役问题初探》，《首都师范大学学报》2008 年第 1 期。
③ 杨华星：《宋代的贫富分化与政府控制》，《社会科学战线》2008 年第 7 期。
④ 黄小荣：《宋代农民的土地固着及其影响》，《广东省社会主义学院学报》2008 年第 3 期。
⑤ 王丽：《宋代的豪强形势户》，《天中学刊》2008 年第 3 期。
⑥ 高楠：《宋代富民融入士人社会的途径》，《史学月刊》2008 年第 1 期。
⑦ 朱蕾、任仲书：《宋代社会中媒人的活动与影响》，《渤海大学学报》2008 年第 3 期。
⑧ 郭丽冰：《宋代女性对家庭经济贡献探析》，《湘潭师范学院学报》2008 年第 3 期。
⑨ 李翀：《多角度解读元代四等人制形成的原因》，《黑龙江民族丛刊》2008 年第 1 期。
⑩ 杨军琴：《元代商人社会地位的变化》，《齐齐哈尔师范高等专科学校学报》2008 年第 1 期。

年间镇市户（不包括草市户），比学界估计的 66 万户要低 1/3。① 曾育荣、
张其凡认为宋代人口政策的形成处于中国传统社会由前期向后期转变的历
史关头，既有此前汉唐王朝的若干遗留，也能因时而变，又为其后明清时
期人口政策的制定提供了积极因子。② 薛政超认为湖南在宋代以开垦移民
为多，还有部分宦游、战乱和被掠卖移民。③ 郭友亮认为宋代北方人口大
规模地向南迁移，不仅使宋代的人口重心彻底南移，而且对南方的政治、
经济、文化产生了较为深远的影响。④

十一　社会生活

肖爱民、贾启红认为，辽朝年节习俗在保留传统草原游牧传统习俗的
基础上，又吸收了中原年节的部分内容，使辽朝的年节充满了浓浓的契丹
族风情，为中国传统的年节增添了新内容。⑤ 张金花、王茂华认为，宋代
节日市场是集商品、服务、娱乐于一体的、具有相当规模的综合性市场，
是经济植根文化以及对文化再现的历史载体。⑥ 董杰、曹金发认为，宋代
民间节日饮食具有时效性强、价格偏高、造型别致、力求新鲜等有别于平
时饮食的经营特点。⑦

程民生通过列举大量事例，对宋代下层人户最低生活费用、普通居民
全年所有花销、宋钱的币值、购买力进行了比较研究。⑧ 程民生认为，宋
代政府和家族乃至亲朋多设有慈善设施和提供资金，用于帮助贫困者完成
婚丧嫁娶，这是宋代社会文明进步的重要体现之一。⑨ 夏时华认为，宋代
平民在医疗、饮食、佩香、化妆、建筑、婚育仪式、宗教活动、节日习俗

① 马玉臣：《宋代镇市、草市户口及其有关问题》，《河北大学学报》2008 年第 3 期。
② 曾育荣、张其凡：《关于宋代人口政策的若干问题》，《江汉论坛》2008 年第 2 期。
③ 薛政超：《唐宋时期湖南迁出移民述论》，《广西社会科学》2008 年第 4 期。
④ 郭友亮：《论宋代人口南迁对南方的影响》，《南昌高专学报》2008 年第 1 期。
⑤ 肖爱民、贾启红：《辽朝年节刍议》，《辽宁工程技术大学学报》2008 年第 1 期。
⑥ 张金花、王茂华：《历史视阈下的经济与文化——宋代城镇节日市场探析》，《中国经济史研究》2008 年第 4 期。
⑦ 董杰、曹金发：《略论宋代民间的节日饮食》，《合肥学院学报》2008 年第 2 期。
⑧ 程民生：《宋人生活水平及币值考察》，《史学月刊》2008 年第 3 期。
⑨ 程民生：《宋代婚丧费用考察》，《文史哲》2008 年第 5 期。

等日常生活中广泛使用香药，香药成为他们生活中不可或缺的常物。① 侯卫东认为，宋代坊市合一、坊郭户籍的建立和行业协会的形成，使蹴鞠运动开始了商品化的进程。② 李景初认为，宋代江南地区的旅游活动主要有官员宦游、士人书院游、僧道人士的云游、普通老百姓的节庆游和女性的出游等。③ 柴勇认为，宋代奢侈消费与前代相比发生了一系列总体性变化，呈现出奢侈消费主体范围明显扩大的大众化特征和奢侈消费品的市场来源比重明显上升的市场化特征。④

十二　乡村社会

李治安认为，中唐以后国家对乡里社会的支配方式、士绅与宗族的角色功用等重要转换及互动，促成了宋元明清基层社会秩序的新构建，所谓"地方官府权力下移"的奥秘即在于此。⑤ 谭景玉认为，宋代乡村社会不是国家权力的"真空"地带，并不存在真正意义上的自治。⑥ 刁培俊认为，两宋乡役是与乡村"行政区划"既有重叠又有区别的一个历史专用名词，它不仅体现为皇权的"神经末梢"，同时也是具有以民治民的"民治"意味的乡村管理体制，但却不是一级完整的行政区划，更不能称为一级行政机构。⑦ 谭景玉认为，宋代乡村行政组织在民间刑事诉讼过程中发挥着重要作用，它不仅是联系国家与乡民生活的中介，也是国家在乡村社会中的代表和整个国家行政组织的"神经末梢"。⑧ 郑胜明认为，王安石变法之后，保甲成为对宋朝乡村基层社会进行控制的主要组织形式。⑨ 杨蕤认为

---

① 夏时华：《宋代香药与平民生活》，《淮北煤炭师范学院学报》2008 年第 5 期。
② 侯卫东：《宋代商品经济的发展对蹴鞠的影响》，《济宁学院学报》2008 年第 3 期。
③ 李景初：《宋代江南地区旅游活动研究》，《信阳农业高等专科学校学报》2008 年第 1 期。
④ 柴勇：《从宋代奢侈消费新特征看中国古代消费制度的转变》，《保定学院学报》2008 年第 2 期。
⑤ 李治安：《宋元明清基层社会秩序的新构建》，《南开学报》2008 年第 3 期。
⑥ 谭景玉：《宋代乡村社会"自治"论质疑》，《山东大学学报》2008 年第 6 期。
⑦ 刁培俊：《宋朝的乡役与乡村"行政区划"》，《南开学报》2008 年第 1 期。
⑧ 谭景玉：《宋代乡村行政组织与民间刑事诉讼》，《求索》2008 年第 4 期。
⑨ 郑胜明：《宋代保甲法的乡村社会控制功能》，《河北大学成人教育学院学报》2008 年第 1 期。

西夏基层社会中存在着两种基层组织的现象，既有唐宋基层社会中的乡里制度，同时还存在与吐蕃相似的部落制度，对"首领"的考论成为认识西夏基层部落制度的关键。①

十三　社会救济与荒政

徐小梅认为，江西地区的官员与士人是救灾的核心力量，主要通过赈给、赈粜、赈贷和办社仓来实施救济。② 郭九灵认为，宋代制定了义仓的征收和支用等一系列较为完备的管理制度和法规，旨在保证义仓的正常运行。③ 张新宇认为，宋代的特殊兵制、熙丰变法的政治背景及民间火葬盛行等因素的影响，是宋代漏泽园制度较为明显突出的成因和渊源。④ 郭文佳认为，两宋时期，封建政府重视地方医疗事业发展，在地方设置有安济坊、养济院、地方药局、病坊、安乐坊、安乐庐等专门的医疗机构，有效维护了地方社会稳定，促进了人民身体健康。⑤ 秦枫、汪婕认为唐宋两代关于残疾人群体救助的措施和方式是比较完备的。⑥ 韩毅利用现存的藏文史料，对宋代西藏地震的时间、位置、强度、次数、构造体系等进行了梳理与分析。⑦ 赵宏欣从救助机构、救助方式、救助程序以及对宋政府实施社会救助等方面，探究宋代政府对贫民的社会救助制度。⑧ 金蓓蕾认为南宋时期灾害意识、减灾救荒思想得到了发展，并应用到实践中指导救灾工作，而这些措施的实行，也减轻了灾害发生所带来的种种不良后果。⑨ 丁雨晴、庄华峰认为，两宋时期，长江下游地区以工代赈同该地独特的土地

---

① 杨蕤：《论西夏的基层组织与社会》，《复旦学报（社会科学版）》2008 年第 3 期。
② 徐小梅：《宋朝江西地方官员与士人的救灾活动》，《江西师范大学学报》2008 年第 5 期。
③ 郭九灵：《宋代义仓论略》，《华北水利水电学院学报（社科版）》2008 年第 3 期。
④ 张新宇：《试论宋代漏泽园公墓制度的形成原因和渊源》，《四川大学学报》2008 年第 5 期。
⑤ 郭文佳：《宋代地方医疗机构与疾疫救治》，《求索》2008 年第 8 期。
⑥ 秦枫、汪婕：《唐宋时期脆弱群体的社会救助研究——以残疾人群体为例》，《黑龙江史志》2008 年第 14 期。
⑦ 韩毅：《宋代西藏的地震灾害及其应对措施》，《中国藏学》2008 年第 3 期。
⑧ 赵宏欣：《宋代政府对贫困人群的社会救助》，《内蒙古农业大学学报》2008 年第 2 期。
⑨ 金蓓蕾：《南宋时期自然灾害分析和减灾救荒》，《太原城市职业技术学院学报》2008 年第 2 期。

利用方式相结合，政府将救济贫民、灾民与兴修水利、开发圩田等措施相结合，取得了较好的社会效果。① 石涛运用计量经济学的方法，从北宋政府灾害管理投入的角度入手，对相关史料进行量化分析，尽可能考虑所有影响因子的作用，得出了北宋政府灾害管理投入的总量。② 潘春燕通过对宋代火灾总况进行论述，勾勒出宋代消防制度的轮廓。③ 李莎认为蒙元时期逐渐在全国范围内构建起从中央到地方的医疗体系，重点建立了上至皇室成员、下至贫民的官方医疗保障制度。④ 李莎认为元代官方的救荒和抚恤政策对巩固蒙古统治者在全国的政治统治起到了重要的保障作用。⑤ 郭珂、张功员认为元代疫灾的时间分布密集，空间分布也较为平衡。元政府在防疫方面也有许多积极举措。⑥ 李莎认为元代制定实施了多种救助和优待老人的政策和措施，如物质救助和赏赐、赋役减免、刑律优免、国家收养、官员养老和精神表彰等。⑦ 黄英指出，针对当时普遍存在的溺婴、弃子的现象和习俗，宋朝政府采取了预防性和辅助性等慈幼措施。⑧

十四　生态、交通

王建革认为，宋元时期，太湖东部地区沿吴淞江、长江和沿海地区的塘浦置闸是当时大圩水利的一个重要特色。⑨ 曾雄生认为，一部雨水的历史，也是一部统治者统治国家的历史。宋代熙宁七年的事例就展示了古人对雨水的认识，社会在面对灾害性天气时所作出的反应等。⑩ 姚兆余认为，王祯以传统的"三才论"为核心，对天地人物的和谐与统一、农业生产与

---

① 丁雨晴、庄华峰：《略论传统社会保障中的以工代赈——以宋代长江下游圩区为中心》，《安徽广播电视大学学报》2008 年第 1 期。
② 石涛：《北宋政府减灾管理投入分析》，《中国经济史研究》2008 年第 1 期。
③ 潘春燕：《宋代火灾与消防述论》，《乐山师范学院学报》2008 年第 1 期。
④ 李莎：《元代的医疗体系与医疗保障制度》，《河南社会科学》2008 年第 2 期。
⑤ 李莎：《元代官方的救荒和抚恤政策》，《河南财政税务高等专科学校学报》2008 年第 1 期。
⑥ 郭珂、张功员：《元代疫灾述论》，《医学与哲学》2008 年第 1 期。
⑦ 李莎：《元朝的养老政策》，《齐鲁学刊》2008 年第 3 期。
⑧ 黄英：《试论宋朝政府的预防性与辅助性慈幼措施》，《内江师范学院学报》2008 年第 5 期。
⑨ 王建革：《宋元时期太湖东部地区的水环境与塘浦置闸》，《社会科学》2008 年第 1 期。
⑩ 曾雄生：《北宋熙宁七年的天人之际——社会生态史的一个案例》，《南开学报》2008 年第 2 期。

土壤肥力的关系、农林牧业综合经营、农田水利资源开发利用等问题进行了精辟的论述，蕴涵着丰富的农业生态思想。①

马建春指出，10 世纪以来，西域的波斯、阿拔斯王朝、伽色尼王朝和喀喇汗王朝均与辽建立了政治联系，相互间有着较为密切的接触。② 白少双等认为，元代真定路是京师大都的南大门，是出入大都的重要门户，因临近全国的政治中心而成为南北交通要冲。③ 焦杰认为，宋以后，驿传分离，递铺以通信为主，兼顾押送犯人与运送物资，但急脚递铺则专一传送紧急公文。这一制度为金元所继承，遂使急递制度逐渐与传统驿传分离开来，单一传送公文的急递铺成为一个独立的通信机构。④

十五　其他

张瑞贤指出，宋代非标准计量单位在药物计量中已经很少使用，长度单位基本不再使用，容量计量单位实现了"古斗古升"向"今斗今升"的过渡。⑤ 张瑞贤认为，宋代药用质量计量单位的变化首先是专用药秤——戥子的出现，其次是统一了"大小秤"，药秤中最常见单位——"钱"普遍使用。⑥ 李具双认为，宋、金、元时期医家所使用的衡制，既不是汉唐时期医家使用的斤、两、分、铢制，也不是明清时期医家使用的斤、两、钱、分、厘制，而是斤、两、分、钱、字制。⑦

吉成名认为金代食盐产地以海盐产地为主，海盐生产在全国盐业生产中占有突出的地位。⑧ 他还认为，与宋、金相比，元代腹里、江浙沿海地区海盐生产得到一定的发展，其他地区盐业生产都遭到严重破坏。⑨

李文军认为宋政府根据边防形势需要，灵活务实地实施了一系列民事

① 姚兆余：《王祯的农业生态思想及其现实意义》，《开发研究》2008 年第 4 期。
② 马建春：《辽与西域伊斯兰地区交聘初探》，《回族研究》2008 年第 1 期。
③ 白少双：《元代真定路交通浅探》，《青海师专学报》2008 年第 2 期。
④ 焦杰：《唐宋金元急递制度的沿革》，《社会科学评论》2008 年第 3 期。
⑤ 张瑞贤：《宋代药物非衡量计量单位的考察》，《中国中药杂志》2008 年第 21 期。
⑥ 张瑞贤：《宋代药物衡量单位的考察》，《中国中药杂志》2008 年第 19 期。
⑦ 李具双：《试论宋金元时期的药用衡制》，《中华中医药杂志》2008 年第 6 期。
⑧ 吉成名：《论金代食盐产地》，《盐业史研究》2008 年第 3 期。
⑨ 吉成名：《元代食盐产地研究》，《四川理工学院学报》2008 年第 3 期。

经济政策和法令，调整边区蕃汉民众的经济生活。① 李景寿认为王安石在
扶植个体小农、维持市场秩序、财政改革等改革思想的指导下，采取了青
苗法等一系列的改革措施。② 崔红芬从不同阶层的施舍、寺院买卖兼并土
地、高利贷经营、宗教活动、纳钱度僧和亡故僧尼的部分财产施入寺院等
方面，对西夏寺院经济来源作了简要论述。③ 陈高华认为《元典章》是民
间刊行的法学用书，并非官修法典。其中"户部"部分对于研究元代社会
和经济具有极其重要的价值。④

① 李文军：《论北宋对西北边区经济活动的法律规制》，《内蒙古社会科学》2008 年第 2 期。
② 李景寿：《王安石经济改革思想析论》，《怀化学院学报》2008 年第 6 期。
③ 崔红芬：《试论西夏寺院经济的来源》，《宁夏社会科学》2008 年第 1 期。
④ 陈高华：《〈元典章·户部〉简论》，《中华文史论丛》2008 年第 2 期。

第十二章
2008 年明清经济史研究

林 枫

一 总论

陈支平重新评价了明代后期的社会经济变迁，认为在中国传统社会多元结构的影响和制约下，这场中国式的"原始工业化"固然未能成功，但它已向世人展示了一个极富社会经济多元化色彩的雏形，而"容纳多元经济成分特别是商品经济与传统农业经济相辅相成"的社会价值观念的形成，尤具长远意义。[①]

戴逸用"驼峰型模式"、循环上升概括了清代 300 年的经济发展，指出即使在经济发展最高峰时期，中国经济在本质上也没有改变，经济总量不少，但不可持续。19 世纪的经济低谷既有帝国主义侵略的原因，也有中国本身的经济、社会结构问题，但此时的经济领域中产生了新的因素，中国社会由此发生了重大变化。[②] 方行分前后两期分析了清代经济大势，强调清代前期经济是中国封建社会经济发展的高峰，并指出长距离贩运贸易和突破区域性限制的大市场和运输条件，是中国封建经济发展全面走向成

---

① 陈支平：《明代后期社会经济变迁的历史思考》，《河北学刊》2008 年第 1 期。

② 戴逸：《在"清代经济宏观趋势与总体评价学术研讨会"上的发言》，《清史研究》2008 年第 3 期。

熟的表现；而清代后期，中国既有社会沉沦的一方面；又因为可以利用国内资源和国际资源、国内市场和国际市场来发展经济，从而也具有社会进步的一面。① 魏金玉进一步归纳了清代前期经济特点，针对明清进入中国封建经济发展下行阶段的观点，提出清代经济的宏观趋势是不断发展、持续发展；针对过密化经营是农民贫困化根源的看法，指出以农业生产和手工业生产相结合、自给性生产和商品性生产相结合为特征的二元经济结构，恰是明清小农家庭所能采取的最合理的经济结构。② 高王凌指出，最近十几年中，清代经济史研究在中国传统经济的定性、经济交流的作用、经济发展中的工业生产、农业政策研究等领域，均有建树。③

于秋华沿着诺斯把国家置于"悖论"状态的思路，运用新经济史学的研究方法，解释并分析重本抑末的产业政策、闭关自守的外贸政策和杂征苛敛的财税政策等政府政策对明清时期中国经济发展的负面影响。④ 吴翔、姚星认为，经济恢复政策、赋役改革推动了明清社会经济的发展，禁榷制度、矿冶管辖、海禁政策则压制和摧残了商品经济的发展。⑤ 庞明进在分析影响资本主义萌芽成长的因素时，加上了重征商税一项。⑥

二 土地制度与经济形态

黄华兵从制度经济学的视角，结合丰富的史料，认为"活卖"与"找价"现象在明清之际兴起的原因在于活卖关系双方对经济利益的追逐，司法官员在诉讼中所持有的普遍情理原则也是重要推动因素之一；而对经济利益的追求导致"活卖"与"找价"脱离了原来的轨道而走向滑稽和不合理。⑦ 甘肃省临夏回族自治州档案馆收集、编辑的《清河州契文汇编》

① 方行：《对清代经济的一些看法》，《清史研究》2008 年第 3 期。
② 魏金玉：《〈高峰、发展与落后：清代前期封建经济发展的特点与水平〉的补充》，《中国经济史研究》2008 年第 3 期。
③ 高王凌：《清代经济史研究的新进展》，《史林》2008 年第 4 期。
④ 于秋华：《明清时期中国经济落伍的政策因素解析》，《大连海事大学学报（社会科学版）》2008 年第 5 期。
⑤ 吴翔、姚星：《明清经济发展的政治因素》，《时代经贸》2008 年 6 月中旬刊。
⑥ 庞明进：《浅谈明清法律对资本主义萌芽的摧残》，《科技信息（学术研究）》2008 年第 34 期。
⑦ 黄华兵：《明清时期土地活卖与找价现象初探》，《哈尔滨学院学报》2008 年第 8 期。

收集了 588 件清朝河州地方契文，武沐、王敬伟以此为切入点，对清代河州土地交易情况进行研究，考察了土地价格、土地交易量，分析了土地买卖中反映的经济社会关系及回族经济状况。[①]

胡启扬从制度变迁的角度考察了清代的永佃制。传统租佃制的制度困境，即佃农"佃权"无法保障，导致佃农、地主乃至国家利益受损，致使永佃制作为一种自发的内生制度创新而出现。随着人口增长、定额地租等外部制度环境的变化，永佃制成为一种普遍的制度安排，而这正是农村封建土地关系分解的表现。[②] 李文军、王茂盛将明清时期的"一田两主"与永佃关系相联系，分析了"一田两主"的产生途径、法律特征、社会影响及其改造，特别指出，近代民法典中的永佃权与在明清时期就广泛存在的"永佃关系"是不同的。[③] 清代江南官学主要采用了出租学田收取租息的经营方式，张小坡对学田的地租形态、地租额以及租佃关系等问题予以关注。[④] 李伯重从大量资料入手，就清代中期江南苏州、松江地区的地租、房租问题（特别是名义地租与实际地租、房租与房价之间的关系等）进行了新的探讨。[⑤]

贾原从一些喇嘛教大寺庙的财产状况出发，具体分析了寺庙经济收入的来源，并指出寺庙经济的发达是喇嘛教繁荣的重要支柱。[⑥] 寺院土地是清代蒙古地区土地所有制形态的重要类型，也是清代蒙古寺院经济中的重要生产资料之一，胡日查具体考察了清代蒙古寺院牧场、耕地和地铺三种土地的来源、生产经营方式和地租形态。[⑦]

申浩分析了清代以来江南市镇中的脚夫来源及其发展演化，认为脚夫

---

① 武沐、王敬伟：《清代河州契文中的土地买卖》，《西北师大学报（社会科学版）》2008 年第 4 期。
② 胡启扬：《清代永佃制盛行的制度分析》，《安徽文学》2008 年第 10 期；《探析清代一田二主式租佃制出现原因——以永佃制制度的内在变迁为分析中心》，《社科纵横（新理论版）》2008 年第 2 期。
③ 李文军、王茂盛：《论明清以来"一田两主"的地权关系及其改造》，《重庆科技学院学报（社会科学版）》2008 年第 1 期。
④ 张小坡：《清代江南官学学田租佃关系初探》，《兰州学刊》2008 年第 9 期。
⑤ 李伯重：《清代中期苏松地区的地租与房租》，《中华文史论丛》2008 年第 1 期。
⑥ 贾原：《论清代喇嘛教寺庙经济收入的来源》，《前沿》2008 年第 1 期。
⑦ 胡日查：《清代蒙古寺院土地及其经营》，《内蒙古师范大学学报（哲学社会科学版）》2008 年第 5 期。

存在着封建依附性和暴力倾向等问题，虽一无所有，却不能转化为真正的自由劳动，其危害性亦难以克服。①

三 农业

张颖华受到 20 世纪 90 年代中期以来国内外关于"中国粮食安全问题"争论的启发，深入探究清代农业经济思想、农业政策对传统社会经济的影响，认为清代农业政策一方面有利于传统社会经济的稳定；另一方面又因为追求片面的粮食保障而对社会经济造成了制约与束缚。② 赵国号关注了明清的农民迁业问题，探究了农民迁业的表现、原因及其影响。③ 魏小英、曹敏等认为明清时期农业领域的商品经济确有长足发展，在粮食和经济作物的种植生产以及畜牧业、林业、渔业等方面均有所表现。④ 高志超指出，农业的生态性、商品性经营模式，农民的非农业化发展趋势，政府的有意或无意的扶持，均是清代珠江三角洲地区农业商品化进程中不可或缺的因素。⑤ 袁洪描述了清代前期，在地方官吏积极推动下，昭通农业经济取得的长足进步。⑥

梁诸英等描述了清代皖南平原的圩田开发形式，探讨了地方官吏在圩堤新筑及修缮中的重要组织与管理作用。⑦ 李玉尚等分别考察了湖州、嘉兴、苏州、松江、太仓耕牛数量的时间和空间分布，认为太平天国运动前后耕牛情况并没有发生大的变化，而造成时空分布现象的原因主要是地理环境的制约。⑧ 王洪瑞对粮食总收获量及粮食负担进行定量分析，粗略估

---

① 申浩：《对清代以来江南市镇中脚夫群体的考察》，《史林》2008 年第 2 期。
② 张颖华：《论清代农业政策对中国传统社会经济的影响》，《湖南社会科学》2008 年第 1 期。
③ 赵国号：《明清农民迁业问题》，《安徽文学》2008 年第 3 期。
④ 魏小英、曹敏：《明清时期农业领域商品经济发展刍议》，《重庆工商大学学报（社会科学版）》2008 年第 4 期。
⑤ 高志超：《清代珠江三角洲农业商品化的反思》，《商场现代化》2008 年第 16 期。
⑥ 袁洪：《清代前期昭通地区农业研究》，《云南档案》2008 年第 10 期。
⑦ 梁诸英、衣保中：《清代皖南平原圩田发展考略》，《农业考古》2008 年第 1 期；梁诸英、陈恩虎：《清代皖南圩田的发展及地方官吏的作用》，《巢湖学院学报》2008 年第 5 期。
⑧ 李玉尚、赵玮：《明清以来嘉湖地区耕牛的变化——兼论太平天国战争对耕牛的影响》，《社会科学研究》2008 年第 4 期；李玉尚：《明清以来苏松太地区耕牛的时空分布》，《中国农史》2008 年第 4 期。

算出清代河南农民的粮食净收获量，认为土地产出过低而农民负担过高，使得清代河南农民生活贫困。[①]

吴建新引用丰富资料，翔实考证了明清时期广东引进和传播番薯、玉米、花生、烟草的情况，并初步论述了这些作物对广东作物栽培制度、肥料应用、药物防虫技术的影响。[②] 吴继轩指出，明清时期，在国家鼓励植棉的政策引导和商品经济发展条件下，山东西部特别是运河沿线地区的植棉业有了很大发展，形成了三大棉花生产区域——东昌、济宁和曹州。[③] 胡长春等就明代茶叶生产及其采制加工的相关问题略作阐述。[④] 杨志玲叙述了明清时期云南茶业经济的发展条件、表现及其障碍，说明随着茶叶产区的扩大、茶叶种类的增加、茶叶生产及制造工艺的进步、交通的局部改善等，云南茶业经济在明清时期跨入到一个崭新的阶段。[⑤] 闫敏总结了已有的有关明清时期烟草的传入和传播问题的研究状况。[⑥]

四　水利

何伟福主要根据《明实录》中的相关记载，剖析明中央政府对天津及其附近地区的水利营田发展所做的努力，讨论明代天津水利营田尤其是屯田的发展沿革。[⑦] 冯江峰介绍了明清时期陕北水利事业的发展进程，回顾了明清时期陕北农业的发展及其对环境的消极影响，对自然环境、农业、水利之间的关系进行了分析，强调经济发展与环境相协调的原则。[⑧]

---

① 王洪瑞：《清代河南农民粮食净收获量的估算》，《南都学坛》（人文社会科学学报）2008年第 4 期。
② 吴建新：《明清广东主要外来作物的再探索》，《古今农业》2008 年第 4 期。
③ 吴继轩：《明清时期山东西部运河沿线地区棉花的种植与发展》，《聊城大学学报（社会科学版）》2008 年第 6 期。
④ 胡长春、吴旭：《试论明代茶叶生产技术的发展》，《农业考古》2008 年第 5 期。
⑤ 杨志玲：《明清时期云南茶业经济探析》，《思想战线》2008 年第 2 期。
⑥ 闫敏：《明清时期烟草的传入和传播问题研究综述》，《古今农业》2008 年第 4 期。
⑦ 何伟福：《〈明实录〉所见天津及附近地区水利营田探析》，《贵州民族学院学报（哲学社会科学版）》2008 年第 4 期。
⑧ 冯江峰：《明清时期陕北农田水利关系之分析》，《兰州学刊》2008 年第 10 期。

　　江淮运河乃沟通南北运河之枢纽，元明清三代政府都极为重视对其整治与管理，吴士勇对相关资料进行了梳理。① 王频从自然社会等多方面考察了清代运河的衰落原因：大运河自身地理环境的严重制约，注定了其命运多舛；封建政府治河保漕的根本目的导致了对运河治理的失当；河政的腐败使运河走向衰败；太平天国运动加速了运河体系的崩溃。②

　　肖启荣阐明了明清时期汉水下游地区堤防管理制度的变迁以及空间差异，认为堤防管理制度的形成实际上是国家与社会对水利环境变迁适应的产物，地理环境因素在堤防管理制度形成背后发挥着相当作用。③ 许杨帆选取山西定襄县一条重要引水渠道——广济渠的相关水案为线索，结合地方文献和田野调查所得的口述资料，探讨国家与地方社会各种力量在水权控制争夺过程中的互动关系，认为宗族力量在华北地方公共事务中发挥着具有实际意义的作用，行政归属不同在地方水利秩序的形成过程中也是一个不容忽视的因素。④ 翟婷等介绍了以堤防和垸田为主的汉江中下游水利建设，并对其中反映出的中央政府与地方政府的关系、士绅在地方自治中的作用以及商人力量的兴起等问题进行了初步探讨。⑤ 卞建宁通过对若干碑石资料的解读，考察了清代陕州地区水利工程的兴修、水利管理制度的运作、水利纠纷问题的解决等问题。⑥ 邓静就明清时期湖北水利堤防管理制度中的修防制度（堤甲制、垸长制、保固制度等）、修防经费来源（官帑、民力）以及官督民修与绅衿作用等问题进行了探析。⑦

① 吴士勇：《略论元明清三代对江淮运河的治理》，《淮阴师范学院学报（哲学社会科学版）》2008 年第 4 期。
② 王频：《清代运河衰落原因论析》，《淮阴师范学院学报（哲学社会科学版）》2008 年第 3 期。
③ 肖启荣：《明清时期汉水下游地区的地理环境与堤防管理制度》，《中国历史地理论丛》2008 年第 1 辑。
④ 许杨帆：《明清以降滹沱河水利开发与水利纠纷——以山西省定襄县广济渠水案为例》，《经济研究导刊》2008 年第 18 期。
⑤ 翟婷、胡理：《明清时期汉江中下游地区的水利建设与社会关系》，《湖北民族学院学报（哲学社会科学版）》2008 年第 4 期。
⑥ 卞建宁：《碑石所见清代陕州地区的水利问题》，《三门峡职业技术学院学报》2008 年第 3 期。
⑦ 邓静：《明清时期湖北水利堤防管理制度初探》，《鸡西大学学报》2008 年第 6 期。

五　手工业

廖倩将明代景德镇的青花瓷发展分为四个时期：过渡期、黄金期、"黑暗"至复兴期、竞争期，其间经历了两次发展高潮。① 杨蕾等讨论了明清江南织绣背后的经济生态特点，特别指出劳动力的流动性和周期性造成了织绣由家庭走向市场的艰难和兴衰波动。②

六　城镇与商业

廖声丰利用中国第一历史档案馆所藏清代江海关档案等资料，分析了清代前期江海关的商品流通，指出，清代前期，上海已经是重要的商品流通中心，近代西方把上海作为通商口岸，仅仅是把上海贸易潜力"充分发挥"出来而已，不能把近代上海的崛起完全"归功"于西方。③ 徐晓望考证了厦门湾三个港口——月港、安平、厦门相继崛起的过程。④ 他还指出明清时代福州的工商业有很大发展，城市扩展很快；福州人以工商为生，养成了重视商业的习俗，勇于海外探险，富有开拓进取精神。⑤

谢湜利用上海图书馆藏《璜泾赵氏小宗谱》和《璜泾赵氏献征录》两部家谱文献，参以其他史料，以璜泾赵市为个案，在追述前人相关研究的基础上，将明代粮长、市镇历程以及家族发展联系到一起，探讨了明中期高乡市镇兴起的动力、机制以及发展过程。⑥ 祁美琴等通过对清代蒙古城镇中最具特色的商业区——"买卖城"的概念、性质、规模、布局、市场特色、交易方式、商业群体、市镇管理、行业管理等问题的研究，探讨

---

① 廖倩：《明代景德镇青花瓷的发展》，《景德镇高专学报》2008 年第 4 期。
② 杨蕾、刘冬华：《明清江南织绣的经济背景研究》，《装饰》2008 年第 5 期。
③ 廖声丰：《清代前期江海关的商品流通与上海经济的发展》，《上海财经大学学报》2008 年第 5 期。
④ 徐晓望：《论明代厦门湾周边港市的发展》，《福建论坛（人文社会科学版）》2008 年第 7 期。
⑤ 徐晓望：《论明清福州城市发展及其重商习俗》，《闽江学院学报》2008 年第 1 期。
⑥ 谢湜：《十五至十六世纪江南粮长的动向与高乡市镇的兴起——以太仓璜泾赵市为例》，《历史研究》2008 年第 5 期。

"买卖城"的形成及其商业特色和商业地位，揭示清代蒙古地区城镇建设的状况和商贸活动的特点。[1] 张萍从集市发展、集市数量统计、集市密度三个方面论述了明清时期陕西集市总的发展进程与地域特征，指出在陕西集市发展进程中，不仅受到自然条件的限制，时段性人文环境因素也是改变区域市场发展轨迹的一个重要力量。[2] 王文成、顾胜华对 20 世纪 80 年代以来区域史视野中的明代云南市镇研究进行了回顾与展望。[3] 段裕祥将明清时期广西圩镇与江南市镇进行对比，认为广西圩镇此时开始得到初步发展，但这种发展是缓慢而拙朴的，明显滞后于江南，原因在于不发达或欠发达的山地交通。[4] 霍丽娜以明清旧志为主，追述了宁夏集市的概况、管理及其功能。[5] 张绪考察了清代皖江流域的市镇市场，指出清代皖江流域的市镇呈现出一定的市场层级关系，处于不同市场层级中的市镇承担着不同的经济功能；在清代皖江流域的农村交易市场中，发挥主导作用的是商业镇而非集市。[6] 在掌握清代前期嵩县市镇空间分布和类型的基础上，李俊锋分析了嵩县市镇经济发展的自然和人文因素，认为知县康基渊发展经济的举措、思想在其中发挥了积极作用。[7] 周琍指出，清代赣闽粤边区盐粮贸易的频繁，带动了三河坝、兴宁、下坝等赣闽粤边区市镇的发展。[8] 刘效云考察了明清时期忻州地区集市的类型与特点。[9]

汪崇篔对以往中国资本主义萌芽的研究以雇佣劳动为核心提出质疑，提出关于"中国商品经济社会萌芽"的概念，并以"明清时期的淮盐经营与徽商"问题为例，对这一概念进行叙述。认为将明清两淮盐业的兴盛作

---

[1]　祁美琴、王丹林：《清代蒙古地区的"买卖城"及其商业特点研究》，《民族研究》2008 年第 2 期。

[2]　张萍：《明清陕西集市的发展及地域分布特征》，《人文杂志》2008 年第 1 期。

[3]　王文成、顾胜华：《区域史视野中的明代云南市镇研究》，《学术探索》2008 年第 6 期。

[4]　段裕祥：《明清广西圩镇发展滞后性初探——兼与繁荣的江南市镇作比较》，《广西地方志》2008 年第 1 期。

[5]　霍丽娜：《明清时期的宁夏集市及其发展》，《宁夏社会科学》2008 年第 6 期。

[6]　张绪：《清代皖江流域的市镇市场》，《淮南师范学院学报》2008 年第 1 期。

[7]　李俊锋：《清代前期嵩县市镇经济的发展及其原因分析》，《洛阳理工学院学报（社会科学版）》2008 年第 3 期。

[8]　周琍：《清代赣闽粤边区盐粮流通与市镇的发展》，《历史档案》2008 年第 3 期。

[9]　刘效云：《明清时期忻州地区集市类型及特点初探》，《忻州师范学院学报》2008 年第 5 期。

为中国商品经济社会萌芽的一个典型是合适的。[①] 蔡苏龙等立足于明清时期商品经济发展的历史事实，对明清时期商品经济发展与儒商伦理形成的关系进行考察，指出儒商伦理的形成实际上包括儒士的商业化和商人的儒学化两个过程，它们对明清后期经济发展产生了不利影响。[②] 崔瑾分别探讨了明代以皇帝为代表的官僚贵族阶层、以文人儒士为代表的士人阶层、以平民为代表的社会下层价值观念由"重农抑商"向"工商皆本"的变化。[③] 余龙生将明清江西商人商业伦理精神的基本内容概括为：义利并重的财富伦理、诚信经商的经营伦理、以和为贵的和合伦理、崇俭黜奢的消费伦理、崇奉许逊的信仰伦理等五个方面。[④] 童建军等从现代企业中利益相关者的理论出发，思辨地提出：对利益相关者利益的考虑有助于提升徽商的社会资本，从而促进了其经营绩效。[⑤]

林枫具体分析了明清福建商帮"犯禁式"的经营观念、"粪土式"的资金出路、"梦寐般"的政治追求等性格弱点，意图探究中国商人未能充分发挥社会变革主力军作用，并最终在一定程度上影响中国社会演进过程的深刻原因。[⑥] 成艳萍从国际经济一体化的角度，分析了晋商驼帮、船帮、票号三种经营形式之间的内在联系，认为晋商发展轨迹中所体现的商品贸易与票号金融一体化的经营形式，是一条与欧洲并行的经济一体化路径，反映出中国早期现代化的内生性发展。[⑦] 张永汀简略介绍了晋商的家族制度、教育制度、经营管理制度和文化制度，指出晋商制度系统具有整体性、结构性、有序性和开放性特征，晋商兴与败皆源于此。[⑧] 王勇红、王

① 汪崇筼：《一个中国商品经济社会萌芽的典型——论明清淮盐经营与徽商》，《盐业史研究》2008 年第 4 期。

② 蔡苏龙、曹秀华：《明清商品经济的发展与儒商伦理的形成》，《历史教学》2008 年第 6 期。

③ 崔瑾：《价值观念转变的背后——略论从"重农抑商"到"工商皆本"演变下的明代商品经济发展》，《沧桑》2008 年第 3 期。

④ 余龙生：《浅析明清江西商人商业伦理精神的基本内容》，《江苏商论》2008 年第 3 期。

⑤ 童建军、刘光斌：《论明清徽商的商业道德与现代浙商伦理——基于利益相关者理论的分析》，《商业经济与管理》2008 年第 2 期。

⑥ 林枫：《明清福建商帮的性格与归宿——兼论中国封建社会的长期延续》，《中国经济史研究》2008 年第 2 期。

⑦ 成艳萍：《国际经济一体化视角下的明清晋商》，《中国经济史研究》2008 年第 2 期。

⑧ 张永汀：《明清时期晋商制度系统研究》，《重庆科技学院学报（社会科学版）》2008 年第 8 期。

勇浩就山西盐商和茶商在兴起的时代背景、经营活动的地域范围、衰落的原因等方面的异同之处进行比较，指出盐商的衰落和封建官府的榨取密切相关，而茶商的衰败，则是因为在与俄商的竞争中失利。① 河州商人与山西商人在地理位置、自然条件、民风、教育以及兴起等诸多方面都存在着相似性，而在以后的经营过程中，两者却踏上了不同的发展道路，何威对河州商人与山西商人进行了比较研究。② 宋丽莉等通过对明清潞商兴衰的全程考察，指出：地区优势促成了潞商之兴，经济条件、社会条件变化下的地区优势劣化，又造成了潞商之衰。③ 武忠远等剖析了影响明清陕商成功的资金、技术、信息等多方面因素，认为商业人员的综合素质是陕商成功的关键因素。④ 王裕明、郑小娟均以明代程虚宇兄弟分家为分析基础，前者讨论了明清商人分产不分业的分家方式对商业资本组织形态、商业资本经营方式以及商业经营效益的影响；后者指出尝试性分业和整体上表现为阶段性继业是程虚宇家族在典当资本继承方式上的显著特点。他们都对那种认为分家析产阻止资本积累与发展的观点提出了质疑。⑤

范金民描述了清代山西商人在华北和江淮等地以及北京投资酒曲踩造、从事酒曲贩运、酒类酿造等活动，证明山西商人是从事酒曲经营活动的重要力量。⑥ 杨俊国等指出，清代以来，晋商开拓了新疆市场，丰富了边疆人民的经济文化生活，加强了新疆与内地的经济文化交流，同时在支持中央财政、反对外来侵略、弘扬爱国精神、传播晋文化等方面作出了应有的贡献。⑦ 戴天放总结了30年来史学界有关明清时期江西商品经济的研

① 王勇红、王勇浩：《明清山西盐商与茶商之比较》，《四川理工学院学报（社会科学版）》2008年第1期。
② 何威：《明清时期河州商人与山西商人比较研究》，《青海民族研究》2008年第2期。
③ 宋丽莉、张正明：《浅谈明清潞商与区域环境的相互影响》，《山西大学学报（哲学社会科学版）》2008年第1期。
④ 武忠远、张婕：《明清时期陕商成功的影响因素分析》，《商业时代》2008年第4期。
⑤ 王裕明：《明清商人分家中的分产不分业与商业经营——以明代程虚宇兄弟分家为例》，《学海》2008年第6期；郑小娟：《尝试性分业与阶段性继业——〈崇祯二年休宁程虚宇立分书〉所见典当资本继承方式研究》，《安徽史学》2008年第2期。
⑥ 范金民：《清代山西商人和酒业经营》，《安徽史学》2008年第1期。
⑦ 杨俊国、马世翔：《试论清代新疆晋商》，《昌吉学院学报》2008年第2期；另见杨俊国、杨俊强：《清代新疆晋商初探》，《晋中学院学报》2008年第1期。

究成果。① 项勇对清代热河商业由盛而衰的发展过程进行了历时性的考察。② 秦宗财从明清图书市场发展的大背景出发，考察了徽州图书市场及其相联系的坊刻市场，指出徽州坊刻运作具有鲜明的市场特色，主要体现在选题的市场细分、图书装帧的市场竞争以及市场促销手段等方面。③ 谢永平从徽商的含义出发，认为徽商成帮于明朝成化、弘治年间，徽商势力的兴起与东南城镇经济的发展演变在时间上同步。④ 石涛、李志芳力图在一个相对简单的环境内，选择嘉庆年作为时代背景，以晋商贩运茶叶的人数、路线长度、运输工具及数量、两地茶叶价格、银价和粮食价格、榷关关税和意外情况作为考察对象，对清代晋商茶叶贸易的成本—收益进行分析，得出利润率，从而揭示了晋商远赴他乡，往返于武夷山和恰克图之间从事贸易活动和北路茶叶贸易中自发形成的国际性市场的经济动因。⑤ 王璐从政治、经济、社会和自然地理等方面多角度地分析了明清晋商对外贸易伙伴主要集中于蒙、俄的原因。⑥ 黄彩霞指出，作为江南粮食市场的主要经营力量，徽商满足了人民的粮食需要，稳定了江南粮价，促进了江南粮食市场体系的形成。⑦ 裴元生从政府盐业政策、人文传统和文化底蕴、市场供需等方面探究清中期扬州书画市场繁荣的原因，指出书画家价值观的改变和职业化的倾向，是扬州书画市场繁荣的重要标志。⑧ 以康熙三十年为界，此前，东北一直是农产品的输入地区，此后，东北农产品大量输出。张士尊就其中原因及作用进行了详细讨论，并对粮食输出量进行估计。⑨

---

① 戴天放：《三十年来江西明清商品经济史研究述评》，《三明学院学报》2008 年第 1 期。

② 项勇：《清代热河地区的商业发展初探》，《新学术》2008 年第 1 期。

③ 秦宗财：《明清传统图书市场发展与徽州坊刻市场特色研究》，《商业时代》2008 年第 33 期。

④ 谢永平：《明清徽商的兴起与东南城镇经济的发展》，《南通大学学报（社会科学版）》2008 年第 2 期。

⑤ 石涛、李志芳：《清代晋商茶叶贸易定量分析——以嘉庆朝为例》，《清史研究》2008 年第 4 期。

⑥ 王璐：《明清晋商对外贸易地理方向选择原因分析》，《山西高等学校社会科学学报》2008 年第 1 期。

⑦ 黄彩霞：《明清徽商与江南粮食市场》，《甘肃社会科学》2008 年第 4 期。

⑧ 裴元生：《清代中期扬州书画市场繁荣原因初探》，《美术大观》2008 年第 11 期。

⑨ 张士尊：《清代嘉庆之前东北农产品的输入与输出》，《商业研究》2008 年第 4 期。

丁玲玲阐述了清代泉台贸易对泉州沿海港口经济的重要促进作用：促进沿海港口经济的恢复与发展，带动沿海港口居民到台湾经商拓业，推动了泉州造船航海业的进一步发展，促进沿海港口海关管理机构的设置。① 叶真铭指出，闽台经济贸易的日趋兴旺，促进了郊行和郊商的形成，而郊商的出现又有力推动了清代闽台贸易的发展，为繁荣海峡两岸的经贸交流作出了重要的贡献。②

金孝真从明清话本小说中看出的不但有江南的商业经济活动，还有新的商业意识、经营方式及致富原因等。③ 而王菊芹则通过"三言"、"二拍"中塑造的商人形象看到了明中叶以后商人的经商意识及思想观念的崭新变化。④ 蒋朝军从几部具有典型性的清代小说中撷取一些情节，据以反映扬州盐商的经营方法、经营状况以及艰难的生存状态。⑤

李晓琴等重新探讨了明清商人会馆产生的原因：商品经济大发展和官府对市场管理的自由放任政策是商人会馆产生的经济基础；统治阶级对商人及其职业的认同是商人会馆产生的政治舆论基础；区域文化的差异和归属感的需要是会馆产生的地理文化基础。⑥ 乔丽从政治、经济、文化等方面论述了明清工商会馆产生的原因，包括商品经济的发展、市场竞争的结果、保护市场秩序的需要、打破士农工商的社会排序的需要。⑦ 宋伦等认为，工商会馆在信息搜寻、谈判费用以及交易费用等方面都对降低客帮商人市场交易成本起了积极作用，而会费部分取代市场交易成本正是市场交易成本内卷化的体现。⑧ 宋伦等还论述了明清以来山陕商人在甘肃进行会

① 丁玲玲：《清代泉台贸易对泉州沿海港口的影响》，《福建论坛（社科教育版）》2008 年专辑。
② 叶真铭：《郊商与清代闽台贸易》，《炎黄纵横》2008 年第 10 期。
③ 金孝真：《从明清话本小说考察江南的商业活动》，《湖州师范学院学报》2008 年第 6 期。
④ 王菊芹：《从"三言""二拍"中的商人形象看明代中后期经商意识的新变》，《贵州大学学报（社会科学版）》2008 年第 4 期。
⑤ 蒋朝军：《从清代小说看扬州盐商的经营状况和盐业政策》，《盐业史研究》2008 年第 4 期。
⑥ 李晓琴、石涛：《对明清商人会馆产生的动因探析》，《商业文化》（学术版）2008 年第 3 期。
⑦ 乔丽：《再论明清工商会馆产生的原因——以山陕会馆为例》，《科教文汇》2008 年 1 月中旬刊。
⑧ 宋伦、王有红：《论明清工商会馆在降低市场交易成本中的作用》，《理论导刊》2008 年第 1 期。

馆建设的基本情况，认为明清甘肃山陕会馆的兴衰变迁真切反映了山陕商帮在甘肃力量的消长变化，其分布状况亦反映了明清时期甘肃各地商品经济的时空延展。① 王云以聊城山陕会馆为典型案例，对明清时期山东运河区域的商人会馆分布和文化内涵进行了初步探析，指出：明清商人会馆具有的浓郁的文人气、厚重的江湖气和世俗的商人气。② 黄挺则考察了潮州闽西商人围绕汀龙会馆进行的祭祀活动与行业经营管理。③

林红状对明清及近代牙行的研究成果分时段进行了梳理④，并纵向考察了清代前期牙行制度的动态演变及实施过程。⑤ 周中云等将明代牙行的法律调整分为禁止和规范两个阶段，认为主要法律制度体现在牙行的禁止条款、牙行登记资格、牙行经营范围、牙行管理办法、对违法牙行的惩处条款等方面。⑥ 商牙纠纷是明清商业纠纷的重要组成部分，黄东海通过查阅明清工商业碑刻集、司法档案以及商会档案，分析明清商牙纠纷的类型，探寻纠纷背后隐藏的权力关系，强调牙人职能的逐渐公法化，以及由此实施的商业社会控制。⑦ 张渝以十八九世纪重庆府巴县衙门保存的司法档案与契约文书为主要史料，检视清代对牙行的管理、控制及牙行实际运作中的规则。⑧

邱仲麟应用丰富史料，对明代药材生产、市场变化、药材价格，以及社会上施药善举等问题进行讨论。⑨ 刘燕通过对清代汉口粮食贸易路线、数量、价格等进行分析，总结了这一时期汉口粮食贸易的特点及影响。⑩

---

① 宋伦、田兵权：《明清山陕商人在甘肃的活动及会馆建设》，《西安电子科技大学学报（社会科学版）》2008 年第 4 期。

② 王云：《明清山东运河区域的商人会馆》，《聊城大学学报（社会科学版）》2008 年第 6 期。

③ 黄挺：《会馆祭祀活动与行业经营管理——以清代潮州的闽西商人为例》，《汕头大学学报（人文社会科学版）》2008 年第 2 期。

④ 林红状：《明清及近代牙行研究综述》，《历史教学》2008 年第 24 期。

⑤ 林红状：《清代前期牙行制度的演变》，《兰州学刊》2008 年第 9 期。

⑥ 周中云、曹君乾：《明代牙行法律制度考评》，《晋中学院学报》2008 年第 1 期。

⑦ 黄东海：《明清商牙纠纷与商业社会控制》，《河南省政法管理干部学院学报》2008 年第 2 期。

⑧ 张渝：《清代乾嘉道年间重庆牙行的管理与运作》，《重庆师范大学学报（哲学社会科学版）》2008 年第 1 期。

⑨ 邱仲麟：《明代的药材流通与药品价格》，《中国社会历史评论》2008 年第 9 卷。

⑩ 刘燕：《清代汉口粮食贸易初探》，《现代企业教育》2008 年 8 月下期。

李军等通过对清代山西自然灾害与粮价波动的相关度进行分析，指出二者呈显著相关，但由于清代运行良好的制度以及晋商的作用等抑制因素的存在，这种相关又是微弱的，偏向低度相关。① 蒋慧芳考察了清代前期湖南米谷价格的时空变化，认为米谷贩运活动包括了少量的地方性运销和大规模的区际贸易流通。②

张邦建归纳了明代中后期消费的特点：消费由俭约趋向奢靡；上层社会显示出较强的消费导向；不同地区、阶层的消费有明显差异性；社会消费观出现若干显著的变化，传统的崇俭黜奢的消费观受到冲击。③ 陈艳君分类描述了明清时期的徽商消费生活，刻画了徽商消费行为的诸种特征，并剖析了徽商消费给经济带来的积极或消极影响。④ 王鸿泰从城市文化的角度诠释了明清城市中茶馆的发展，认为茶馆之类空间消费的日渐频繁，是城市中公共空间日渐扩张的过程，也是城市文化发展的基础。⑤ 陶德臣则主要从茶馆的地域分布、社会功能、经营方式、社会影响诸方面来考察清代民国时期茶馆业的经营状况。⑥ 朱君介绍了唐宋至民国时期的成都夜市，指出夜市从时间和空间两个层次拓展了商业，使市民生活充满了生机，并产生了独特的夜市文化。⑦

陈支平选取祖籍泉州府晋江县沿海"闽台商人"（即福建商帮中专门往返于福建沿海与台湾之间的商人队伍）的数宗商事纠纷与诉讼案例，分析了官府、乡族以及商人在商事纠纷与诉讼中的基本概貌，对乡族习惯法的作用予以了较高的评价。⑧ 梁仁志分析了明清徽商的捐纳原因、捐纳特

① 李军等：《自然灾害与区域粮食价格——以清代山西为例》，《中国农村观察》2008年第2期。
② 蒋慧芳：《清代前期湖南米谷价格初探》，《粮食科技与经济》2008年第3期。
③ 张邦建：《明代中后期消费的特点与消费观的变化》，《中国社会科学院研究生院学报》2008年第4期。
④ 陈艳君：《明清徽商的消费生活述论》，《淮北煤炭师范学院学报（哲学社会科学版）》2008年第1期；《明清徽商的消费行为特征》，《安庆师范学院学报（社会科学版）》2008年第4期。
⑤ 王鸿泰：《从消费的空间到空间的消费——明清城市中的茶馆》，《上海师范大学学报（哲学社会科学版）》2008年第3期。
⑥ 陶德臣：《清代民国时期的茶馆》，《农业考古》2008年第5期。
⑦ 朱君：《清代成都夜市刍议》，《乐山师范学院学报》2008年第6期。
⑧ 陈支平：《清代闽台商人间经济纠纷的案例分析》，《中国经济史研究》2008年第3期。

点，指出捐纳之风对徽商势力、徽商经营乃至社会风气产生了深刻影响。[1]
阮莉从社会史的角度分析了明清时期运城盐商对当地社会在人口、经济、
慈善事业等方面产生的影响。[2] 朱晓炜分析了明清扬州徽商园林的类型及
用途，认为扬州园林的繁盛及南秀北雄风格的形成在很大程度上依赖于徽
商对园林及城市建设的热衷与贡献。[3] 周琍选取丰顺盐商张如白父子与张
氏宗族、惠阳盐商叶文昭与叶氏家族、松口镇盐商与其家族等典型个案，
集中展现了广东盐商参与地方宗族建设的情况，从而揭示了盐业与地方社
会的关系。[4]

七　交通

张艳芳大量使用方志资料，从明代渡口的管理机构、渡口设施的修
建、渡口的运作、相关的法令法规等几个方面对明代官渡、私渡及义渡进
行论列。[5]

八　财政赋役

张殿清等运用定量分析的方法，具体考察了 16 世纪中国的财政供养
率及其发生原因，并与处于同一历史时期和发展阶段的英国都铎王朝进行
比较，认为明代过高的财政供养率影响了社会有效资本的积累，限制了资
本主义的充分发展，阻碍了中国从传统社会向近代社会转型。[6] 周逸纾认
为，政策执行力不足以及统治者不加约束的挥霍与明代中后期财政困境关
系密切，并直接导致王朝衰落。[7] "时估"是指有关部门按照有关规定，根

---

① 梁仁志：《明清徽商捐纳之风及其原因和影响》，《淮北煤炭师范学院学报（哲学社会科学版）》2008 年第 5 期。

② 阮莉：《明清时期运城盐商对当地社会的影响》，《沧桑》2008 年第 5 期。

③ 朱晓炜：《浅谈明清徽商对扬州园林的影响》，《太原城市职业技术学院学报》2008 年第 7 期。

④ 周琍：《清代广东盐商与宗族社会》，《历史教学》2008 年第 18 期。

⑤ 张艳芳：《明代渡口述略》，《中国地方志》2008 年第 3 期。

⑥ 张殿清、王玉亮：《社会转型视野下的 16 世纪明朝财政供养率研究——兼与英国都铎王朝比较》，《河南大学学报（社会科学版）》2008 年第 6 期。

⑦ 周逸纾：《从财政视角看明王朝的覆灭》，《消费导刊》2008 年第 19 期。

据市场时价估定的官方价格，高寿仙以朝廷物料买办为中心，考述了明代的按月时估、会估制度，并对会估制度的合理性及存在的问题进行了深入探析。[①] 岁有生梳理了清顺康、雍正、乾嘉时期地方经费从体制外收入到制度化的地方经费，直至最后再度失控的发展历程，并将雍正皇帝的耗羡归公作为清代地方财政形成的标志。[②] 清代早中期在治河工程上投入了巨额资金，并制定了严格的管理规章制度，饶明奇着重探讨了康熙至道光朝从预算到验收各环节的河工经费管理制度、管理成效等问题。[③]

廖云德等在前人论说的基础上，辨正史料，考察了明初江西南昌、瑞州、袁州三府重赋成因，认为元末陈友谅的加征、朱元璋对江西士人的压制导致重赋。[④] 廖声丰、孟伟讨论了清代榷关重建与发展的历史前提和契机，及其分布与财政意义，指出：清代榷关是明代钞关的继承和发展，数量更多，分布更广且更合理。[⑤] 徐斌以湖广地区为中心，探讨了明代河泊所建废的具体原因，以及河泊所建立之前、被废之后对渔户的管理。指出：渔户管理实际上就是鱼课管理，河泊所建立直至被废除的过程，反映出明代南方地区的开发不断深入。[⑥]

马俊亚从集团利益的角度重新思考了明清时期漕粮运输长期弃海运、行河运的原因，认为从经济成本和运输安全方面来考虑，河运远较海运浪费和危险，明清政府的选择是因为漕运的话语权始终为利益集团所控制，专行河运事实上维持了漕、河等利益集团的私利，并造就了许多特权阶层，他们肆意违犯法制，加剧了社会冲突，破坏了社会的和谐。[⑦] 李想讨论了造成漕军普遍借债的原因与危害及明政府的对策，指出明中叶后漕军

① 高寿仙：《明代时估制度初探——以朝廷的物料买办为中心》，《北京联合大学学报（人文社会科学版）》2008 年第 4 期。

② 岁有生：《论清朝前期的地方经费》，《华北水利水电学院学报（社科版）》2008 年第 4 期。

③ 饶明奇：《论清代河工经费的管理》，《甘肃社会科学》2008 年第 3 期。

④ 廖云德等：《明初江西南昌、瑞州、袁州三府重赋成因考辨》，《江西广播电视大学学报》2008 年第 1 期。

⑤ 廖声丰、孟伟：《试论清代榷关的重建与发展》，《山西师大学报（社会科学版）》2008 年第 6 期。

⑥ 徐斌：《明代河泊所的变迁与渔户管理——以湖广地区为中心》，《江汉论坛》2008 年第 12 期。

⑦ 马俊亚：《集团利益与国运衰变——明清漕粮河运及其社会生态后果》，《南京大学学报（哲学·人文科学·社会科学版）》2008 年第 2 期。

积债问题日益突出，明政府缺乏有效补救措施，终至漕军困苦、漕政败坏。[①]

九　国家对经济的干预与管理

陶德臣描述了元明时期茶引由制度、边销制度、外销制度这三种不同管理体制下的茶叶市场管理机构及其管理职能、管理人员、管理特点。[②] 涂小雨等从经济监察这一角度出发，对明政府在农业建设中的地位、作用进行分析，并着重介绍了明代农业经济监察的机构设置、监察内容、监察特点。[③] 刘高勇讨论了清代国家通过官牙对民间以田宅买卖为主要内容的不动产买卖契约实施干预，从而保证不动产买卖契税征收的各种手段和措施。[④] 张博考察了清政府对东北沿海豆货贸易的相关制度，包括税收政策、豆货出口流向的政策性规定、海运制度等的调整，指出清政府调整制度的目的在于促进东北区域经济发展，而这种制度调整，实际上为东北商品流通贸易格局的变迁奠定了基础。[⑤] 牛海桢注意到了清政府在西北边疆地区对以绢马贸易和茶马贸易为主的官方贸易与民间商人所从事的各民族之间的直接民间经济交往的贸易所采取的不同政策。[⑥]

宿小妹、李三谋指出，明代山西饷银制——农业货币税的推行，是以北部边地戍防或武装活动为动因，以塞上粮食生产为基础，以边贸行为或商业供应为杠杆的。商人、政府（包括军方）、农民三者共同完成了田赋改革。[⑦] 李三谋等考察了明代九边军屯、军牧的利弊兴衰，指出：军屯与

---

① 李想：《明代中叶后漕军的积债问题》，《井冈山学院学报（哲学社会科学）》2008 年第 9 期。

② 陶德臣：《元明茶叶市场管理机构述略》，《广东茶业》2008 年第 1 期。

③ 涂小雨、黄琳雅：《明代农业经济监察制度探析》，《法制与经济》2008 年第 11 期。

④ 刘高勇：《官牙与清代国家对民间契约的干预——以不动产买卖为中心》，《赣南师范学院学报》2008 年第 1 期。

⑤ 张博：《制度调整与清代东北豆货贸易格局的变迁》，《天津大学学报（社会科学版）》2008 年第 6 期。

⑥ 牛海桢：《试论乾隆以后清朝对西北边疆少数民族的贸易政策》，《兰州商学院学报》2008 年第 4 期。

⑦ 宿小妹、李三谋：《明代山西边垦与边军饷银》，《古今农业》2008 年第 4 期。

军牧相为表里，使九边兵、农、牧三者有机配合，带动了长城沿线的农牧业经济，有效地支持了边疆的军事活动，并改变了九边社会。① 乾隆时期，政府在新疆大力提倡兴办屯田且规模空前、成效显著，王恩春介绍了当时新疆兵屯、民屯、犯屯、回屯和旗屯等多种屯田形式。② 张斯讨论了明代边防重地抚顺的马市贸易，指出马市的繁荣与建州女真的强大密切相关。③

刘永刚考察了在整个清代陕甘地区仓储体系中最为重要、设置也最为普遍的常平仓、社仓、义仓，指出：陕西社仓是由政府出资设立、经营管理的。④ 樊莹以地方志为依据，分阶段讨论了清代豫北怀庆府的粮食储备状况。⑤

陈业新将折色作为一种荒政手段，从折色频度、改折比例与力度等方面描述了明代灾害频发的凤阳府折色实施概况，评述改折动机和效果、存在的问题，指出改折的初衷不是出于灾区民生的考虑，而是保证官府税赋的考量，改折的效果因此并不显著。⑥ 陈业新在另文中再以凤阳府为对象，讨论了明代国家劝分政策（劝分赏格和劝分手段）及其影响激励下的地方社会捐输助赈行为，认为明后期社会赈恤的积极作用有待商榷。⑦ 江太新通过对清代灾荒、经济概况、救灾情况的阐述，探讨经济与救灾之间密不可分的关系，并阐明通过这个课题研究所得到的启示。⑧

熊惠平通过对明清民间社会救济力量生长中的官民关系的透视，认为乡绅倡率的民间社会救济活动固然不断兴起，但不能动摇封建专制统治的根基，在中国传统文化笼罩和社会层级结构固化中的民间社会救济力量，断然不能成为公民组织成长和公民社会形成的"基因"。⑨ 丁玲玲利用碑刻

---

① 李三谋、刘彦威：《明代九边军屯与军牧》，《古今农业》2008 年第 2 期。
② 王恩春：《清代乾隆统治时期的新疆屯田》，《辽宁行政学院学报》2008 年第 10 期。
③ 张斯：《明代抚顺的边防和马市贸易》，《理论界》2008 年第 5 期。
④ 刘永刚：《清代陕甘地区仓储探析》，《文博》2008 年第 3 期。
⑤ 樊莹：《清代河南怀庆府粮食储备状况初探》，《中州大学学报》2008 年第 1 期。
⑥ 陈业新：《明代凤阳府灾后税粮折色初探》，《中国农史》2008 年第 2 期。
⑦ 陈业新：《明代国家的劝分政策与民间捐输——以凤阳府为对象》，《学术月刊》2008 年第 8 期。
⑧ 江太新：《清代救灾与经济变化关系试探——以清代救灾为例》，《中国经济史研究》2008 年第 3 期。
⑨ 熊惠平：《明清民间社会救济力量生长的困境与趋向探析》，《武汉科技大学学报（社会科学版）》2008 年第 5 期。

和地方文献资料分析了清代泉台郊商在修桥筑路、兴学助教、济贫助困、赈灾救荒等方面的善举。[①] 姚延玲以血缘性的宗族救助、地缘性的社会救济和慈善事业为主要内容，讨论了明清时期民间社会救济和慈善事业发展的原因、救助的形式及其作用。[②]

张继梅等介绍了明代严密的盐务监督机构网络及其内容广泛的盐政监督活动。[③] 陈涛、韩毅以"掠夺之手"模型的视角来分析明代统治者行为对盐商利益以及开中法实施效果产生的一系列影响，从而得出明代开中法崩溃、盐商"困守支"的根本原因在于缺乏制约统治者掠夺之手的制度安排的结论。[④] 王日根等运用比较方法，以处于边缘地位的福建盐区和处于核心地位的两淮盐区作为研究对象，探讨两盐区分别取法晒盐法、煎盐法背后的体制因素。[⑤] 汪崇篔从翔实丰富的史料出发，分阶段考察了康熙至同治朝的淮盐江广口岸价，并将其所代表的盐价与米、田价格增长情况进行比较，驳斥了清代盐价"如断线的风筝，扶摇直上"的说法。[⑥] 赵小平讨论了清代云南盐课税以及课率、课额的变动趋势，认为重课率和名目繁多的各种杂税致使盐价一直居高不下。[⑦] 包国滔关注了学界争论已久的广盐行销江西问题，认为明代广盐行销江西的实现过程，实质上就是市场因素突破食盐专卖体制，迫使明朝统治者作出行政调整的过程。[⑧] 乌江水道是川盐进入贵州、湘西、鄂西及渝东南的重要运道，李良品等考察了清代及民国时期乌江水道盐业管理制度、食盐运输路线及里程、食盐运输工具。[⑨] 徐国洪考察了两广销引、完课最多的广西临全商埠自乾隆二十三年至同治八年长达111年之久的由商人承办的盐业历史，以及李宜民、潘仕

---

① 丁玲玲：《清代泉台郊商的善举》，《泉州师范学院学报》2008年第5期。

② 姚延玲：《明清时期民间的社会救济和慈善事业》，《黄河科技大学学报》2008年第3期。

③ 张继梅、林延清：《试论明代的盐务监督》，《历史教学》2008年第10期。

④ 陈涛、韩毅：《明代盐商"困守支"的政治经济学解释》，《贵州财经学院学报》2008年第3期。

⑤ 王日根、吕小琴：《析明代两淮盐区未取晒盐法的体制因素》，《史学月刊》2008年第1期。

⑥ 汪崇篔：《清代淮盐江广口岸价探讨》，《盐业史研究》2008年第2期。

⑦ 赵小平：《略论清代云南盐税及其变化》，《盐业史研究》2008年第4期。

⑧ 包国滔：《市场推动下的行政调整——明代广盐行销江西的根本原因》，《江苏商论》2008年第9期。

⑨ 李良品、吴冬梅：《清代及民国时期乌江水道盐运研究》，《长江师范学院学报》2008年第3期。

成等临全埠商在其中的兴衰沉浮。① 在"湖广填四川"移民运动中，大量外省移民迁入自贡，他们为井盐的开发提供了丰富的劳动力和充足的资金，使自贡盐业迅速恢复并走向兴盛，最终确立了自贡"盐都"的地位，韩平撰文描述了这一过程。② 纪丽真介绍了清代在山东盐区实行的官督商销、民运民销和官运商销等三种食盐运销方式，着重考察了官运商销。③ 谷晶敏分别考察了奉天、吉林、黑龙江三省不同时期所采取的官督商销、官运商销、官运民销、官运官销等不同的食盐运销方式，认为盐业政策反映了清政府因时、因地而制宜的决策思想，适应了东三省的社会需要。④

十　货币金融

赵丹将明代白银的货币化首先看作一个文化事件，认为它推动了文化的发展，从而促进现代市民化因素的出现；它还推动中国经济与世界经济的互动，促进经济全球化。⑤ 王丰阐述了明代白银货币化对经济、政治、思想观念的深刻影响。⑥ 陈志鹏将洪武元年至宣德十年政府法令"禁银"，而现实中仍然"用银"的时期称为"虚拟银本位时期"，强调此时白银实际上具有的本位地位。⑦ 梁言描述了明代宝钞的发行过程，认为发行纸币既无规划又前后思想不统一，带来了大量的通货膨胀效应，宝钞破产引起连锁反应，终致财政崩溃。⑧ 黄瑞贵介绍了清代广西官铸银锭的铭文特色。⑨ 孟妍君等介绍了有清一代广西铸币情况，并对雍正朝宝桂局铸币情形作出推测。⑩ 明清时期的江南作为全国商业资本最发达的地区，农村典当发展兴盛，常红萍等从江南农村典当的概况、组织管理方式和对江南农

---

①　徐国洪：《清代广西盐法及临全商埠考略》，《广西金融研究》2008 年增刊。

②　韩平：《论清代移民对自贡盐业发展的影响》，《宜宾学院学报》2008 年第 5 期。

③　纪丽真：《清代山东食盐运销的主要形式考述》，《理论学刊》2008 年第 11 期。

④　谷晶敏：《清代东三省食盐运销方式浅析》，《盐业史研究》2008 年第 3 期。

⑤　赵丹：《重新审视明代的白银货币化》，《法制与社会》2008 年第 28 期。

⑥　王丰：《刍析白银货币化对明朝社会的影响》，《中国市场》2008 年第 5 期。

⑦　陈志鹏：《论明代前期的"虚拟银本位"》，《科技信息（科学教研）》2008 年第 8 期。

⑧　梁言：《试论明代纸币发行和通货膨胀的关系》，《法制与社会》2008 年第 28 期。

⑨　黄瑞贵：《从铭文探讨清代广西官铸银锭的真伪》，《广西金融研究》2008 年增刊。

⑩　孟妍君、孟国华：《清代广西铸币述略》，《广西金融研究》2008 年增刊。

村社会的影响三方面对其进行了探析。①

十一 人口

于秋华在收集和梳理国内外大量学术文献的基础上，采用多维的观察视角，对已有的发现和争议进行了系统的述评，并着重分析了明清时期人口快速增长对人地关系、劳动生产率以及劳动力结构的影响，进而解释了明清时期人口快速增长对经济发展的影响，支持了黄宗智所持的中国在明清时期"有增长而无发展"的判断。② 陈辉将清朝前期人口发展的特点概括为由慢及快、从发展迟缓到高速攀升，并讨论了人口增长的政治、经济、社会原因。③ 徐金秀、虞婷阐述了清朝人口迁移的状况、原因及其对社会经济的影响。④ 由于政治、经济、社会等因素，在清朝前期大量流民流向关外，这些流民对巩固东北边疆，发展东北地区的经济，促进各民族间团结作出了贡献，陈红一文对此作出了描述。⑤ 罗运胜讨论了明清时期外来移民迁入对湖南沅水中上游人口发展的影响：一方面导致该地区人口大幅度增长，缩小了与全省人口密度平均水平的差距；另一方面则直接造成该地区内部各地人口数量增长的不平衡。⑥

十二 区域经济

章青琴从农业生产结构的调整、农副产品加工业的发展、城乡市场与商品流通等方面阐述了有清一代云南发展的特点。⑦ 何伟福、章青琴关注清代云南经济开发与商品经济诸要素，描述了市场的形成、商帮的整合、

---

① 常红萍、王亚军：《明清江南农村典当探析》，《安徽农业科学》2008 年第 3 期。
② 于秋华：《明清时期人口快速增长对经济发展的影响》，《财经问题研究》2008 年第 12 期。
③ 陈辉：《鸦片战争前清朝人口发展的特点及原因探讨》，《文教资料》2008 年 5 月号下旬刊。
④ 徐金秀、虞婷：《清朝人口迁移对其社会经济发展的影响》，《管理观察》2008 年第 23 期。
⑤ 陈红：《试论清朝前期东北地区人口流动及其影响》，《科教文汇》2008 年 1 月上旬刊。
⑥ 罗运胜：《明清移民对湖南沅水中上游人口发展的影响》，《船山学刊》2008 年第 4 期。
⑦ 章青琴：《清代云南经济发展的特点》，《思想战线》2008 年第 1 期。

对外贸易的繁荣，以及在此基础上出现的早期工业化。[1] 杨军指出，清代青海地区民族转运贸易兴盛，并由此导致城市繁荣，但不能因此过高估计其商品经济发展水平，清代青海商品经济发展仍是缓慢、滞后的。[2] 他还分别考察了青海东部农业区、蒙藏牧区、城镇等消费主体的消费结构，认为清代青海地区消费水平仍相对落后且存在区域结构差异，商品经济的发展因此难以出现质的突破。[3] 吴超等总结了元明清三代在宁夏平原所采取的加强行政管理、移民、水利建设、重农政策以及畜牧管理等经营方略，指出虽然目的不尽相同，但都促进了宁夏平原的发展。[4] 李琳琦等讨论了位于江南边缘的芜湖在明清时期商业、手工业及服务业的发展，阐明了芜湖作为皖江流域经济中心及与江南中心沟通的桥梁的地位，并进一步探究以芜湖为中心的皖江流域没能形成像长三角地区那样壮观的经济规模的原因。[5] 石维有等将桂东南定位为粤商入桂的第一站、广东商号的重要延伸地、广州港口原材料的重要供应地、广东手工业的主要植入地和粤商文化最重要的承接地。[6] 向福贞分项概括了近百年来国内学者对山东运河区域的研究成果。[7] 魏影讨论了清廷在东北地区先后实行的招垦与封禁两项经济政策，推翻了封禁始于顺治六年、康熙七年、乾隆五年等三种说法，指出在清前中期的东北地区，清廷从未实行过完全意义上的封禁，总是表现出禁中有弛，弛中有禁，弛禁伴随封禁于始终。[8] 王龙涛结合清代乌鲁木齐地区社会背景，利用较为翔实的史料描述了在 1759～1911 年间乌鲁木齐在动荡中逐渐发展、带有浓厚民族特色的城镇经济。[9]

---

① 何伟福、章青琴：《清代云南经济的开发与商品经济的发展》，《湘潭师范学院学报（社会科学版）》2008 年第 4 期。

② 杨军：《清代青海商品经济发展水平与特点》，《青海民族研究》2008 年第 1 期。

③ 杨军：《清代青海消费结构与商品经济发展关系探微》，《青海社会科学》2008 年第 4 期。

④ 吴超、霍红霞：《元明清开发宁夏平原经营方略比较》，《阴山学刊》2008 年第 1 期。

⑤ 李琳琦、秦璐：《芜湖在明清江南经济发展中的地位》，《合肥学院学报（社会科学版）》2008 年第 3 期。

⑥ 石维有、韦福安：《清代桂东南在两广经济交往中的地位和作用》，《玉林师范学院学报（哲学社会科学）》2008 年第 6 期。

⑦ 向福贞：《明清山东运河区域学术研究综述》，《福建论坛（社科教育版）》2008 年第 10 期。

⑧ 魏影：《清朝前中期东北地区经济政策再论》，《文化学刊》2008 年第 1 期。

⑨ 王龙涛：《清代乌鲁木齐城镇经济初探（1759～1911 年）》，《昌吉学院学报》2008 年第 6 期。

十三 民族经济

黔东南"糯禾改籼稻"是我国民族经济发展史上外来技术与作物品种推广的典型个案，严奇岩由此个案反思了民族经济发展史上的若干个误区：量的增长的误区，忽视经济效益原则；技术推广的误区，忽略技术适当原则；经济至上的发展误区，忽略生态效益原则；民族本位的发展误区，忽略文化相对原则。① 申莉琴分析了作为陕西回族支柱产业的农业经济在清前期的发展水平及其特点，指出：陕西回族的农耕技术已与当地汉族及其他农业民族的水平基本相当，有些方面甚至还超过了这些民族。②

十四 对外经济关系

张振介绍了明朝对朝贡贸易和私人海外贸易实行的双轨制管理制度。③ 冯之余高度评价"隆庆开放"对中国乃至世界经济发展的积极影响。④ 严小青等将宫廷和民间对香料的旺盛需求，以及朝廷"四海归顺"的政治目的和寻找海外香料，认作促成郑和下西洋的根本原因，并认为郑和出使西洋，促进了中外香料贸易的积极发展。⑤ 李金明讨论了琉球以朝贡、明朝以册封建立起来的中琉封贡关系，尤其关注其中的贸易成分。⑥ 曹琳讨论了明代中国商人在和平与友善的基础上，审时度势，把握市场，成功经营海外商业的具体策略。⑦ 他还阐述了明代华商通过从事中菲国际贸易和菲

① 严奇岩：《中国民族经济发展史上若干误区的检讨——以清代以来黔东南地区的"糯禾改籼稻"为例》，《贵州民族研究》2008 年第 5 期。

② 申莉琴：《清代前期陕西回族农业经济研究》，《西北农林科技大学学报（社会科学版）》2008 年第 6 期。

③ 张振：《论明朝海外贸易制度的演变》，《今日南国（理论创新版）》2008 年第 12 期。

④ 冯之余：《明代"隆庆开放"与海上贸易发展》，《社科纵横》2008 年第 2 期。

⑤ 严小青、惠富平：《郑和下西洋与明代香料朝贡贸易》，《江海学刊》2008 年第 1 期。

⑥ 李金明：《明朝中琉封贡关系论析》，《福建论坛（人文社会科学版）》2008 年第 1 期。

⑦ 曹琳：《明代东南亚华商经营之道探微》，《东南亚研究》2008 年第 6 期；《明代海外华商经营策略浅析》，《商场现代化》2008 年 1 月上旬刊。

律宾群岛内的商业贸易，对菲律宾经济发展的积极作用。①

王建花通过论述闭关政策对国内工商业和资本主义发展的阻碍作用以及对航海、外贸的影响，来证明闭关政策总体上是保守落后的，是近代中国经济逐渐落伍的主要原因之一。② 李想、杨维波则对清代闭关问题予以完全不同的评价，他们认为虽然清政府在前期实行了禁海、一口通商、公行制度以及对外商来华贸易的种种限制措施，但这并非就是闭关性的政策，而是一种带有封建垄断性的、建立在严格管理基础上的对外开放的"非闭关性"政策，在此政策之下，清前期的海外贸易出现明显增长。③ 自鸣钟在明清时期是中西文化交流的一个重要内容，广州是中国一个重要的西洋钟中心，它既是西洋钟表传入中国之地，也是西洋钟表贸易基地。叶农对此进行了论述。④

龚伯勋对 2005 年四川省甘孜州泸定县沈村发现的一份有关茶马古道历史的民间合约进行解读，重现边茶贸易的若干细节。⑤

① 曹琳：《明代华商对菲律宾经济发展的影响》，《商业时代》2008 年第 9 期。
② 王建花：《论清朝闭关政策对国内经济的影响》，《中北大学学报（社会科学版）》2008 年第 1 期。
③ 李想、杨维波：《论清朝前期海外贸易政策的"非闭关性"》，《湛江师范学院学报》2008 年第 4 期。
④ 叶农：《明清时期广州与西洋钟表贸易》，《广东社会科学》2008 年第 2 期。
⑤ 龚伯勋：《〈万历合约〉与古长河地方的茶马贸易——解读泸定沈村明代〈万历合约〉》，《康定民族师范高等专科学校学报》2008 年第 3 期。

第十三章
2008 年中国近代经济史研究

高超群

一 农业

李金铮认为，根据民间流行的消费观念和实地调查资料，可以对人地比例临界点作出比较精确的计算，他以近代冀中定县为个案，指出近代人地比例关系呈现愈益紧张之势，但并不意味着现有耕地就已经到了不能维持农民最低限度生活的地步。[①] 孙琦和曹树基利用嘉善县一批抗战胜利后的租佃纠纷档案，分析了"田面权"分化的具体过程。[②] 张玮等考察了抗战时期米脂县杨家沟马家地主的租佃关系。[③]

刘洁分析了解放前后东北土地占有关系的变革及其作用。[④] 王志龙探讨了近代安徽族田的发展态势。他还研究了近代安徽族田的收支管理，指出舞弊可能存在，但并非历史常态。[⑤] 卢忠民讨论了清末民初冀中地区的

---

① 李金铮：《也论近代人口压力：冀中定县人地比例关系考》，《近代史研究》2008 年第 4 期。
② 孙琦、曹树基：《土地耕种与"田面权"之争——以抗战胜利后嘉善县的佃权纠纷为中心》，《上海交通大学学报》2008 年第 2 期。
③ 张玮等：《米脂县杨家沟马家地主租佃关系考察——以 1942 年张闻天调查为中心》，《江汉论坛》2008 年第 8 期。
④ 刘洁：《论解放前后东北土地占有关系的变革及其积极作用》，《史学集刊》2008 年第 3 期。
⑤ 王志龙：《近代安徽族田发展态势研究》，《中国农史》2008 年第 2 期；《近代安徽族田收支管理研究——从"十家管公九家富"谈起》，《安徽史学》2008 年第 2 期。

土地税契。① 把增强分析了民国时期华北乡村土地纠纷的动因。② 针对
"关中模式"历史溯源的资料运用，胡英泽指出，运用较小区域的滩地地
权状况，不能推导出清初至民国的"关中模式"。③

　　于春英研究了伪满时期东北的农业雇工。④ 汤红兵认为，北洋时期的
地权集中在一定程度上导致了农业资本主义经济的萌芽。⑤ 李进霞认为近
代中国的粮食商品化程度是不断发展的，到 20 世纪二三十年代达到较高
水平。⑥ 张保见等综述了近代青海的农业垦殖及其对环境的影响。⑦ 王永强
就民国时期西北移民殖边思潮，西北各省之官有、公有、私有各类荒地的
调查及承领、开垦情况进行了探讨。⑧ 徐丙奇等对影响近代华北小麦生产
的正反两方面因素进行了分析和总结。⑨ 曾芸等在整理和估测民国时期贵
州屯堡地区市场米价数据的基础上，分析了影响米价变动的诸因素，并进
而研究由粮食问题所引发的社会变迁。⑩ 张瑞静分析了农地灌溉、农业技
术的推广、农业生产资料对农业产量的影响。⑪ 廖艳彬等分析了
1932～1942年间江西省国民政府在水利领域进行现代化政权建设的努力。⑫
罗玉明分析了抗日战争时期国统区的粮食危机及其原因。⑬

① 卢忠民：《清末民初冀中土地税契中的规范与不规范——以直隶任邱县为例》，《江苏社会
　　科学》2008 年第 2 期。
② 把增强：《产权变异：民国时期华北乡村土地纠纷之动因探研》，《河北师范大学学报》
　　2008 年第 3 期。
③ 胡英泽：《流动的土地与固化的地权——清代至民国关中东部地册研究》，《近代史研究》
　　2008 年第 3 期。
④ 于春英：《伪满时期东北农业雇工研究》，《中国农史》2008 年第 3 期。
⑤ 汤红兵：《北洋时期地权集中对农业发展的影响》，《安徽农业科学》2008 年第 2 期。
⑥ 李进霞：《近代中国粮食的商品化发展》，《河南工业大学学报》2008 年第 4 期。
⑦ 张保见等：《青海近代的农业垦殖与环境变迁（1840～1949）》，《中国历史地理论丛》2008
　　年第 2 期。
⑧ 王永强：《民国西北垦荒与移民实边之历史考评》，《内蒙古农业大学学报》2008 年第 6 期。
⑨ 徐丙奇等：《论民国时期华北小麦生产的发展》，《古今农业》2008 年第 2 期。
⑩ 曾芸等：《民国时期贵州屯堡地区米价分析》，《中国农史》2008 年第 1 期。
⑪ 张瑞静：《民国中期（1927～1937 年）影响农业生产的因素——以华北地区为例》，《安徽
　　农业科学》2008 年第 1 期。
⑫ 廖艳彬等：《民国时期水利现代化建设的一次尝试——以 1932—1942 年时期的江西省为
　　例》，《理论月刊》2008 年第 5 期。
⑬ 罗玉明：《抗日战争时期国统区的粮食危机及其原因》，《安徽史学》2008 年第 1 期。

二　农村

　　梁仁志认为，中央政府才是实施祁红统制的幕后策划者和支持者，以"四大家族"为首的官僚金融资本才是祁红统制的真正受益者。[①] 朱正业等分析了民国时期皖西茶业衰落的原因。[②] 清末民国时期，作为支柱产业的赣南糖业面对"洋糖"的剧烈冲击，经历了兴衰嬗变、调整和重组。张兆金揭示了这一过程。[③] 李伟中等以抗战前邹平美棉和许昌烤烟两种地区专门性商品化农业为例，重新考察了近代中国的农业商品化历程。[④]

　　王玉茹等在综合相关的近代农业史资料及经济史资料的基础上，从近代中国农民的收入和支出的角度，对近代中国农民生活水平及其变化情况进行了探讨。[⑤] 她还根据历史统计资料，推算了中国近代农村物价指数，并对其变动趋势进行了分析。[⑥] 黄志繁等利用 5 本婺源县排日账分析了晚清至民国徽州小农的生产与生活。[⑦] 彭南生等讨论了 20 世纪二三十年代影响农户收入的制约性因素，并分析了小农与市场的关系。[⑧] 王蓉指出南京国民政府赋税征收制度的种种弊端以及乡村建设方式存在的问题，导致农民负担加重。[⑨] 冯杰认为抗战前边区农民生活的主要表现是口粮不足、入

① 梁仁志：《从"为民争利"到"与民争利"：1936 年的祁红统制》，《中国农史》2008 年第 2 期。
② 朱正业等：《试析民国时期皖西茶业的衰落原因》，《安徽农业科学》2008 年第 36 期。
③ 张兆金：《清末民国时期山区农村产业转型研究——以赣南糖业经济转型为个案》，《江西科技师范学院学报》2008 年第 5 期；张兆金等：《清末民国时期赣南糖业经济与市场网络》，《农业考古》2008 年第 6 期。
④ 李伟中：《对近代中国商品化农业发展历程的再审视——邹平棉作农业与许昌烟草农业的比较研究》，《晋阳学刊》2008 年第 1 期。
⑤ 王玉茹：《近代中国农民生活水平分析》，《南开经济研究》2008 年第 1 期。
⑥ 王玉茹：《近代中国农村物价指数变动趋势分析》，《广东外语外贸大学学报》2008 年第 3 期。
⑦ 黄志繁等：《晚清至民国徽州小农的生产与生活——对 5 本婺源县排日账的分析》，《近代史研究》2008 年第 2 期。
⑧ 彭南生：《论近代农户收入的制约性因素——以 20 世纪二三十年代的华北棉农为例》，《史学月刊》2008 年第 1 期。
⑨ 王蓉：《南京国民政府的乡村建设与农民负担问题》，《福建论坛》2008 年第 9 期。

不敷出和生活凄苦三个方面。① 游海华讨论了清末至民国时期，寻乌县农民面对中国的近代化浪潮，其就业、消费、生产经营和市场风险意识等经济行为与观念的近代化。②

　　此外，有多篇论文讨论了各地清末的农业改良和民国时期农业的技术进步。③ 关于中国近代乡村合作运动也有多篇论文发表。④ 也有多篇论文涉

---

① 冯杰：《民国时期华北农民生活的个案解析——论抗战前晋察冀边区的农民生活》，《历史教学》2008 年第 2 期。

② 游海华：《农民经济观念的变迁与小农理论的反思——以清末至民国时期江西省寻乌县为例》，《史学月刊》2008 年第 7 期。

③ 倪根金等：《甲午战争前中国人对西方农业机械的认识与思考》，《中国农史》2008 年第 4 期；黄小茹：《清末农事活动的行政支撑和社会参与——以农工商部农事试验场的汇集活动为例》，《山西大学学报》2008 年第 1 期；张霞：《清末农业思想的近代转型：以农业发展为中心》，《江汉论坛》2008 年第 9 期；彭月才：《试论清末农业教育的近代化》，《铜仁学院学报》2008 年第 1 期；苑朋欣等：《清末江西农工商局与农业的改良》，《农业考古》2008 年第 6 期；苑朋欣：《清末新政时期直隶农务组织机构与农业技术推广》，《石家庄经济学院学报》2008 年第 5 期；苑朋欣：《商部——农工商部与清末棉业的改良》，《南京农业大学学报》2008 年第 2 期；王春芳：《清末民国时期安徽的农业改良》，《安徽农业大学学报》2008 年第 6 期；方建新：《再探清末民国山东的农业改进及其影响》，《临沂师范学院学报》2008 年第 2 期；姚兆余：《农村合作运动与农业技术的植人——以民国时期江苏省为例（1927～1937）》，《中国农史》2008 年第 4 期；黄寿新等：《试论民国时期边疆民族地区的农业生产力——以广西农业生产工具和农业生产技术为视角》，《铜仁学院学报》2008 年第 1 期；赵施萍：《试论民国时期科技治蝗事业的开展》，《华南农业大学学报》2008 年第 3 期；郭从杰：《抗战前南京国民政府的农业推广政策》，《历史档案》2008 年第 1 期；林志彬：《抗战时期国统区农业生产力问题探析》，《河南师范大学学报》2008 年第 1 期；张军义等：《抗战胜利后河南泛区复兴与农业机械化的开端——以扶沟县为中心》，《哈尔滨工业大学学报》2008 年第 4 期。

④ 游海华：《农村合作与金融"下乡"——1934～1937 年赣闽边区农村经济复苏考察》，《近代史研究》2008 年第 1 期；黄祐：《民国乡村建设实验区农村信用合作社的特点、作用及存在问题》，《山东省农业管理干部学院学报》2008 年第 4 期；王科：《主动的政府与被动的民众——民国时期江宁实验县乡村合作运动"有限性"初探》，《历史教学》2008 年第 1 期；赵泉民：《政府制度供给与乡村合作运动——基于 20 世纪前半期中国乡村社会经济史视阈分析》，《财经研究》2008 年第 11 期；孙少柳：《经验与启示：民国时期农村合作运动反思》，《湖南师范大学社会科学学报》2008 年第 3 期；仵希亮：《民国合作运动启示录》，《中国土地》2008 年第 10 期；张或定等：《湖北黄冈县农民协会信用合作社流通券并非"红色政权货币"》，《江苏钱币》2008 年第 3 期；赵泉民：《经济网络与社会动员：革命时期中国共产党乡村合作运动社会效用分析——兼与国民政府乡村合作社之比较》，《晋阳学刊》2008 年第 1 期；丁平：《抗战时期绥西农耕合作运动历史探讨》，《内蒙古社会科学》2008 年第 4 期；马冀：《抗战时期陕甘宁根据地农业合作社的绩效分析》，《江西社会科学》2008 年第 2 期；张书廷：《抗战前中国农村合作运动失败的原因》，《历史教学》2008 年第 2 期；许永峰：《20 世纪 30 年代关于中国农村合作社发展速度问题的讨论》，《长治学院学报》2008 年第 3 期。

及了近代各个地区的农业发展的一般情况。[①]

三 工业

赵志龙借助高阳农村纺织业的变迁历史，探讨了在农村工业化的演变进程中农民家庭经营方式的变迁，以及农户如何通过分工和专业化来应对市场竞争。[②] 高宝华总结了中国近代手工业中包买制预付生产的形式和特点。[③] 陈岗指出，虽然近代四川猪鬃业的规模不断发展壮大，但由于替代品的冲击和标准化的挑战，发展水平始终非常有限。[④] 张丽对鸦片战争前的全国生丝产量进行估算。认为鸦片战争前的中国生丝产量大约为 110000 担；出口量约占全国生丝产量的 10%。从 19 世纪上半叶到 1929 年，中国生丝出口增加了 20 多倍。在这一期间，国内丝绸消费则下降了约 20%。[⑤] 苑朋欣分析了近代山东蚕桑业推广和改良的原因。[⑥] 李靖莉分析了晚清时期黄河三角洲制盐业、纺织业、草缏业等低成本的轻工行业的发展。[⑦] 周锦章讨论了近代北京少数民族手工业的民俗文化特征。[⑧] 罗亨江等以瓷器输出量为依据，认为在晚清民国时期，景德镇的陶瓷业仍在缓慢发展，同

---

① 袁轶峰：《文化与环境：清至民国时期黔西北农业生计模式》，《贵州大学学报》2008 年第 5 期；杨佑茂：《近代直隶农村经济发展特征简论》，《商业时代》2008 年第 18 期；张恒俊等：《一种特殊"保险"事业的历史解读——以民国时期的广西水利事业为视角》，《社会科学家》2008 年第 5 期；裴庚辛等：《民国时期甘肃河西地区的水利建设》，《西北民族大学学报》2008 年第 2 期；韩昌盛：《抗日战争时期四川农垦业的发展》，《乐山师范学院学报》2008 年第 6 期；李芳：《抗战时期陕甘宁边区农业开发政策及实践的历史反思》，《延安大学学报》2008 年第 5 期；裴庚辛：《抗战时期甘肃农贷及对河西农业的扶持》，《中南民族大学学报》2008 年第 4 期。

② 赵志龙：《农村工业化进程中农户经济行为变迁——一个案例研究》，《中国经济史研究》2008 年第 1 期。

③ 高宝华：《我国近代手工业中包买制预付生产的形式和特点》，《北京教育学院学报》2008 年第 2 期。

④ 陈岗：《近代四川猪鬃业的开发与经营》，《史学月刊》2008 年第 4 期。

⑤ 张丽：《鸦片战争前的全国生丝产量和近代生丝出口增加对中国近代蚕桑业扩张的影响》，《中国农史》2008 年第 4 期。

⑥ 苑朋欣：《清末山东蚕桑业的推广和改良》，《山东大学学报》2008 年第 5 期。

⑦ 李靖莉：《晚清时期黄河三角洲手工业考论》，《滨州学院学报》2008 年第 2 期。

⑧ 周锦章：《试论近代北京少数民族手工业的民俗文化特征》，《甘肃社会科学》2008 年第 2 期。

时陶瓷艺术则发展迅速。① 宁金分析了广西一个瓷器专业村近百年来的农业变迁。② 何东宝等对近代邢台皮毛市场的形成、皮毛业的发展以及皮毛业对邢台近代经济社会的影响作了专门探讨。③ 20 世纪 40 年代国民党农林部在甘肃岷县设立了西北羊毛改进处，毛光远对此进行了评述。④ 他还讨论了抗战时期甘南藏区畜牧业的开发问题。⑤

　　抗战前 10 年间，中国机械工业在前期发展的基础上，经历了一个短暂发展和急剧萎缩的过程。徐建生总结了其发展与萎缩的特征。⑥ 陶莉分析了需求不足与近代中国水泥业的竞争与联营之间的关系。⑦ 梁华认为外国在华直接投资中第三产业始终是其投资的重点。但中外竞争的焦点却在制造业和矿冶业，尤其是棉纺织业和煤矿业。⑧ 薛毅论述了近代中国煤矿业的发展。⑨ 汪新栋等评述了近代陕北石油的开发。⑩ 民国时期，国民政府资源委员会建立了四川油矿探勘处，张秀允评述了其开发活动。⑪ 还有一些论述各地工业发展的论文。⑫ 纪辛和汪敬虞采用条目的形式，对中国近

---

① 罗亨江等：《晚清民国景德镇陶瓷发展浅谈》，《中国陶瓷》2008 年第 11 期。

② 宁金：《民国以降广西专业村的农业变迁——以宾阳县高明村为例》，《内蒙古农业大学学报》2008 年第 2 期。

③ 何东宝等：《近代邢台皮毛业述论》，《邢台职业技术学院学报》2008 年第 2 期。

④ 毛光远：《论 20 世纪 40 年代西北羊毛改进处》，《中国农史》2008 年第 3 期。

⑤ 毛光远：《抗战时期甘南藏区畜牧业开发刍议》，《西藏研究》2008 年第 3 期。

⑥ 徐建生：《抗战前中国机械工业的发展与萎缩》，《中国经济史研究》2008 年第 4 期。

⑦ 陶莉：《需求不足与近代中国水泥业的竞争与联营：1923～1935 年》，《中国经济史研究》2008 年第 4 期。

⑧ 梁华：《近代外国在华直接投资结构分析》，《西北师大学报》2008 年第 3 期。

⑨ 薛毅：《近代中国煤矿发展述论》，《河南理工大学学报》2008 年第 2 期。

⑩ 汪新栋：《论清末地方官员在近代陕北石油开发中的作用》，《重庆工商大学学报》2008 年第 3 期；汪新栋等：《近代陕北石油开发与社会变迁》，《新疆职业大学学报》2008 年第 2 期。

⑪ 张秀允：《四川油矿探勘处油气勘探开发活动述评》，《天然气勘探与开发》2008 年第 1 期。

⑫ 王经会：《唐廷枢与唐山近代工业》，《唐山学院学报》2008 年第 3 期；梁磊：《近代苏北工业发展及其特点》，《唐山师范学院学报》2008 年第 3 期；朱珏：《试论近代"辑里湖丝"之兴衰》，《丝绸》2008 年第 3 期；王友平：《吴蕴初与近代中国民族化工工业的兴起》，《四川师范大学学报》2008 年第 1 期；于秋华：《以经济史的视野看中国工业化道路的特殊性》，《社会科学辑刊》2008 年第 6 期；赵惠民等：《清末民初黄河三角洲工商业的历史考察》，《山东社会科学》2008 年第 10 期；郑军：《传统观念对晚清西方工业文明输入的影响——以西方新型产业模式在中国的发展历程为考察对象》，《上海师范大学学报》2008 年第 1 期；吴新奇：《广州国民政府时期的佛山工商业》，《佛山 （转下页注）

代发生的一些重要经济史实作了千字左右的简要论述。^①庄安正依据对
1900～1926年间大生一、二厂所缴厘金与其他数据进行的定量分析，发现
两家企业所受厘金盘剥，横向比较相对较轻；纵向比较有较大幅度的降低
态势。^②19 世纪末 20 世纪初兴起了一批企业集团，朱荫贵指出在这批企业
集团中，通过调拨内部资金相互支持求得共同发展是一个普遍现象，本质
上都是企业在严峻内外环境中的一种"自救"、"求活"的方式。^③高超群
以申新三厂和民生公司为例，从劳资关系的视角来探讨 20 世纪二三十年
代中国的科学管理改革运动。并认为经过劳资双方的互动，一种新的制度
文化和劳资关系的萌芽出现了。^④卢忠民论述了北京商铺人力股的确定、银
人股分配比例、股份衡量与份额变动、故身股、应支制度及创新型长生遗
念股的设立、作用与影响等。^⑤李玉分析了北洋时期公司制度建设的外在制
约因素。他还研究了北洋政府时期股份有限公司中的监察人制度。^⑥在抗战
前夕，建设委员会将自己所经营的 4 家大型国有企业迅速转为私有化，谭
备战分析了其中的原因，并强调了张静江的作用。^⑦张晓辉探析了清末香港
与内地的华资联号企业。^⑧赵兴胜论述了抗战后国民政府在国营经济事业中

（接上页注⑫）科学技术学院学报》2008 年第 5 期；张洁：《沦陷时期"满业"对东北重工业的
　　垄断》，《学理论》2008 年第 24 期；龚会莲等：《近代工业增长与北洋政府——弱政府与工业
　　增长关系的近代样本》，《西安电子科技大学学报》2008 年第 2 期；戴鞍钢：《晚清至民国西
　　部工商业和城市困顿探析》，《中国延安干部学院学报》2008 年第 6 期；韩蓓蓓：《论抗战时
　　期宁夏和新疆的工矿业开发》，《全国商情》2008 年第 7 期；方步安等：《抗战时期黔北工商
　　业发展探究》，《铜仁学院学报》2008 年第 6 期；王安中：《抗战时期湖南工矿业发展动因探
　　析》，《求索》2008 年第 8 期；朱正业等：《淮南、淮北抗日根据地的制度变革与纺织业发
　　展》，《抗日战争研究》2008 年第 1 期；严海建：《民国资源委员会与中国的重工业建设》，
　　《装备制造》2008 年第 4 期；胡晓峰：《从标准化程度分析抗战前山西兵器工业发展的状况》，
　　《科学之友》2008 年第 6 期。
① 纪辛、汪敬虞：《中国现代化征程的艰难跋涉》，《中国经济史研究》2008 年第 3 期。
② 庄安正：《对大生纱厂"账略"中"花纱厘捐"与其他数据的解析——兼及纱厂应对厘金压
　　力的方略》，《中国经济史研究》2008 年第 3 期。
③ 朱荫贵：《论中国近代企业集团内部的资金调拨流动》，《社会科学》2008 年第 6 期。
④ 高超群：《科学管理改革与劳资关系——以申新三厂和民生公司为中心》，《中国经济史研究》
　　2008 年第 3 期。
⑤ 卢忠民：《近代北京商业店铺中的人力股制度》，《中国经济史研究》2008 年第 3 期。
⑥ 李玉：《北洋时期公司制度建设的外在制约因素》，《民国档案》2008 年第 3 期；《北洋政府时
　　期股份有限公司监察人制度研究》，《四川师范大学学报》2008 年第 3 期。
⑦ 谭备战：《试论抗战前国有企业私有化的原因——以建设委员会商业化运营为中心的考察》，
　　《中国经济史研究》2008 年第 4 期。
⑧ 张晓辉：《清末香港与内地的华资联号企业》，《暨南学报》2008 年第 4 期。

积极推行公司制度的情况。[1] 陈燕考察了中国航空公司在筹办与发展过程中，美方与中方、国民政府内部各利益集团之间的权争。[2] 有多篇论文从多个角度研究了轮船招商局。[3] 此外，还有一些研究企业史的论文。[4]

四　金融业及市场

连玲玲认为，近代上海百货公司彰显了消费的社会文化意义，以百货公司为焦点的消费生活也在重新形塑上海社会。[5] 孙艳等探讨了近代城市商业的劳动生活方式的变化发展轨迹。[6] 此外还有一些研究近代商业的论文。[7]

佳宏伟以天津口岸为中心，以区域分析为切入点，讨论了灾害作为区域结构变动中的主要因素之一，对贸易结构和趋势的演变的影响。[8] 佟萌

---

① 赵兴胜：《社会正义抑或经济效率：论战后国民政府国营事业公司制的推行》，《江海学刊》2008 年第 1 期。

② 陈燕：《体制缺失与南京国民政府初期的中外合办企业——以中国航空公司为中心的考察》，《学术研究》2008 年第 4 期。

③ 倪玉平：《招商局与晚清漕粮海运关系新说》，《学术月刊》2008 年第 5 期；罗苏文：《轮船招商局官督商办经营体制形成的原因及影响》，《史林》2008 年第 2 期；王玉国：《1949 年招商局迁台述论》，《台湾研究集刊》2008 年第 2 期。

④ 郭达：《近代企业债券融资小议》，《海峡科学》2008 年第 3 期；贾孔会：《论近代洋务企业的股份制实践》，《兰州学刊》2008 年第 4 期；韦国友：《近代城市三种企业的发展概述》，《梧州学院学报》2008 年第 2 期；赵波：《近代家族企业治理结构变迁论析》，《江西师范大学学报》2008 年第 4 期；郭崇江：《制度建设与企业发展——以漠河金矿（1888～1897）为中心的考察》，《集美大学学报》2008 年第 4 期；李庆春等：《论晚清企业管理方式嬗变的原因及影响》，《黑龙江史志》2008 年第 12 期；庄维民：《近代青岛的日资纱厂与区域社会经济变迁》，《东方论坛》2008 年第 4 期；严海建：《中国机械工业的摇篮——中央机器厂》，《装备制造》2008 年第 5 期；李忠：《试论民国时期企业内教育的发展趋势》，《华北电力大学学报》2008 年第 3 期。

⑤ 连玲玲：《从零售革命到消费革命：以近代上海百货公司为中心》，《历史研究》2008 年第 5 期。

⑥ 孙艳等：《近代城市商业劳动生活方式之变迁》，《西华师范大学学报》2008 年第 3 期。

⑦ 罗翠芳：《近代汉口商业资本探微——兼论近代中国商业资本》，《湖南农业大学学报》2008 年第 4 期；朱翔：《南京中央商场创办始末》，《中国高新技术企业》2008 年第 21 期；张永刚：《抗战时期晋察冀边区的合作社商业》，《山东师范大学学报》2008 年第 2 期；崔炜：《抗战时期陕甘宁边区公营商业发展中的问题及解决政策》，《榆林学院学报》2008 年第 1 期；王勇浩：《试析山西抗日根据地的商业》，《山西农业大学学报》2008 年第 5 期；孙炳芳：《从商会档案看城市传统商业组织的转型》，《商业时代》2008 年第 17 期。

⑧ 佳宏伟：《大灾荒与贸易（1867～1931 年）——以天津口岸为中心》，《近代史研究》2008 年第 4 期。

等探讨了民国时期北平城市粮食市场的总体运作原则、粮食商业的运行模式以及每级粮食供应商的特点与粮食流通方式，指出北平粮食市场的三个级别间的相互联系。[1] 卢忠民研究了近代冀中郑州镇的定期市。[2] 此外还有一些研究区域市场的论文。[3] 也有一些论文研究了近代的盐业。[4]

王京传研究了民国时期北京的旅馆业。[5] 葛涛记述了上海百代唱片公司的盛衰。[6]

朱荫贵总结了近代中国证券市场的特点，他认为近代中国证券市场上出现的几国交易所并存、六次投机高潮和证券市场为政府财政服务等特点，是近代中国证券市场非正常发展的集中体现，也是近代中国证券市场难以正常发展的重要原因。[7] 农村钱庄是近代后期农村资金融通的重要方式，以前研究较少，刘克祥利用方志对中国近代农村地区钱庄业的起源和兴衰进行了研究。[8] 郑梅香考察了近代福州钱庄的形态、规模、资本构成以及行业组织等问题。[9] 刘平从业规修订及报备过程的角度，考察了国民政府监管当局对银行公会的管理。[10] 兰日旭探讨了近代中国的银行内部监督机制。[11] 徐锋华对 1927～1937 年交通银行的贷款机制和投资方式进行了

① 佟萌等：《民国时期北平城市粮食市场区位分布及其等级研究》，《中国历史地理论丛》2008 年第 3 期。
② 卢忠民：《近代冀中郑州镇的定期市》，《中国农史》2008 年第 1 期。
③ 贾贵浩：《1895～1937 年河南集市贸易的发展》，《史学月刊》2008 年第 6 期；康欣平：《近代西藏商品贸易与市场网络述论》，《西藏民族学院学报》2008 年第 4 期；陈炜等：《论近代民族地区宗教与城镇经济的互动发展》，《内蒙古社会科学》2008 年第 1 期；唐咸明：《晚清民国时期广西蔗糖城镇运销网络探析》，《广西民族研究》2008 年第 3 期；马丽娟：《近代回族商业经济的历史贡献及其作用》，《西北第二民族学院学报》2008 年第 5 期；王芳丽：《清末民初九江米市萧条原因之探析》，《宿州学院学报》2008 年第 2 期。
④ 宋志东：《论近代山东盐业运销管理》，《盐业史研究》2008 年第 3 期；王雪梅：《清末民初契约自由在自贡盐业契约中的体现》，《四川师范大学学报》2008 年第 6 期；鲁子健：《抗日战争时期的四川盐业》，《盐业史研究》2008 年第 2 期。
⑤ 王京传：《民国时期的北京旅馆业》，《历史教学》2008 年第 11 期。
⑥ 葛涛：《"百代"浮沉——近代上海百代唱片公司盛衰纪》，《史林》2008 年第 5 期。
⑦ 朱荫贵：《试论近代中国证券市场的特点》，《经济研究》2008 年第 3 期。
⑧ 刘克祥：《近代农村地区钱庄业的起源和兴衰——近代农村钱庄业探索之一》，《中国经济史研究》2008 年第 2 期。
⑨ 郑梅香：《关于近代福州钱庄若干问题的探讨》，《福建论坛》2008 年第 2 期。
⑩ 刘平：《民国时期上海银行业业规修订述论》，《史学月刊》2008 年第 9 期。
⑪ 兰日旭：《近代中国的银行内部监督机制探析》，《江西社会科学》2008 年第 10 期。

分析。① 张小河介绍了抗战时期陕甘宁边区银行利用有限的资源开展公共关系活动，协调各方关系的历史过程。② 魏忠采用 1921～1935 年伦敦银市场和上海标金市场每日收盘数据，运用计量经济学的 Granger 因果关系检验得出：1921～1931 年，伦敦银市场与上海标金市场之间存在双向因果关系，相互影响。③ 张根福等对抗战时期西部地区银行地域分布与西部开发之间的关系进行了分析。④ 池子华等以 1927～1937 年为中心，从保险机构和业务的扩展、保险法体系的完善等几个方面对中国保险业的发展进行考察，探讨其快速发展的原因。⑤ 张琼等从典当业的资本性质、主要经营者的籍贯、所当物品的性质等几个方面梳理了民国时期四川典当业的类别，总结了其特点。⑥ 林榕杰介绍了 1948 年的天津证券交易所的内部组织、上市制度、交易制度，并概述了在其开业的半年左右时间内行情演变的大致经过。⑦ 还有一些研究中国近代金融业的论文。⑧

①　徐锋华：《交通银行的贷款机制和投资方式（1927～1937）》，《中国经济史研究》2008 年第 4 期。

②　张小河：《抗战时期陕甘宁边区银行的公共关系》，《湖南城市学院学报》2008 年第 5 期。

③　魏忠：《近代上海标金期货市场的实证分析——基于上海标金期货市场与伦敦白银市场之关系的视角》，《财经研究》2008 年第 10 期。

④　张根福等：《抗战时期西部地区银行地域分布的变化与西部开发》，《中央民族大学学报》2008 年第 5 期。

⑤　池子华等：《南京国民政府时期保险业探析——以 1927～1937 年为中心》，《江苏社会科学》2008 年第 3 期。

⑥　张琼等：《民国时期四川典当业的类别及特点》，《西南民族大学学报》2008 年第 11 期。

⑦　林榕杰：《1948 年的天津证券交易所》，《中国经济史研究》2008 年第 2 期。

⑧　梁小民：《清末的金融危机》，《中国报道》2008 年第 12 期；王锋：《20 世纪二三十年代中国商业银行"资金归农"评析》，《石家庄学院学报》2008 年第 2 期；杨锦銮：《买办与近代民族保险业的初创》，《史学月刊》2008 年第 8 期；李婧：《我国近代银行组织制度探讨》，《海南金融》2008 年第 2 期；蒋立场等：《试论清末十年金融市场之嬗变》，《中国矿业大学学报》2008 年第 3 期；李雪峰等：《论皖江抗日根据地的金融工作》，《和田师范专科学校学报》2008 年第 6 期；胡春娟等：《抗战沦陷时期的汉口银行业述略（1938～1945）——兼谈日伪控制下的汉口金融殖民化问题》，《江汉大学学报》2008 年第 3 期；徐琳：《试论邮政储金汇业局的经营活动——以抗战时期为例》，《重庆邮电大学学报》2008 年第 2 期；周春英：《近代中国民营银行发展制度变迁研究》，《中南财经政法大学学报》2008 年第 5 期；林榕杰：《清末民初天津证券市场的发轫》，《社会科学家》2008 年第 1 期；林榕杰：《从"转买转卖之枢纽"到"投机家的乐园"——中国近代人士对证券交易所作用的思索》，《福建论坛》2008 年第 2 期；裴庚辛：《抗战时期兰州金融组织的发展及影响》，《青海民族研究》2008 年第 2 期。

此外，还有多篇论文讨论了近代的交通运输业。[①]

五　财政、货币与经济政策

戴一峰讨论了中国近代报关行管理制度的设立和变迁，并分析了这一制度在实施中的问题。[②] 刘增合认为，清末外省财政机构通过裁局改制，经历了由纷乱无序到财权相对统一的重要转变。[③] 徐毅等通过挖掘各种新史料，讨论了厘金制度的创建与推行等问题。[④] 周育民对罗玉东《中国厘金史》一书中《各省厘金创办年月及人名表》作了修订增补。[⑤] 张小坡研究了清末徽州新式教育经费的筹措与配置问题。[⑥] 刘军指出，民国时期县级教育经费的来源，一是借助民众的力量；二是由上级财政补贴。[⑦] 肖俊生指出，可以视酒税开征为近代工商税发展的先行与试验，为其他税种的制定提供了参考依据。他还探讨了民国时期西康酒税征收的情形。[⑧] 何家

[①] 苏生文：《对清末商办铁路几个问题的再认识》，《信阳师范学院学报》2008 年第 2 期；张枫：《简析北洋时期的电信法规》，《滁州学院学报》2008 年第 6 期；苏全有：《清末铁路总局探析》，《中州学刊》2008 年第 2 期；石慧玺：《透析抗战时期国民政府对西北及甘肃交通运输业的开发》，《开发研究》2008 年第 3 期；闫亚平：《论抗战期间西南地区和关内沦陷区工矿业发展》，《甘肃社会科学》2008 年第 2 期；陈晓东：《清政府铁路"干路国有政策"再评价》，《史学月刊》2008 年第 3 期；陈海忠：《从民利到国权：论 1904～1909 年的潮汕铁路风波》，《太平洋学报》2008 年第 10 期；汪志国：《周馥与近代铁路事业》，《衡阳师范学院学报》2008 年第 2 期；张枫：《北洋时期电信业人事制度述论》，《西安邮电学院学报》2008 年第 6 期；胡中升：《近代中国邮政人事制度探析》，《重庆邮电大学学报》2008 年第 1 期；徐建国：《近代民信局的空间网络分析》，《中国经济史研究》2008 年第 3 期；倪玉平：《义和团运动与晚清漕粮运输》，《江苏社会科学》2008 年第 5 期；范彬：《现代化视角下的近代中国邮政述略》，《重庆邮电大学学报》2008 年第 5 期；李玉梅：《北京电车公司的建立》，《保定学院学报》2008 年第 4 期。

[②] 戴一峰：《中国近代报关行管理制度述论》，《中国经济史研究》2008 年第 3 期。

[③] 刘增合：《由脱序到整合：清末外省财政机构的变动》，《近代史研究》2008 年第 5 期。

[④] 徐毅等：《有关晚清厘金制度的探讨》，《理论探索》2008 年第 3 期。

[⑤] 周育民：《清末〈各省厘金创办年月及人名表〉的订正与评议》，《上海师范大学学报》2008 年第 2 期。

[⑥] 张小坡：《清末徽州新式教育经费的筹措与配置研究》，《安徽史学》2008 年第 5 期。

[⑦] 刘军：《民国时期县级教育发展的经费来源——以 1928～1937 年的湖北省为例》，《山西师大学报》2008 年第 4 期。

[⑧] 肖俊生：《晚清酒税政策的演变论析》，《社会科学辑刊》2008 年第 3 期；《民国时期西康酒税征收情形》，《西南民族大学学报》2008 年第 6 期。

伟探讨了南京国民政府个人所得税制度的确立、实施和最后结果。① 柯伟明考察了民国时期营业税的沿革与发展。② 冯小红等以河北省为中心，阐述了 1928～1937 年南京国民政府对县级税收征管中经纪制的改革历程。③王学敏认为，抗日根据地实行统一累进税，是财政税收建设史上的一个重大创举。④ 易棉阳等分析了国民政府在抗战中争取侨汇的措施。⑤ 张侃介绍了 1945～1949 年国民政府的外债管理法规建设，但随着内战的爆发，外债法规实施停顿，这标志着近代以来运用资产阶级财政方式建立的外债制度也终结了。⑥ 潘国旗讨论了晚清、北洋时期的国内公债问题及其对今天的启示。⑦ 他还研究了近代浙江省政府的公债。⑧ 刘晓泉等分析了民三公债成功发行的原因。⑨ 付文武介绍了抗战时期国民政府捐款献金收支管理与奖励办法。⑩ 此外，还有一些研究近代财政税收的论文。⑪ 王红曼发表了几篇

---

① 何家伟：《南京国民政府个人所得税制度略论》，《武汉大学学报》2008 年第 1 期。
② 柯伟明：《民国时期营业税的沿革与发展》，《商业文化》2008 年第 2 期。
③ 冯小红等：《1928 至 1937 年河北省县级税收征管中的经纪制改革述论——兼与杜赞奇先生商榷》，《中国社会经济史研究》2008 年第 1 期。
④ 王学敏：《统一累进税在抗日根据地得以实施的原因——以晋察冀抗日根据地为例》，《沧桑》2008 年第 3 期。
⑤ 易棉阳等：《华侨汇款与抗日战争》，《玉林师范学院学报》2008 年第 6 期。
⑥ 张侃：《试论 1945～1949 年国民政府的外债管理法规建设》，《中国经济史研究》2008 年第 1 期。
⑦ 潘国旗：《晚清、北洋时期的国内公债论略》，《浙江大学学报》2008 年第 5 期。
⑧ 潘国旗：《近代浙江省公债的发行及启示》，《浙江社会科学》2008 年第 3 期。
⑨ 刘晓泉等：《民三公债新探》，《中国社会经济史研究》2008 年第 2 期。
⑩ 付文武：《论抗战时期国民政府捐款献金收支管理与奖励办法》，《绵阳师范学院学报》2008 年第 9 期。
⑪ 陈勇：《晚清时期的茶税与徽州茶叶贸易》，《合肥师范学院学报》2008 年第 4 期；王志军：《子口税对近代中国民族工业的影响》，《殷都学刊》2008 年第 2 期；睢萌萌：《晚清中英鸦片税厘纷争的阶段性特点及其影响》，《廊坊师范学院学报》2008 年第 1 期；付志宇等：《清末政府税收政策调整探析》，《宁夏社会科学》2008 年第 5 期；孙晟：《晚清汉口厘金问题研究》，《武汉交通职业学院学报》2008 年第 1 期；闾晓：《浅析近代中国外籍税务司制度》，《郧阳师范高等专科学校学报》2008 年第 2 期。敖汀：《民国时期分税制述评》，《辽宁税务高等专科学校学报》2008 年第 1 期；陈振坤：《浅析北洋政府财政困难的原因》，《法制与社会》2008 年第 28 期；齐海鹏：《南京国民政府初期整顿地方杂税措施评析》，《地方财政研究》2008 年第 7 期；潘红石：《试析抗战时期国民政府田赋征实之弊端》，《邵阳学院学报》2008 年第 1 期；温洪玉：《抗日战争胜利后南京国民政府的特定关税减免政策研究》，《内蒙古农业大学学报》2008 年第 2 期；张立杰：《南京国民政府收回盐政主权斗争新探》，《历史教学》2008 年第 9 期；赵小平：《民国时期云南盐商、私盐与辑私关系探析》，《四川工程学院学报》2008 年第 1 期；张立杰：《南京（转下页注）》

关于四联总处的研究论文。[①]

　　贺水金评析了 20 世纪三四十年代，南京政府中央银行反通货膨胀的政策及其绩效。[②]他还指出紊乱的货币体系是近代中国动荡之源。[③]张皓分析了王云五在国民党政府金圆券币制改革中的作用。[④]张秀莉介绍了金圆券发行准备监理委员会的活动，及其如何从保障"发行独立"的机构变成形同虚设。[⑤]刘巍等推敲了罗斯基博士估算的 1910～1936 年的中国货币供给量数据，还对 1913～1935 年的货币供给量进行了修正。[⑥]抗战时期，物价问题是晋察冀边区经济生活中的重要问题。张照青分析了边区政府的物价管理工作。[⑦]徐松如分析了抗战时期民间力量在物价管制中的作用。[⑧]还有一些论文介绍了近代各种各样的货币和货币政策。[⑨]

（接上页注⑪）国民政府盐税整理与改革述论》，《民国档案》2008 年第 1 期；牛保良：《中共中央北方局各抗日根据地的财政经济工作》，《中国延安干部学院学报》2008 年第 4 期；温洪玉：《抗日战争胜利后南京国民政府的特定关税减免政策研究》，《内蒙古农业大学学报》2008 年第 2 期；周小文等：《论 1927～1937 年政治视野下的自贡盐业》，《内江师范学院学报》2008 年第 1 期。

①　王红曼：《四联总处对战时银行机构的法律监管》，《安徽史学》2008 年第 6 期；《"四联总处"对战时货币发行的法律监管》，《中国社会经济史研究》2008 年第 3 期；《四联总处与战时西南地区的农业》，《贵州社会科学》2008 年第 8 期。

②　贺水金：《南京政府中央银行反通货膨胀政策及其绩效评析》，《中国经济史研究》2008 年第 3 期。

③　贺水金：《不和谐音：货币紊乱与近代中国经济、社会民生》，《社会科学》2008 年第 5 期。

④　张皓：《王云五与国民党政府金圆券币制改革》，《史学月刊》2008 年第 3 期。

⑤　张秀莉：《金圆券发行准备监理委员会述论》，《民国档案》2008 年第 4 期。

⑥　刘巍等：《对罗斯基估算的 1910～1936 年中国货币供给量之检讨》，《广东外语外贸大学学报》2008 年第 3 期。

⑦　张照青：《抗战时期晋察冀边区物价问题研究》，《中国经济史研究》2008 年第 3 期。

⑧　徐松如：《以歙县为例看抗战时期民间社会力量在物价管制中的作用》，《史学月刊》2008 年第 6 期。

⑨　光梅红：《抗战时期西农币信用危机及原因分析》，《山西高等学校社会科学学报》2008 年第 8 期；孔祥毅：《一路坎坷一路凯歌——抗战时期的货币战争》，《中国金融》2008 年第 18 期；杨燕等：《抗日战争时期的反假币斗争》，《金融经济》2008 年第 19 期；陈守兰等：《血火中的晋察冀边币印刷》，《党史博采》2008 年第 12 期；袁常奇：《民国时期湖南省银行货币》，《金融经济》2008 年第 18 期；马鸣远：《铜山县裕源庄发行的纸币》，《江苏钱币》2008 年第 3 期；缪汝平：《浅议中国银行"黄帝像改造券"——一种券版特殊的纸币》，《江苏钱币》2008 年第 3 期；刘峰搏：《民国初期"晋钞"的发行述论》，《山西档案》2008 年第 1 期；朱云：《从美援看美国与金圆券改革的关系》，《法制与社会》2008 年第 31 期；李杨杨：《浅析白银风潮与 1935 年国民政府的币制改革》，《消费导刊》（转下页注）

潘健从立法变革的角度勾勒出了近代中国中央银行发展的历史轨迹。[①]
李永伟从国库经理制度发展的角度分析了国民政府中央银行体制的形成过
程。[②]王红曼分析了清末金融立法对金融发展正反两方面的作用。[③]还有一些
论文也从制度变革和经济政策的角度分析了清末新政时期和民国时期的经
济发展。[④]刘慧宇从监管的组织机构安排、监管方式、成效等方面探讨了民
国时期证券市场监管的行政作为。[⑤]李怀信等指出，由于军费开支过大且严
重不足、军事经济不能独立等原因，北洋军阀时期的军事经济表现为一种
负效益型军事经济。[⑥]赵兴胜讨论了南京国民政府划分国营、民营经济范围
的政策设计与实践的三个时期。[⑦]他还从价值分歧与利益之争的角度探讨了
国民政府制定的《国营事业管理法》。[⑧]姚顺东等讨论了国民政府建设农业
仓库的历史过程及其作用。他还评述了南京国民政府农本局的相关活动。[⑨]
抗战爆发前，南京国民政府为挽救农业危机，采取了诸多对策。郭从杰等

（接上页注⑨）2008 年第 12 期；马长林：《民国时期的货币政策：法币政策的制定和推行》，
《中国金融》2008 年第 8 期；杨晓时：《珍稀的中国实业银行国币券改作交通银行法币券》，
《收藏界》2008 年第 6 期；蔡小军：《福建银行及其发行的纸币》，《中国钱币》2008 年第 1
期；张新知：《在羌帖流通下产生的特殊纸币》，《江苏钱币》2005 年第 2 期；黄国强：《对
民国广西机制银币的综合认识》，《广西金融研究》2008 年第 1 期；蔡小军：《福建银行及
其发行的纸币》，《中国钱币》2008 年第 1 期；乔传义：《英国汇丰银行及其在我国发行的
纸币》，《哈尔滨商业大学学报》2008 年第 2 期。

① 潘健：《论立法变革对近代中国中央银行的影响》，《中国经济史研究》2008 年第 2 期。
② 李永伟：《南京国民政府中央银行之国库经理制度发展论——以政府主导下的制度生成过
程为视角》，《武汉科技大学学报》2008 年第 6 期。
③ 王红曼：《清末金融立法与金融发展》，《历史教学》2008 年第 4 期。
④ 邱观建等：《试论清末民初政府扶持工商业的政策》，《武汉理工大学学报》2008 年第 2 期；
王洪涛：《清末新政中工商制度改革的历史地位》，《兰台世界》2008 年第 13 期；汪志国：
《论周馥任山东巡抚时期的经济改革举措》，《青岛农业大学学报》2008 年第 1 期；史洪智：
《新政初期的商部创设与商律编订》，《中山大学学报》2008 年第 5 期；樊端成：《清朝末
年有关农业政策的实施》，《江西农业大学学报》2008 年第 1 期；陈晋文：《政府行为与近
代中国经济发展》，《北京工商大学学报》2008 年第 5 期；李婧：《近代中国银行立法的演
进与嬗变》，《政治与法律》2008 年第 11 期。
⑤ 刘慧宇：《论民国时期证券市场监管的行政作为》，《党史研究与教学》2007 年第 6 期。
⑥ 李怀信等：《试论北洋军阀时期的军事经济》，《军事经济研究》2008 年第 1 期。
⑦ 赵兴胜：《论国民政府国营与民营经济范围之划分》，《山东大学学报》2008 年第 5 期。
⑧ 赵兴胜：《战后经济转型中的价值分歧与利益之争——以国民政府〈国营事业管理法〉的
制订为例》，《安徽史学》2008 年第 2 期。
⑨ 姚顺东等：《论国民政府农业仓库建设》，《求索》2008 年第 7 期；《南京国民政府农本局
述论》，《江汉论坛》2008 年第 8 期。

对此进行了评述。① 莫子刚考察了抗战时期国民政府所倡导的生产竞赛运动，并分析了其对推动生产力发展等方面的作用。② 肖自力研究了国民政府钨砂统制从尝试到确立的历史过程，并分析了其意义。③ 其他人也研究了国民政府对经济的统制。④ 范建鏋在梳理日据时期台湾警察制度沿革的基础上，探讨了警察与推进经济殖民政策之间的具体关系。⑤ 潘健研究了汪伪政府"以恢复旧制为揭橥"的盐政整理。⑥ 齐春风探讨了抗战时期大后方与沦陷区间物资战和货币战这两种互相联系、互相影响的经济关系。⑦ 有多篇论文研究了根据地和解放区的经济政策。⑧

六 商人及其他社会阶层研究

1929 年初，行政院和立法院均认为商团无继续存在之必要，江苏各地商团大多采取了拖延改组或是置之不理的策略。直至 1935 年 10 月，苏州商团才宣布自行解散。朱英分析了这一历史过程。⑨ 南京国民政府建立之后，在天津商会两次换届改选过程中，政府都没有直接加以操纵和控制。

---

① 郭从杰等：《抗战前南京国民政府的农业推广政策》，《历史档案》2008 年第 1 期。
② 莫子刚：《抗战时期国统区后方生产竞赛运动之初探》，《安徽史学》2008 年第 2 期。
③ 肖自力：《国民政府钨砂统制的尝试与确立》，《历史研究》2008 年第 1 期。
④ 魏殿金：《抗日战争时期国民政府的粮食管制政策》，《南京财经大学学报》2008 年第 6 期；蒋善祺：《民国战时经济统制法初探》，《南昌高专学报》2008 年第 6 期；黄震：《南京国民政府时期（1927～1937）金融统制探略》，《政法论坛》2008 年第 1 期；杜乐秀等：《抗战时期国民政府对四川汽车燃料管理考略》，《民国档案》2008 年第 4 期。
⑤ 范建鏋：《日据时期台湾警察与经济殖民政策之推进》，《中国经济史研究》2008 年第 1 期。
⑥ 潘健：《汪伪政府盐政研究》，《盐业史研究》2008 年第 4 期。
⑦ 齐春风：《抗战时期大后方与沦陷区间的经济关系》，《中国经济史研究》2008 年第 4 期；《抗战时期国民政府对沦陷区经济策略的演变》，《辽宁师范大学学报》2008 年第 6 期。
⑧ 王强：《抗战时期中国共产党的劳资政策及其历史经验》，《武汉理工大学学报》2008 年第 6 期；陈峥：《抗战相持阶段陕甘宁边区食盐贸易政策》，《河西学院学报》2008 年第 1 期；刘尊英：《浅析抗日战争时期减租减息政策的特性》，《传承》2008 年第 8 期；张鸣祥：《略论皖江抗日根据地的财经工作》，《黑龙江史志》2008 年第 8 期；李连清：《解放战争时期中共的土地政策》，《康定民族师范高等专科学校学报》2008 年第 6 期。
⑨ 朱英：《南京国民政府建立后苏州商团的改组与消亡》，《历史研究》2008 年第 5 期；朱英：《苏州商团：近代商人的独特军事武装》，《江苏社会科学》2008 年第 1 期。

但天津商会的发展却一直非常困难。朱英认为之所以出现这种状况，主要
应从当时天津工商业发展困难以及商会自身寻求原因。① 在20世纪20年代
的国民革命中，商民运动与工人运动、农民运动、学生运动和妇女运动等一
道构成了大革命时期民众运动的洪流。商民协会在发展过程中与旧有商会也
产生了矛盾。乔兆红认为，南京政府成立后，虽然商民协会被撤销，但不能
据此说商民协会与商民运动是失败的，而只能说完成了其历史使命。② 近代
中国政府干预经济的能力相当弱，市场信用得以树立与行业协会的作用密不
可分。孟祥霞研究发现，在20世纪30年代以前很长时期中，由于上海钱业
公会卓有成效的行业信用制度建设与监管，钱业信用并不低于银行信用。③
近代同业公会的经费收入主要依赖会费、捐款，但仍有一些公共性营收。
绝大多数同业公会都面临着经费困境，从而影响到公会组织的生存和职能
发挥。魏文享对这一问题进行了分析。④ 樊卫国研究了上海同业公会处罚
制度及其施行机制。⑤ 张启耀考察了清末商会经济纠纷调理权产生的原
因。⑥ 常健分析了清末民初商会的裁判制度。⑦ 1947年10月，国民政府颁
布《工业会法》。从此，工业界得以独立于商会之外，工业会与商会具有
同等法律地位，形成"工"与"商"的分野。李勇军研究了上海市工业
会的个案。⑧ 李培德研究了上海解放前夕的上海银行家，他指出大多数离
沪银行家都设法通过中间人继续与上海保持着关系。⑨ 陈炜等对近代广西

① 朱英：《南京国民政府初期天津商会的改选及其困境》，《华中师范大学学报》2008年第
　6期。
② 乔兆红：《中国商民运动的历史命运》，《中国经济史研究》2008年第1期。
③ 孟祥霞：《论近代上海钱业公会的行业信用监管地位及启示》，《财会通讯》2008年第
　7期。
④ 魏文享：《非营利的困惑：近代工商同业公会的经费问题探析》，《江汉大学学报》2008年
　第1期。
⑤ 樊卫国：《民国上海同业公会处罚制度及其施行机制》，《社会科学》2008年第10期。
⑥ 张启耀：《清末商会经济纠纷调理权产生原因探析》，《历史教学》2008年第7期；张启耀
　等：《晚清商会经济纠纷调理权再探讨》，《求是学刊》2008年第3期。
⑦ 常健：《清末民初商会裁判制度：法律形成与特点解析》，《上海交通大学学报》2008年第
　4期。
⑧ 李勇军：《工业会的成立与商会的分流——以上海市工业会为个案》，《华中师范大学学报》
　2008年第5期。
⑨ 李培德：《上海解放前夕的上海银行家》，《社会科学》2008年第10期。

商人组织进行了系列研究。① 还有一些论文研究了各地的商人和商会。② 还有多人对近代一些重要的人物如李鸿章、张之洞的经济行为进行了研究。③

李永芳考察了清末农会组织，并研究其对农业改良的推动。他还评述了北洋政府统属下的农会组织。④ 吴春梅综述了自清政府颁布《简明农会章程》以来，民国历届政府对农会的法律规范，以及近代农会功能的嬗

---

① 陈炜等：《近代广西城镇的商人组织及其网络结构——近代广西商人组织系列研究之一》，《柳州师专学报》2008 年第 1 期；《商人组织与近代广西城镇经济的发展——近代广西商人组织系列研究之二》，《柳州师专学报》2008 年第 2 期；《商人组织与近代广西乡村经济的进步——近代广西商人组织系列研究之三》，《柳州师专学报》2008 年第 3 期。

② 杨福林等：《清末民国湘省江西商帮的分化及其原因探析》，《江西财经大学学报》2008 年第 5 期；宋良曦：《盐场儒商王和甫》，《盐业史研究》2008 年第 3 期。闫思虎：《"客商"与近现代中国》，《嘉应学院学报》2008 年第 1 期；李建国：《试析近代西北地区的晋商》，《青海社会科学》2008 年第 6 期；李晓英：《近代甘宁青羊毛贸易中的回族商人及其贸易网络》，《西北师大学报》2008 年第 4 期；李海红：《论清末民初商会的形成和作用》，《重庆科技学院学报》2008 年第 7 期。陈炜：《商人与近代广西民族地区乡村经济的变迁》，《安徽农业科学》2008 年第 13 期；韦福安：《明清及近代粤商入龙州的历史动因及其地域、身份来源探析》，《南宁师范高等专科学校学报》2008 年第 2 期；孙炳芳等：《直隶商会与近代棉业的发展（1903～1937）》，《河北学刊》2008 年第 4 期；李英铨等：《抗战胜利前后李先良与青岛市商会关系的演变》，《东方论坛》2008 年第 3 期；刘芳正等：《明清以来徽州茶商在上海》，《枣庄学院学报》2008 年第 6 期；胡天璇：《尚德以传承创新以应变——由锡商的发展看民国国货品牌文化的形成》，《江南论坛》2008 年第 5 期；刘宝宏等：《晋商为什么衰落——产权保护视角的探析》，《财经问题研究》2008 年第 6 期；叶桢等：《民国吉安商会及相关商人组织》，《安徽文学》2008 年第 11 期；虞和平等：《商人与 1928 年中华国货展览会》，《华中师范大学学报》2008 年第 6 期；李平：《清末民初商会设立的商业学堂》，《郑州航空工业管理学院学报》2008 年第 6 期。

③ 汪志国：《论周馥在两江总督任期的经济改革举措》，《淮阴工学院学报》2008 年第 2 期；纪立新：《吴锦堂振兴浙江实业的设想与活动》，《宁波大学学报》2008 年第 5 期；苏全有：《袁世凯与直隶商业》，《河北经贸大学学报》2008 年第 3 期；苏全有等：《袁世凯与津镇铁路借款交涉》，《淮北煤炭师范学院学报》2008 年第 5 期；吕志茹：《无奈的选择：孔祥熙与抗战时期的增发货币政策》，《山西师大学报》2008 年第 1 期；蔡志新：《孔祥熙否认通货膨胀的思想动机》，《山西师大学报》2008 年第 1 期；叶孟波：《试论孙中山与广西经济社会发展》，《梧州学院学报》2008 年第 2 期；朱圣富等：《薛明剑等关于建立湖江工业中心区提案及计划补充书》，《民国档案》2008 年第 4 期；王军：《倪嗣冲投资活动及失败原因分析》，《宿州学院学报》2008 年第 4 期；羌建等：《张謇的农会观及其实践初探》，《农业考古》2008 年第 6 期；吴宪：《张之洞与清末路政》，《大众文艺》2008 年第 9 期；应芳舟：《朱葆三慈善事业述论》，《浙江海洋学院学报》2008 年第 1 期。

④ 李永芳：《北洋政府统属下的农会组织述论》，《河南师范大学学报》2008 年第 6 期；《清末农会与农业改良刍探》，《中国农史》2008 年第 2 期。

变。① 周楠研究了南京国民政府建立初期的国民党工会组织。② 据不完全统计，晚清中国受雇赴日的中国茶业技师多达 64 人。董科考证了他们的事迹。③ 吕利探讨了清末民初民间"合会"的形态和功能。④ 陈国威分析了19 世纪买办投资中国工商业的心理动因。⑤ 洪煜研究了近代上海报贩职业群体。⑥ 赵赟研究了近代苏北沿海灶民群体。⑦

七　外贸

袁欣研究了近代中国的贸易一般趋势及其与农产品贸易的关系。⑧ 于新娟依据海关史料对南京、镇江、上海、苏州、杭州和宁波六港棉制品净进口的记载，对民初长江三角洲棉制品进口的种类、价值和数量进行系统的统计分析。⑨ 上海开埠初期的十几年间，国际贸易结算方式历史地从现银结算向汇兑结算转变。宋佩玉研究了这一转变。⑩ 20 世纪初期的中日煤炭贸易不仅表现在互相输出，更体现在煤炭贸易日益紧密，中日双方市场依存度不断加大。王力分析了这种贸易格局的特点和形成的原因。⑪ 高晓东介绍了南京国民政府初期的中外商标交涉。⑫ 孙月华研究了抗战时期的中苏易货借款。⑬ 吴巍巍考察了近代闽台地区的樟脑贸易。⑭ 谢振治研究了

① 吴春梅：《近代农会功能的嬗变与法律规范的调整——以淮河流域为中心的考察》，《民国档案》2008 年第 1 期。
② 周楠：《南京国民政府建立初期国民党工会组织探析》，《求索》2008 年第 11 期。
③ 董科：《晚清中国茶业技师赴日事迹考》，《日语学习与研究》2008 年第 2 期。
④ 吕利：《清末民初民间经济集会的形态和功能研究》，《中北大学学报》2008 年第 4 期。
⑤ 陈国威：《19 世纪买办投资中国工商业的心理史分析》，《社会科学战线》2008 年第 8 期。
⑥ 洪煜：《近代上海报贩职业群体研究》，《史学月刊》2008 年第 12 期。
⑦ 赵赟：《近代苏北沿海灶民群体研究》，《盐业史研究》2008 年第 3 期。
⑧ 袁欣：《近代中国的贸易条件：一般趋势及其与农产品贸易的关系》，《中国农史》2008 年第 3 期。
⑨ 于新娟：《民初至抗战前长江三角洲棉制品进口贸易态势——以海关史料为中心的考察》，《中国社会经济史研究》2008 年第 3 期。
⑩ 宋佩玉：《开埠初期上海的国际贸易与汇兑》，《上海师范大学学报》2008 年第 4 期。
⑪ 王力：《20 世纪初期中日煤炭贸易的分析》，《中国经济史研究》2008 年第 3 期。
⑫ 高晓东：《南京国民政府初期的中外商标交涉》，《云南社会科学》2008 年第 5 期。
⑬ 孙月华：《抗战时期苏联援华的主要方式——中苏易货借款》，《泰山学院学报》2008 年第 4 期。
⑭ 吴巍巍：《近代闽台地区樟脑贸易述论》，《福建省社会主义学院学报》2008 年第 2 期。

1902 年中英商约对近代中国的对外开放产生的影响。[①] 费驰总结了 1907～
1931 年的东北对外贸易的特点。[②] 张维缜等概述了资源委员会与美国西屋
公司的技术贸易合作。[③]

八　城市化及区域经济

通过分析厦门从成陆至明清、晚清和民国四个阶段的历史变迁，戴一
峰认为，在城市空间演化的历史进程中，厦门的地理空间、物资空间与社
会空间之间存在着密切的互动关系。[④] 张轶欣分析了张家口商业兴衰与其
城市空间结构变化之间的关系。[⑤] 王列辉根据海关报告和不同时期的经济
调查，把近代浙江港口的腹地变化分为四个时期，在这个框架范围内厘清
了宁波港腹地的变迁过程。[⑥] 庄维民引入贸易依存度和间接腹地的概念，
以口岸与腹地间的层级复合关系作为分析框架，来考察上海口岸与华北腹
地复杂的关系内涵。[⑦] 北方口岸在 20 世纪上半叶逐渐脱离了上海外贸转运
的辐射范围。唐巧天分析了这一历史过程出现的原因。[⑧] 孙毅认为对外贸
易的增长与经济格局的变迁在青岛形成了良好的互动关系，并促进了青岛
早期的工业化。[⑨] 通过对海关资料的阅读与分析，李宁认为镇江贸易地位
走向负面变迁的根本原因在于其贸易商品结构单一、重复。郑忠分析了民
国镇江城乡经济衰退的腹地因素。[⑩] 研究江南城镇的近代发展的论文也颇

---

① 谢振治：《1902 年中英商约与近代中国的对外开放》，《广西民族大学学报》2008 年第 4 期。

② 费驰：《1907～1931 年的东北对外贸易》，《社会科学战线》2008 年第 12 期。

③ 张维缜等：《资源委员会与美国西屋公司技术贸易合作略论》，《民国档案》2008 年第
1 期。

④ 戴一峰：《区位、空间与城市发展：厦门个案》，《史林》2008 年第 2 期。

⑤ 张轶欣：《张家口商业兴衰与近代城市空间的演变》，《河北北方学院学报》2008 年第
2 期。

⑥ 王列辉：《近代宁波港腹地的变迁》，《中国经济史研究》2008 年第 1 期。

⑦ 庄维民：《贸易依存度与间接腹地：近代上海与华北腹地市场》，《中国经济史研究》2008
年第 1 期。

⑧ 唐巧天：《近代北方口岸与上海间外贸埠际转运变迁》，《史学月刊》2008 年第 10 期。

⑨ 孙毅：《近代青岛对外贸易与经济格局的变迁》，《青岛大学师范学院学报》2008 年第
1 期。

⑩ 李宁：《近代镇江贸易地位变迁原因再分析》，《中国经济史研究》2008 年第 1 期；郑忠：
《民国镇江城乡经济衰退的腹地因素分析》，《中国农史》2008 年第 3 期。

有一些。① 刘曙东研究了近代流民入城对城市化进程的影响。② 铁路与近代城镇兴起之间的关系也受到了学者的关注。③ 还有一些近代城市的发展也得到学者们的关注。④

付海晏以 1935 年上海市国货推行协会在无锡举办的国货流动展览会为中心，展现了国货运动中的复杂面相。⑤ 肖良武分析了制约近代贵州区域经济发展的制度因素。⑥ 贾贵浩分析了近代河南集市发展的制约因素。⑦ 韦国友等以两广为中心考察了近代珠江流域区域经济发展进程中的分工与互补。⑧ 还有一些论文研究了某一地区的经济发展问题。⑨ 毛立坤研究了晚

① 徐占春等：《近代江南地区的人口城镇化研究》，《江苏广播电视大学学报》2008 年第 4 期；王超：《江南市镇经济的近代变迁》，《大众文艺》2008 年第 11 期；徐峰：《试论近代江南市镇的城市化》，《兰州学刊》2008 年第 2 期。

② 刘曙东：《近代流民入城对城市化进程的影响》，《湖南文理学院学报》2008 年第 6 期。

③ 谭刚：《陇海铁路与陕西城镇的兴衰（1932～1945）》，《中国经济史研究》2008 年第 1 期；于春英：《中东铁路与近代牡丹江地区城镇的兴起》，《东北亚论坛》2008 年第 1 期；刘晖：《铁路与近代郑州棉业的发展》，《史学月刊》2008 年第 7 期。

④ 李春连等：《近代中越边境口岸地带经济发展分析——以广西龙州口岸为视域》，《科技创新导报》2008 年第 3 期；王婷梅：《近代西北城镇的发展及制约因素》，《绥化学院学报》2008 年第 6 期；马安君：《民国时期青海城镇市场述论》，《西藏研究》2008 年第 3 期；凌申：《民国初江苏沿海"废灶兴垦"与城镇空间格局的演变》，《盐城师范学院学报》2008 年第 4 期；于阜民等：《营口开埠与营口海关》，《北方文物》2008 年第 2 期；张雷等：《一城两市：近代海州城市格局变迁研究（1855～1938）》，《中国历史地理论丛》2008 年第 4 期；周德钧等：《近代武汉商业革命述论》，《江汉大学学报》2008 年第 2 期；李惠民等：《近代石家庄城市人口的跳跃性增长》，《石家庄经济学院学报》2008 年第 1 期；王滨：《浅析近代临清城市衰落的原因》，《华商》2008 年第 15 期；韦国友：《近代百色城对右江流域壮族经济的影响》，《广西经济管理干部学院学报》2008 年第 3 期；陈炜：《近代西南民族地区城镇商业市场网络的传承与嬗变——以广西为例》，《广西民族研究》2008 年第 1 期。

⑤ 付海晏：《"跑调"的国货展览会：1935 年无锡国货流动展览会研究》，《近代史研究》2008 年第 4 期。

⑥ 肖良武：《制约近代贵州区域经济发展的制度因素分析》，《贵阳学院学报》2008 年第 2 期。

⑦ 贾贵浩：《近代河南集市发展的制约因素分析》，《安徽农业科学》2008 年第 11 期。

⑧ 韦国友等：《近代珠江流域区域经济发展进程中的分工与互补——以两广为中心的考察》，《广西民族研究》2008 年第 4 期。

⑨ 刘大可：《抗战时期日本工业资本在青岛的扩张》，《理论学刊》2008 年第 8 期；萧平汉：《抗战时期的衡阳经济》，《长沙理工大学学报》2008 年第 3 期。张艳：《科学技术与抗日根据地的经济建设——以陕甘宁边区为中心》，《抗日战争研究》2008 年第 3 期；庄维民：《近代青岛的日资纱厂与区域社会经济变迁》，《东方论坛》2008 年第 4 期；闫磊：《论战时迁港难民对香港经济的推动》，《传承》2008 年第 20 期。方步安等：《抗战时期黔北工商业发展探究》，《铜仁学院学报》2008 年第 6 期。

清时期香港与闽台地区的贸易关系。[①] 徐素琴认为，民船贸易的兴衰过程，折射出清末广州、香港、澳门以及北海、江门等口岸贸易此兴彼衰的特点。[②] 胡铁球指出，近代以来"歇家牙行"开始大规模淡化其服务贸易的内容而走上了直接贸易及混合经营模式的道路，这种嬗变构成了西北地区近代化过程的重要内容。[③] 戴鞍钢分析了清末新政期间，新疆、西藏和川边地区的近代化进程步履蹒跚的原因。[④] 张福运通过对 1933 年底《新徐日报》一则关于贾汪矿区利益冲突的新闻报道的考证及解读，研究了场区经济利益冲突的表达与实践。[⑤] 吴国健探讨了抗战时期工矿业内迁对云南经济的影响。[⑥]

① 毛立坤：《晚清时期香港与闽台地区的贸易关系》，《中国社会经济史研究》2008 年第 3 期。

② 徐素琴：《晚清粤澳民船贸易及其影响》，《中国边疆史地研究》2008 年第 1 期。

③ 胡铁球：《"歇家牙行"经营模式在近代西北地区的沿袭与嬗变》，《史林》2008 年第 1 期。

④ 戴鞍钢：《清末新政与新疆、西藏、川边地区经济的演变——兼与东部地区的比较》，《云南大学学报》2008 年第 6 期。

⑤ 张福运：《场区经济利益冲突的表达与实践——以 1933 年底〈新徐日报〉一则新闻稿的考证及解读为中心》，《中国经济史研究》2008 年第 2 期。

⑥ 吴国健：《抗战时期工矿业内迁对云南的影响初探》，《山西高等学校社会科学学报》2008 年第 11 期。

第十四章
2008 年中国现代经济史研究

董志凯

现代经济史研究的特点是与时代关注的热点同步。2008 年，中国现代经济史研究的重点是经济体制改革开放 30 年的历史。著作与论文数量极大。此外，对 1949 ~ 1978 年间的经济史进行研究的论文仍然很多，还有不少是对经济史研究方法的探索。下面分别作一综述。

一 关于 30 年改革史的研究

编成体系的大型丛书约十余种。如：韩俊为编委会主任编纂的"中国经济改革 30 年丛书"（重庆大学出版社，2008），包括源头沧桑、政府转型卷、国有企业卷、财税卷、区域经济卷、社会保障卷、抚脉历程、市场化进程卷、农村经济卷、民营经济卷、金融改革卷、对外开放卷、资源环境卷共 13 卷。陈佳贵总主编的（中国社会科学院文库之一）"中国经济改革开放 30 年研究丛书"，分体制、投资、国企、非国有经济、财税、劳动社保、金融、农村、开放 9 卷阐述了经济体制改革的历程。特点在于力求将对经验的评价上升到理论，体现社会科学院理论分析见长之特点。中国社会科学院文库还有王伟光总主编的"中国哲学社会科学 30 年丛书"，其中经济类有张卓元主编的《中国经济学 30 年》和汪海波主编的《中国经济发展 30 年》。21 家出版社联合出版的"强国之路——纪念改革开放 30

年重点书系"，其中有《中国经济体制改革 30 年回顾与展望》、《中国社会保障 30 年》、《中国财税体制改革 30 年回顾与展望》、《中国金融体制改革 30 年回顾与展望》、《中国行政体制改革 30 年回顾与展望》、《中国开放 30 年：增长、结构、体制变迁》、《中国国有企业改革 30 年回顾与展望》、《中国农村改革 30 年回顾与展望》（人民出版社，2008）、《中国企业改革 30 年》、《中国对外贸易 30 年》（中国财政经济出版社，2008）、《走向富强社会——30 年宏观经济回顾》（中国发展出版社，2008）等。复旦大学新政治经济学研究中心和上海世纪出版集团一起发起了"中国改革 30 年研究与出版工程"，涉及经济增长与结构变迁、制度创新与经济改革、公共部门与政府体制、农业改革与农村经济、金融创新与资本市场、对外开放与世界经济、市场体系与经济发展、企业改革与产业调整等 15 个重大选题。上海市社会科学界联合会组织各主要学科专家推出的"纪念改革 30 年丛书"（中国大百科出版社，2008），其中包括：《改革 30 年：中国的大国经济发展道路（经济卷）》等。

除丛书外，单部专著和文章更有特点，特别是亲历者的回忆录生动地展现了改革的历程。如李岚清的《突围——国门初开的岁月》（中央文献出版社，2008），梳理和总结了对外开放早期的一些重大实践和理论问题，再现中国改革开放初期百废待兴的景象。田纪云连续发表了《经济改革是怎样搞起来的》、《对外开放是怎样搞起来的》、《八十年代经济改革十大措施——为纪念改革开放三十周年》[①]。陈锦华的《关于二十世纪九十年代确立社会主义市场经济体制和加强国家宏观调控问题有关情况的回顾》[②]；王光宇的《我所亲历的安徽农村改革》[③]；王梦奎的《社会主义市场经济体制的第一个总体设计——参加起草十四届三中全会〈决定〉的回忆》[④]；

---

① 田纪云：《经济改革是怎样搞起来的》，《对外开放是怎样搞起来的》，《八十年代经济改革十大措施——为纪念改革开放三十周年》，《炎黄春秋》2008 年第 1、2、3 期。

② 陈锦华：《关于二十世纪九十年代确立社会主义市场经济体制和加强国家宏观调控问题有关情况的回顾》，《党的文献》2008 年第 4 期。

③ 王光宇：《我所亲历的安徽农村改革》，《中共党史研究》2008 年第 5 期。

④ 王梦奎：《社会主义市场经济体制的第一个总体设计——参加起草十四届三中全会〈决定〉的回忆》，《百年潮》2008 年第 7 期。

王忠禹的《改革开放——中国企业 30 年盘点与展望》①；刘国光的《计划与市场关系变革的三十年及我在此过程中的一些经历》②；徐匡迪的《我亲历上海经济体制改革的几件大事》③；高尚全的《参加起草中央关于经济体制改革的三个决定》④；徐景安的《我所经历的经济体制改革决策过程》、《"双轨制"改革的由来》⑤；经叔平的《中国"民"字号银行出世》；刘鸿儒的《亲历金融体制改革》；厉以宁、马国川的《股份制是过去三十年中最成功的改革之一——厉以宁谈股份制》⑥；吴敬琏的《经济学家、经济学与中国改革》⑦；赵人伟的《1985 年"巴山轮会议"的回顾与思考》⑧等。学者撰写的著作和文章如邹东涛主编的《中国改革开放 30 年（1978～2008）》（社会科学文献出版社，2008），除主报告外，分 25 章专题报告分别反映思想观念、经济体制、产业结构、产业与社会发展的各个方面变化。对垄断产业规制改革的阐述是本书独具的一大特点。国家发改委经济体制综合改革司的《改革开放三十年：从历史走向未来——中国体制改革若干历史经验研究》（人民出版社，2008）；吴晓灵的《中国金融体制改革30 年回顾与展望》（人民出版社，2008）；宋洪远主编的《中国农村改革三十年》（中国农业出版社，2008）；郑有贵、李成贵的《一号文件与中国农村改革》（安徽人民出版社，2008）；邹东涛、欧阳日辉的《中国所有制改革 30 年（1978～2008）》（社会科学文献出版社，2008）；宋士云的《中国银行业市场化改革的历史考察》（人民出版社，2008）；赵凌云主编的《中国发展过大关》（湖北人民出版社，2008）等。大部分经济学和近现当代历史学相关杂志开辟了改革开放 30 年专栏，研究文章异常丰富，一些突破性的见解往往出现在对政策制定实施来龙去脉交代得比较清楚的改革史中。

---

① 王忠禹：《改革开放——中国企业 30 年盘点与展望》，《经济要参》2008 年第 63 期。
② 刘国光的《计划与市场关系变革的三十年及我在此过程中的一些经历》，《市长参考》2008 年第 11 期。
③ 徐匡迪：《我亲历上海经济体制改革的几件大事》，2008 年 11 月 24 日《人民政协报》。
④ 高尚全：《参加起草中央关于经济体制改革的三个决定》，《百年潮》2009 年第 2 期。
⑤ 徐景安：《我所经历的经济体制改革决策过程》、《"双轨制"改革的由来》，《百年潮》2008 年第 2 期、《财经》杂志 2008 年第 5 期。
⑥ 《读书》2008 年第 5、6 期。
⑦ 吴敬琏：《经济学家、经济学与中国改革》，2008 年 3 月 4 日《财经》网络版。
⑧ 赵人伟：《1985 年"巴山轮会议"的回顾与思考》，《经济研究》2008 年第 12 期。

对改革开放 30 年的经济史研究有以下特点：（1）注意从政治经济学的角度阐述中国经济体制改革成功与政治的关系。认为 30 年来中国政治驱动型的后发现代化的发展逻辑是：政治领导启动了改革开放的新时代，思想解放运动助推了改革；改革开放以经济建设为中心，逐步推进市场化取向的改革，释放了市场的力量；经济转轨和市场经济发展的力量又拉动了政治的制度化、文化的世俗化和社会的多元化，引发了广泛的社会变迁和社会转型；社会变迁与转型又影响着经济发展和现代化的走向，引出了科学发展与和谐社会的新命题。① 关于改革中政府对经济管理的作用及其经验教训的研究多了起来。（2）研究经济体制改革与经济发展战略、增长方式的改革并行。如对中国能源发展战略的变革的研究等。② （3）随着中外经济关系的发展，对外投资进入了经济史的视野。③ （4）经济学者试图用计量手段分析计划经济时期的经济史。④ （5）不是单方面谈成就和正面经验，而是指出：中国取得了巨大的进步、巨大的成果，同时也付出了巨大的成本，也将面临巨大的挑战。⑤

2008 年对改革开放时期经济史的研究成果按研究领域分类大体有以下12 个方面。

二　关于 30 年改革的阶段划分与渐进式路径

关于 30 年改革的阶段划分与渐进式路径，学者们比较一致的看法为：从 1978 年中共十一届三中全会到 1982 年中共十二大，这 4 年为改革开放

---

① 胡伟：《现代化的道路与模式：中国因素》，2008 年 12 月 13 日《文汇报》。

② 徐寿波：《改革开放三十年中国能源发展战略的变革》，《市长参考》2008 年第 9 期

③ 宋国友：《中国购买美国国债：来源、收益与影响》，《复旦学报》2008 年第 4 期。

④ 如姚洋、郑东雅合著的《重工业与经济发展：计划经济时代再考察》（《经济研究》2008年第 4 期）一文运用现代经济学分析工具对中国的重工业优先发展战略进行了分析。该文通过建立消费者理性选择模型与中间品与最终品的生产函数，论证了重工业优先发展战略的合理性，并从理论上给出了最优补贴率和最优补贴时间的计算方法。对这篇文章的不同看法认为：把这样一个复杂的历史选择仅仅嫁接在"经济理性"基础上，尽管深刻但却容易失之片面。见肖翔、隋福民、武力：《由〈重工业与经济发展：计划经济时代再考察〉一文引发的几点想法》（未发表文稿）。

⑤ 如卫兴华：《改革开放三十年：实践和理论两个层面都要总结》，《理论动态》2008 年第 34期；丁学良：《中国改革开放路上的"四个巨大"》，2009 年 1 月 19 日经济观察网等。

起步阶段；从 1982 年中共十二大到 1992 年邓小平南方谈话和中共十四大，这 10 年为改革开放全面展开阶段；从 1992 年中共十四大到 2002 年中共十六大，这 10 年为新的体制历史性突破阶段；从 2002 年中共十六大至今，这 6 年为全面建设小康社会阶段。① 也有按照改革的重点，分为农村改革、价格改革、国有企业改革和政府改革 4 个阶段。还有按照转型的中心任务阐述改革阶段历史的。② 在全面阐述体制改革历史的文章中，吴敬琏的《中国经济改革三十年历程的制度思考》理论色彩比较浓厚。他将改革划为"摸着石头过河"和"双轨制"的形成（1978～1983 年），经济改革体制目标的逐步明确（1984～1993 年），建立新经济体制对于经济发展的推动（1994 年至今）三个阶段。③ 中国渐进式经济转型的成功依靠的是自己的开创性探索，其最有特色的核心经验就是"市场经济 + 社会主义"模式。为什么计划经济体制转向市场经济体制如此艰难，可以从政府、市场、企业三者关系的调整来说明。④

三 农村改革

1982 年第一个"一号文件"出台之前，主要是把农民自发的创造——包产到户"合法化"。1982 年正式承认包产到户合法性的第一个"一号文件"的主要内容是肯定多种形式的责任制，特别是包干到户、包产到户。文件的另一要点是尊重群众的选择。中国农村改革的成功，曾经被总结为"一靠改革、二靠政策、三靠科技"。实际上，政策调整也是改革内容的一个重要组成部分。人民公社、统购统销和户籍制度成为导致城乡分割体制的"三驾马车"，而农村改革的重心便围绕着如何挣脱"三驾

---

① 如刘树成、吴太昌主编《中国体制改革 30 年研究》，经济管理出版社，2008；李景田：《三十年改革开放的回顾与思考》，2008 年 12 月 1 日《学习时报》等。

② 如张卓元：《为发展 须改革》，2008 年 10 月 28 日《财经》；魏杰：《中国经济体制改革的历史进程及不同阶段的任务》，《社会科学战线》2008 年第 4 期；董志凯：《转型之路——中国社会主义市场经济起步（1992～2001）》，《中国经济史研究》2008 年第 4 期。

③ 载 2008 年 9 月 23、24、25 日《21 世纪经济报道》。

④ 李伟、张占斌：《中国渐进式经济转型经验及其发展道路探索》，《中共党史研究》2008 年第 3 期；厉以宁：《思想解放 \ 理论创新 \ 经济改革——纪念中国改革开放三十年》，《博士后交流》2008 年第 2 期。

马车"的缰绳展开。无论从时间上还是逻辑上，实施家庭承包制都是改革的起点。它的直接成效是改善了农民的激励机制，带来农业生产力的迅猛增长与农产品产量的大幅增加。农民在获得剩余索取权后，自然需要通过市场流通的方式交换剩余农产品，由此，集市贸易、批发市场应运而生，因而也奠定了统购统销体制变革的基础；生产力提高减少了农业中劳动力的使用，农村剩余劳动力踏上了城市化的征程；乡镇企业发展率先靠市场机制实现了产业发展，并推动经济进入高速增长轨道。户籍制度改革虽然长路漫漫却终究不可逆转。现代农业生产要素投入大幅增加。农民收入持续增长。农村社会流动性显著增强。农村基层民主建设有序展开。面临的深层矛盾和突出问题是：农业发展方式依然粗放，保障国家粮食安全和主要农产品供求平衡压力增大；农村经济体制尚不完善，协调工农、城乡利益关系任重道远；农民持续增收困难，缩小城乡居民收入差距前景堪忧；农村社会不平等程度加深，兼顾各方利益和搞好社会管理难度加大。[①]

农村以家庭承包经营为基础、统分结合的双层经营体制的内涵可以概括为三个方面：坚持农村土地等主要生产资料的公有制；以家庭承包经营为基础；实行统分结合的双层经营体制。中国农村合作经济组织的发展沿着两大路径展开，一是政府主导下改革人民公社体制形成的社区型农村合作经济组织；二是农民自发形成、政府积极引导的新型农民专业合作经济组织的发展。前者由于创立的基础是政府自上而下、一相情愿的设计，没有彻底脱离传统人民公社体制的窠臼，因此收效甚微；后者则是农民适应市场经济发展内在要求的自我创新，并得到了政府的积极支持，因而具有

---

① 杜润生：《五个"一号文件"出台始末》，2008 年 9 月 12 日《财经》；宋洪远：《中国农村改革三十年历程和主要成就》，2008 年 4 月 24 日《中国经济时报》；蔡昉、王德文、都阳：《中国农村改革与变迁——30 年历程和经验分析》，格致出版社、上海人民出版社，2008；王郁昭：《中国改革为什么从农村开始突破》，2008 年 10 月 15 日《中国经济时报》；韩俊：《中国农村改革 30 年回顾与展望》，《理论动态》2008 年第 35、36 期；蔡昉：《中国农村改革三十年——制度经济学的分析》，《中国社会科学》2008 年第 6 期。党国英：《中国农村改革与发展模式的转变——中国农村改革 30 年回顾与展望》，《社会科学战线》2008 年第 2 期；郑有贵：《中国城乡经济的分割与一体化改革》，《中国经济史研究》2008 年第 6 期；马晓河、黄汉权、蓝海涛：《我国农村改革 30 年的成就、问题与今后改革思路》，《宏观经济研究》2008 年第 11 期；王小鲁：《乡企异军突起的秘密》，2008 年 6 月 20 日《财经》；房列曙、张神根：《新时期农村经济体制改革的历程及特点》，《中共党史研究》2008 年第 2 期；赵树凯：《农民流动三十年》，《发展》2008 年第 2 期。

旺盛的生命力。[①] 20 世纪 90 年代中期以后，我国加强了对农村集体建设用地流转的探索、规范管理，促进流转有序地进行。农村微观经济体制是影响粮食生产的主要因素。互助组和初级社符合当时农业生产的要求，有利于粮食产量的增加；高级社和人民公社束缚了农业生产的发展，使粮食生产长期徘徊在低水平阶段；家庭联产承包制调整了农村的生产关系，粮食产量得到迅速提高，基本解决了粮食短缺。

农村微观经济体制和粮食生产波动在很大程度上也决定着粮食流通制度的变迁。合作社体制为粮食统购统销制度提供了组织保障，人民公社体制强化了统购统销制度的持续运行，家庭联产承包制对统购统销起了制度催化作用。[②]

城市化率由 1978 年的 17.9%，上升到 2006 年的 44%。约有 4 亿农民由农村转到城市中生产生活。随着经济的发展，人民的生活水平和生活质量提高了，城乡人民直接消费的粮食不多，但肉类、水产品、水果、蔬菜消费大量增加，已经达到中等收入国家的水平。农业问题已基本解决了，但农民问题、农村问题还没有解决。从倡导农业生产的多样化经营来吸纳农村剩余劳动力，到鼓励发展乡镇企业、实现农村剩余劳动力"离土不离乡"的就地转移，再到允许农民"就近进城"，最后致力于城乡一体化，实现劳动力全国范围内的自由流动，等等，构成了中国特色的农村剩余劳动力转移政策的历史演进脉络。[③]

四　国企改革

国有企业改革大体经历了三个阶段：扩大经营自主权阶段——从改革

① 张红宇：《农村经营体制的变迁与绩效》，2008 年 7 月 29 日《中国经济时报》；胡明：《改革开放以来我国乡镇企业的发展历程及启示——以 1978～1992 年江苏乡镇企业发展为例》，《党的文献》2008 年第 4 期。

② 陈利根、龙开胜：《我国农村集体建设用地流转的发展历程及改革方向》，《中国农史》2008 年第 2 期；杨乙丹：《农村经济体制变革、粮食产量波动和粮食流通体制变迁：1953～1985》，《兰州学刊》2007 年第 10 期。

③ 陆学艺：《正视"三农"现实》，《中国经济报告》2008 年第 1 期；马桂萍、侯微：《改革开放后中国农村剩余劳动力转移政策的历史演进》，《党史研究与教学》2008 年第 3 期；朱光磊、陈娟：《中国阶层分化与重组 30 年：过程、特征与思考》，《教学与研究》2008 年第 10 期。

开放初期到中共十四届三中全会（15 年）；制度创新和结构调整阶段——从中共十四届三中全会到十六大之前（10 年）；以国有资产管理体制改革推动国有企业改革发展阶段——以党的十六大为开端。国企改革最大的成就是中共十五届四中全会通过的《中共中央关于国有企业改革和发展若干重大问题的决定》，这是《共产党宣言》提出国有经济 100 多年来，第一次对国有经济有一个明确定位，指出了国有经济的地位和作用，回答了国有经济干什么这一难题。国有企业的社会定位发生了深刻变化，已经从社会组织转变为经济组织，成为独立的市场主体和法人实体，并逐步成为市场竞争主体。国有企业的企业形态、运行机制发生了深刻变化。国有经济布局和结构不断优化，比重趋于下降，但总量不断扩大，国家综合实力增强。国有企业数量明显下降，实力进一步向大型企业集中。国有经济分布范围适度收缩，国有资本逐步向关系国家安全和国民经济命脉的重要行业和关键领域集中。国有经济运行效率显著提高。中国特色的国有资产管理体制初步建立。这场改革卸下了背在政府肩膀上的沉重负担，接替起这个担子的是整个社会的力量和企业家精神。[①] 30 年国有企业改革形成了独特的中国范式。老工业基地改造既是国有企业改革的有机组成部分，也是区域协调发展和工业化道路创新的重要问题。改革开放以来老工业基地改造的路向经过三次演化，逐步上升到国家战略层次。[②]

五　个体私营经济成长

30 年来，我国非公有制经济得到了快速发展，到 2007 年非公有制经

---

① 李荣融：《宏大的工程　宝贵的经验——记国有企业改革发展 30 年》，《求是》2008 年第 16 期；洪虎：《回顾 30 年国有企业改革：从国营工厂到国家出资的企业改革》，2008 年 12 月 31 日《经济观察报》；何伟：《国企改革的成就及四个误区》，2008 年 5 月 14 日《中国经济时报》；苑鹏：《改革以来农村合作经济组织的发展》，《经济研究参考》2008 年第 31 期。

② 张文魁：《国有企业改革 30 年的中国范式及其挑战》，《改革》2008 年第 10 期；张军：《光荣革命：国企改革的序幕》，2008 年 8 月 23 日《经济观察报》；张军：《大型国企的现代化》，2008 年 12 月 31 日《经济观察报》；马君：《企业战略逻辑演变的三十年：回顾与展望》，2008 年 10 月 31 日《经济学消息报》；高伯文：《改革开放以来老工业基地改造的路向选择与分析》，《中国经济史研究》2008 年第 6 期；郭春丽：《改革开放 30 年我国国有企业改革述评》，《经济要参》2008 年第 63 期；萧冬连：《国有企业改革的起步及其矛盾》，《中共党史研究》2008 年第 1 期；厉以宁：《被耽搁的股份制》，2008 年 5 月 1 日《经济观察报》。

济在城镇就业人口、出口总额等方面已经全面超越了公有经济，显示出强大的生命力和增长潜力。其成长路径可以从以下五个方面探寻：（1）"国退民进"的国有企业改革；（2）个体工商户的飞速发展；（3）私营企业的发展与私企上市；（4）资本市场的股权分置改革，相当数量的原来国有控股的上市公司逐渐变成股权多元化的上市公司；（5）外资企业的迅速发展。随着我国经济市场化建设的深入和与世界经济更全面地融为一体，我国的非公经济会更加壮大并将占据越来越重要的地位。[①]

六　工业改革

中国工业改革有三个阶段：（1）解放思想——挣脱贫困低效陷阱（1978～1991年）；（2）走上市场经济道路——社会主义模式创新（1992～2000年），非国有企业的发展不仅使微观经济主体基础更能够适应市场经济的运行，而且由于改变了国民经济由国有企业"独木支撑"的局面，也使进一步改革国有企业有了更大的回旋空间；（3）融入全球经济体系——探索科学发展之路（2001～2008年），进入这一阶段的改革开放具有"内外夹击"的特征，体制改革完全走上了一条必由之路。中国工业改革涉及四个根本问题：一是"计划还是市场"；二是"国有还是非国有"；三是"管制还是自由"；四是"垄断还是竞争"。经过改革的前两个阶段（1978～2000年），在上述第一、二个问题上已经取得了决定性的进展。30年来以工业为主的第二产业成为一、二、三次产业中发展最快、竞争力提高最显著的产业。进入工业改革的第三个阶段，后两个问题越来越成为深化工业改革的重要内容。自由市场竞争极大地解放了企业的生产力，但企业为追求市场竞争优势特别是成本价格优势，以"血并"方式参与竞争，代价也是巨大的。其突出表现是：大量消耗自然资源，无度圈占土地，严

---

① 钟河：《我国非公有制经济五大成长路径》，2008年4月27日《文汇报》；晓亮：《论改革开放和中国民营经济三十年》，2008年8月1日《理论前沿》；白小虎、史晋川：《义乌小商品市场的传统与变迁的历史制度分析——分工、产权与市场》，《中国经济史研究》2008年第3期；刘迎秋、刘霞辉：《中国非国有经济改革与发展三十年：成就、经验与展望》，《社会科学战线》2008年第11期。

重破坏环境生态和对劳动者权益（劳动条件和报酬）的忽视等。因此，以更有效的方式对企业行为进行必要的管制，成为新时期工业改革发展的一个重要问题。在改革开放 30 年中，与中国经济体制改革并行的，还有另一条变革脉络，即经济发展方式的变革，而这一变革中的重要一环，就是中国能源发展战略的变革，而"综合能源效率战略"和"能源与经济协调发展战略"是这一环节的核心内容。①

七　流通体制改革

30 年来商业体制逐步形成了商品自由流通、企业和个人自主经营、商品市场体系逐步完善、宏观调控渐趋成熟的基本格局；市场机制在商品流通领域起决定性作用，商品从短缺走向丰富；市场主体多元化；现代商品市场体系基本建立并逐步完善；管理职能逐步转变，管理手段从直接控制转到以法律手段和经济手段控制为主，政企分开和行政管理服务为辅的间接调控；商业管理体制和宏观调控手段逐步适应市场经济的需要；机构改革逐步到位。政府行政管理职能逐步转变；全国性和地方性的行业协会、联合会组建起来，在政府与企业之间发挥桥梁作用，也对宏观调控起到了积极作用。粮食流通体制改革：取消了实行 30 多年的粮食统购统销制度，全面放开了粮食购销市场；打破了计划经济时期高度集中的粮食价格管理体制，在国家宏观调控下市场形成粮食价格的机制逐步形成；初步建立了比较完善的粮食市场体系和调控体系；国有粮食企业改革加快，实行政企分开，国有粮食企业的历史包袱有所减轻。价格改革实现了由计划价格体制向市场价格体制渐进改革和转变的过程：转变了价格形成机制；实行与市场经济相适应的价格管理体制和管理办法；基本理顺各种商品和服务的比价；国内市场价格与国际市场价格关系发生重大变化。各级供销合作社深入推进以产权制度改革为核心的企业改革：企业的产权结构、经营机制发生变化；扩展网络，构筑现代流通渠道；服务"三农"，参与农业产业

① 金碚：《中国工业改革开放 30 年》，《中国工业经济》2008 年第 5 期；徐寿波：《改革开放三十年中国能源发展战略的变革》，《市长参考》2008 年第 9 期；张军、刘君：《中国能源消费模式的转变及其解释》，《学术月刊》2008 年第 7 期。

化经营，为农服务水平提高，一批龙头企业和企业集团快速崛起。国家工商行政管理局在"文化大革命"中被取消，1978年9月恢复建制，基本建立了适应社会主义市场经济监管的工商行政管理体制机制，实现了"运动员"与"裁判员"分离，促进了严格执法、公正执法。实行了省以下工商行政管理机关垂直管理，增强了执法的统一性、权威性和有效性；实现了国家工商总局机构升格，进一步提高了执法权威；在全系统推进了企业信用分类监管、个体工商户信用分类监管、商品交易市场信用分类监管、商品市场准入制度、12315行政执法体系建设等一系列行之有效的市场监管制度改革；充分应用现代信息技术，改进了监管执法手段。① 但仍存在政府职能缺位、市场管理分割、法制建设滞后、财政投入不足、金融支持更为不足等问题。②

八　财政与投资改革

在改革初期，财政改革举措中最具重要性和代表性的是预算管理体制的"分灶吃饭"。宏观上，渐进改革的初始路径就是通过权力下放来调动地方和微观主体的积极性，以促进经济发展和打开后续多方面改革的渐进空间。从1980年起实行财政管理体制改革。1994年实行"分税制"财政体制改革，体现了按照市场经济要求从"行政性分权"转为"经济性分权"的根本性变革。1994年以后，根据"分税制"运行情况和宏观调控的需要，对中央与地方收入划分又进行了一系列调整。"分税制"调动了

---

① 万典武、李禧华：《我国商业体制改革取得显著进展》，2008年7月23日《人民日报》；王双正：《粮食流通体制改革30年：回顾与反思》，《财贸经济》2008年第11期；温桂芳：《价格改革30年：回顾与思考》，《财贸经济》2008年第11期；《全国供销合作社改革发展特刊》，2008年11月15日《经济日报》；《国家工商总局局长周伯华谈工商行政管理机关30年改革发展》，2008年11月11日《经济日报》。姚苁：《站在市场"人口"回望商事登记30年》，2008年7月26日《中国工商报》；李碧珍：《我国农产品物流模式演进分析》，《当代中国史研究》2008年第3期。

② 黄海：《在中国商业经济学会纪念改革开放30年商业发展论坛上的专题报告》，《中国商业经济学会通讯》2009年第1期；晁钢令《商品流通体制进一步改革不容忽视》，2008年12月12日《中国商报》；夏杰长：《中国服务业三十年：发展历程、经验总结与改革措施》，《首都经贸大学学报》2008年第6期。

各级地方政府的理财积极性，促进了企业的公平竞争，并开启了后续深化改革、推进公共财政转型的空间。公共财政的提出，是财政发展过程中一个自然的阶段。在解放初期，财政叫做"战时财政"，1953 年以后，由"战时财政"进入到"建设财政"。1998 年，"建设财政"已经落后于形势了，"公共财政"的观点应运而生。转移支付其实是支出均等化问题，是公共财政的核心。公共财政的改革是财政支出的改革，实际上是滞后了。①

新中国成立以来，地方政府农村公共事业管理制度的变迁经历了三个阶段：新中国成立到改革开放前（1949～1978 年）；改革开放到税费改革前（1978～2000 年）；税费改革后（2000 年至今）。分析地方政府农村公共事业管理制度的变迁及绩效，是地方政府农村公共事业管理制度科学创新、提高绩效的内在要求。地方政府农村公共事业管理制度包括：地方政府农村教育事业管理制度、科技事业管理制度、文化事业管理制度、卫生事业管理制度、体育事业管理制度、基础设施管理制度、社会保障事业管理制度和环境保护管理制度等八类制度。其中，教育事业管理制度、卫生事业管理制度和社会保障事业管理制度是最主要的农村公共事业管理制度，对于农村公共事业的发展起着主导性作用。②

1978～2005 年间，二次产业和三次产业增加值的变动是税收总量变动的成因。居民最终消费和资本投资的变动同样引起了税收总量的变动。20 世纪 80 年代中期，随着一部分个体经营者先富裕起来，个人收入差距加大，党和政府开始注意运用税收手段（主要是所得税）调节个人收入差距。1994 年税制改革统一了不同所有制的内资企业的所得税，由于政策导向明确，非公有制经济与公有制经济的税收差别逐步减少，逐步重新确认

---

① 贾康：《30 年财政改革路径：从"分灶吃饭"到"分税制"》，2008 年 12 月 17 日《中国经济时报》；项怀诚：《从分税制到公共财政》，2008 年 10 月 27 日《财经》；张军：《改革前期的分权周期》，2008 年 3 月 26 日《经济观察报》；张军：《"分灶吃饭"》，2008 年 2 月 25 日《经济观察报》；张军：《1994 年的分税制》，2008 年 3 月 12 日《经济观察报》；张军：《中国的分权给经济学贡献了什么》，2008 年 4 月 12 日《经济观察报》；陈诗一、张军：《中国地方政府财政支出效率研究：1978～2005》，《中国社会科学》2008 年第 4 期；王保安：《财政体制改革 30 年：回顾与展望》，《市长参考》2008 年第 7 期；彭健：《中国政府预算制度的演进（1949～2006 年）》，《中国经济史研究》2008 年第 3 期。

② 彭国甫、鄢洪涛：《地方政府农村公共事业管理制度的变迁及绩效分析》，《湖南社会科学》2008 年第 1 期。

了公平税负的原则。近年来内外资企业所得税率的统一，进一步体现了这一精神。从财税视角回顾 30 年国家与农民关系，经历了从"多取"到"少取"，直至不取，再到多予的历程，让农民看到了基本公共服务均等化的实现。1978 年以来，农业补贴政策经历了三个阶段：1978～1992 年，以生产资料补贴为主，同时对城镇居民进行粮食补贴；1993～2002 年，实施粮食的保护价收购辅之以生产资料补贴，推进农产品市场化进程；2003 年以来，改革农业税、费的征收并最终取消农业税。总的来看，不同时期的农业补贴政策虽然都有一定的效果，但为解决某个具体问题而制定的政策往往缺乏前瞻性。[①]

30 年投资体制改革分为四个阶段：1979～1983 年，这个阶段试用经济办法管理取得了良好开端，但政府的高度集中体制和决策者的责任制尚未确立。1984～1991 年，这个阶段扩大了市场机制的作用，但属于零打碎敲，随机性较强。1992～2003 年，确立了社会主义市场经济目标，至 2003 年，投资率升至改革以来最高点。2004～2008 年，社会主义市场经济投资体制框架逐步形成。政府的职能范围决定了投资体制的各方面。宏观调控与投资体制改革相结合有三个教训：（1）没有很好地解决政企分开问题；（2）产权改革滞后导致投资主体到位滞后；（3）项目管理法制化基础还较弱。[②]

农村基础设施投资研究近年来受到重视。[③] 我国自 1998 年开始加快公路基础设施建设以来有五个特点：（1）公路里程增加；（2）高速公路快速

---

① 刘佐：《新时期私营、个体经济税收政策与制度的变迁》，《当代中国史研究》2008 年第 2 期；潘雷驰：《1978～2005 年我国 GDP 构成与税收关系研究》，《扬州大学税务学院学报》2007 年第 4 期；赵阳：《从"农民负担"走向"公共财政"》，《经济研究参考》2008 年第 31 期；肖建华：《我国财政投入农村的政策变迁与绩效评估（1978～2005）》，《光明网》2008 年 1 月 11 日论文发表中心；鲁礼新：《1978 年以来我国农业补贴政策的阶段性变动及效果评价》，《改革与战略》（南宁）2007 年第 11 期。

② 汪同三：《中国投资体制改革 30 年研究》，经济管理出版社，2008；田江海：《投资体制改革 30 年》，《经济研究参考》2008 年第 51 期；吴亚平：《改革开放 30 年投资的基本经验》，2009 年 1 月 9 日《中国投资》。

③ 董志凯：《我国农村基础设施投资的变迁（1950～2000）》，《中国经济史研究》2008 年第 3 期；常伟、苏振华：《农村公共产品问题的历史考察》，《中共宁波市委党校学报》2008 年第 6 期；李文、柯阳鹏：《新中国前 30 年的农田水利设施供给——基于农村公共品供给体制变迁的分析》；杜君楠、阎建兴：《农业基础设施投资主体行为分析》，《西北农林科技大学学报》2008 年第 2 期。

发展；（3）建成一批具有世界领先水平的公路桥梁和隧道；（4）公路网结构逐步优化；（5）公路通达区域扩大。① 建设青藏铁路是中华民族的百年宏愿，青藏铁路的建设经历了 1956～1961 年第一次"上下马"，由于战备需要 1965 年又考虑开工修建，两年徘徊时期再度下马，直至 1994 年第三次上马并于 2006 年建成通车。

随着开放以及资本账户逐步可自由兑换，涉外投资历史研究多了起来。我国利用国际证券投资可分为三个阶段：1979～1991 年，证券投资在利用外资中的地位相对较高。1992～2001 年，证券投资流入和流出规模都迅猛增加，波动也明显加大。2002～2007 年，证券投资流入和流出规模进一步增加，而且其流向开始对我国资本流动的方向产生决定性的影响。②

九　金融改革

围绕着构建新的金融体系、开放搞活金融市场、建立宏观金融调控体系、健全金融监管体制等，金融体制改革向纵深推进。在经历了起步阶段、初步展开阶段、全面展开阶段等历程，形成了包括中央银行、商业银行、政策性银行、非银行金融机构和外资在华金融机构在内的多样化的金融机构体系，构建起由货币、证券、保险、外汇组成的较完备的金融市场体系，基本确立了以利率等货币政策工具为主的金融宏观调控体系，建立起银行、证券、保险分业监管体制。金融体制 30 年的改革分成四个阶段：1978～1984 年——改革的起步阶段；1985～1992 年——初步展开阶段；1993～2006 年——全面展开阶段；2007 年至今——深化阶段。国有商业银行改革经历了阶段性的渐进演变过程：从"大一统"到"二元"体系国家专业银行阶段（1984～1994 年）；国有独资商业银行阶段（1994～2003年）；从剥离到独立股份制商业银行，从财务重组到成功上市阶段（2003年至今）。30 年来梳理出三种不同的货币发行机制：从还账经济起步改革

---

① 杨省世：《我国公路基础设施建设融资渠道拓展研究》，《经济社会体制比较》2008 年第 5 期；王蒲：《青藏铁路建设的历史考察》，《当代中国史研究》2008 年第 4 期。
② 曲凤杰：《我国利用国际证券投资三十年回顾与展望》，《经济研究参考》2008 年第 60 期；宋国友：《中国购买美国国债：来源、收益与影响》，《复旦学报》2008 年第 4 期。

的第一阶段（1978～1992年）为财政经济，更准确地称之为还账经济；第二阶段（1992～1994年）为银行经济，投资热潮将央行变成了一个昼夜加班的印钞机，在没有硬预算约束的游戏中，国有商业银行严重失血濒临破产；第三阶段（1994年至今）为美元经济，标志性事件是外汇管理制度的改革，即双轨制过渡到单一汇率机制，2007年以来，人民币对内贬值、对外升值的反向走势，说明钉住美元的人民币发行机制面临被撕裂的危险。①

十　特区经济与开放引资

中国对外开放的一个显著特点，是开放促进改革，开放和改革相互推动。这也是中国开放取得显著成效的重要因素。招商引资是中国对外开放的一大特色。经过30年的改革开放，中国流通领域的体制环境已经面貌一新，开放型现代流通体制框架已经初步建立，与WTO接轨的商务管理体制已见雏形，商贸服务业的产业延伸促进了体制创新。30年来，深圳作为首个经济特区是名副其实的试验场。② 我国的外资政策经过了"限制—放松—鼓励—国民待遇"几个阶段，反映出一种效益更高的制度对另一种制度

---

① 杨家才：《大型银行改革：而今迈步从头越》，2008年11月18日《国际金融报》；郭春丽：《改革开放30年我国金融体制改革述评》，《经济要参》2008年第58期；孙金鹏：《货币发行机制的三十年变迁》，《南风窗》2008年第22期；王元龙：《中国对外金融开放的轨迹与面临的风险和挑战》，《经济要参》2008年第69期；王小强：《广东化解金融危机十年回首》，2008年3月23日、31日《经济观察报》；宋士云：《中国银行业市场化改革的历史考察：1979～2006年》，《中国经济史研究》2008年第6期；李德：《中国金融改革30年》，《经济要参》2008年第67期；陈东琪、张岸元、王元：《人民币汇率改革的进程、挑战和前景》，《宏观经济研究》2008年第12期；王硕：《改革开放史上的特区货币问题》，《百年潮》2008年第1期。

② 江小涓：《中国开放三十年的回顾与展望》，《中国社会科学》2008年第6期；张燕生：《对外开放的历程、发展经验及前景》，《宏观经济研究》2008年第10期；张玉台：《我国的对外开放经历了三个阶段》，2008年6月30日《中国经济时报》；张燕生：《对外开放的历程、发展经验及前景》，《宏观经济研宏》2008年第10期；裴长洪、彭磊：《中国流通领域改革开放回顾》，《中国社会科学》2008年第6期；李天华：《从"拒绝外援"到"救灾外交"——改革开放以来中国政府应对国际救灾援助的政策演变及其评价》，《党史研究与教学》2008年第6期；张军《"招商引资"的由来》，2008年5月19日《经济观察报》；马骥：《中国对外开放30年回顾与争论解析》，《改革》2008年第10期；张军：《深圳试验场》，2008年4月30日《经济观察报》；李文溥、焦建华：《从开放走向市场——沿海开放地区经济体制转轨的一个案例研究》，《中国经济史研究》2008年第6期。

的替代过程。与此相适应，引资方式也发生着变化，呈现出"中外合作—中外合资—外商独资—跨国并购"的变迁模式。与改革开放前相比，改革开放后以混合所有制为特征的华侨投资政策取得了显著成效。问题在于：外贸依存度过高，且主导权已为外商控制。外商企业还控制了中国诸多产业及其产品市场，并导致东部和中西地区差别的迅速扩大。外商企业在华享受"超国民待遇"，其中不少企业重现了资本原始积累剥削的残酷性。①

十一　宏观调控与经济增长

改革开放以来，宏观经济出现了六次比较明显的波动，包括五次通货膨胀、经济过热和一次通货紧缩，与此相对应，经历了六次比较大的宏观调控。30 年中，宏观经济调控和财政、货币政策实践的演变，大致分为两个阶段：1978～1991 年为第一阶段，即对传统计划经济旧体制的改革阶段。这个阶段中国处于短缺经济状态，宏观经济管理的主要任务是治理通货膨胀，采用的手段主要是行政和计划调控，逐步引进财政、货币政策的概念和做法。1992 年至今为第二阶段，即市场经济体制初步建立阶段，短缺经济逐渐结束，在有些方面出现了过剩现象，既有通货膨胀的压力，又存在出现通货紧缩的可能，政府的宏观经济管理由原来以行政和计划手段为主，发展成为以经济、法律等间接手段为主，辅之以必要的行政、政府投资等直接手段，财政货币政策的作用越来越大。2002～2007 年的宏观调控大体可以分为两个阶段：2003～2005 年主要针对部分行业固定资产投资增长过猛以及粮食供求关系趋紧。2006～2007 年主要针对"三过"问题，即固定资产投资增长过快、货币信贷投放过多、外贸顺差过大等问题。宏观调控的主要成效呈现出经济迅速发展、波幅小、经济周期的上升阶段延长等特点。20 世纪 80 年代初期，从"新的跃进"到经济调整造成经济过热的主要原因，除了固定资产投资规模增长过快，物资缺口过大，引进项目需要大量配套资金等以外，还有其他两个方面：一个是农副产品价格大

① 任贵祥：《改革开放以来中国华侨投资政策及华侨投资研究》，《中共党史研究》2008 年第 1 期；赵哲：《走符合我国实际的引资之路》，2008 年 5 月 13 日《光明日报》；孙学文：《中国对外开放、创办"三资"企业的反思性研究报告》，《中国社会科学内刊》2008 年第 3 期。

幅调整，价格上升过快；再一个是城市职工工资调整和部分奖金放开，使居民货币收入快速增长。这次经济过热的根本原因出在计划经济体制之中，而调整的方法仍然是依靠计划手段，甚至在紧缩过程中，计划经济体制反而有所强化，因此只能说是计划调整，还算不上真正意义上的宏观调控，当时甚至连什么叫宏观调控都还不知道。经济学界一般根据经济增长和通货膨胀的数据将 1984 年的经济过热和 1988 年的经济过热分为两个不同的经济周期，但是从宏观调控的角度来看，将两个周期合并起来一起分析似乎更具完整性，更能说明这轮宏观调控的整个过程和调控失败的原因。1978 ~ 1981 年："调整、改革、整顿和提高"阶段国家对三大需求分别采取了"调投资、促消费、促出口"的政策。1982 ~ 1986 年：三大需求政策的基本取向是抑制投资和消费、扩大出口。1987 ~ 1990 年：三大需求政策取向是"抑制投资和消费，鼓励出口"。1991 ~ 1996 年：中央采取了一系列政策措施抑制社会总需求的过快扩张，"控制投资、以改革促出口"。这个阶段，宏观调控政策使国民经济实现了新中国成立以来的第一次"软着陆"。1997 ~ 2001 年：积极财政政策和稳健的货币政策对投资、消费和出口同时采取扩张性政策。消费成为抵御亚洲金融危机最稳定的因素，消费贡献率从 55.4% 上升到 56.8%，投资贡献率由 45% 下降到 28.2%，净出口则由 - 0.4% 变为 15%。2002 ~ 2007 年：向双"稳健"政策的转变与实施三大需求基本取向是"抑制投资、鼓励消费、扩大出口"。本轮经济周期以来，经济增长动力主要来自于投资和出口，消费对经济增长的贡献明显降低。投资对经济增长的贡献率由 28.2% 提高到 48.1%，消费对 GDP 的贡献率由 56.8% 下降到 39%，净出口对 GDP 的贡献率也达到 13%。[①]

---

① 陈东琪、宋立、刘国艳、王元、徐策：《改革开放 30 年宏观调控的经验、问题和理论探索》，2008 年 4 月 10 日《中国经济时报》；刘树成：《五年来宏观调控的历程和经验》，2008 年 4 月 2 日《人民日报》；王爱云：《新时期我国宏观调控思想及实践的演进与特点》，《党的文献》2008 年第 2 期；张俊伟：《2003 年以来的宏观调控：回顾与前瞻》，《经济研究参考》2008 年第 2 期；魏加宁：《改革开放以来我国宏观调控的历程》，《百年潮》2008 年第 5 期、第 6 期；周景彤：《三十年来我国三大需求政策演变过程》，《中国宏观经济信息》2008 年第 39 期；汪海波：《经济增速与物价波动》，2008 年 8 月 21 日《中国经济时报》；沈传亮：《"五五"期间中共对转变经济发展方式的初步探索》，《中共党史研究》2008 年第 4 期；张军：《中国早期通货膨胀的理论贡献》，2008 年 2 月 14 日《经济观察报》；高新才：《中国区域 30 年：发展战略的嬗变》，《社会科学家》2008 年第 11 期。

十二 区域·社保·人口就业与收入分配

中国的区域经济发展大致可以分为三个阶段。第一阶段可以称为扶持内陆地区的均衡发展时期（1949～1979 年）。为了平衡工业发展的布局，中央政府增加了对内陆地区的投资比重。第二阶段是支持沿海地区的非均衡发展时期（1979～1999 年）。开放了 14 个沿海城市并设立经济特区，在税收、投资、外汇、金融等方面给予沿海地区一系列优惠政策。第三阶段是促进协调发展时期（1999 至今）。1999 年提出了西部大开发战略，2003 年提出了振兴东北等老工业基地战略，2005 年又提出了促进中部地区崛起战略，加上继续鼓励东部率先发展的政策，逐步形成了"四大板块"的区域战略、政策和发展格局。我国水资源的时空分布极不均衡，在历史上形成了南粮北运的产需格局。近二三十年，这一格局已经变成了北粮南运。变化的基本原因是东南沿海地区改革开放步伐加快，工业化、城镇化进展快，土地占用多，导致用于粮食生产的土地大幅减少。东部地区减产后的缺口主要靠中西部地区补充。水、土、光、热条件好的地方粮食产量逐步下降，而要靠水、土、光、热条件差的地方把粮食缺口补上，这种生产格局的可持续性显然需要认真考虑。30 年来，山西省的三次产业呈现非均衡发展，产业结构调整进展缓慢，主导产业始终倚"重"倚"黑"，生产方式长期在低水平上运行。[①] 1978～1992 年的 10 多年间，改革使新疆农村经济开始从产品经济向商品经济转变，新疆农牧区正在由封闭型向开放型转变。同时，新旧体制的摩擦，各种观念的冲突，利益关系的调整，加上缺乏经验，也产生了不少新的困难和问题。[②]

20 世纪 70 年代，我国"晚、稀、少"人口政策取得的成效十分明显：

---

① 张军扩：《区域经济形成"四大板块"格局》，2008 年 12 月 24 日《人民日报（海外版）》；陈锡文：《从南粮北运到北粮南运》，《理论视野》2008 年第 2 期；李静萍：《改革开放以来山西省产业结构变动分析》，《当代中国史研究》2008 年第 5 期。

② 陈国裕：《新疆农牧区改革的回顾与思考（1978～1992）》，《中共党史研究》2008 年第 2 期；姚勇：《新中国开发新疆的特殊道路——新疆生产建设兵团》，《新疆大学学报》2007 年第 6 期；张彦虎：《改革 30 年新疆农业发展中的相关政策变革作用简析》，《古今农业》2008 年第 4 期。

人口出生率由 1970 年的 33.43% 降到 1980 年的 18.21%，自然增长率由 25.83% 下降到 11.87%，年净增人口由 2321 万人减少为 1163 万人。为了从法制高度维护人口政策的稳定性和连续性，2000 年 3 月，中共中央、国务院发布了《关于加强人口和计划生育工作稳定低生育水平的决定》。面对新形势下的人口问题，2006 年 12 月，党中央、国务院发布了《关于全面加强人口和计划生育工作统筹解决人口问题的决定》。1978~1992 年是我国的社会保障事业从恢复到发展的重要阶段，为后来的社会保障事业奠定了重要的基础。①

对于平等、效率与公平的关系，改革以来发生了如下变化：从中共十三大到十四大，由"唯平等论"向"效率优先、兼顾平等"转化；从中共十五大到十六大，继续坚持"效率优先、兼顾平等"的原则；中共十六大确立了劳动、资本、技术和管理等生产要素按贡献参与分配的原则，继续主张"坚持效率优先、兼顾公平"。中共十六届五中全会强调收入差距不宜过大，要更加关注社会的平等。中共十七大报告确立以民为本的思想。"把提高效率同促进社会公平结合起来，初次分配和再分配都要处理好效率和公平的关系，再分配更加注重公平"。改革开放 30 年来，近 2.4 亿极端贫困人口和 5 亿以上生活在 1 天 1 美元以下的贫困人口摆脱了贫困。大规模减贫的主要推动力量是经济增长。中国需要调整经济增长方式以实现更加有利于穷人的经济增长，同时也要改变扶贫项目的实施方式以使贫困人口更多地受益。30 年来脑力劳动者的收入状况可以从三个角度进行分析：阶层自身比较，收入普遍有了提高；同体力劳动者比较，脑力劳动者收入先后经历了典型的"脑体倒挂"、一般的"脑体倒挂"、"脑体正挂"三个阶段；脑力劳动者阶层内部比较，收入增长极不平衡。②

---

① 汤兆云：《中国现行人口政策的形成与稳定——新中国人口政策的演变》，《中共党史资料》2008 年第 2 期；张世飞：《1978~1992 年中国社会保障事业的恢复和发展》，《党史研究与教学》2008 年第 4 期。
② 蔡继明：《从中共十三大到中共十七大——解读平等、效率和公平关系的演变》，《经济学动态》2008 年第 1 期；韩亚光：《新时期中国脑力劳动者收入问题研究》，《当代中国史研究》2008 年第 2 期。

十三　成就、经验与问题

经济体制改革的成就，概括起来大体有：（1）初步建立了社会主义市场经济体制；（2）经济实力显著增强，人民生活明显改善；（3）成为世界经济体系的重要成员；（4）社会全面进步。成就主要表现在两个大的方面：一方面是改革本身的成就；另一方面是改革所带来的发展成就。改革本身的成就有：一是市场经济的微观基础已基本形成；二是市场价格机制开始发挥基础性作用；三是产品和要素市场体系基本形成；四是主要依靠财政政策和货币政策的宏观调控体系正在形成；五是多种分配方式并存的分配体制初步形成；六是取得了对外开放的重大成就。改革所带来的发展成就有：一是促进了经济的高速发展；二是提高了人民的生活水平；三是提升了综合国力和国际地位。要理解中国过去 30 年的经济改革及其成就，有五个转变最关键：第一，资源配置信号由计划指标转向市场价格；第二，经济决策的主体由政府官员转向企业家；第三，个人权益基础由政府职位转向私人财产；第四，经济发展的推动力由中央动员转向地方竞争；第五，经济运行系统由封闭转向开放。[①]

直观地看我国经济快速全面发展的动力，是由国内投资与消费及出口贸易"三驾马车"拉动的。但我国经济快速发展的根本原因是制度与体制的改革和不断扩大的对外开放：一是实行了公有制为主体，多种所有制共同发展的基本经济制度，不同所有制平等竞争，各显神通，促进生产力发展；二是实行了按劳分配为主体，多种分配方式并存的分配制度，将公平与效率统一起来，有利于充分发挥诸生产要素的积极作用；三是国有企业通过改革有了自主权和自主"钱"，打破了"吃大锅饭"和平均主义分配的旧体制；四是社会主义市场经济体制的确立，将社会主义制度的优越性与市场配置资源的灵活性结合起来，有利于搞活经济；五是通过对外开放，利用了有利于经济发展的国内和国际两种资源和两个市场。但也要看

---

① 张俊伟：《经济体制改革的成就、经验与前瞻》，2008 年 3 月 27、28 日《中国经济时报》；李佐军：《三十年改革的成就》，2008 年 1 月 24 日《中国经济时报》；张维迎：《理解中国经济改革三十年》，2008 年 7 月 10 日金羊网。

到所存在的某些偏误与不足：透支了过大的资源和环境成本；粗放型增长与发展方式还未根本转变；经济社会发展存在着显著的不平衡，特别是"三农"问题突出；出现了居民收入差距过大、贫富分化加剧的发展趋势；存在资本与权力侵犯劳动利益、有些工农群众的权益没有得到应有的保障；有些人借改革之机侵吞国有财产，造成大量国有资产流失；教育、医疗、住房等体制改革中存在一些矛盾和问题；"公有制为主体"存在倒转趋势。① 30 年改革的问题主要表现在：改革的全面性、协调性、公平性、前瞻性不够，过多考虑了既得利益阶层和社会强势群体的权益，相对忽视了新兴阶层和社会弱势群体的权益，因而较少考虑改革可能带来的"后遗症"和改革的可持续性。改革也产生了许多改革成本。其中既有不可避免的"必要成本"，也有可以避免的"或然成本"，既有改革推进本身的实施成本、适应成本和摩擦成本，也有因改革不完善带来的连带成本。改革失误成本和机会成本与改革中存在的问题紧密相连，这是我们有可能避免的。这类成本有：资源浪费成本、环境破坏成本、贪污腐败成本、社会不公成本、创新滞后成本。②

十四　新民主主义经济研究方兴未艾

1949～1952 年国民经济恢复时期，中国内地存在四种资本主义经济，即官僚资本经济、外国资本主义经济、私人资本主义经济和国家资本主义经济。由于这四种资本主义经济对生产力和社会发展所起的作用不同，中

---

① 卫兴华：《改革开放三十年：实践和理论两个层面都要总结》，2008 年 12 月 10 日《理论动态》；胡伟：《现代化的道路与模式：中国因素》，2008 年 12 月 13 日《文汇报》；常修泽：《世界发展多样性中的"中国模式"》，2008 年 9 月 7 日《光明日报》；辜胜阻：《改革开放三十年有五条成功经验》，2008 年 5 月 23 日《中国经济时报》；张俊伟：《经济体制改革的成就、经验与前瞻》，2008 年 3 月 27、28 日《中国经济时报》；李佐军：《三十年改革的经验》，2008 年 1 月 25 日《中国经济时报》；石康：《改革开放与探索适合中国国情的社会主义现代化建设道路》，《中国经济史研究》2008 年第 6 期；李佐军：《经济学家在改革中的作用》，2008 年 5 月 23 日《中国经济时报》。

② 李佐军：《中国三十年改革的问题》，2008 年 3 月 27 日《中国经济时报》；《中国改革的成本》，2008 年 4 月 1 日《中国经济时报》；项俊波：《中国经济结构失衡问题的分析与思考》，《管理世界》2008 年第 9 期。

国共产党对它们采取了不同的政策：没收官僚资本；监督、利用到军管、征用、代管、转让外资企业；利用、限制私人资本主义经济；发展国家资本主义经济使之成为新民主主义经济的重要组成部分。这些政策的实施不但妥善处理了资本主义经济问题，而且有利于新民主主义经济的发展，同时还为适时向社会主义过渡创造了必要的前提。"五反"运动结束后新出现的劳资矛盾立即引起党和政府的关注，明确要求"在一切进行了五反的城市中迅速调整劳资关系"。劳资关系的核心问题是民主改革与增产节约。"五反"运动结束后，党和政府通过对劳资关系的调整，不仅缓解了劳资关系的紧张局面，而且使资本主义工商业内部的生产关系发生了重大变化，为资本主义工商业的社会主义改造创造了有利条件。1949 年后，同业公会被纳入新组建的工商联体系之中继续存在。但同业公会是集资产阶级性和封建行会性于一体的旧式组织，必须对其实施改造。新政权在组织、人事、经费、法律、思想等方面多管齐下，重新构建同业公会与党政、工商联及会员的权力结构，将同业公会由具有独立性的社会团体改造成为工商联组织下属的专业性组织。在社会主义改造完成之后，同业公会失去其存在的组织基础与市场基础，最终退出了历史舞台。外资企业作为帝国主义在华势力的重要体现，对经济发展有一定的负面影响。随着社会主义经济改造的逐步展开，改造外资企业是历史的必然。但受国内外政治经济环境的影响，新中国成立初期的外资改造过程比较复杂。上海作为旧中国外资企业最为集中的地区，有关部门进行了多种改造方式的摸索，形成了以"转让"为主的挤压方式，运用合理、合法的经济手段完成了在华外资企业的改造，将其转化为国营企业，成为社会主义经济的有机组成部分。改造的方式有行政命令和商业协议两大类。行政命令又分为军管、征用、接管、代管等形式，商业协议方式则主要为转让。①

---

① 张旭东：《国民经济恢复时期对资本主义经济的政策》，《当代中国史研究》2008 年第 2 期；魏文享：《专业与统战：新中国成立初期中共对工商同业公会的改造策略》，《安徽史学》（合肥）2008 年第 2 期；李方祥：《"五反"运动后国家对劳资关系调整的经济史分析》，《中国经济史研究》2008 年第 1 期。张侃：《新中国成立初期上海外资企业改造中的转让》，《中共党史研究》2007 年第 6 期；张春英：《新中国成立前夕党对新民主主义经济模式的五次探索》，《党的文献》2008 年第 1 期；武力：《关于中国近代与当代历史转折中继承与扬弃的几点思考——兼评久保亨的新编著〈1949 年前后的中国〉》〔日〕《近隣》2008 年第 5 期。

　　中国新民主主义革命时期的土地改革是农村生产关系的一场巨大变革。这场变革体现了中国共产党解决农村土地问题的理论和实践，其中反映的地权思想和对所有制关系的认识，对当前中国农地制度改革也有启示作用。20 世纪 50 年代国家对于农民利益的关注和承诺，导致农民观念中的国家意识的根本变革。农民不但接受了国家的权威，而且也认同了国家的规划和目标，并对国家的规划和目标作出积极的反应，这些反应对国家新规划、新目标的定位产生了重大的影响。中共在老解放区出台了一系列农村土地法规性政策，极大地推动了土地改革运动的发展。山西新区的土地改革，借鉴了老解放区土改中运用土地立法的经验，制定了一系列相应的区域性政策文件，并在此指导下保障了土地改革运动的顺利进行。从微观互动论视角和"理性人"假设出发，华北土改运动期间各阶层对革命形势和自身处境加以判断，进而作出相应的行为选择。其中，地主、富农选择余地较小，只能在极度不利的条件下艰难博弈，以规避更坏的结果；而贫、雇农在运动中居于优势地位，其行为方式体现出理性农民与道义农民之间的张力；中农则在安全与利益两种考量之间进行权衡，而前者常占据上风，成为其行为选择的基本依据。土改后发生的土地买卖和租佃、雇佣、借贷等关系，有利于恢复农业生产、活跃农村经济，帮助农民克服生产生活的困难。但这却使一部分人担心农村将走向资本主义，党内也围绕土改后的农村去向展开了激烈的争论，直至取消"四大自由"。细致探究苏南农村土地、劳动力、资金等要素的流动及政策，目的是超越简单的现象描述，深入考察经济制度变迁中农民私有权利、市场效用的变化。[①]

　　1950 年由公粮中拨出 51 亿斤粮食调剂民食，是地区之间的粮食余缺调剂，是党中央对民生问题与粮食问题统筹兼顾的重要举措。由于粮食外

---

① 张一平：《现代中国的土地改革与地权思想》，《上海财经大学学报》2008 年第 3 期；曹树基：《国家形象的塑造——以 1950 年代的国家话语为中心》，《上海交通大学学报》2008 年第 3 期；李茂盛、王里鹏：《土地立法与山西新区土地改革》，《中共党史研究》2008 年第 3 期；张一平：《苏南土改后的农村生产要素流动》，《中国农史》2008 年第 2 期；李里峰：《"运动"中的理性人——华北土改期间各阶层的形势判断和行为选择》，《近代史研究》2008 年第 1 期；李政：《新中国成立初期桂林市私营工商业的恢复与发展》，《当代中国史研究》2008 年第 5 期。

运时提高了粮价，避免了不少余粮区常见的谷贱伤农现象，增加了农民收入，也缩小了工农业产品的剪刀差。1950 年粮食调运之所以能一声令下，雷厉风行，其根本原因也在于粮源不缺，粮食调出地的老百姓基本不存在无粮吃的生存之虞，还可通过运粮得到一笔运费收入，更重要的是，将余粮调出销售收入更多。1951 年在陈云的市场与计划相结合、行政手段与调价措施相结合的思想指导下，处理因"禁运"而出现的棉花危机的经济斗争取得了胜利，对新中国恢复时期经济的发展起到了重要的支持作用。陈云解决棉花"禁运"危机的谋略是：节流，全国大部分纱厂在一定时期内停工，节约出原料供应军品生产；统购，实行统一管理棉纱、棉布市场，由合作社牵头对棉花进行预购和包收；调控，提高棉花收购价格和棉布、棉纱销售价格，补收中间商存量的棉、布税，给予出售棉花者优惠政策，提高棉农售棉积极性；促收，动员全党全国掀起购棉高潮。[①]

十五　对于计划经济的研究有所深入

运用经济统计的方法，通过加入劳动力投入的总价值，重新估算了1957～1978 年计划经济体制时期中国工农业分部门的投入产出效益和国民经济的投入产出效益。同时，运用增长指数模型，计算了计划体制时期各项投入和产出的年均增长速度。目的是与投入产出效益进行对比。两种方法所得到的结论为：由于计划体制时期存在资源配置和资源利用两个方面的效率损失，国民经济及工农业分部门的绩效很低。单一公有制和计划经济体制所需要的思想道德标准超越了当时的生产力发展水平和人民群众的觉悟，为了实现这个过高的道德标准，以与经济体制相匹配，毛泽东开展了一系列的思想道德建设运动，最后甚至运用了"阶级斗争"手段。但是这种试图依靠思想道德建设来保证单一公有制的社会主义经济运行，是不

[①]　唐正芒：《一九五〇年上半年粮食大调运解析》，《中共党史研究》2008 年第 6 期；陈东林：《陈云解决 1951 年棉花"禁运"危机的谋略》，《当代中国史研究》2008 年第 5 期。

能解决问题的。[①]

从鄂、湘、赣3省农家的收支对比状况及其影响因素探讨，与新中国成立前相比，尽管农户的收支状况有所改善，但由于受农业生产发展水平及天灾人祸等因素的制约，农户的收入水平和消费水平依然很低，农户的盈余也是不稳定的。20世纪50年代，国家得以将一个有着亿万分散农户的乡土社会整合到国家体系中来，在相当程度上依靠的是对农产品资源的支配。通过"统购统销"政策，赋予以粮食为主的农产品以国家特性，推动着经济社会权力向国家高度集中，强化农民对国家的认同，农民作为生产者不再是农产品的主权者。但是，农民以"瞒产私分"等方式表达自己的利益诉求。这种"无权者的抵制"促使国家政策进行改变。城乡隔离是20世纪后半期中国社会经济生活中的重要现象，它的实质就是借助国家政权，依靠行政力量，把城市和乡村这两个本属地域划分的社会部分在制度上固定下来，成为一种具有强制性色彩的制度化的政治、经济和社会二元结构。城镇化是以城市为主导进行生产要素空间再配置的历史进程。不同的国情使得城市化的模式多种多样。城镇化道路有其内涵和发展规律。中国特色城镇化道路就是与中国人口多耕地少的基本国情相适应，提高各级城市和城镇的承载能力，加快农村人口向城市和城镇转移，按照统筹城乡、布局合理、节约土地、功能完善、以大带小的原则，实现大中小城市和小城镇的合理布局与协调发展。在中国加快推进城镇化的过程中，也出现了一些不顾实际，急于求成、盲目发展的问题：（1）城镇化水平中有虚高的成分；（2）土地粗放利用现象较普遍；（3）城市建设贪大求洋；（4）城镇资源环境条件恶化。1978年改革开放以前的城乡关系，是在严峻的国际环境下，为实施优先快速发展重工业战略而演变形成的，是典型的农业支持工业、乡村支持城市的阶段。1978年以后，城乡关系经历了两

---

① 武力：《计划经济体制下的道德预设和"阶级斗争"——从道德层面对1978年以前中国经济运行的分析》，《江苏行政学院学报》2008年第2期；岳成浩、薛冰：《新中国合作化运动的信任模式研究——基于社会资本的视角》，《天津社会科学》2008年第2期；瞿商：《我国计划经济体制的绩效（1957~1978）——基于投入产出效益比较的分析》，《中国经济史研究》2008年第1期；国家发展和改革委员会国土开发与地区经济研究所课题组：《改革开放以来中国特色城镇化的发展路径》，《改革》（重庆）2008年第7期；武力：《论改革开放以来中国城乡关系的两次转变》，《教学与研究》2008年第10期。

次重大的历史性的变革：第一次发生于 1978～2002 年间，国家改变了为提取农业剩余而过度干预农民生产经营活动和限制城乡之间人口流动的体制和政策，调整了城乡关系，从而调动了农民的积极性，使得农民不仅通过为城市提供低价的农业产品、资源和劳动力支持了城市的发展，而且还通过乡镇企业的发展加速了整个国家的工业化。第二次是 2002 年中共十六大以后，国家开始实施工业反哺农业、城市支持乡村的统筹城乡发展政策，使得城乡关系进入了一个新的历史阶段。①

运用现代经济学分析工具，通过建立消费者理性选择模型与中间品与最终品的生产函数，对中国的重工业优先发展战略进行分析，论证了重工业优先发展战略的合理性，并从理论上给出了最优补贴率和最优补贴时间的计算方法。不同看法认为：把这样一个复杂的历史选择仅仅嫁接在"经济理性"基础上，尽管深刻但却容易失之片面。②

分析了对资本主义工商业的"赎买"改造。新中国成立初期经营发生困难的一部分民族工商业者大都要依靠政府的支持，后来他们对于人民政府和国营经济的依赖程度越来越深、越来越广。另外，帝国主义对中国的封锁，使许多民族工商业者同原有的海外市场相隔绝，许多原材料、零配件来源被切断，他们在海外的一部分资金也被冻结，这就促使他们依靠人民政府，愿意而且也只能走和平改造的社会主义道路。实行国家资本主义政策，对民族工商业者的生产和收入都比较有利，他们的企业可以通过接受加工、订货、代销等方式维持和发展生产，可以从企业盈余中领取 25% 的股息（通称"红利"）。实行公私合营以后，在一定时期内，国家按核定的私股股额付给私方（即民族工商业者）年息 5 厘（即 5%）的股息（通称"定息"），作为"赎买"的代价。对他们来说，这样的政策比苏联

---

① 徐勇：《论农产品的国家性建构及其成效——国家整合视角下的"统购统销"与"瞒产私分"》，《中共党史研究》2008 年第 1 期；谢敬：《五十年代城乡隔离的背景：现代化、资源与权力》，《中共党史研究》2008 年第 1 期；常明明：《20 世纪 50 年代前期中国农家收支研究——以鄂、湘、赣 3 省为中心》，《中国经济史研究》2008 年第 1 期；郭圣福：《农业"八字宪法"评析》，《党史研究与教学》2008 年第 6 期；高峻：《一九五八年抗御黄河大洪水的决策和组织机制探略》，《中共党史研究》2008 年第 2 期。

② 姚洋、郑东雅：《重工业与经济发展：计划经济时代再考察》，《经济研究》2008 年第 4 期；肖翔、隋福民、武力：《由〈重工业与经济发展：计划经济时代再考察〉一文引发的几点想法》（文稿）。

实行的没收政策要有利得多。再者，对私方人员，还进行恰当的工作安排和政治安排，使他们各得其所：业务上，英雄有用武之地；政治上，有一定的社会地位和政治地位。所以，社会主义中国的资本家愿意接受"赎买"政策。[1]

"大跃进"和人民公社化运动是中共中央于 20 世纪 50 年代后期在探索中国特色社会主义道路过程中发动的一次"过热"的群众运动。大跃进运动发生的主要原因是：过强的民族悲情意识和高度集权的政治体制。从 1958 年 11 月第一次郑州会议到 1959 年庐山会议前期，根据毛泽东和中共中央指示，江苏省采取了一系列措施初步纠正人民公社化运动中的"左"倾错误，这对纠正人民公社化运动中暴露出来的诸多问题和严重偏差产生了较为积极的作用和影响。但是，这次纠"左"是在肯定人民公社各项基本制度的前提下进行的，因而具有很大的局限性。[2]

20 世纪 60 年代初期，中国面临严重的粮食危机。1960 年是因大跃进"左"倾错误和自然灾害影响而造成的经济困难最严重的一年，党中央对粮食调度高度重视、大力支持。时任国务院副总理、主管财贸工作的李先念，不顾自己刚刚受到错误批判，向中共中央和毛泽东反映情况，参与作出并组织实施了一些重要决策，直陈粮食危机四项应急措施。大饥荒在 1962 年结束是一个谜，原因在于该年粮食产量并没有上升，医疗水平和分配体制也没有大的变化。有研究者分析得出：公共食堂、达尔文现象和政策惯性扮演了重要的角色，公共食堂的建立和废除与饥荒的发生和终结在时间上有一致性，但是省级层面的数据只支持达尔文现象，认为一个省份较早结束饥荒是饥荒本身的一个自然反应，那些遭受饥荒越严重的地方越

---

① 程中原：《和平赎买的历史必然性与深远意义》，《高校理论战线》2008 年第 10 期。
② 罗平汉：《对"大跃进"、人民公社化运动的历史审思》，《河北学刊》（石家庄）2008 年第 4 期；杨奎松：《毛泽东的"强国梦"——1958 年大跃进运动的成因及影响再解释》，2008 年 4 月 3 日《南方周末》；罗平汉：《关于第一个人民公社的几点考辨》，《党史研究与教学》2008 年第 6 期；应小丽：《关于人民公社制度变迁动力和机制的探讨》，《中共党史研究》2008 年第 4 期；李春峰：《河北省大办农村公共食堂的历史考察》，《当代中国史研究》2008 年第 5 期；张海荣：《人民公社时期县社干部农村政策执行中"变通"问题研究——以河北省部分地区包产到户为中心的考察》，《中共党史研究》2008 年第 5 期；叶扬兵：《庐山会议前江苏省对人民公社化运动中"左"倾错误的初步纠正》，《中共党史研究》2008 年第 3 期。

容易结束饥荒，但是政策的惯性延缓了饥荒的终结。造成三年困难时期的饥荒的原因，除自然灾害和"左"倾错误之外，在某种程度上还可视为"制度性"的农村饥荒。国家发现农村灾荒之后，也积极采取了应对农村饥荒的措施；但同样不能否认的是，在饥荒发生初期，由于国家对农村灾情的严重性估计不足，在救助城乡饥荒时采取了不尽相同的对策，一定程度上加重了农村饥荒。另外，当时农村干部考核任用制度的缺陷等其他制度性因素，也不利于饥荒的减缓与救助。

1959 ~ 1961 年的农业危机是在国家控制力极强、乡村社会自治性极弱的政治格局下，基层民众被迫执行国家一系列非理性政策的结果。[①]

关于农村公共产品问题的形成与演化，特别是农村基础设施研究近年来受到重视。农村基础设施的投资主要是由政府和各类经济组织实施和推进的。20 世纪后半叶农村基础设施投资占基本建设总投资的比重偏低，其间曾有一度较大幅度增加比重也是因为灾害而被迫调整。目前新农村建设的核心仍是基础设施，必须大幅度增加农村中小型公共基础设施建设投入。这不仅要保障资金来源，还要有得力的组织、合理的规划，并与农村金融支持和村民责任相结合。投资形成的经济实体要有明确的产权责任和管理。新农村建设、反哺农业的重点应该是加强农村基础设施投资力度与体制改善。新中国前 30 年的农田水利设施供给方式生成于新中国成立初期，农业合作化特别是集体化以后逐步定型。总的方针是：大型水利工程，由国家负责兴修；一切小型水利工程，均由合作社其后是人民公社依靠自身的资金和劳动积累解决。总的原则是：谁受益，谁建设。具体操作上是将任务分解给生产小队，参加建设的劳动者按工分参与年终分配。这种民办公助的建设和供给方式在合作化和集体化时期很大程度上保障了农田水利灌溉事业的稳定发展，但在农村实行家庭承包经营以来则难以为继，导致改革初期出现农田水利事业投入显著下降的现象。在农业基础设施的建设过程

---

① 蒋冠庄、高敬增：《李先念呕心赈粮荒——六十年代初的粮食危机》，《百年潮》2008 年第 1 期；范子英、孟令杰、石慧：《为何 1959 ~ 1961 年大饥荒终结于 1962 年》，《经济学（季刊）》第 8 卷第 1 期；辛逸、葛玲：《三年困难时期城乡饥荒差异的粮食政策分析》，《中共党史研究》2008 年第 3 期；唐正芒：《一九六〇年粮食调运工作述略——兼论"确保国家粮食安全"》，《党史研究与教学》2008 年第 5 期；渠桂萍：《国家与乡村社会关系的演绎与 1959 ~ 1961 年的农业危机》，《南京师大学报》2008 年第 1 期。

中，不同的投资主体的投资行为会有很大的不同。加强农业基础设施建设，需要以不同投资主体的行为特点为基础，采取加大政府预算投入力度、加强政策性金融的投资、有效动员商业金融及农户的投入等措施。[1]

十六 "文化大革命"时期经济研究

"文化大革命"使国民经济遭受了严重损失。周恩来坚持抓南粮北调局面的改变，用"以出养进"的办法开展粮食外贸，努力解决"三个突破"中的粮食"窟窿"问题，认真贯彻藏粮于民的思想。毛泽东在 20 世纪六七十年代所倡导的放权改革，是中国工业发展进程中的又一次探索。东北地区作为最重要的重化工业基地，此次放权改革对其影响甚大：一方面推后了国有大中型企业的设备更新和技术改造，使工业生产受到影响；另一方面却促进了东北"五小"工业的大发展。此次放权改革背景下的东北工业体制经历了由收到放的不成功探索，其运行则经历了一个停滞与推进、徘徊与勃兴的逆向互动过程。"五五"计划期间，针对经济发展明显带有高速度、高指标、低效益的粗放特点，中共提出要按照经济规律办事、注重提高经济效益、改革经济管理体制等新思路，并采取了一定措施，开始了对转变经济发展方式的初步探索。但由于种种原因，该时期的探索具有连带性、目标单一性、初始性等特点。[2]

十七 财政金融与就业社保

国家经济建设公债是新中国成立初期继人民胜利折实公债后，新中国

---

[1] 董志凯：《我国农村基础设施投资的变迁（1950～2000）》，《中国经济史研究》2008 年第 3 期；常伟、苏振华：《农村公共产品问题的历史考察》，《中共宁波市委党校学报》2008 年第 6 期；李文、柯阳鹏：《新中国前 30 年的农田水利设施供给——基于农村公共品供给体制变迁的分析》；杜君楠、阎建兴：《农业基础设施投资主体行为分析》，《西北农林科技大学学报》2008 年第 2 期。

[2] 唐正芒：《周恩来与"文化大革命"时期的粮食问题》，《当代中国史研究》2008 年第 1 期；石建国：《"文化大革命"时期放权改革对东北工业的影响》，《当代中国史研究》2008 年第 3 期；沈传亮：《"五五"期间中共对转变经济发展方式的初步探索》，《中共党史研究》2008 年第 4 期。

中央人民政府第二次发行的国内公债。1954～1958 年连续发行 5 年，尽管发行规模较小，没有流通性，占国家预算收入比重不大，但它在国民经济基础十分薄弱的条件下，为顺利完成"一五"计划提供了部分资金保障。全国各阶级、阶层都为公债的顺利发行发挥了重要的作用，体现了全国上下对新政权的高度认同和爱国热忱。全面建设社会主义时期，我国农村私人借贷有较大发展，高利贷活动也比过渡时期普遍。导致这一时期农村高利贷蔓延的原因是多方面的，借贷需求增加、借贷资源相对减少以及借贷风险和成本提高等共同促使这一时期借贷利率居高不下。由于当时政府没有把农村高利贷看做是这一时期的特定经济现象，而主要是采取了强制的政治手段和群众运动对其进行打击，最后并没有取得很好的治理效果。赵学军的专著从商业信用制度的角度，将我国近 60 年的历史联系贯穿起来，总结经验教训。[①]

从 20 世纪 50 年代起，在计划经济体制的历史背景下，中国形成了比较完整的社会福利体系，对促进经济发展和保障人民生活起到了至关重要的作用，其积极贡献不可磨灭。但同时，这一时期的社会福利制度又具有鲜明的计划经济体制的烙印，具有很大的历史局限性。新中国城市劳动就业问题在 20 世纪 50 年代和 60 年代初呈现不同的特点。50 年代以解决旧社会遗留下来的失业问题为主，重点是对众多的失业工人和失业知识分子进行救助。随着失业救济工作的全面展开，党和政府制定了解决城市就业问题的总方针，多管齐下解决不同人群的就业问题。进入 60 年代后，解决城市新增劳动力的就业问题成为工作的重点，为此，党和政府提出了"统筹安排，城乡并举，以上山下乡为主"的工作方针，一方面阻断农村劳动力向城市的流动；另一方面安排失业工人主要是城市知识青年到农村参加劳动，同时广开就业门路。这两个时期的城市就业工作取得了明显的效果，也留下了一些值得吸取的教训。[②]

---

① 高晓林、池薇：《1954～1958 年国家经济建设公债述论》，《当代中国史研究》2008 年第 5 期；杨乙丹、高德步：《农村高利贷及其治理的历史审视：1957～1966 年》，《中国经济史研究》2008 年第 3 期；赵学军：《中国商业信用的发展与变迁》，方志出版社，2008。

② 成海军：《计划经济时期中国社会福利制度的历史考察》，《当代中国史研究》2008 年第 5 期；赵入坤：《"文化大革命"以前中国城市劳动就业问题》，《当代中国史研究》2008 年第 4 期。

十八　区域经济与中外经济关系

区域经济史的研究有待进一步深入。2008 年的相关研究主要包括：系统地梳理了 50 多年来中共中央对老区的政策演变，在此基础上总结了老区治理的经验，并针对其存在的问题提出相关对策。在西藏地方废止藏币、禁止外币和银元的历史，对新中国成立以来中央处理藏币问题的决策过程及其政策体系，以及新中国接收印度在藏邮电企业设施，进行了比较具体而全面的考述。①

对港澳台经济史的研究尚处于起步阶段。开始用基于定量和定性相结合的方法研究两岸经济关系，认为在两岸商谈机制、台商保护机制、创新投资环境机制、交流服务机制方面制度创新，对推动两岸交流与合作起到了关键作用。20 世纪 50 年代初，台湾地区开始了第一次土地改革，建立了自耕田制度，选择了外向型农业经济，并大力实施农业技术革新、农业机械应用和农作物品种改良等措施，使台湾农业持续快速地发展。同时，实施了适度"盘剥农业"以培养工业的经济发展战略。进入 70 年代后，随着台湾工业的快速发展，经济结构迅速转型，台湾农业的比较优势又迅速丧失。于是，台湾又进行了第二次土地改革，废除了土地兼并的限制，并采取了农产品价格补贴、关税壁垒、财政转移支付、提高农民福利、工业"反哺"农业等保护政策，以促进农业增效和农民增收，积累了一些可借鉴的经验与教训。②

在中外经济关系史方面。周恩来对新中国建立初期的外贸事业提出了一系列正确的思想主张，领导制定了众多切实可行的政策措施，积极开拓和发展了新中国的外贸事业，为打破当时西方国家的封锁禁运、保证国内经济的恢复和发展等作出了重要贡献，并为中国外贸事业的发展奠定了基

---

① 黄小钫：《试析新中国成立后中共中央关于老区政策的演变》，《中共党史研究》2008 年第 3 期；宋月红：《人民币在西藏地方取代藏币的历史考察》，《中国经济史研究》2008 年第 3 期；王起秀：《新中国接收印度在藏邮电企业设施纪实》，《中共党史资料》2008 年第 2 期。

② 李保明：《两岸经济关系 20 年》，人民出版社，2007；蔡天新、陈国明：《现代台湾农业发展模式的历史考察》，《中国经济史研究》2008 年第 1 期。

础。1952 年 9 月和 12 月，中国与锡兰从各自的需要出发，签订了以大米换橡胶为主要内容的政府贸易协定，不仅开创了新中国同尚未建交、又是不同社会制度国家签订政府贸易协定的先河，而且建立了新中国与锡兰间的贸易关系，促进了两国贸易额的迅速增长。1957 年 8 月，中锡在签订第二个五年贸易协定时，面对"超价"难题，周恩来提出了将贸易和援助分开来谈，即橡胶贸易按照公平的市场价格，但中国同时给予锡兰经济援助的设想，使谈判进入了比较顺利的阶段。中锡贸易协定的执行和续订，从南亚和东南亚方向打开了美国对华封锁、禁运的缺口，促进了中锡友好关系的发展。苏联最终归还中长铁路的主要原因是斯大林通过朝鲜战争确认了中国成为苏联的可靠盟国的地位，并且认可了毛泽东作为真正的马克思主义者的身份。中长铁路归还中国对中苏两国关系产生了重大的影响：有助于建立中苏两国的战略同盟关系，推动开展中国抗美援朝。据国内已公布的统计数字，1960～1964 年这 5 年间，中国每年对苏还债额分别为 3.63 亿、5.19 亿、8.54 亿、9.61 亿、12.16 亿元人民币，至 1965 年提前还清了对苏欠款。这一时期中国平均每年对苏还债数只占国家年财政支出的 2% 左右。在总支出中所占比例很小。中国在国际债务中严守信用，此后多年间还成为国外愿意对华大量投资原因之一。陈云在利用国际市场方面进行了积极的探索。新中国成立初期，他主要是探索国际物资市场的规律，并逐步形成了"外汇与物资平衡"的思想；20 世纪 70 年代，他提出要"研究和利用资本主义"，并将注意力从国际物资市场转向国际金融市场；改革开放后，他在继续提倡利用资本主义市场的同时，强调利用外资要保持清醒的头脑，要将引进工作与国内工作平衡好。陈云的这些关于利用国际市场的思想，成为各个时期中国共产党处理国内经济与对外经济关系的重要指导思想。①

---

① 高长武：《周恩来指导 1950 年中苏贸易协定谈判简况》，《党的文献》2008 年第 1 期；徐焰：《解放后苏联援华的历史真相》，《炎黄春秋》2008 年第 2 期；徐行、张松：《试论新中国成立初期周恩来的对外贸易思想与实践》，《中共党史研究》2008 年第 3 期；蔡成喜：《大米换橡胶：20 世纪 50 年代的中锡贸易》，《当代中国史研究》2008 年第 3 期；张盛发：《中长铁路归还中国的历史考察》，《历史研究》2008 年第 4 期；张雪英、张侃：《试析陈云关于利用国际市场的思想》，《当代中国史研究》2008 年第 5 期。

十九　研究方法

世界金融危机的爆发再一次表明，西方经济学理论中的均衡模型、最优化分析方法等存在着明显的缺陷，理论工作者对此必须予以重视，并认真思考应如何修正这些缺陷。在这一背景下，更凸显了研究我国现代经济史的意义。

关于创新思维，20世纪80年代严中平先生提出经济史论文应有"四新"：新资料、新观点、新方法、新理论。随着科学的发展，诺贝尔奖在百余年的历史中会发生一些变化，但三个关键词始终不会变，这就是新领域、新境界、新思维。① 这三个关键词会改变我们的思维方式，从而推动科学的发展。

赵德馨、王玲评价了地方经济史研究的优势与不足，认为当前经济史中的同地研究已占主要地位，成为研究的主流。这种现象可以称为地方经济史研究的本土化或本地化，有利于研究者发挥优势，有利于中国经济史学科的深入发展，有利于发挥经济史学的社会功能。地方经济史研究本地化的发展为中国经济史学科的建设奠定了坚实基础，促进经济史学研究的内容更加丰富和学风更趋朴实，但在研究中也要避免由乡土情感带来的感情和理智平衡问题造成的陷阱。②

新经济史学引入中国后，引发了中国经济史研究中的史学范式与经济学范式的冲突。经济学家批评传统经济史研究墨守成规、缺乏理论洞察力，而史学家则认为经济学家对历史的研究使历史偏离了对历史事实的描述，变成了理论的附庸。这种冲突与两个学科叙事方式的不同有关，涉及两个学科关于"历史优先"还是"逻辑优先"的不同理解，更与新经济史学与传统史学所惯用的理论工具在方法论上的区别有关，反映了个人主义与整体主义的经济学理论在历史观上的分歧。为促进两个学科的发展，经济学家和史学家应该放弃成见，加强交流与沟通。史学家应该从旧理论

---

① 万润龙等：《新领域 新境界 新思维》，2008年1月14日《文汇报》。
② 赵德馨、王玲：《地方经济史本地化的优势与陷阱》，《当代中国史研究》2008年第4期。

的桎梏中解放出来，学习使用更丰富的理论工具；经济学家也应该重视历史描述，以打破经济学研究中长期存在的"实证迷信"。[①]

著名的经济学家苏星于 2008 年 4 月 12 日病逝。他认为自己用力最多也最看重的著作是《新中国经济史》。为写这本书，他大约用了 40 年的时间。为了能集中时间研究新中国经济史，他在 20 世纪 90 年代初为自己定了十条守则，推却了大量事务以集中精力撰写《新中国经济史》。他撰写的《新中国经济史》（修订本）把社会主义国营经济的产生和发展作为第一章，以平实的文风、历史主义的态度，阐述中华人民共和国 50 余年的经济史，为我们留下了一部简明扼要但又严谨厚重的新中国经济史著作。本年度综述特留墨以纪念。[②]

---

① 郭艳茹、孙涛：《经济学家和史学家应该互相学习什么——论新经济史学与中国传统经济史学的范式冲突与协调》，《学术月刊》（沪）2008 年第 3 期。

② 王梦奎：《苏星和他的〈新中国经济史〉》，《经济学家茶座》2008 年第 5 期。

后　记

　　《中国经济史研究》编辑部长期关注追踪中国经济史研究的前沿问题，十余年来，每年都会在杂志第二期发表前一年的中国经济史研究的述评，受到学术界的高度评价，已经成为经济学和历史学有关研究机构和学校从事科学研究和教学的重要参考书。为了方便广大读者，我们在中国经济史研究述评的基础上，计划编成连续出版物，以适应日新月异的学术发展和读者的需要。兹将本辑的编纂人员介绍如下。

　　上编编纂人员：

　　刘兰兮研究员《2007 年中国经济史研究总论》

　　王万盈教授《2007 年先秦秦汉经济史研究》

　　魏明孔研究员《2007 年魏晋南北朝隋唐五代经济史研究》

　　李华瑞教授、杨小敏博士《2007 年辽宋西夏金元经济史研究》

　　封越健研究员《2007 年明清经济史研究》

　　高超群研究员《2007 年中国近代经济史研究》

　　董志凯研究员《2007 年中国现代经济史研究》

下编编纂人员：

刘兰兮研究员《2008 年中国经济史研究总论》

王万盈教授《2008 年先秦秦汉经济史研究》

魏明孔研究员《2008 年魏晋南北朝隋唐五代经济史研究》

李华瑞教授、杨芳博士《2008 年辽宋西夏金元经济史研究》

林枫教授《2008 年明清经济史研究》

高超群研究员《2008 年中国近代经济史研究》

董志凯研究员《2008 年中国现代经济史研究》

中国社会科学院经济研究所所长、《中国经济史研究》主编吴太昌研究员非常关心本书的编纂出版；经济研究所科研处对本书出版给予热情的帮助和指导；社会科学文献出版社的周丽主任为促成本书的出版，花费了诸多心血。对此，我们深表谢忱。

编辑出版《中国经济史研究前沿（第一辑）》，我们经验不足，水平有限，希望得到大家的批评指导。

魏明孔于 2009 年 7 月 1 日

图书在版编目（CIP）数据

中国经济史研究前沿（第一辑）/魏明孔主编.—北京：
社会科学文献出版社，2009.11
ISBN 978-7-5097-1167-5

Ⅰ.中… Ⅱ.魏… Ⅲ.经济史-研究-中国
Ⅳ.F129

中国版本图书馆 CIP 数据核字（2009）第 200158 号

中国经济史研究前沿（第一辑）

主　　编／魏明孔
执行主编／高超群

出 版 人／谢寿光
总 编 辑／邹东涛
出 版 者／社会科学文献出版社
地　　址／北京市西城区北三环中路甲 29 号院 3 号楼华龙大厦
邮政编码／100029
网　　址／http：//www.ssap.com.cn
网站支持／（010）59367077
责任部门／财经与管理图书事业部　（010）59367226
电子信箱／caijingbu@ ssap.cn
项目负责人／周　丽
责任编辑／恽　薇
责任校对／贾连凤
责任印制／董　然　蔡　静　米　扬

总 经 销／社会科学文献出版社发行部
　　　　　（010）59367080　59367097
经　　销／各地书店
读者服务／读者服务中心（010）59367028
排　　版／北京步步赢图文制作中心
印　　刷／北京季蜂印刷有限公司

开　　本／787mm×1092mm　1/16
印　　张／18.75
字　　数／294 千字
版　　次／2009 年 11 月第 1 版
印　　次／2009 年 11 月第 1 次印刷

书　　号／ISBN 978-7-5097-1167-5
定　　价／55.00 元

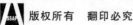